劉清江 著

當道德經有另一個解
老子與你談生命哲學

無為不言 × 修身養心 × 治國之方

從個體到群體，以「道」詮釋世間真理

將欲奪之，必固與之 —— 最殘忍的老子　　　非以明民，將以愚之 —— 最殺伐的老子
堅強死之徒，柔弱生之徒 —— 最清醒的老子　　飄風不終朝，驟雨不終日 —— 最溫柔的老子

寥寥五千言，解法五百種，一部老子各自表述的亂象迎來終結！
從古代的君王典籍到現當代的自我成長寶典，
兼顧學術與親民，一部《道德經》的最終解答！

目錄

目錄

君子為介入主體的天下生命系統

侯王為介入主體的天下生命系統

生命系統疊加態：大丈夫、侯王的德性遷移

目錄

天人合一的生命系統形成

目錄

盛世皇皇有道决決
照古腾今淳厚敦昌
尊道创新贵德普广
天佑中华守正寻航
继往圣思鼎力弘扬
神州名典举世恒馐

己亥 宅美书

序言：為生命謳歌，為自由吶喊

　　清江先生囑余為其新作作序，有些惶恐，因為我對老子的生命觀研究只是蜻蜓點水，一帶而過，沒有進行過深入的研究了解，所以只能當作是一次新的學習過程。

　　每個人心中都有一個老子，這個老子，正如東坡先生說廬山風景所言，「橫看成嶺側成峰，遠近高低各不同」，老子就是人們心中的那座「廬山」，人們從不同的角度觀賞它，各有各的角度，各有各的風景，各有各的心得。這也正是《老子》粉絲們的最大樂趣所在。正如德國哲學家尼采（Friedrich Nietzsche）所說，《道德經》像一個永不枯竭的井泉，滿載寶藏，唾手可得。人們從這一寶藏中，仁者見仁，智者見智，各有各的出發點和體悟，結合自己的切身體驗與人生實踐，有的述老子的本體論、認知論、科學論、邏輯論，有的寫老子的養生思想、教育思想、軍事思想、政治思想、美學思想，寫出了千姿百態的老子智慧。

　　清江先生多年來從事政治學的研究，現在又把老子的研究引進到生命觀的研究領域中，也算是老子研究園地中綻放的又一朵新蕾吧，為老子研究園地增加了新的光彩。

　　通觀本書，作者將《老子》全書分為十幾個部分，試圖對老子的生命觀作系統的結構敘述，分別論述老子的天下生命系統、以聖人為中樞的人與天下生命系統的整合、人與道齊、社會秩序結構的轉變、政治生命系統、天下生命系統達到天人合一的狀態等。

　　本書的特點，在於與一般解老的著作不同，作者試圖將《老子》八十一章按原書的結構建立一個生命觀的系統論述，主題十分突出，因為

通常逐章解老的書，都會有不同的主題，或者雖然書名講是一個主題，但實際全書的安排缺乏比較完整的邏輯安排。而本書將全書分成幾個板塊，逐漸展開生命觀的論述，結構安排比較緊湊，讀者們會在這本書中體會到作者的新的解釋、新的觀點。劉清江先生認為，「老子的五千言就是生命規律的總括反應。我們一直認為中國文化是天人合一的文化，為什麼古代中國人會認為『天人合一』呢，這主要是因為人和天具有系統的一致性。系統的一致性在老子的《道德經》中得到了充分地展現」。

本書是作者對老子生命觀的系統和完整的思考與解讀，讀者閱讀此書，必定開卷有益，會進入一條了解老子的生命觀的通幽曲徑。

有所長必有所短，因為《老子》全書並不是專門論述生命觀的著作，涉及的主題也較多，如作者所言，「五千言實際上是老子思考歷史與現實中社會秩序狀態所提出的解決思路和方案，幾乎對社會中各方面都有思考」，既然如此，把《老子》全書理解為生命觀，肯定不能完全涵蓋現實社會中各方面的問題。把全書都理解為對生命觀的論述，有些內容就會比較勉強；同時，作者理解的生命觀，與作者專業偏好有關，顯然以論述政治生命觀為主，以政治人物（王公、侯王、君子、大丈夫、聖人等）治國理政的實踐過程來展開生命觀的論述，而對通常人所理解的自然生命觀的那些重要關注點，比如，一般讀者可能希望讀到老子如何論述善攝生、長生的養生觀，就缺乏出於對生命系統角度的集中和準確的關照。同時，對自然生命觀與政治生命觀的不同，也應有進一步思考。

比如，在第十三章「寵辱若驚，貴大患若身」的解讀上，現在出版的許多書裡解釋都很混亂，缺乏邏輯，幾乎都把莊子和黃老派的貴生來解釋老子，都不得要領。這本書也有自己的解釋。這裡的關鍵問題是，老子如何對待貴生？百姓的自然生命觀與有道者聖人的政治生命觀是否完全一

樣？本書作者認為，「只有那些能夠保持長壽之身的人才是最有資格治理天下的」，「不懂得珍重身體，不會愛護身體的人是沒有能力治理好天下的」。這個觀點很值得進一步思考。按照這個邏輯推，只有七十至八十歲的人（長壽者）才有資格去掌權，治理國家的好壞與否，首先就變成了身體是否長壽，變成了當權者年齡越大的，國家治理越好。這很可能把老子的思想讀偏了，把老子思想讀成了莊子思想，或以儒家的修齊治平來解讀老子。但修身與治國只有應然關係，沒有必然關聯。長壽者未必能治國，能治國者未必長壽。

實際上，老子的生命觀至少有兩個層次，一個是自然生命，一個是社會政治生命。兩者有連繫也有不同。對普羅眾生來講，老子的自然生命觀，認為生命是寶貴的，人不應為種種功名利祿所累，應守靜致虛，以達到長生的效果，同時，老子也告誡人們只有順勢自然的人能長生，因為「人之生，動之死地，亦十有三，夫何故？以其生生之厚」（五十章），過度養生貴身，會有生命危險，五十五章又警告說「益生日祥」（過度益養生命會有凶殃）；而有道的當權者（聖人）必須無私、忘身，不能把自己的「貴生」放在首位，「聖人後其身而身先；外其身而身存」（七章）在位的人追求自己的貴生，會導致「民之輕死，以其上求生之厚」，所以有道者不追求貴身，因為「夫唯無以生為者，是賢於貴生」（七十五章）。老子的有道者──聖人的政治生命觀，其實就是老子的玄德：忘身無私，作而弗始，生而不有，為而弗恃，長而不宰，功成而弗居，為而弗爭。

又比如，作者不太關注版本問題，這對於普通讀者沒有問題，但對於解老的人會有所不足，比如有與無的問題，就涉及版本問題。《老子》今本、帛甲乙本均為「生於無，有生於無」，但簡甲本為「生於無，生於有」。而且從第一章的「有無」關係看，二者均出自道，是「同出而異

名」，無名有名、恆無欲恆有欲，其實就是有無問題，皆同出於道，而不是有名出於無名，有欲出於無欲；第二章說「有無相生」，可見「無」與「有」是並列共生關係，並不是遞進關係，「有」並非出自「無」。第十一章言「有之以為利，無之以為用」，有無是並列關係。所以，從簡本的理解似乎應更合於老子的邏輯。

什麼是生命觀，什麼是老子的生命觀，老子的生命觀主要內容有什麼，作者應給讀者一個更明確的定義和主要內容的介紹，可能更有益於讀者更好理解本書的觀點。

我格外讚賞作者的一段話，就是「悟道在路上，人人皆可悟道，但悟道有先後，差異無尊卑。如若人人都在悟道的路上，社會從整體上在向好的方向扭轉」。對《老子》的解讀永遠沒有終結之時，學習《老子》，我們永遠在路上。《老子》，一部道不盡的思想鉅著，一部中華民族永遠的精神豐碑，將永遠是中華民族砥礪前行的力量與智慧的源泉。

願有更多人研究、學習、踐行、傳播老子的思想。

是為序。

葉自成

前言：奏出生命的旋律

生命是什麼？這是任何文明都會思考的話題，在今天主要以西方文明的話語逐步展現出來。當我們回到中國的文化經典中，就會發現中國傳統文化的「生命」氣息。《易經》講「生生不息」、「生生之為易」，《黃帝內經》是一部人體生命健康養護的書，《老子》五千言可以說就是生命的五千言。中國文化就是重生命的文化，重生命是中國文化的主旋律，傳統重生命，現代也重生命。

對生命的理解，中國文明和西方文明存在著差異。當沒有意識到中國文化重生命的特點，我們腦子裡就是科學的生命觀和哲學的生命觀。當最初發現中國文化重生命的特點，也很容易為科學的生命觀和哲學的生命觀所糾纏，葉自成先生兩個層次的生命觀（在葉先生為本書序時提到了生命觀的兩層含義）。理解就是這種糾纏現象的一種結果，郭永進先生解讀《道德經》中的生命觀也不可避免被糾纏干擾，在科學的生命觀方面，將生命聚焦於大地、空氣、水和太陽等具體的宇宙萬物，在哲學的生命觀方面，從生物學意義的生命拓展為哲學意義上的生命，將「非生命體」賦予了哲學意義上的黑格爾（Georg Wilhelm Friedrich Hegel）內因生命（杜勝利：〈人類心靈哲學的豐碑 —— 評郭永進先生對《道德經》的解讀〉）。很自然地將老子所反映的生命觀納入到科學的生命觀和哲學的生命觀的認知軌道上。人們經常會被自己的所知干擾，造成理解的偏差。對老子生命觀的認知偏見結果是因為忽略了中國文化和西方文化思維邏輯的差異。

西方文化的生命觀立足於生命主體，是以具體的生命主體為研究的起點，而中國文化的生命觀立足於生命主體之間的關係變動，是以生命主體

之間的關係變動為研究的起點。而如今科學的生命觀和哲學的生命觀都是從生命主體本身出發闡發生命的規律，如遺傳學認為生命規律是極少數原子所實現的規律。薛丁格（Erwin Schrödinger）認為生命是反物理現象的負熵，是對同一種秩序狀態的不斷重複。生命科學將生命局限於生物體本身，是蛋白質的存在方式。黑格爾關注了生命的自我複製，推出了具有內因決定屬性的物質都可稱為生命體，太陽、空氣、大地也就有了生命的意義。

　　中國文化理解生命是從生命主體之間關係變動為研究的起點。當將中國傳統文化經典的生命觀以西方文化的思維邏輯解讀，就失去了對關係變動的生命分析，雖然也能夠抓住重生命的文化特質，但是實際上局限了傳統文化的生命意蘊。因為注重生命體之間的關係變動，所以在生命體之間關係變動的過程中，形成了生命體之間的穩定性結構，也就具有了生命的意義。生命脫離了具體的生命主體而具有了虛體的意義。因而，在中國很容易理解，家是一個生命體、鄉或邦或天下也是一個生命體，甚至也會認為宇宙是一個生命體。生命體之間的關係變動會將非生命體涵納進來，構成生命體的一部分，而不是視同非生命體為生命體。因而，我就以「生命系統」代替「生命體」，將中西方文化生命涵義都可囊括進來，也能夠突顯出中國文化的生命觀與西方文化的生命觀強調重點的不同。

　　從物理學的視角理解生命，生命規律就是不可能的規律，是違反規律的規律。而從生命體之間的關係變動理解生命，更加豐富了「不可能性」。中國文化的生命觀在與西方文化的生命觀對話，要將生命體與生命體之間的關係變動連接起來，生命系統也就成為生命的特有主體將二者的不可通約而通約起來。我們不僅視為具體的個人為生命體，還視為一個生命系統。水、太陽構成生命體的部分具有生命的意義，而不只是本身成為

生命體。

　　從科學的生命觀和哲學的生命觀來理解老子，很可能會看到許多章節內容的雜亂，內容之間跳躍性很大。而從生命系統的視角理解老子，我們會認識到「不可能」的豐富性，進而認識到老子五千言的邏輯強大。但是，還是會有許多人偶爾會糾纏於單純的因果邏輯。如葉先生在看到我的第十三章內容，就推出「長壽者未必能夠治國，治國者未必長壽」反駁的結論來。他將少數的可能性結果與常態的實際結果發生了因果連接，而忽略了生命邏輯的多種可能性。「只有那些能夠保持長壽之身的人才是最有資格治理天下的」，這句話是在分析「貴大患若身」得出的一個有道社會的理想結論，不是與治理天下的現實進行匹配。一個人的身體是不容易親自打理好的，不然醫生、醫院就沒有存在的必要了。薛丁格認為生命突出的是「不可能性」，如果能打理好自己的身體，那麼其對不可能性的掌握有了更多的經驗，以同樣的智慧和心智是有可能治理好天下的。試想一個不知道打理好自己身體的人，能夠治理好天下嗎？歷史現實中治理天下的人多是勉強為之，判斷好壞的標準在於有「貴」、有「愛」。能夠保持長壽之身的人，對身有「貴」有「愛」，他們懂得「貴」和「愛」，推及到天下也就會「貴天下」和「愛天下」。因為天下之體遠遠大於身之體，當將對身體的「貴」和「愛」推及到天下人，所以本來能夠長壽的人也就可能不長壽了，並不必然推出「七十至八十歲的人才有資格去掌權」。當然還有其他的可能，不去詳細分析了。「不懂得珍重身體，不會愛護身體的人是沒有能力治理好天下的」。這句話潛在反映了如此道理：身體是一個生命系統，天下也是一個生命系統，一個小生命系統都不懂得「貴」和「愛」的人，能夠指望他很好地以天下為「貴」、以天下為「愛」嗎？再說「沒有能力治理天下」與「實際在治理天下」是兩碼子事。單純的因果邏

輯推導肯定會跑偏生命的主題，因為這樣做會忽略了生命體之間關係變動的生命意義。

生命系統的視角是我闡解《道德經》的憑依，只是在具體的闡解中滲透生命系統的思想，並沒有專門論述「什麼是生命系統，什麼是老子的生命系統」。當葉自成先生為我的拙作作序時點出了問題所在，我意識到有不少人會在意這兩個問題，在不影響原來論述結構的基礎上，在這裡進行一個簡單的解釋。

概括如下：

任何的生命都是一個系統，由碳水化合物為基礎構成生命系統。生命系統內部各部分的相關變化是系統性的，它們之間大多沒有必然的因果連繫，但是變化卻是聯動的，不斷地聯動反應，促進了系統的整體性變化。系統的整體性變化，也會引起系統各部分的聯動反應。

生命系統還是一個複雜系統，大系統由一定數目的小系統構成，小系統之下又有次系統的存在。系統內的個體有可能屬於不同小系統或次系統，這樣的狀態我們稱之為系統的疊加態，呈現出來的結構狀態叫重疊結構。

生命系統的任何反應都會引起相應的附帶反應，這樣的反應既有系統內部的聯動反應，也有系統外部的聯動反應。生命系統與其外部環境共同形成一個生態系統。一個生態系統可以說就是一個生命系統，一個生命系統也可以視作為一個生態系統，這決定於我們審視的視角。

每個生命系統都要遵循特定的運行規則，這在老子看來就是從道的德，「萬物莫不尊道而貴德」，「得一」就是生命系統遵循其自然的運行規則，天清地寧人為正分別指出了天地人各自的大德。

生命系統有其脆弱性、週期性、循環性、聯動性、成長性等特點，有

生有死，有強有弱，有勝有衰。老子以人為中心展開了「道」的論說，天地萬物包括人都是獨立的生命系統，而又相互之間存在著連繫。人與天地萬物透過道、聖人發生連接。因而《道德經》中道和聖人是出現次數最多的。每個生命系統都有其自己的德，而所有生命系統都要自然遵從道。任何生命系統都有陰陽的特性，一陰一陽之謂道。「道生之，德蓄之，物形之，勢成之」。

老子的《道德經》就是一部生命系統的論著。處處滲透著生命的氣息。弱不怕，守住道，守住根就能夠成長起來，「綿綿若存，用之不勤」。老子將天地、水、德厚、國家都用人的特性進行描述，因為它們都是生命系統，如第四章以玄牝代指天地根、第五章將長生的特性賦予天地，第八章將不爭的特性賦予水，第五十五章將德厚之人喻為赤子，第六十一章將大邦喻為天下之牝等等。在我們平常認知裡都是無生命的東西，而在老子眼裡卻具有了鮮活的生命特徵。

生命系統是脆弱的同時也是堅韌的。老子一直強調「柔」，柔弱勝剛強，生態鏈的循環總是提示我們不要忽略弱小的存在，在第三十六章、第四十三章、第七十六章、第七十八章中，展現了「柔」的堅韌特性。

「歸根曰靜，靜曰復命」、「出生入死」展現了生命系統的生命循環規律。

「塞其兌，閉其門，終身不勤；開其兌，濟其事，終身不救」、「躁勝寒，靜勝熱」顯示了一個生命系統與環境的關係狀態。聖人擬比天地，聖人對外界的感知就猶如對天地之內的一切聯動變化都瞭若指掌，故第四十七章要說「不出戶，知天下；不窺牖，見天道」，一切生命系統與外界環境的能量或資訊交換的狀態及其變化都處於道中。

生命系統的結構性聯動也展現在國家和天下的層次，在第十八章、第

十九章、第二十二章、第五十七章、第五十八章中的內容，如果不從生命系統的視角考慮，我們就會感覺詞句堆砌的隨意性，而如果從生命系統的聯動反應看，就是一環套一環，是合乎情理的變化。

「既得其母，以知其子；既知其子，復守其母」，以母子關係隱喻道與德的關係。

在第五十四章中，以身、家、鄉、邦、天下交待了大小生命系統的同一性特點，也可說是生命系統整合結構的描述。在後面論述的天人合一關係，就有了基礎，更好明白天道無私和人道自私怎麼連接到一塊了。故老子說：「吾何以知天下然哉？以此」。

續續不盡，綿綿不斷。提起老子的任何一句，都能夠與生命系統產生連結。而以生命系統的視角考慮，也就比較容易理解老子。也能夠理解老子為什麼會與皇帝書相結合形成黃老學說，為什麼從《道德經》中能夠拓展出養生的內容與《黃帝內經》發生關係。

老子的《道德經》是一部重生命的書。那麼，我們讀了《道德經》，也就能夠知道中華文化歷來就是重生命的文化。

緒論

　　深入老子思想，方知其涵蓋內容浩瀚如海，總有一種「荒兮其未央哉」之感。正如葉自成先生附和魏源所嘆「兩千五百年老子政治哲學無全解」，每一個人的注本都是其所處位點的可道道。一人一道，一日一新。每天閱讀老子章節，總會有一些新的收穫。在不斷與不同時代的古代先賢對話，愈益感到當今與中國傳統文化脈流的疏離和陌生。我們口中經常相談的「有無相生」、「出生入死」、「功成事遂」、「虛懷若谷」、「天長地久」、「寵辱不驚」、「上善若水」、「和光同塵」、「千里之行，始於足下」、「慎終如始」、「以德報怨」、「以弱勝強」、「以柔克剛」等，都來源於老子五千言。老子思想已經成為我們生活語言的一部分而不自知。現在的我們離老子很近，也很遠。很近是因為老子的思想不時地出現在我們的頭腦中、談話中；很遠，是因為我們偶爾的思想之光不知出在何處，不懂老子經典，總是以機械思維撕裂生命思維。與老子五千言接觸的時間越多，越益感覺到內心滋生出來的使命感。有許多人像以前的我一樣，喜歡《道德經》，喜歡老了的思想，可是十幾年來一直不得門入，面對眾多的版本不知所從。幾年來有一點感悟的我，需要與諸位分享我的理解，也能夠給於老子思想的愛好者一點點啟迪。

　　於是，有許多話想說出來，對一些新舊老學爭議問題也略有薄見，但是限於自身的可道道框架，總有一些言不盡意之感，在閱讀了葉先生的《「以百姓心為心」老子政治哲學》後，內心方得釋然。可以說葉先生的老子解讀為我的可道道掃清了許多基礎性的障礙，我不具備葉先生知識廣博的優勢，將古今中外的老子注解一一梳理列出，而且廣徵博引，有《文

子》、《史記》、《莊子》、《黃帝四經》、《孫子兵法》、《論語》、《戰國策》、《韓非子》、《詩經》、《書經》、《墨子》、《管子》、《春秋左傳》、《賈誼新書》、《孟子》、《荀子》、《商君書》、《老子想爾注》等。雖也涉獵一些其他典籍，但整體而言，我只是就《道德經》闡解《道德經》。

由於我和葉先生都是政治學專業領域出身，而且對老子思想有著誠摯的熱情，我們兩個有著許多相同的思維路線，又很可能面對同樣的質疑。面對許多不同的解讀版本，都感覺到沒有一個版本盡解老子。面對這個問題，我和葉先生的解決思路就分道揚鑣了。葉先生不循任何人的解讀體系，將老子五千言固有結構全面打亂，構建了一個新的體系框架以「百姓心為心」為核心重塑了《道德經》。而我卻不願與任何的版本爭鋒對撞，以八十一章體例的通式本為闡解底本，試圖從生命系統的視角打通《道德經》章節語句的邏輯連繫，而不去糾結於「哪個版本是正確的」。我們經常談因果邏輯、因明邏輯，醉心於其他文化的邏輯學，偶爾將屬於傳統道學譜系異端的後期墨家拉出來做做邏輯夢，卻很少發現《道德經》內容所蘊涵的強大邏輯。如第八章「居善地，心善淵，與善仁，言善信，政善治，事善能，動善時」、第十八章「大道廢，有仁義；智慧出，有大偽；六親不和，有孝慈；國家混亂，有忠誠。」它們不是表面顯示的並列排比關係，很少人會想「它們之間的順序打亂會怎麼樣呢」，很自然地會認為就應該如此。如果是簡單的並列排比，打亂順序重排，就不會影響語言所要表達的意思。可如果我們將上述內容打亂重排，那麼就會發現原來語言之間有著遞進的邏輯關係。就是各個章節之間也存在著邏輯遞進關係，只是有的不明顯，有的明顯。明顯的如第四十二章與第四十三章，前章對「違背天和」的強梁者予以痛斥，下章馬上就交待了反對強梁者的武器。可以說老子五千言就像是數學的定理推導一樣，有著較為嚴格的邏輯順

序。二千多年來，我們一直傳誦著八十一章體例的《道德經》，現代隨著馬王堆甲乙本的出土以及郭店楚簡本的問世，又產生了新的真偽本爭議。但是毫無例外，沒有人關注並進一步闡釋論證任何一版本的內在邏輯。有些人也認識到了老子五千言的強大邏輯，有些人總會將自己的邏輯思維模式植入到老子的注解中，如認為老子五千言是為統治者服務的，「強梁者不得其死」等代表反抗精神的語句是後期添加的，這種做法正如葉先生所評價的脫離了「民四自」的老子核心主題。結果造成對五千言邏輯結構的裁剪。我本著一顆尊聖的心，對以往前輩的注解懷著「人之所畏，不可不畏」的心情，反覆研讀，不斷思索，為什麼會有這麼多的理解，有的甚至是相反的理解，偶然間，可能也算的上是頓悟了，「老子五千言原來就是生命規律的總結」。在老子眼裡，個人是一個生命系統，國家是一個生命系統，天下也是一個生命系統，所以在第五十四章中，自然就會出現修身、修家、修鄉、修邦、修天下的遞進語句。生命系統有其共同特點，天人合一思想也是在這種生命系統觀中自然產生的。聖人是不同生命系統的連接點，也是天人合一思想展現的完美載體。老子不僅提出了理想的生命系統，也為現實生命系統向理想生命系統轉變的過程中分了幾個段位，以不同的主體身分來顯示生命系統的連續性變化。聖人在老子眼裡是一種的理想道體，當然也講到了其他的道體。在現實生命系統中，聖人如道一樣會處於一種「隱」的狀態，主體就轉換成顯德的各類角色，如侯王、王公、君主、萬乘之主、君子、大丈夫、善為道者、有道者等。大多數人都在關注這些主體的共同性，而很少關注其差異性，更少思考老子為什麼要不斷地進行主體身分的切換。如果以生命系統的視角來進行邏輯整理，就會發現老子這樣處理的合理性。

　　本書在上述思想的主導下，改變了道篇、德篇的結構敘述，也沒有

像《姬氏道德經》一樣分為六部分，而是在八十一章的基礎上架構了一個生命系統的結構敘述。本書將第一章、第二章、第三章作為一個整體，以聖民社會（葉自成認為「民聖治理」是老子的主線。受「民聖治理」觀念的啟發，這裡開始提出「聖民社會」以匹配的理想天下，也就是文中所提到的理想的天下生命系統）。的設想構建了一個理想的天下生命系統。然後在這個原初的理想的天下生命系統基礎上，將天地萬物構成的更大生命系統與理想的天下生命系統進行整合，此部分內容包括第四章至第十章。不管是過去，還是現在；不管是自然科學，還是社會科學，甚或是人文學科，最終都要服務於人類社會，前面兩部分的闡述，也要回歸到人自身，因而老子隨之就談了「以聖人為中樞的人與天下生命系統的整合」，以人之玄德作為兩系統整合的關鍵點，而從人來說，玄德成於「信」。此部分包括第十一章至第十七章。緊接著就是「信」嚴重不足的無道社會的敘述和治理。此部分包括第十八章至第二十章。天下生命系統合不合道，關鍵在人。因而隨之論述了天下生命系統中「人如何與道齊」。此部分包括第二十一章至第二十五章。一步步從理想走向現實，要扭轉現實的社會治理狀態，不是去依靠理想中的聖人，而是在現實中尋找合適的人群來實現社會的過度治理，君子也就在老子章節中出現了。透過君子向聖人的轉變，毀德成道，以不得已而為之的手段實現社會秩序結構的轉變。此部分包括第二十六章至第三十一章。君子有德的制約，多居為臣子的位置，為了避免社會結構發生改朝換代的大變動，最好依靠現有的最高統治者。當然老子不一定非要統治者在其位，方可實現大治，只是希望那些有德性修養的統治者按照「道」的要求，這樣於己、於民各得其所欲，慢慢地實現「天下將自正」的社會秩序結構。此部分以侯王為介入主體，包括第三十二章至第三十七章。侯王是老子給予能夠向道、尊道、循道的統治者的稱謂。

老子予以推翻的統治者不會稱之為侯王，而是工公。這在後面將專門論述。隨著君子和侯王的出現，老子又將「大丈夫」一類人列析出來，大丈夫所涵蓋的人群數量比君子、侯王更多一些，大丈夫出現在各類以德為主導價值的社會中，有上德、下德、上仁、上義、上禮以及其他德為主導價值的天下生命系統的疊加態，與聖民社會相比，這些社會狀態是現實中依次可能存在的狀態，有時就存在著混合的過渡狀態。在這些天下生命系統的疊加態中，大丈夫是扭轉社會秩序結構狀態最可靠的核心力量，當然也必須有侯王的存在。在大丈夫的德性中，不僅有「信」，而且有「忠」，這裡回應了「國家混亂，有忠臣」之句。大丈夫「去彼取此」的守德是社會遞進向道秩序狀態轉變的關鍵。否則就會進入到有無轉換的、符合道運行規則的歷史循環。「反者道之動，弱者道之用」是道對天下生命系統無道狀態的反饋調節。此部分包括第三十八章至第四十章。次於大丈夫的，就是士人。士人有上中下悟道能力的差異之分，統治者也有「有道」和「無道」之分。無道的統治者老子稱之為「王公」，雖也自稱為「孤、寡、不穀」，可其是被老子歸於「物」類，王公的統治是需要喚醒民眾予以顛覆的。當然老子也沒有對這類社會秩序狀態處於失望，而是理性的「勸人知足止心」，讓其有頓悟道的可能。以聖人的行為、功效為士人、王公指引了方向。否則，「柔弱勝剛強」的道則就會發生作用。此部分包括第四十一章至第四十九章。欲不知足，心不止欲，主要在於不明生死道。隨後主要就是關於生命系統的生死道的論述，比部分包括第五十章至第五十六章。雖然在第十章中有「愛民治國」、在第十八章中有「國家昏亂」、在第三十六章中有「國之利器不可示於人」、在第五十四章中有「修之於邦」和「以邦觀邦」之句，但是並沒有專門論述邦國，專門論述邦國的實際上就是從第五十七章開始的，一直到第六十九章。這些章節是

邦國為介入主體論述天下生命系統的。這部分內容包含的章最多，加上間
或在其他章中出現的「邦」或「國」，容易牽引人們的注意力，認為老子
是為統治者張目的，而忽略了老子對不平等社會結構改造的意圖。國家在
我們現代人的眼裡，是統治者實現其統治的工具，而在老子眼裡卻是人類
社會的必然存在，國家好壞的根源在於人，人為正，國亦為正。德厚之人
才可以有國，也就是國家長存的根本在於對「道」的遵從。國如何實現遵
從道，那就需要聖人。聖人與道可導國以正，故「德交歸焉」。為正的國
可以達到國之玄德狀態，既能夠處理與民的關係，也能夠處理好與他國的
關係。在第七十章至第七十九章中，主要論述了如何使天下生命系統達到
天人合一的狀態，使人之道與天之道透過聖人的道統一起來，最終天下表
現為「為善消怨」的良性轉變過程。第八十章和第八十一章是老子有道理
想與現實的妥協中提出了未來社會的應然模式。

　　本書闡解依據的版本，是在參考了許多版本的基礎上，以河上公本、
陳鼓應注譯本為本，進行斟酌取用後形成的版本。下面就河上公、陳鼓應
注譯本、本書取用以表明列對照，以供讀者參閱。

老子八十一章	河上公本	陳鼓應注譯本	本書取用
第一章	1. 道可道，非常道；名可名，非常名。 2. 故常無欲，以觀其妙；常有欲，以觀其徼。 3. 此兩者	1. 道可道，非常道；名可名，非常名。 2. 故常無，欲以觀其妙；常有，欲以觀其徼。 3. 此兩者	1. 道，可道，非常道；名，可名，非常名。 2. 故常無欲，以觀其妙；常有欲，以觀其徼。 3. 此兩者
第二章	1. 故有無相生，難易之相成，長短之相形，高下之相傾，音聲之相和，前後相隨。 2. 萬物作焉而不辭 3. 生而不有，為而不恃，功成弗居。 4. 夫唯不居	1. 有無相生，難易相成，長短相形，高下相傾，音聲相和，前後相隨，恆也。 2. 萬物作而弗始 3. 生而弗有，為而弗恃，功成而弗居。 4. 夫唯弗居	1. 故有無相生，難易相成，長短相形，高下相盈，音聲相和，前後相隨，恆也。 2. 萬物作而弗始 3. 生而弗有，為而弗恃，功成而弗居。 4. 夫唯弗居
第四章	1. 道沖而用之，或不盈。 2. 挫其銳，解其紛，和其光，同其塵。	1. 道沖而用之或不盈。 2. 疑五十六章錯簡重出。	1. 道沖而用之，或不盈。 2. 挫其銳，解其紛，和其光，同其塵。
第七章	以其無私	非以其無私邪？	非以其無私邪？
第八章	水善利萬物而不爭	水善利萬物而不爭	水利萬物而不爭
第九章	功成、名遂、身退，天之道。	功遂身退，天之道也。	功遂，身退，天之道也。

第十章	1. 能無為乎 2. 生之畜之。生而不有，長而不宰，是謂玄德。	1. 能無智乎 2. 認為五十一章錯簡重出。	1. 能無智乎 2. 生之畜之。生而不有，長而不宰，是謂玄德。
第十三章	故貴以身為天下者，則可以寄於天下；愛以身為天下，乃可以託於天下。	故貴以身為天下者，若可寄天下；愛以身為天下，若可託天下。	故貴以身為天下者，若可寄天下；愛以身為天下，若可託天下。
第十四章	1. 是謂忽恍 2. 以知古始	1. 是謂惚恍 2. 能知古始	1. 是謂惚恍 2. 能知古始
第十五章	1. 古之善為士者 2. 渙兮若冰之將釋 3. 渾兮其若濁 4. 無「澹兮其若海；飂兮若無止」，在第二十章為「忽兮若海，漂兮若無所止」 5. 故能蔽不新成	1. 古之善為道者 2. 渙兮若冰釋 3. 渾兮其若濁 4. 澹兮其若海；飂兮若無止 5. 故能蔽而新成	1. 古之善為道者 2. 渙兮若冰釋 3. 渾兮其若濁 4. 澹兮其若海；飂兮若無止 5. 故能蔽不新成
第十六章	1. 吾以是觀其復 2. 妄作，凶。 3. 公乃王，王乃天	1. 吾以觀復 2. 妄作凶。 3. 公乃全，全乃天	1. 吾以觀復 2. 妄作凶。 3. 公乃全，全乃天
第十七章	1. 下知有之 2. 有不足焉，有不信焉。	1. 不知有之 2. 信不足焉，有不信焉。	1. 下知有之 2. 信不足焉，有不信焉。

第十九章	見素抱樸，少私寡欲	見素抱樸，少私寡欲，絕學無憂	見素抱樸，少私寡欲
第二十章	1. 絕學無憂 2. 相去何若 3. 如嬰兒之未孩；「沌沌兮」換為「純純兮」，在「我愚人之心也哉」後 4. 乘乘兮 5. 我獨若昏 6. 頑似鄙	1. 認為「絕學無憂」在上章 2. 相去若何 3. 沌沌兮，如嬰兒之未孩； 4. 儽儽兮 5. 我獨昏昏 6. 頑且鄙	1. 認為「絕學無憂」在上章 2. 相去若何 3. 沌沌兮，如嬰兒之未孩； 4. 儽儽兮 5. 我獨昏昏 6. 頑且鄙
第二十一章	1. 唯 2. 恍兮忽兮，其中有物；忽兮恍兮，其中有象。 3. 自古及今 4. 吾何以知眾甫之然哉？	1. 惟 2. 恍兮忽兮，其中有象；忽兮恍兮，其中有物。 3. 自古及今 4. 吾何以知眾甫之狀哉？	1. 惟 2. 恍兮忽兮，其中有象；忽兮恍兮，其中有物。 3. 自古及今 4. 吾何以知眾甫之狀哉？
第二十二章	1. 窊則盈 2. 故誠全而歸之	1. 窪則盈 2. 誠全而歸之	1. 窪則盈 2. 誠全而歸之
第二十三章	1. 飄風不終朝，驟雨不終日。 2. 道者同於道	1. 故飄風不終朝，驟雨不終日。 2. 同於道	1. 故飄風不終朝，驟雨不終日。 2. 同於道

第二十四章	1. 跂者不立 2. 其於道也，日餘食贅行	1. 企者不立 2. 其於道也，日：餘食贅行	1. 企者不立 2. 其於道也，日：餘食贅行
第二十五章	1. 字之日道 2. 強名之日大 3. 王亦大 4. 王居其一	1. 強字之日「道」 2. 強為之名日「大」 3. 人亦大 4. 人居其一	1. 字之日「道」 2. 強為之名日「大」 3. 王亦大 4. 王居其一
第二十六章	1. 是以聖人終日行，不離輜重 2. 雖有榮觀燕處，超然。 3. 而以身輕於天下 4. 輕則失臣	1. 是以君子終日行不離輜重 2. 雖有榮觀，燕處超然。 3. 而以身輕天下 4. 輕則失根	1. 是以君子終日行不離輜重 2. 雖有榮觀，燕處超然。 3. 而以身輕天下 4. 輕則失根
第二十七章	1. 善計不用籌策 2. 善閉者 3. 善結者 4. 雖知大迷	1. 善數不用籌策 2. 善閉 3. 善結 4. 雖智大迷	1. 善數不用籌策 2. 善閉 3. 善結 4. 雖智大迷
第二十八章	知其白，守其黑，為天下式。為天下式，常德不忒，復歸於無極。知其榮，守其辱，為天下谷。	知其白，守其辱，為天下谷。	知其白，守其黑，為天下式。為天下式，常德不忒，復歸於無極。知其榮，守其辱，為天下谷。

第二十九章	1. 不可為也 2. 此章無此句 3. 或呴或吹	1. 不可為也，不可執也。 2. 是以聖人無為，故無敗；無執，故無失。 3. 或歔或吹	1. 不可為也，不可執也。 2. 是以聖人無為，故無敗；無執，故無失。 3. 或歔或吹
第三十章	1. 不以兵強於天下 2. 大軍之後 3. 善者果而已	1. 不以兵強天下 2. 大軍之後 3. 善有果而已	1. 不以兵強天下 2. 大軍之後 3. 善有果而已
第三十一章	1. 夫佳兵者不祥之器。 2. 故吉事尚左，凶事尚右。 3. 戰勝，則以喪禮處之。	1. 夫兵者，不祥之器。 2. 吉事尚左，凶事尚右。 3. 戰勝者以喪禮處之。	1. 夫兵者，不祥之器。 2. 吉事尚左，凶事尚右。 3. 戰勝者以喪禮處之。
第三十二章	1. 道常無名，樸雖小， 2. 天亦將知之。知之，所以不殆。 3. 與江海	1. 道常無名、樸。雖小。 2. 夫亦將知止，知可以止不殆。 3. 於江海	1. 道常無名：樸。雖小。 2. 夫亦將知止，知可以止不殆。 3. 於江海
第三十四章	1. 大道泛兮 2. 功成而不名有 3. 愛養萬物而不為主 4. 常無欲，可名於小矣 5. 可名於大矣	1. 大道氾兮 2. 功成而不有 3. 衣養萬物而不為主 4. 可名為小 5. 可名為大	1. 大道氾兮 2. 功成而不有 3. 衣養萬物而不為主 4. 可名為小 5. 可名為大

第三十五章	用之不可既	用之不足既	用之不足既
第三十六章	1. 欲將奪之，必固與之 2. 魚不脫於淵，國之利器，不可以示人	1. 欲將取之，必固與之 2. 魚不可脫於淵，國之利器不可以示人	1. 欲將取之，必固與之 2. 魚不可脫於淵，國之利器不可以示人
第三十七章	1. 無名之樸 2. 亦將不欲	1. 鎮之矣無名之樸 2. 夫將不欲	1. 鎮之矣無名之樸 2. 夫將不欲
第三十八章	1. 下德為之而有以為。 2. 攘臂而仍之 3. 是以大丈夫處其厚，不楚其薄；居其實，不居其華。	1. 下德無為而有以為。 2. 攘臂而扔之 3. 是以大丈夫處其厚，不居其薄；處其實，不居其華。	1. 下德無為而有以為。 2. 攘臂而扔之 3. 是以大丈夫處其厚，不居其薄；處其實，不居其華。
第三十九章	1. 其致之，天無以清。 2. 地無以寧將恐發 3. 侯王無以貴高 4. 固貴必以賤為本，高必以下為基。 5. 此其以賤為本耶？ 6. 故致數車無車 7. 不欲	1. 其致之也，謂天無以清。 2. 地無以寧將恐發 3. 侯王無以正 4. 固貴以賤為本，高以下為基。 5. 此非以賤為本邪？ 6. 故至譽無譽。 7. 是故不欲	1. 其致之也，謂天無以清。 2. 地無以寧將恐發 3. 侯王無以正 4. 固貴以賤為本，高以下為基。 5. 此非以賤為本邪？ 6. 故至譽無譽。 7. 是故不欲
第四十一章	「大白若辱」在「上德若谷」後	「大白若辱」在「質真若渝」後	「大白若辱」在「質真若渝」後

第四十二章	1. 故物或損之而益，或益之而損。 2. 人之所教，我亦教之。 3. 強梁者不得其死，吾將以為教父。	認為錯人	1. 故物或損之而益，或益之而損。 2. 人之所教，我亦教之。 3. 強梁者不得其死，吾將以為教父。
第四十三章	無有入於無間	無有入無間	無有入無間
第四十五章	躁勝寒，靜勝熱。	靜勝躁，寒勝熱。	躁勝寒，靜勝熱。
第四十七章	以知天下	知天下	知天下
第四十八章	不可以取天下	不足以取天下	不足以取天下
第四十九章	1. 聖人無常心 2. 聖人在天下怵怵	1. 聖人無常心 2. 聖人在天下，歙歙焉	1. 聖人無常心 2. 聖人在天下，歙歙焉
第五十章	1. 動之於死地，十有三 2. 以其生生之厚也 3. 虎無所措其爪	1. 動之於死地，亦十有三 2. 以其生生之厚 3. 虎無所用其爪	1. 動之於死地，亦十有三 2. 以其生生之厚 3. 虎無所用其爪
第五十一章	成之熟之	亭之毒之	亭之毒之
第五十二章	1. 既知其母，復知其子 2. 是謂習常	1. 既得其母，以知其子 2. 是謂襲常	1. 既得其母，以知其子 2. 是謂襲常

第五十三章	1. 而民好徑 2. 盜夸非道也哉	1. 而人好徑 2. 非道也哉	1. 而人好徑 2. 非道也哉
第五十四章	1. 修之於國 2. 以國觀國	1. 修之於邦 2. 以邦觀邦	1. 修之於邦 2. 以邦觀邦
第五十五章	1. 峻作 2. 終日號而嗌不嗄，和之至 3. 沒有此句	1. 朘作 2. 終日號而嗌不嗄，和之至也 3. 物壯則老，謂之不道，不道早已	1. 朘作 2. 終日號而嗌不嗄，和之至也 3. 物壯則老，謂之不道，不道早已
第五十六章	1. 物壯則老，謂之不道，不道早已 2. 塞其兌，閉其門 3. 不可得而親，亦不可得而疏；不可得而利，亦不可得而害；不可得而貴，亦不可得而賤。 4. 以正治國，以奇用兵，以無事取天下。吾何以知天下之然哉？以此。	1. 沒有此句 2. 塞其兌，閉其門（作者認為與第五十二章重複，但未刪） 3. 不可得而親，不可得而疏；不可得而利，不可得而害；不可得而貴，不可得而賤。 4. 沒有此句	1. 沒有此句 2. 塞其兌，閉其門 3. 不可得而親，不可得而疏；不可得而利，不可得而害；不可得而貴，不可得而賤。 4. 沒有此句
第五十七章	1. 沒有此句 2. 我無情而民自清	1. 以正治國，以奇用兵，以無事取天下。吾何以知其然哉？以此。 2. 無此句	1. 以正治國，以奇用兵，以無事取天下。吾何以知其然哉？以此。 2. 無此句

第五十八章	1. 其民醇醇 2. 其無正 3. 善伏為妖 4. 廉而不害	1. 其民淳淳 2. 其無正也 3. 善復為妖 4. 廉而不劌	1. 其民淳淳 2. 其無正也 3. 善復為妖 4. 廉而不劌
第六十章	無此句	非其鬼不神，其神不傷人	非其鬼不神，其神不傷人
第六十一章	1. 大國者下流，天下之交，天下之牝。 2. 故大國以下小國，則取小國；小國以下大國，則聚大國。 3. 故或下以取，或下以聚。 4. 夫兩者各得其所欲，大者宜為下。	1. 大邦者下流，天下之牝，天下之交也。 2. 故大邦以下小邦，則取小邦；小邦以下大邦，則取大邦。 3. 故或下以取，或下而取。 4. 夫兩者各得其所欲，大者宜為下。	1. 大邦者下流，天下之牝，天下之交也。 2. 故大邦以下小邦，則取小邦；小邦以下大邦，則取大邦。 3. 故或下以取，或下而取。 4. 夫兩者各得其所欲，大者宜為下。
第六十二章	1. 美言可以市，尊行可以加人。 2. 古之所貴此道者，何不日求以得。	1. 美言可以市尊，正行可以加人。 2. 古之所以貴此道者何？不日：求以得。	1. 美言可以市尊，正行可以加人。 2. 古之所以貴此道者何？不日：求以得。
第六十三章	1. 報怨以德 2. 是以大人終不為大 3. 故終無難	1. 認為不應該在此章 2. 是以聖人終不為大 3. 故終無難矣	1. 以怨報德 2. 是以聖人終不為大 3. 故終無難矣

第六十四章	1. 其脆易破 2. 為者敗之，執者失之。聖人無為，故無敗；無執，故無失。 3. 是以聖人欲不欲，不貴難得之貨；學不學，復眾人之所過；以輔萬物之自然而不敢為。	1. 其脆易泮 2. 認為不在此章 3. 認為不在此章	1. 其脆易泮 2. 沒有此句 3. 以聖人欲不欲，不貴難得之貨；學不學，復眾人之所過；以輔萬物之自然而不敢為。
第六十五章	1. 以智治國 2. 亦楷式 3. 常知楷式	1. 故以智治國 2. 亦稽式 3. 常知稽式	1. 故以智治國 2. 亦稽式 3. 常知稽式
第六十六章	是以聖人處民上而不重	是以聖人處上而民不重	是以聖人處上而民不重
第六十七章	1. 天下皆謂我大，似不肖。夫唯大，故似不肖。若肖久矣，其細也夫。 2. 夫慈，故能勇；儉，故能廣。 3. 今舍其慈且勇；舍其儉且廣；舍其後且先 4. 以善以慈衛之	1. 認為不在此章 2. 慈故能勇；儉故能廣 3. 今舍慈且勇；舍儉且廣；舍後且先 4. 以慈衛之	1. 天下皆謂我道大，似不肖。夫唯大，故似不肖。若肖，久矣其細也夫！ 2. 慈故能勇；儉故能廣 3. 今舍慈且勇；舍儉且廣；舍後且先 4. 以慈衛之

第六十八章	1. 古之善為士者不武，善戰者不怒，善勝敵者不與，善用人者為下。 2. 是謂配天，古之極也。	1. 善為士者，不武；善戰者，不怒；善勝敵者，不與；善用人者，為之下。 2. 是謂配天古之極。	1. 善為士者，不武；善戰者，不怒；善勝敵者，不與；善用人者，為之下。 2. 是謂配天，古之極。
第六十九章	故抗兵相加，則一反勝也已。	故抗兵相若，哀者勝矣。	故抗兵相若，哀者勝矣。
第七十章	是以聖人被褐懷玉	是以聖人被褐而懷玉	是以聖人被褐而懷玉
第七十一章	1. 上 2. 病	1. 尚矣 2. 病矣	1. 尚矣 2. 病矣
第七十二章	則大威至矣	則大威至	則大威至
第七十三章	1. 知此兩者 2. 是以聖人猶難之	1. 此兩者 2. 認為沒有此句	1. 此兩者 2. 是以聖人猶難之
第七十四章	1. 常有司殺者。 2. 夫代司殺者，是謂代大匠斲；夫代大匠斲者，希有不傷其手矣。	1. 常有司殺者殺。 2. 夫代司殺者殺，是謂代大匠斲；夫代大匠斲者，希有不傷其手矣。	1. 常有司殺者殺。 2. 夫代司殺者殺，是謂代大匠斲；夫代大匠斲者，希有不傷其手矣。
第七十五章	1. 以其求生之厚 2. 是賢於貴生也	1. 以其上求生之厚 2. 是賢於貴生	1. 以其求生之厚 2. 是賢於貴生

第七十六章	1. 萬物草木之生柔脆 2. 是以兵強則不勝， 3. 木強則共	1. 草木之生也柔脆 2. 是以兵強則滅， 3. 木強則折	1. 草木之生也柔脆 2. 是以兵強則不勝。 3. 木強則拱
第七十七章	1. 其猶張弓乎 2. 不足者與之 3. 孰能以有餘奉天下 4. 是以聖人為而不恃，功成而不處，其不欲見賢。	1. 其猶張弓與 2. 不足者補之 3. 孰能有餘以奉天下 4. 認為不在此章	1. 其猶張弓與 2. 不足者補之 3. 孰能有餘以奉天下 4. 是以聖人為而不恃，功成而不處，其不欲見賢。
第七十八章	1. 攻堅強者 2. 以其無能易之 3. 故柔勝剛，弱勝強 4. 故聖人云 5. 是謂天下王	1. 功堅強者 2. 以其無以易之 3. 弱之勝強，柔之勝剛 4. 是以聖人云 5. 是為天下王	1. 攻堅強者 2. 以其無以易之 3. 弱之勝強，柔之勝剛 4. 是以聖人云 5. 是為天下王
第七十九章	沒有此句	報怨以德	報怨以德
第八十章	使有什伯，人之器	使有什伯之器	使有什伯之器

聖人與民的天下生命系統

　　老子五千言核心就是道。德是道的表現，是道在各生命系統，也就是天地萬物中特定的質顯。老子以言道提出了理想的人類社會構想：一個沒有權力支配結構的社會，只有聖人和民共治的社會。聖人透過不尚賢、不貴難得之貨，使民不爭、不為盜，而終形成不受利慾干擾的聖民社會。人心之惡透過與天地萬物同道的作為而得到滌除，聖人與民日常活動就是實腹強骨。聖人同於道，民透過聖人引領同於道。因為聖民社會同於道，猶如一個整體，所以我們稱聖民社會為老子原初理想的天下生命系統。

第一章　本源道

> 道，可道，非常道；名，可名，非常名。
>
> 無名，天地之始；有名，萬物之母。
>
> 故常無欲，以觀其妙；常有欲，以觀其徼。
>
> 此二者，同出而異名，同謂之玄。
>
> 玄之又玄，眾妙之門。

變動：

　　此章在所有版本中，沒有太大的變動，變動之處如下：「常」為「恆」；「萬物」為「天地」，其中「始」、「母」前無「之」；「徼」為「噭」；「此二者，同出而異名，同謂之玄」為「兩者同出，異名同謂」；「妙」為「眇」。其他的差異主要是在釋讀中句讀分隔的不同。

闡解：

　　開宗明義，提出了「道」，全書所要闡述的中心。現在我們一談道，

自然就想到了老子的《道德經》，也叫《老子》。在中國的傳統學問裡，儒家的、道家的、墨家的、法家的、陰陽家的等都要談到道。在日常生活中，談到的道就更多了，有茶道、香道、禪道、神武道、跆拳道等。中國的文化，離不開「道」。在基督教中、在伊斯蘭教中，上帝的旨意、上帝的啟示、神蹟、真主的啟示、真主的旨意都是中國文化裡的「道」。佛教進入中國後，佛與道結合，稱之為「佛道」。佛是大智慧，在佛學裡，道也是大智慧，從中國的文脈思路看，佛就是道。當然，老子的道，也是在前人談道的基礎上談的，只不過老子的「道」，談得更通透，以至於後世百家談道都要溯源於老子，而前人的「道」說也會隱於歷史之中。可是，平時裡所談的道，就談到了老子的道，但與老子開宗明義那個首字「道」也存在著差等次第。由於道的差異千差萬別，尋道也存在著先後、遲緩、快慢，也就導致了對老子「道」的解讀差異。現在有許多版本的《道德經》，雖然都是五千言，但是版本之間沒有完全相同的。考證學也在版本比較中，認為現在馬王堆出土的《道德經》是年代最靠近老子時代的，也就認為最靠近老子的真實版本。其實，真實不真實並不重要，恰恰各種版本差異的不同，正好解釋了第一句話「道，可道，非常道」。

在古代中國，許多傳本是沒有標點符號的。要讀書，要讀文章，首先要學會斷句。這種句讀功夫，是要經過專門不斷地訓練才能掌握的。有一個故事就是說句讀的，標體是「下雨天留客天爾留我不留」。在現在實事求是的大環境下，中國語言的語義模糊性被大加鞭撻，以至於貶中國文化「沒有邏輯」、「隨意」、「不精確」，甚至於貶傳統文化不講原則。一有機會就大貶特貶。句讀其實可以說是思維的訓練，近道的訓練。「道，可道，非常道」也斷句為「道可道，非常道。」這樣斷句，語義就發生了變化，缺少了思維的遞進關係表達。「道可道」，強調了「可道」，隱逸了道

與「可道」的道的差異。這裡我把老子直指的道叫做「本源」道。為什麼稱之為「本源」道，它是宇宙的本源、世界的本源、天地的本源、一切規律的本源、物的本源、生命的本源、行為的本源、意識的本源、情欲的本源，是現代物理學中愛因斯坦（Albert Einstein）、霍金（Stephen Hawking）追求的統一場理論的本源。對「本源」道的一切認知是「可道」的道，能夠描述出來的、可以解釋的道總是與本源道存在著差距。所以，可道的道就不是恆有的道、常道、不是本源道。但是，任何一切可道的道是對恆道、常道、本源道的形式表達。

名，是人對道的認知進程的一切符號形式，是可描述的、可解釋的意思。可道的道就是對道的「名」，名是人類認識系統中模擬出來的道，可道的道與本源道的差等次第在「名」這個模擬道的體系中也得以表達出來。名可以說是道在人類世界的鏡像。所以，名也可分為「本源」名和「可名」名。「可名」的名，就不是恆名，常名。名在現代學術體系中，可作為「類」處理，但是類不能準確地表達名。類與名的選擇趨向不一樣，類強調了差別，名強調了「同一」。道是本體論，名是方法論。名是對道的模擬認識，是人類對道認識的標記。

有和無是可道出來的非常道，有和無也可理解為對道的標記。故有了無名和有名。無名和有名都是對道的名，那什麼是無名和有名？老子給出了解釋：無名，天地之始；有名，萬物之母。在通式本中，「無名天地之始有名萬物之母」斷句為「無，名天地之始；有，名萬物之母。」有的簡單斷為「無名天地之始；有名萬物之母。」如蘇轍的《道德經解》。作為模擬道的「無」和「有」，分別鏡像不可道的常道，可道的非常道，從另一個層面來理解，「無」和「有」都是道的兩種表現形式。如何表現，有無的解讀這裡發生了歧義。一般我們說「天地萬物」，天地和萬物統指為

「有」的世界。天地、萬物同一於「有」，故天地與萬物可等價替換，蘇轍因之意改為「無名萬物之始；有名萬物之母。」用「萬物」替換「天地」。在古老的人類社會，人們普遍認為天地先於萬物而生。如《聖經》的〈創世紀〉中「起初，神創造了天地」、希臘神話中大地之神蓋亞是一切生命的開始、中國神話中盤古大神開天闢地、印度神話認為宇宙的一切來自於梵天。所以，在古代社會人類的邏輯認知中，天地先於萬物而生是一種自然而然的事情，就是現代科學，如《演化論》，也是在天地先存在的情況下開始的。無在有先，天地在萬物先。天地是有的開始，天地之始是無，在天地之間孕育萬物，萬物之母自然歸於有。

　　天地萬物循道而生，道法自然。而作為人類，應該怎樣做才能更深地體悟道呢？「人法地，地法天，天法道，道法自然。」老子給出了人如何體悟道的路徑，人像天地萬物一樣，皆從自然。人在泓瀚宇宙中猶如滄海一粟，微末如塵，有欲、無欲都無法改變這一微末如塵的事實。征服宇宙、征服自然，最終必然為破壞的環境反噬，現代社會的環境反噬案例可謂枚不勝舉。人作為個體是一個生命系統，作為整體也是一個生命系統，其他萬物是一個個生命系統，天地及之間是一個生命系統，宇宙是一個生命系統，所有一切都處於動態的平衡中，人只是平衡分布的一個點。明清以來強化的君主專政最終迎來了西方的民主制度、迎來了馬克思主義，一戰、二戰的人類被大面積滅殺的殘酷性引起了西方社會對東方文化的重視。（在西方文明深刻影響全世界的過程中，西方文明一直是在東方文明的比較中確立自己的發展座標。期間經歷了對自身文明的兩次反思，第一次反思是在第一次世界大戰爆發之後，第二次反思是在第二次世界大戰爆發之後，反思的訴求方向無一例外指向了中華文明。先後出現了李約瑟等對中國文化有深刻研究的大學者，但這些真知灼見很快又湮沒於西方文明

的傲慢之中。現在正經歷第三次反思，同時也存在著西方人的傲慢。）臭
氧層的破壞、城市病的出現觸發了人類對技術社會發展的反思。有欲相對
於無欲對人類是有害的，可是人卻自動趨向了有欲的選擇。以賽局論分
析，無欲是脆弱的平衡，有欲是穩定的平衡。當無欲的脆弱平衡在擾動
下向有欲的平衡滑動，從長遠看，這是人類社會的熵增效應（increase of
entropy），將是置人類生命系統於破壞的境地，對有欲的克制促使人類反
思向道。人作為個體，被有欲支配，就很難體會到道的奧妙，大多數人都
是有欲之體，故很難從無欲的狀態，體悟道。而善於進入無欲狀態的人，
是很容易體悟道的，自如老子說：「吾言甚易知甚易行，天下莫能知莫能
行」。就拿我個人的皮膚病治療經歷來說，我按照自己的一套治療方法治
好了十幾年的頑疾，而周圍與我同患皮膚病的還處於痛苦折磨中，當我將
治療方法告知他們，就如我的外甥，他們並不認可。我外甥認為我得的是
假病，他得的是真病。但他卻不想我這假病也延續了十幾年，真正進入正
確的治療過程，也經歷了六七年才好。就像一戰、二戰的反思一樣，剛結
束時，就會產生真心欣賞東方文化的學者，而這些小眾的學者很快就淹沒
於民主社會崇拜的潮流中。真正改變有欲支配的社會，需要那些善於進入
無欲狀態的人能夠成為社會的引領者。

　　妙和徼都是對道的體悟，「常（恆）無欲」可以體悟道，「常（恆）有
欲」也可體悟道。只不過常無欲體悟的道比常有欲體悟的道要深。常有欲
體悟的道最終要回歸到常無欲體悟的道。西方文化處於「有」世界的認
知，所以黑格爾的邏輯學只有有論，卻沒有無論，雖然他無法理解無論，
但是也略微提到了無論。

　　老子的《道德經》不但有無論，也有有論；不只是無論；只不過是無
論統率了有論。

　　妙是奧妙、要妙之意；徼是事物運行的軌跡，規律的顯現。常有欲可以探求發現事物運行的規律，是一條求真的道路，求真容易執著，執著容易著相，也就容易陷入單一的可道道，導致離本源道似近實遠。因執著，最初是容易近道的。常無欲可以體悟精妙的道意，在似非而是中察微知著，需要恆心、耐心、平常心、在靜寂的狀態觀察體悟道的奧妙，何其難也。有欲不可體悟道，無欲也不可體悟道。常（恆）無欲、常（恆）有欲方可體悟道。

　　對於一個人，有欲、無欲處於隨機切換狀態中，無欲經常被有欲牽引脫離求本源道的軌跡，在執著尋求規律過程中的有欲也可隨時切換到無欲的狀態。為什麼會是這樣的情況？蓋是因為「二者（二者的理解在不同的版本中存在著，但是都和「有」和「無」有著不可分割的關係。在文中，按照語義的邏輯，二者應該是指「有欲」和「無欲」。「有欲」和「無欲」都出於心，所以說「二者同出而異名」。）同出而異名」。對於人來說，對於一個生命系統來說，有欲、無欲皆心之所出，所以「同出而異名」。兩者都可達到對道的體悟，而且有欲與無欲有著不可分割的共生關係，故「同謂之玄」。在中國傳統文化典籍中，我們會見到「天地玄黃」的連用，玄不是幻、不是虛無縹緲，而是高遠，深奧難測之意，不是輕易能夠理解的。世界萬物的運行規則不可能輕易為人所發現，尋求規律性認識是一個不斷追求的一個過程，需累代不斷地累積才可能掌握的，所以才稱之為「玄」。玄是對本源道的高層次體悟，但也不是本源道，只是體悟本源道的正確方向。

　　循此方向，探尋、體悟下去，就不斷地拔高對本源道的體悟層次，所以稱之為「玄之又玄」。因為是正確的悟道之路，可以不斷地接近本源道，所以「玄之又玄，眾妙之門」。眾妙是萬千的可道道，是各式各樣對

本源道的體悟。體悟的正確與否，在於「玄之又玄」的標準判斷。體悟的道經歷了「玄之又玄」的過程，就猶如打開了接近本源道的門戶。這也說明了體悟道是一個可能艱難而又可能漫長的一個過程，所以，要放下執著、進入無欲靜心的狀態，無所謂艱難，無所謂時間的長短，要將對本源道的追求視作為人之為人或者生命系統內在的自然行為。每個人都在道中，又都是一個個獨立的生命系統，很自然地去認識道，就是從身邊最耳熟能詳的基本認知入手是最可靠的。這樣，自然就過渡到了下一章。

第二章　布道：聖民社會的設想

> 天下皆知美之為美，斯惡已；皆知善之為善，斯不善已。
>
> 故有無相生，難易相成，長短相形，高下相盈，音聲相和，前後相隨，恆也。
>
> 是以聖人處無為之事，行不言之教；萬物作而弗始。
>
> 生而弗有，為而弗恃，功成而弗居。
>
> 夫唯弗居，是以不去。

變動：

河上公本，「皆知善之為善」變為「皆知善之為美」。善變為美，一字之變導出河上公的獨到之見。「高下相盈」在有的版本是「高下相傾」。有的版本六對詞後面加「也」，中間加「而」，如有無而相生也。不同的版本比較，「弗」和「不」替換。「萬物作而弗始」在河上公本中是「萬物作焉而不辭」。整體上，這些微小的變化並沒有改變所要表達的意思，有些反而促進了進一步的理解。

闡解：

上一章談到了有欲和無欲二者同出而異名，都能實現對道的體悟。自

然引出了「有」和「無」之間的關係。此章順著第一章，自然會交代有和無的關係。但是如何交代？從生活實踐中，從人們的普遍認知中，植入道的理解，以有無的關係相連接。從抽象的道的論述，一下子歸到生活實踐中道的體悟，這樣利於道的普及和傳播。在有教無類的春秋戰國時代，《道德經》應該開始出現了八十一章的行本，否則無法理解歷史上流傳甚廣的漢代河上公注本和曹魏時期王弼注本的事實。從通篇兩部分到八十一章劃分，只是為了便於傳播而調整了順序，但就其本意並沒有發生改變。就近年來出現的《姬氏道德經》口傳本，分為六部分：〈道經卷〉、〈德經卷〉、〈道理卷〉、〈道政卷〉、〈道法卷〉、〈道術卷〉，為周朝姬姓治國而用，其本意也沒有得到嬗變。所以從任何傳本都能夠達到對老子《道德經》的理解和體悟。當然，《道德經》調整為便於傳播、教學的八十一章後，後世多採用此體例版本，幾千年來的傳承中，自會導致多種歧義或一些缺多字、章句錯位的發生。但是微恙不改大意，也恰恰證明了近道的可道道的多樣化，展現了對道體悟的差異。悟道在路上，人人皆可悟道，但悟道有先後，差異無尊卑。如若人人都在悟道的路上，社會從整體上在向好的方向扭轉，猶如社會賽局規則改變為從聖、尊聖，而不是從力、從利、從權，社會賽局的納什均衡點就會發生變化。

現在人們讀《道德經》，當然指的是八十一章的《道德經》，有斷續之感，以至於一些學者走向了《道德經》求真的考證之路。斷續感是教學版本的通病，古今沒有什麼不一樣的。就像現代的教學 PPT，片與片之間的邏輯連結只有做 PPT 的人最清楚，要麼就是同一領域或相近領域的行家也清楚。對於隔行的人，不經教學者的講述，難免有斷續之感。志趣於《道德經》學習的現代人，經歷了傳統文化的毀棄，又缺乏對《道德經》精義的掌握者，失去了對傳統經典解讀的正確引領，自然會將斷續之感歸

結於客觀的異變，不能夠尋求主觀意義上的通達，故糾結於版本繁多的求真之路，而漸漸失去了原初對《道德經》的學習興趣。

對於做 PPT 的人，前後章節以及語句的安排都有其內在的邏輯規律，八十一章《道德經》的章節語句排序也自然有其內在的邏輯呈現出來，只是現在的我們很難看出其內在的邏輯。何故？蓋因對《道德經》認知偏差所致。如果仔細反覆地不斷研讀，就會發現老子的五千言就是生命規律的總括反應。我們一直認為中國文化是天人合一的文化，為什麼古代中國人會認為「天人合一」呢，這主要是因為人和天具有系統的一致性。系統的一致性在老子的《道德經》中得到了充分地展現。老子認為天下是一個整體，天地是一個整體，都具有系統的特性，而且展現了與人一樣的生命特徵。生命運動不完全遵從因果關係，只是單純地以因果思維理解老子五千言，就會認為老子的邏輯是混亂的。如果從生命的邏輯出發，我們就會避免因果邏輯的纏繞，而發現因果邏輯的其他邏輯表達，有構造邏輯，有系統邏輯等等。這些邏輯與因果邏輯一起統稱為生命邏輯。如果我們能夠以生命運行規律的視角來閱讀《道德經》，那麼《道德經》章節語句無邏輯感自然就消除了。

第一章是晦奧的，第二章是淺顯的，第一章的晦奧是不可避免的，開宗明義就是要講最深奧的道理，是建立標準，接著就是要將最深奧的道理承接地氣，用最淺顯的比喻說明最深奧的道理。我們現在深受辯證法的影響，而第二章是最豐富展現辯證法的一章，現在我們將歸之於樸素的辯證法、辯證思想。其實，辯證思維是人類最基本的一種思維方式，不信的話，可以去嘗試檢驗大部分小孩的思維模式，只是我們以前不叫辯證思維，而是叫陰陽之道、奇正之變。引進了西方學術，我們才有了辯證思維的詞彙。

　　對於普天下的大眾，生活中最關心的就是善惡美醜。善惡美醜的觀念決定了人最基本的心態和行為，第二章就以善惡美醜開篇。隨後提出了生活中常見的六對範疇，就只有「有無相生」比較難理解，且處於第一位，可以說是其他五對範疇的統率，在邏輯上也很好地承接了第一章的內容，將深奧與淺顯相融相合。加上善惡美醜成八對範疇，會從整體上改變一個人的心態和行為，進而達到整體觀念的改變，這樣就會達到身心的和諧、人與環境的和諧，從而實現個人健康和壽命的改變。所以，河上公給第二章注名為「養生」。

　　第一句自然是善惡美醜的敘述。「天下皆知美之為美，斯惡已；皆知善之為善，斯不善已。」趨美向善，這是人最初的普遍的本能行為取向。雖然在不同人類群落中，對美與善存在著不同的理解，如以長脖子為美的緬甸布島族、以胖為美的東加、斐濟等太平洋島國民族。但還是本著趨美向善的行為取向。從現在的對立統一規律來看，隨著美的確立，必然意味著醜的出現；隨著善的產生，必然意味著惡的存在。對於普羅大眾，都認為美就是美，善就是善，並隨之產生了對美善的欣賞、對美善的追求等一系列為美為善的行為和心理，卻他們不知道正是這種為美為善的做法導致了醜惡的出現，這也可進一步理解為所謂為美為善的行為和心理，實際上是一種醜或惡的顯現，因此說美醜善惡是相對存在的。你所謂的為美為善，在其他的為美為善面前相對轉化為醜、轉化為惡。當你極化為美善之時，同時也帶來了醜惡的極化。就如明朝的朱元璋對貪官汙吏的嫉惡如仇，最終帶來了大量貪官的產生，嚴苛的制度並沒有制約了貪官，反而成了腐敗的溫床；再說西方文化對上帝、天使的美化，反而催生了不少現實中存在的惡魔（基督教文化薰陶的社會中，就像其他的文化社會一樣，醜惡都會相對而存在）。針鋒相對的鬥爭行為恰恰是魔鬼行為的另類表達，

這也就容易理解了殖民時代西方殖民者為什麼能夠一手捧著聖經，一手舉著屠殺的大刀，可謂將善惡美醜顛倒輪迴。

在生命系統中，無所謂美醜善惡，過度的對立性極化容易導致生命平衡系統的打破。對於人類個體，過度的情緒表達，喜怒悲恐驚的常態極端表現，很容易導致身體的多病、壽命的縮短。在當今欲望橫行的社會中，不正常的情緒成為常態，癌症多發自然由此知之。國家作為由人構成的生命系統，也循此理。

從善惡美醜的敘述自然引出了有無相生的觀念，直接承接了上章之意。有欲、無欲同出於一生命系統，有無自可相生相行。以觀其妙、以觀其徼可隨時隨地切換、轉化。常有欲可促進「無」的可道道產生發展，常無欲亦可促進「有」的可道道產生發展；當然也可產生相反的阻礙作用，有欲不為常、無欲不為常會對可道道產生一種錯覺，誘入歧途。帶著執念的常無欲、常有欲也不利於向本源道的靠近。也就是我們所說的相生相剋。無中生有，有中生無，兩種對道不同的體悟也可相生相剋。處於交流借鑑的不同文化也可符合有無相生的觀念，沒有對東方文化的吸收，西方文明就不會復興，進入現代文明；中國社會沒有西方現代制度的植入，中國傳統文化就找不到復興的座標。

有無相生是此章的統率，其邏輯遞推也可分析闡釋難易相成、長短相形、高下相盈、音聲相和、前後相隨五對範疇。難易相成相離，長短相形相毀，高下相盈相虧，音聲相和相亂，前後相隨相悖。難中有易，易中有難。沒有克服不了的苦難，任何的難都有容易攻破的地方，任何一個生命，都避免不了疾病的襲擾；就是在平時看來很容易的事情，恰恰是步入歧途的開始，許多困難都是源於「認為」容易的累積，生病亦是如此，中醫理論認為治病主要在於未病之時。難是因為有易的存在，同樣易是因

為有難的存在，沒有難無所謂易，沒有易無所謂難。任何事情都有難易之分，近道則難易相成，遠道則難易相離。從空間視角看，有長短高下，從時間序列看，有音聲前後。由此看來，世界萬物也都是如此，有生於無，無生於有。對於人自身來說如何看待這些，就是一個字「恆」。天地萬物，「道法自然」，故稱之為「恆也」。如果沒有悟透這些，就會著相，執著於善惡美醜。對美善的追求，就會導致醜惡的產生，整個社會就會陷於痛苦紛爭之中。結果就會導致個人生病、社會生病、環境生病、世界生病。

任何人都不是孤立存在的，是相生相依的，人人都有可能成聖，但是需要聖人的引領。什麼是聖人？聖人就是最接近道的人，遵道、循道、向道。具體表現就是無為、不言。但我們不能倒推，無為、不言之人就是聖人，那麼這樣理解的話，無為、不言的人形雕塑就是聖人，在偶像崇拜的社會可以達到這樣的極致。對於一個有生命的人，處於無為、不言的狀態，在形上近道了，常處於無為、不言的狀態就會漸漸以形入道。能經常保持這樣的狀態是很難的，要麼變成瘋子、要麼變成傻子、要麼就成聖了。故以形入道的成聖風險很高，這是因為容易陷入執著。執著的人放下了，也就成聖了，對於普羅大眾，既不執著，也放不下，那就永遠不入道門。執著意味著內心高遠，放下就是回歸平凡。執著放下猶如簡單完成了一個生命週期，在新的歷程上隨道走了一遭，以徹入妙。「處無為之事」，在心境上，可達到體悟自然的要妙，自然而然。有不成熟的自然而然，有成熟的自然而然。不成熟的自然而然容易著相、難以出來，成熟的自然而然已進入了放下的階段。遵循世界萬物的自然運行規則，「己所不欲，勿施於人」，保持個體生命系統的自在狀態，對寒暑冷熱、七情六欲等外在環境形成適應的適合自身生命系統的積極的能量交流狀態，發揮免疫系統的最大功能狀態。要把這種近乎道的體悟告訴他人，讓那些習道之人便即

入道，避免著相，以不言達到對他人的教誨。但不是教育過程中完全不言，要知道不著相，難以脫相。對於離道遠的人，需要以言引入道相。不言只是教育過程的最高境界，不言之教是老師與學生能夠達到默契，可進行靈魂交流。言容易將老師或他人的可道道植入學生的思想中，學生要形成自己的可道道，需要不言之教的引領，避免靈魂被支配。要做自己思想的主人，不是他人思想的奴僕。人人在循道的路上都是一個個獨立的生命系統，且與自然達到和諧統一。「萬物作而弗始」，讓萬物自然而然的生長發展，而不是人為地改變他們，尤其是不能支配、控制、掠奪他們。

「生而弗有，為而弗恃，功成而弗居。」聖人如何處無為之事？就是不憑藉自身所擁有的資源去挾持他人或他物。一切都是作為人自然而然的事情。生育了，創造了，因為你而有了新的生命、新的事物、新的其他，但是你認為這是本該如此的；你做事了，甚至有所作為，但是你並沒有以此為依仗，認為這沒有什麼；有功於社會、有功於國家，有功於某一組織，有功於個人，你卻不居功自傲，而且不去享有因為有功而獲得的一切。這是聖人的行為，你這樣做了，意味著你近乎聖人了。對我們現代社會來說，真正這樣做很難，也不可能。每一個人都是有欲的個體，有自己所關心的，社會已經形成了欲望占支配地位的規則社會，如果這樣做，會被認為有病，且病的不輕。但是聖人也是人，普通人，其本身並不是要高於其他人，即使自己德行高遠，也不會輕視他人，與人樂，與己也樂。境界的高遠，聖人會看到有許多遠道、尋道之人，自然會以自身行為的展示行不言之教，而不再是單單修自己的心。聖人的無為之事，在現實中，對自身利益所獲的結果可歸於零，生、為、功成都是需要積極作為的，這個積極作為是作為生命體應有的行為，將之歸為本能運動。至於帶來什麼樣的結果，聖人並不去關心，這也就是處「無為之事」吧。好處是，對聖人

自己來說，因為心態平和，就會發揮個體生命系統的最積極狀態，而最終達到長壽；對社會來說，人與人之間關係處於低耗能狀態，人際關係簡單，負面能量的累積能夠得到及時的疏散，人的幸福指數就高；對環境來說，沒有了人給予的壓力，也會處於良性的生態修復狀態。

「夫唯弗居，是以不去。」結尾卻從功利性的視角來評價聖人處事的結果。是一句鼓勵性的言辭，布道是面對普羅大眾的，布道的人就不能以聖人來定位，前面說了聖人是如何如何，而對於普羅大眾來說，像聖人那樣行事，對自身有什麼好處，這是普羅大眾的思維邏輯。只有這樣，才能夠吸引普羅大眾走上尊道、尋道、悟道、循道之路。當然要建立在事實的基礎上，雖然文中沒有指出任何事實，但是對於博學廣聞的老子，八個字足夠了，對於當時聆聽教誨的人來說，現實中太多居功自傲、恃才傲物、飛揚跋扈之人，結果大多不是太好。從長遠的角度來說，弗居是人際關係的潤滑劑，有了良好的人際關係，人們只會記住你的有所作為，而沒有記住因為你有所作為而帶來的負面評價。這是因為你所守的道，使你沒有美其美，善其善，使你沒有醜惡之行的表現。更何況誰也沒有你有資格享受功勞的獲得，得到了普遍認可，故「是以不去」。

第三章　聖人之治

不尚賢，使民不爭；

不貴難得之貨，使民不為盜；

不見可欲，使心不亂。

是以聖人之治，虛其心，實其腹，弱其志，強其骨；常使民無知無欲，使夫智者不敢為也。

為無為，則無不治。

變動：

　　此章變動之處不大，也不影響其大意。變動之處如下：「尚」為「上」；「不為盜」為「不盜」；「使心」為「使民心」、「使民」；「聖人之治」為「聖人治」，後有「也」；有的無「使夫」；「智者」為「知者」；「智者不敢為也」為「知不敢弗為而已」；「不治」後有「也」。

闡解：

　　第二章主要是以「有無相生」為核心，對普通民眾進行布道。而普通民眾，能夠對道感興趣的，都願最終致力於國家管理，透過國家治理社會。此章同時也表達了老子希望當政者，能夠採用其主張。老子是周朝史官，博古通今，從治理者的角度出發，既看到了周興盛衰敗的緣由，也為當世治局之亂而把脈。在三家分晉之後，原來的一套禮治秩序失去了治理效力，就是原來的各諸侯國也是紛爭不斷，相互吞併，這也只是局於諸侯國之間的吞併，而後諸侯之位屢屢被其權臣取代，亂了統治的秩序。老子不欣賞周朝的禮制秩序，更不喜平王東遷後的治理秩序。在對歷史變遷深刻反思的基礎上，老子形成了自己的治理觀念。以治理驅動的主體為名可稱之為「聖人之治」。以其治理觀念的特徵為名可稱之為「無為」的治理觀念。

　　在老子這裡，統治者不是聖人，聖人也不一定要處於統治的地位上。老子的聖人與聖賢是有差別的，第二章已經講過什麼是聖人，他與一般的聖賢在心境上有質的差別。聖人的心，無所指向，以百姓心為心，而聖賢的心是有明確指向的，是有欲之心，可道道之心，還沒有成為聖人的心。文中的賢主要指賢能之士，聖賢只是後世的一個籠統稱呼，不甚準確。賢能之士是有專長的，憑其專長可獲得統治者賞識、社會稱頌、民眾稱讚，賢能之士有其強烈的欲望取向，漢代主父偃將賢能之心達到極致，其壯烈

豪言「丈夫生不五鼎食，死則五鼎烹」。統治者有能力聚集大量的資源，尚賢是撬動巨大社會資源的槓桿，促使有專長的人各顯其能、無專長之人競習專長以加入紛爭的行列，熙熙為利忙。強者爭利，弱者盜利。人有差等，貨有優劣，以「尚賢」挑動了資源的流動，資源在社會中成為安身立命的憑藉，那些難以獲得的資源，更是人們爭以搶奪的對象。具有搶奪能力的只有少數人，對於沒有搶奪能力卻又有占有資源之心的人只能另闢蹊徑，致盜利行為猖獗。爭利盜利行為的驅使，其因之獲利的結果刺激著社會欲望橫行，人人處心積慮謀求利益，導致社會各種亂象叢生。爭、盜、亂是社會亂象、國家亂象、人際關係亂象，這樣的社會內耗嚴重，戰爭不斷，非正常死亡增加、國家疲憊、社會凋零、人的壽命短暫，結果到了劉邦統一國家之時，全國為皇帝配不齊同一顏色的拉車馬。春秋戰國時期是中國有史以來第一次清晰地顯示了爭、盜、亂的社會特徵。老子不僅有禮乃亂之源的深刻溯源思考，也提出了解決爭、盜、亂的手段和路徑。老子從三個「不」上解決了爭、盜、亂的根源。但是老子的治理思想卻在三百五十多年後才成為社會現實。而很快又為倡「禮」的儒家所取代。

在老子的心中，治理爭、盜、亂是需要聖人的，而聖人與國家統治者（王）最好是一致的，即使聖人與國家統治者（王）無法達到統一，但也應是社會行為的有效示範者，受社會尊重，猶如萬物自賓，人們發自內心的遵道、循道。他設想了聖人治理的場景：不尚賢、不貴難得之貨、不見可欲的社會。

美美、善善、尚賢、貴難得之貨，都是欲望產生的源頭，美善賢少應是自然狀態，不應人為地去雕琢，這是聖人處無為之事的基本客觀認知。如何達到聖人的「無為」，需要一個過程。就是要以生、為、功成的積極行為推動聖人治理場景的實現。以其弗有、弗恃、弗居的行為結果獲得不

言之教的效果，人人爭以效仿。結果就是：不尚賢、不貴難得之貨、不見可欲的治理場景自然浮現。

聖人之治包括身心治理、家庭治理、國家治理、社會治理各個治理層面。以身心治理推動家庭治理、以家庭治理推動國家治理、以國家治理推動社會治理。其中最重要的是身心治理和國家治理。故老子以「虛其心，實其腹，弱其志，強其骨」喻身心治理，以「常使民無知無欲，使夫智者不敢為也」喻國家治理。身心治理的中心點是心。四句十二字皆從心出，「志」也是心之意，「心之所向」之意，從其字面看是士人之心。如何看待心，就是要虛化或弱化。對於一個人，心是最為關鍵的，一切欲望皆由心起。心是有欲和無欲分野的關鍵。社會的一切亂之源皆由心起，如果滅了心中的欲望火焰，也就從了虛無之道。但是現實中心中的欲望是不可滅掉的，有無相生就講明了老子只是讓人去修無欲之心，以無欲之心去平抑有欲之心。以健康長壽為導引，弱化分散內心升起的眾多欲望。對於一個人最關心的應該是自己能夠更長時間保持健康，壽命延長。沒有了欲望之心，或者淡化了欲望之心，生命系統將進入自我的邏輯運行中，間或以「有欲」刺激，保持生命系統的激活狀態。在欲望泛流的社會中，追求自身生命系統的長時間健康運行。「實其腹」、「強其骨」就成為自然之道，實腹保持不斷的能量供應，最終強壯筋骨。強壯筋骨只是完成了一個自然循環，關鍵是要以身御心，欲望之心、無欲之心切換自如，相生相長，改變生命系統密碼，達到長壽。

有欲、無欲相生相長，欲望密集之地是成就聖人的最佳場所。國家，權力集中之地，也就是欲望最密集之地。王，統治者，處於欲望的漩渦中，常有欲以觀其徼，以徼至妙，也是最有利於成就聖人心的。且不說三聖以上時代，就以周武王、周公旦等勤政愛民的王、執政者，雖勞碌政

務，也能保持身體健康，致以長壽，而後世帝王雖錦衣玉食，卻多短命。王，統治者，雖居聖位，卻成聖者寥寥，蓋因執迷於欲望帶來的快感，樂墜欲望而不出。除了權力集中之地可成就聖人，其他地方亦可有聖人出，聖人是講修心的，修心無關何地。

「虛其心，實其腹，弱其志，強其骨」，是達到聖人之治的具體道路，是針對一個個生命個體。虛心弱志是需要聖人引領的，以身試教，聖人是王的話，就更有說服力。而大多數王不是聖人，那就要尊重聖人，在人們心裡的地位，聖人應是高於王的。因為聖人的存在，也就不懼虛心弱志引起其他欲望之心的侵害，經常引導人們尊道、循道、證道，結果表現為「無知無欲」。因為心中有大道存在，所有小聰明都無所遁形。不為所迷，自然表現為「無知」之狀，因為心中有大道，常無欲以觀其妙，固然「無知無欲」。無知無欲是一種自在行為，不是外在使然，普通民眾雖需要聖人以「不言之教」引領，但不需要充滿欲望之心的王支配控制。韓非解老，使得帝王取得了法家所言的聖人地位，結果導致我們所常說的愚民行徑。在秦嬴政時期，發生了「焚書坑儒」事件，以致後世帝王多採取愚民之政，民愚君勞，君民皆多壽短。因為有聖人的存在，因為大道的存在，所以「使夫智者不敢為也」。這裡的智者，是善於利用欲望之心謀取利益的人。在廟堂之上、在草莽之中，都有智者存在。王有欲，則被智者利用；民有欲，則被智者利用。王和民都處在追求「道」的路上，智者的動機隨時處於暴露的狀態，智者自不敢為也。敢為，則非智者，而是假智者，實魯莽也。無知無欲的核心是道在、聖人在。沒有聖人，人不向道，何談「無知無欲」。

實其腹，強其骨，是每個人強身健體的需要，以強身健體入道是最自然的路徑。心向道了，行無為之事，身體就會處於免疫系統的自主狀態，

寒暑冷熱不能侵害身體，七情六欲不能侵害身體，身體已處於很健康的狀態中，結果身體治理好了。對於家庭，人人都有健康的身體，心態平和，看淡一切紛爭，無所謂謙讓之禮，家庭也就治理好了。國家因為有聖人在自然地疏導行為，有欲得到了有效控制或者減少了有欲，常使有權力人的積極作為，且與欲求發生分離，國家也就治理好了。沒有智者的出現、紛擾，人人都在尊道、循道、證道的路上，國家不進行有欲的干預，社會也就治理好了。故說，「為無為，則無不治」。

天地與萬物、聖人與民的複合生命系統

　　前面設想了聖民社會，而且聖民社會是同於道的社會。但是具體如何同於道？就是要進一步讓人們知道如何修道，修道的目標和具體路徑是什麼？因而在天下生命系統的基礎上，構造了一個將天地納入其中的複合生命系統。這個複合生命系統由兩個子系統構成，一個是天地與萬物子系統，一個是聖人與民子系統，兩個子系統又可稱為子母系統。兩個子系統因為萬物形成有機統一的複合生命系統。此部分包括第四章至第十章。第四章是進一步闡釋道，第五章講了這個複合生命系統的兩個擬道體，第六章講了如何將兩個子系統連接起來，第七章講聖人以「後其身、外其身」擬天地長生之德，第八章講人們如何就身悟道、修道，已達聖民社會的無憂狀態，第九章講了一些主要的具體做法，第十章講了如何以玄德狀態使兩個子系統完美地融合在一起。

第四章　形道：向大

> 道沖而用之，或不盈。
>
> 淵兮，似萬物之宗。
>
> 挫其銳，解其紛，和其光，同其塵。
>
> 湛兮，似或存。
>
> 吾不知誰之子，象帝之先。

變動：

　　沖，古字為盅。傅奕本作「盅」，大多數版本用「沖」，通式本也是用「沖」，《姬氏道德經》中，「沖」化為「空」。無論怎麼變化，意思都不

離「空」、「虛」之意。一些版本「道沖而用之，或不盈」沒有逗號斷開。也有的斷為「道，沖而用之，或不盈」，將「沖」作動詞用，似水被衝擊狀。「挫其銳，解其紛，和其光，同其塵」大多考證認為錯簡於第五十六章。在此也能說得通，為什麼要認為不能重複呢？邏輯上說得通，重複也可吧。在《姬氏道德經》中，「淵兮，似萬物之宗」與「湛兮，似或存」是相連的，但並不能證明教學版道德經不應有此四句。

闡解：

　　在第二章布道中，「夫唯不居，是以不去」的功用性結論吸引人們尊道、循道，接著第三章談及聖人之治的「為無為，則無不治」的萬能結論。道對聆聽者的吸引力增強了，需要進一步了解「道」到底是什麼？第四章自然要對「道」的具體化。就是用具體的，人們所能理解的語言定位。兩「似」、一「象」，對「道」進行比較，進行形體定位、空間定位、時間定位。嚴復說「此章專形容道體」，概不竟然。以道體面目出現的，後面出現的有谷、谿等，道體如「盅」、如空。所謂道體，只不過為了更好地理解道，實際上，道無體，因為道無體，河上公為此章取名為「無源」。道就是思想、規律等具體而形的意思表達，它透過各式各樣的載體而顯現，或匿於載體中為悟道之人所體悟。道體的說法，只不過是為了更好地理解道，一說道有體，那就可道道了。而可道道萬萬千，道體也可謂萬萬千。此處可道道，只為了逐步地讓聆聽者更好地理解道，以模糊的比較手段引起對道的想像，對於每一個現實中的人，都會以自己所熟知的東西形容未知的或想像看不見的東西。故此章可名為形道。而形道又是向大的方向意延，故名之為「形道：向大」。

　　道的本質是空，沖是空之意，「盅」之用亦在空，以沖形空。與第一章相合，「空」有「無」意，鏡像「無名天地之始」，但此時的「空」是

「有」之「無」，「用」字是以道為器，「道沖」為道之器用。用空怎麼也用不完，「或不盈」的「或」指出了道一直處於運行中。在運行中的道，不盈不盡。既不是處於盈溢的狀態，也不是處於盡光的狀態。這種狀態對我們來說也是浩瀚無邊的。

淵，深刻之意。萬物之宗與萬物之母同意，第一章講到「有名萬物之母」，道由無轉為有。似萬物之宗，是有無相生的過程表現，道跨於有無之間，故曰「似」。有無之間為空，形道為空。空廣大無邊，有只是其極小部分，如原子由原子核和電子構成的物質結構，結構內絕大部分的空構成了「有」的原子、浩瀚的宇宙也是空占絕大部分。空與物質構成了「有」的世界。現在證明了各種場如電磁場、引力場等是物質的，也可以說它們具有「空」特性的物質。任何有形的東西都可寂滅為空無，而空無又可產生萬物。這可以說是對道進行形體定位。

道既存在於紛亂、張揚的動態中，亦可存在於萬物自然的靜態中。銳、紛都是背道的現象，受欲望的驅使形成的社會狀態，道可以「挫」之、「解」之；而萬物自賓為自然，道無所作用，隱於光、塵中，即為和光同塵。道無所不在，體悟道在於「知著」、「察微」。湛，清澈無物，取空無之意。「湛兮，似或存」，表達了道雖然形空，但這種空以「有」的形式存在。可以說這是空間定位。

我們有了似是而非的形體定位和空間定位，道似乎也就有了「體」，而這個「體」是怎麼產生的，我們誰也說不清，老子故曰：「吾不知誰之子」。在我們所認知的世界中，任何物體都有其產生的源頭，可是道卻沒有，形道只是為了普羅大眾可道道。道形空，「無」為「有」的源頭，這裡以「帝之先」與第一章「天地之始」相合，帝與天地同時而生。可以說這是對道源進行時間定位。

有「體」，必存在於一定的空間中，一定的時間中。而道「體」浩大，無所不在，無時不在。道有「體」，則空化為虛。由之，道「體」為虛體，虛空之體。

第五章　擬道體：天地和聖人

> 天地不仁，以萬物為芻狗；聖人不仁，以百姓為芻狗。
> 天地之間，其猶橐籥乎！虛而不屈，動而愈出。
> 多言數窮，不如守中。

變動：

此章變動之處如下：「芻」為「蒭」、「蒭」；「猶」為「猶」；「籥」為「鑰」、「蘥」、「籭」；有的「籥」後無「乎」或為「歟」；「出」為「詘」；「愈」為「俞」；「不如守中」為「不若守於中」。

闡解：

此章河上公取名為虛用，其他有的取名為守中，有的取名「天地不仁」，有的取名「不如守中」，有的取名「天地」。離「無」最近的「有」是天地，「有」和「無」都是離本源道最近的可道道。「有」、「無」的關係也喻出道的本質，就像陰陽的關係。「有」、「無」可化轉為陰陽。天地是最近道的，從「無名天地之始」可知，因而「無」比「有」更近道。天地、萬物、人，三者哪一個天然近道的，毫無疑問是天地，後面談到「人法地，地法天，天法道」，而這裡天和地合用為天地。人要體悟道、遵循道，那就要模仿天地的作法。能夠達到和天地行為一致的人，那就是聖人。聖人是天地的擬體，天地和聖人都是道的容器。

此章三句話，第一句話言天地，第二句話言天地之間，第三句話言

人。天地的行為決定了天地之間的行為，天地之間的行為決定了人的行為。道是講給人聽的，最終目的是為了人能夠以道的準則行事，要尊天敬地，尊敬天地不是盲目地去信仰天地，而是遵循天地的規則，就是要看天地是如何做的。

萬物在天地之間「生之，育之」。天地以道的行為對待萬物；天地的行為以不仁為特徵。何為仁？仁乃人之心也，發乎人心的自然之情。仁是人之性也，不仁是天地之性也。天地不仁的解釋有多家之言。王弼注：「天地任自然，無為無造，萬物自相治理，故不仁也。仁者，必造立施化，有恩有為。」河上公注：「天施地化，不以仁恩，任自然也。」蘇轍說：「天地無私，而聽萬物之自然。故萬物自生自死，死非吾虐之，生非吾仁之也。」吳澄說：「仁謂有心於愛之也。天地無心於愛物而任其自生自成。」高亨說：「不仁，只是無所親愛而已。」還有胡適、車載、福永光司、童書業、李谷鳴等都對「不仁」作了解釋。天地和萬物都是道「生之，育之」。天地以「無」名，萬物以「有」名，天地的道最近本源，萬物以道尊天地，天地以道率萬物，萬物以自生自成而尊天地之性。天地沒有偏袒親仁之心，對待萬物一視同不仁。芻狗是古代祭祀使用的東西，不是現在我們心中所想的貓啊狗啊之類的，用草製成的像狗形狀的祭祀用品。古代的祭祀是莊重嚴肅的，祭祀用的東西也不是隨意擺放的，祭祀是人類最重要的生活儀式之一。草可隨意採割，而祭祀用的草卻有了儀式的符號，祭祀時，需要以特定程序莊嚴對待，祭祀完後，又失去了儀式的意義，則不謂芻狗也。違背自然之道的萬物也不為天地所對之芻狗，人也是萬物之一，固有「天道無親，常與善人。」芻狗有著短暫的生滅規律，生滅規律因草的生命期、祭祀的週期所決定。對天地來說，萬物生或萬物滅，都不影響其不仁之性。

　　對於聖人而言，已經與一般人不同了，其和天地一樣，都成為道的容器。聖人與百姓的關係猶如天地與萬物的關係。聖人之道與天地之道相同，聖人無心，以百姓的心為心；天地無心，以萬物之心為心。因其無心，故顯其「不仁」之性。

　　天地之間，是一個龐大的空體，空體之中生育著萬物，萬物在空體中只占極小的部分。這個空體，不就像一個鼓風機嗎？保持著空虛的靜止狀態，就像天地之間的距離不變，沒有一點點癟，顯示不屈的意思，故叫「虛而不屈」。「動而愈出」，越動氣跑得越多，越呈明顯癟的狀態。空體發生了改變，這是因為：雖然天地之間距離不變，但是空體的性質發生了改變。萬物作而弗始，處於自然狀態，猶如虛而不屈，只是因為萬物只是空體的極小部分。萬物循道、天地循道，空體猶如上章所言道之「體」，用之不盡。動而愈出，可以喻指人為過多地、不斷地干預自然，使萬物呈多動的非自然之態。這樣，空體中的有無關係發生了實質性的改變，走向了有無相生的反面。萬物一直處於多動的「有」，精神的「有」轉變為疲憊的「有」，多動過程中缺乏了「無」的轉化，極化狀態就是天地間的空體發生了質變，也就是說從人的環境視角看發生了質變。為什麼動而愈出可以喻指人為過多地、不斷地干預自然。這是因為萬物中人是最能動的因素。人的多欲會改變道「體」的性質。現在生態環境的惡化、人與人之間信任關係的惡化，就猶如空體發生了改變，擬道「體」發生了改變，似乎改變了道「體」。猶如從富氧地區到貧氧地區，人的生活環境向不好的方向轉變，最終損害的是人自身的健康。

　　多言多欲。聖人以不言為上，多言背聖人之道。聖人常無欲，無欲則無需過多地表達自己，自然也就不言了。有欲，則有趨向之心，就可能需要向他人表達趨向之心，自然也就多言了，故說，多言多欲。言，就是將

欲望以各種形式表達出來。最直接的就是從口中說出來，對於個體的人，這種表達形式是最常用的。對於由人組成的組織，直至國家，言，就轉換成為政令、制度、法律等。對於國家而言，多言就是表達國家欲望的政令、制度、法律等繁多。對於有意識形態的國家，國家是有趨向之心的，政令、制度、法律等繁多也就正常了。數，是可看得見的意思，有確定的時間區段。數窮，是可看得見的衰敗。人體如天地，內有真氣，多言會導致真氣逸散，這是指養生而言。對於治事，多言會導致個體的行事方式告知於人，可能會增加治事的難度。對於他人和所處環境，會將自己的欲望加於他人之上或者形成自己的欲望影響區域。個體的欲望疊加，以組織的意志如國家意志出現，就會對弱者形成更大的傷害或者對環境造成巨大的破壞。全世界，生物多樣性的傷害屢屢不斷，皆因組織力量的不斷強大。多言導致數窮的結果，於己於他者，最終都不是好事。這是違背聖人之道的，違背大道的，違背天地之道的，所以會多災多難。為了避免這些，那就守住自己的道心，放空自己，與環境同源，與天地同源，與萬物一起，與聖人同心，認識到自己如塵如末。這就是不如守中之意。當然對於守中，也有不同看法，有的認為守中應為「守沖」，中是儒家言，非老子本旨。有的認為這裡的守中與儒家的守中是不一樣的，是持守虛靜之意。

第六章 空靈：並行道體的連接

> 谷、神不死，是謂玄牝。
>
> 玄牝之門，是謂天地根。
>
> 綿綿若存，用之不勤。

變動：

谷在有的傳本中，作「浴」，有的傳本認為「谷」、「浴」都是「欲」

的借字。雖各有其精妙解意，但是作為普教之本，是要與普羅大眾看的，但是又不能失其老子本意，故在此以「谷」為主。勤在有的的傳本中訓詁為「廑」，弱小之意。有的傳本不是「用之不勤」，而是「用之不盡」，姬氏道德經就是此用。通式本作「勤」，因主要精義不變，故以通式本為主。

闡解：

　　八十一章的《道德經》主要是為了傳道，面對的是各式各樣參差不齊的普羅大眾，章節前後的邏輯關聯是內在的，有的人能夠體悟到，有的人體悟不出來，但承認章節之間邏輯關聯的存在，有的人乾脆否認存在邏輯關聯。就拿此章與上章的關係，對於大多數人來說，章節的跳躍感大，缺乏邏輯關聯。是否存在邏輯關聯，對於接受者來說有一個循序漸進的過程。但是，還是可以形成這樣的共識：將深奧的道理用較為淺顯的語言表達出來，往往很難。老子的語言本來是最普通不過的語言，不然漢代轅固生不會說「老子言如家人言」。但是現在，已經不能稱為「家人言」，我們已經不知道哪個是真本，也很少去關注各章間的內在邏輯關聯，也鮮有人去闡釋章節之間的關係。當遭遇西方的邏輯體系，才想當然認為是缺乏邏輯的。上章借天地（在當時認為是最大的「有」之體）而談道的「虛空體」，是一種真有之體。這種虛空體接近道的本真，對於有欲的人來說，這個本真很難尋覓。天地是想像的，但也是想當然的，因而會常常陷於執著，離本源道愈來愈遠。經常會多言而致數窮，對於離道遠者，卻有向道之心，上章直言「不如守中」，如何守？此章就給出了答案。把心放空，靈動地感知道的的細微精妙，靈動指因應變化的機動性。雖然沒有直接談到「空靈」，但是間接以谷神表達了空靈之意。故此章以空靈為名。

　　取名為「谷神」的或「谷神不死」的，皆是諧取空靈之意。至於取名

「眾生平等」而是循魏源本將上章與此章合併而名的，在邏輯思路上是以韓非解老的的功用邏輯為藍本。河上公注本取名為「成象」，是以玄牝具象為天地之根，直抵空靈的道悟終點。

谷，虛空之意。具象之名為山谷，山脈與山脈之間空曠的地方，五谷可能就是源於此意，「無中生有」的思維事例。虛空體就像山谷一樣，是有中之無。似有實無，似無實有，有中空無，是謂虛空。神，莫測之意，形容不測的變化。虛空具象難以猜測，為谷神。從無到有，我們是無法猜測出現什麼樣的「有」，天造地設，非人力所為。遺傳學講一母生九子，連母十個樣，生命系統「有」的產出是不可精確掌握的。谷神指變異的不可確定性。如何掌握不可確定性，要以生命系統的原則為準繩，對於我們每一個個體的人，掌握這種不確定性，也就是以空靈之心，隨不確定性而動。不死，意味著生命系統「有」的產出是不絕的，谷神不死，意思是從無到有化為萬千世界是一個連續不斷的過程。玄，深奧之意，牝是母性的生殖器，玄牝一詞反映了古代人認為從母性生殖器誕生生命的過程是神祕難測的，以至於在原始宗教崇拜中有女性生殖器的崇拜。「是謂玄牝」，說的就是玄牝，人們所能夠理解的女性生殖器。以玄牝形象化「谷神不死」的狀態。這種參比，有利於人們以「空靈之心」理解道，有利於「空靈之心」的形成。

玄牝之門，是謂天地根。天地是大有，產生天地的根源是無中生有的關鍵之處，是有無相生的道源。玄牝是陰陽交合，誕生生命的關鍵部位，就像產生天地的根源一樣。玄牝的門戶就像道的真有、真無轉換的關鍵之處。這樣一比對於大部分人來說，不管是古代人還是現代人，是比較容易理解的。雖然現代人絕大多數脫離了生殖器崇拜，但是誕生生命的過程還是神祕的。儘管現代醫學能夠控制生男還是生女，從「有」的技術上一定

程度掌握了生命規律，但還遠遠不夠。對於早已熟諳老子道義的中國社會，自然也掌握了多種育成生命的醫療手法，展現在生兒育女的中醫寶典中，從生命系統的角度看，在一定程度上掌握了生命的規律。在此，也可以說，關於道的規律也就是關於生命系統的規律；關於道的要妙也就是關於生命系統的要妙；道的學說，就是生命系統的學說。老子的道就是生命系統的道。在老子的眼裡，人、天、地、萬物、宇宙，實際上都是生命系統。生命系統的同源性，導致人能夠以空靈之心，可直抵天地的根源。空靈之心是道悟之心。

以空靈之心感覺道的虛空體，是「綿綿若存」之狀。綿綿有兩層意思，一層表細微，一層表連續不斷。以具象化的描述，道出對虛空體的感覺之狀，似乎存在，又難以掌握。道，微妙難測，以什麼樣的心悟道是關鍵之處。不是靈動之心，對綿綿若存之狀感覺不到，有靈動之心，才可在細微處感覺道的存在。靈動之心猶如精微的顯微鏡，有一定的放大效應。但不盡然，顯微鏡是從解剖、局部入手，是從有的視域發現生命規律；而靈動之心是從生命系統的角度入手，從無的視域以頓悟的形式發現生命規律。

用之不勤，是指綿綿若存狀的虛空體展現的道蘊是永恆存在的，道生天地萬物而永不枯竭。對於悟道之人，要以空靈之心，放下執著，自然而然地去感覺道的存在。

第七章　道利：聖人與天地趨同於長生

天長地久。

天地所以能長且久者，以其不自生，故能長生。

是以聖人後其身而身先，外其身而身存。

非以其無私邪？故能成其私。

變動：

　　大多數傳本沒有變動，只有部分傳本存有差異。在《姬氏道德經‧道政卷》中，「後其身」變為「退其身」，「邪」作「欲」，「非」作「不」。部分傳本以「不」代「非」。也有的將「邪」作「耶」或「焉」。整體而言，此章變動不大。

闡解：

　　第五章、第六章、第七章都與天地有關，可以視為一個整體。先以人們心目中最大的有之體，引出天地之間這個虛空體，人置於其中。聖人生於天地間，卻與天地同道。在天地之間的人都有成聖的機會，天地不仁，是因為天地近於道，聖人不仁，也是因為聖人近於道，當人人近於道的時候，人、天地與天地之間的虛空成為一個有機整體，成為一個完整的生命體，一個近道的生命系統，是一個能夠保持負熵效應平衡的生命系統。

　　作為一個沒有成聖的人，還沒有能夠體悟道的奧妙，還沒有自己的可道道，但是已經有了一顆向道的心，應該怎麼做？第五章提到了，為了避免多欲的傷害，莫若「守中」。守中守中，守於其中，盡量保持不違天地大道。第六章講了以空靈之心去連結虛空，隨著虛空體蘊含道的脈絡跳動，這樣就可直抵天地的根源。為什麼人能夠直抵天地的根源呢？那是因為我們人的身上有「擬道體」──玄牝。我們都可以看到新的生命如何產生，這樣我們就容易理解「有生於無」。我們不僅看到了生，我們也能看到死，這樣「無生於有」，也是不難理解的，對於掘墓者理解的就更清楚了。一個人的一生，是一個從無到有，從有到無的自然過程。不管個人信不信道，這是符合天地大道的。

　　生死之道，是有無相生的可道道。世界上怕死的人不多。在兒童時期，有的就有了對死的恐懼。我的女兒在三歲的時候、還有我的朋友的一

個孩子，突然對大人說，他（她）不想死。有一天我的女兒在餐桌上吃飯的時候忽然跟我說：「爸爸，我不想死，不想爸爸死，不想奶奶死。」女兒說著便淚流滿面，哭得好傷心。女兒從爸爸、奶奶身上看到了人會變大變老，從沒有見過已經死去的爺爺看到人死了就會消失。她雖然小，但已經會聯想了，一想到所有跟她親的人及她自己都會死去的，就害怕了。所以，我曾經跟他人說過，人天生就是哲學家，從小就能夠思考生死問題。人都是怕死的，只不過有的人在害怕中面對死亡，有的能夠坦然面對，有的以積極的態度對抗死亡。我們無法決定自己的生，但是，在整個生命階段，我們可以以自己的方式決定死亡。於是，永生、長生、不老的思想和方法屢世不絕，醫學也在不斷地發展。對於古代的人，哪怕是現代人，都會認為天地永恆，即使天體物理學的發展已經證明了地和天上的星體都有其壽命。人會將自己的記憶傳承下去，經年累代，天地長久的存在得到了證實。而老子卻透過道的思想推演了天地是有壽命的，只是它的壽命幾乎與道同在，但是道先於天地而存在，天地是「有」的最長壽。故有天長地久。在形容偉大的愛情我們要說地老天荒，祝福人生相伴為天長地久。天長地久在現代的文明敘事中依然有效。

現代科學證明了天地並不永恆，但在我們有限的生命中，依然浩如星瀚、亙久長綿。在我們現在的知識視野中，天和地分開來講的。地，是承載我們生命體的地球，當然科學推想也認為還有其他的星體像地球一樣承載生命體。天，有許多的星體點綴在浩瀚無邊的真空中，我們能夠想到的最大的可「名」的詞是宇宙。這已經改變了天地的觀念，但其本質沒有變，天地是最大的「有」變成了宇宙是最大的「有」，且還是在天地的觀念中，還是遵從著「道」的法則。

天長地久是客觀現象，而天地在老子眼裡是生命體，是有自己意識

的生命體。這個生命體生存的規則是「不自生」，也就是不是為了自己生存。這是我們從天地的功用考慮，就是說天地的作用是什麼？從有無相生的角度看，天地是有，天地之間是虛空，天－虛空－地形成了一個空間，當其無，天地的功用出來了：天為陽，地為陰，陰陽交和於虛空中產生和氣，以此而生萬物，也就是「一生二，二生三，三生萬物」。可見天地是用來孕育萬物的。故「不自生」。天地是利他的，是符合道的，道給予利他的獎勵是長生，這就是天地能夠長且久者的原因。

聖人比照天地而行，一切按照利他原則行事，對於聖人自己來說，無所謂先後內外之分。所分先後內外，只是考慮到他人的欲求。「後其身而身先，外其身而身存」只是道使然焉。對於初入道者，這有很大誘惑力的。願意問道、遵道、循道、悟道的初學者，很難一下子就有了靈動之心，而更多的是利慾之心，所以以利誘入道是最初較為可行的路徑。再說利慾在悟道的路上也是經常存在的，入道必須從每個人的真實生活、真實心境入手才是可靠的。單純的一種思想的灌輸達不到傳教的效果，而是達到了反效，現在共產主義的灌輸宣傳就造成了反效果，現實中真正信仰共產主義的人越來越少。而且共產主義的信仰也遠沒有老子所說的「道」抽象。如果不是現代國家機器的強制壓抑，道、儒在中國社會的現狀不會悽慘。《道德經》的影響力是很大的，儘管經歷了清王朝幾百年的壓制以及現代國家機器的排異，《道德經》依然成為繼《聖經》翻譯量、翻譯版本最多的書，聖經離不開國家力量的推動，而《道德經》的傳布可以說純粹是民間行為。

這一章，對於初信道者具有很強的說服力，利誘的手段是一種因，同時這種利誘還能將人自身推到人格上的高位，成為另一種因。對於信道者，不久獲得了道德自尊，更主要的是能夠長壽、身先、身存。這與

自身的意欲追求並不相悖。故這一章名之曰「道利」。對於大部分傳本，只是取首詞「天長地久」為名，而河上公卻名之曰「韜光」。因為有欲並不是道的追求，道的根本在於無欲，以「有欲」之心遮蓋「無欲」的自然目的，只是為了信眾傳布的需要，名「韜光」意在於此。而取名「利他主義」其實不確切，其忽略了「利他」之後的「利己」。

長壽，是遵循道的福利，聖人往往長壽，這是因為聖人的道與天地的道是一樣的，天地之道是「補不足而損有餘」，而一般人恰恰相反。如果能夠達到與天地同道，那就與天同壽了。與天同道很難，那麼長壽就是很好的誘惑之因。

聖人並不天生就是聖人，最初也是一般人，在生命系統上與其他人是完全一樣的，害怕死亡，有利慾之心。但是聖人能夠利用人類經世累代的知識經驗不斷地思考，思考人類如何能夠更好地生存，人與人之間能夠更和諧地相處。知道人最首先關心的問題就是怎麼能夠活得更長？首先以長壽為誘因傳布道理。

身先，對於普通人，功名利祿是不可避免要追求的。既然能夠以循道的方式獲得，那麼還能有此更好的方式嗎？看聖人後其身而身先，先人後己，反而贏得了眾人的尊重，對其因作為而應獲得的東西給予肯定，雖然聖人並不在乎外在之物。因為不在乎，反而更多，這些對他來說，只是修道悟道之資，可對於道外之人，具有積極的引領作用。後其身也可作為身先之因。這樣會出現許多假道學，但是願意學習道的人的社會基礎強大了，會產生不少的聖人，形成對假道學的制約，經過一定時間的滌蕩，一些假道學也可轉換為真道學。

人人皆從利來，但在道學的不斷地薰陶下，那些具有慧根的人很容易從利字解脫出來，真正走上問道、循道之路。脫離了利慾的環繞，也就實

現了「外其身」，外其身並不是脫離俗世凡塵的機會主義，而是不以爭利之心處事，最終可以達到「身存」的結果。從有欲之人變成聖人，從有欲的追求變成無欲的道心。聖人之私心與大公同一。因聖人之心以小我之心變成大我之心，是以百姓心為心，所以聖人的私心在於他的無心。

從利慾的視角審視，就會發出這樣的問題：非以其無私耶？因無私達到長壽、身先、身存的結果，是不可思議的，但是結果是無私成就了有私。這個有私對於聖人而言只是形式上的有私，但對於有欲之人卻造成了很好的示範效果。

第八章　易性：以不爭而達無憂

上善若水。

水利萬物而不爭，處眾人之所惡，故幾於道。

居善地，心善淵，與善仁，言善信，政善治，事善能，動善時。

夫唯不爭，故無憂。

變動：

「水利萬物而不爭」句中，有的傳本在水後有善字，「而不爭」在一些傳本中是「又不爭」。因上句有「上善若水」，引出「水」，下面描述了水的自然之性，善有主觀之意，再說無「善」也不影響本意，無「善」意簡。「而不爭」比「又不爭」在閱讀上順暢些。故這裡取「水利萬物而不爭」。有的版本將「水善」用逗號斷開，也無關宏旨。「仁」、「政」在有的傳本中為「人」、「正」，在古語中，「人」和「仁」、「正」和「政」互通。在「仁」字上還有一說：老子不重仁，如「天地不仁」、「聖人不仁」、「大道廢，有仁義」、「絕仁棄義」、「失德而後仁」。而「與善仁」與上述字詞不一樣，對仁有肯定之意，認為是錯簡所出。後面老子談到「禮，亂之首

也」，而亂的表現就是「信」不足。這裡既然能談「信」，也可談「仁」，老子不徹底否定仁，他只是指出了到達道之要妙的最佳路徑，也不否定眾多的可道道。故無關乎通假，「仁」就是「仁」。通式本「人」也作「仁」解。至於「居」、「心」、「與」、「言」、「政」、「事」、「動」之後加逗號，沒有採納，這裡也是認為沒有逗號讀音更順暢些。「憂」，在有的傳本中是「尤」，有的考證為「訧」，不管採取哪個字，都不影響大意，因而，這裡採用通式本的用字。有的傳本「道」後有「矣」或「憂」後有「矣」。

闡解：

「上善若水」是我們耳熟能詳的成語。它展現了中國文化的特有之處。考量此章取名，多種傳本直接取「上善若水」，而唯有河上公名之曰「易性」。接敘上章，在布道的過程中，透過入道的利益誘惑，堅定了修道的心，雖然此心帶有強烈的有欲取向，但是在面對與自己認識有巨大差異的關於道的解釋時，也就願意細心思索，而不是貿然拒絕。水怎麼與道發生了關係，而且是什麼樣的關係？這樣一個個疑問相繼出現。

水是日常生活中離不開的一種非常普通而又很重要的東西，就像其他如火、土、金、木等，上善為什麼像水一樣，而不是向火、土、金、木一樣。當時的金木水火土是人們基本生活很重要的五類東西，應該是平等重要的，可偏偏水成為上善之比？對於初入道的人肯定會有此疑問的。五行學說，或許產生於更早時期，因為我們的周易只是三易之一，還有比周易更早的連山易和歸藏易。六十四卦不應僅僅是《周易》特有的，在《連山》和《歸藏》中，也有六十四卦。六十四卦是由五行演化過來。對於春秋戰國時期，五行學說應該不陌生，有上述疑問自然是值得肯定的。有疑問而不放棄對道的追求，提出為什麼要說「上善若水」而不是「上善若火」、「上善若土」、「上善若金」、「上善若木」？這既有道利帶來的堅持，

也有內在好奇心的驅使。這個問題也可以拿到現在來問？因為五行中的五類東西，都是很重要的，與人們的生活息息相關，特別是物質匱乏時代。現在我們生活所需的東西有許多許多種，但依然可按金木水火土分為五類。那我們怎麼就產生了五行學說呢？

我們現在可能要說，我們古人真的很偉大，能夠提出來這麼玄奧的學說。有玄奧學說的不只是中華文明，古希臘文明中也提到了四元素學說：土、火、水和空氣。其他文明也一樣。對世界構成的最初認識就是關於周圍環境能夠滿足人類生活的最基本觀察。他們的創造性能力不是新物質的形成，而是利用這些原初物質為生活所用。它們只是生活必需品，實際上並不玄奧。在五行學說中我們比古希臘多了木和金，對於氣的認識是另一個認識體系：清氣、濁氣和和氣，一一對應天地萬物。金在五行學說中出現，說明我們很早就有了對金屬等堅硬東西的應用，木證明了我們對另一類生命系統的重視。五行之間的相生相剋，顯示了我們對世界萬物生態平衡的重視，將整個世界作為生命系統，強調各種物質的平衡發展。

五行學說講了水不是唯一重要的物質，但是古希臘的泰利斯（Thales）認為萬物的本源是水。而我們卻認為水是萬物之靈，有了水，萬物才有了生氣，有了生命的跡象。上善若水只是從水的特性、用處而言的。在五行裡面水與火是可以靈活移動的，可大可小，也是比較難以控制的，才有了水火既濟或火水未濟的生剋之道。最難控制的火是用水來滅的，歷史經驗給予的啟示，發生火災最好的滅火物質就是水，雖然我們還常說火上澆油，火很大時水也不能滅之，反而是助燃劑。但在控制火勢的時候，水卻是最管用的，也不會造成空間的凌亂。在有水的地方，就很可能出現原來沒有的生命物質，比如苔蘚和地衣，現在我們可以觀察到，古時的人也是可以觀察到的。古人會認為是水帶來的靈性所致，沒有了水，

這些新產生的生命物質就會死掉，經過風吹日晒而消失掉。古時的人認為萬物都是有生命的，而生命卻源於水的存在。木金土是有固定形狀的，火的形狀是變化的，水的形狀也是可以變化的。火離不開產生火源的基礎，離開了這個基礎，或者這個基礎燃盡後，火最終是會熄滅的。水可以脫離盛放自己的容器，化成氣，沒有基礎也可存在，可變成雲變成雨。水也可結成冰，離開容器的依靠，也可轉換為自身的容器。水既可以到最高處，也可以到最深處；在最冷的時候可化為冰，在最熱的時候可化為氣，調節環境的溫度。這些水的功能我們現在的人知道，就是在遠古時候的人也是知道的。相對於其他四種物質，水可以在當時所認知的世界中到處留下存在的足跡，而其他四種物質不行，它們的位置相對不變。對於萬物來說，既有空中的，也有水裡的，既有寒冷地帶的，也有炎熱地帶的，而水都可以到達。所以水具備了利萬物的基礎。只有水才具有利萬物的基礎，所以即使人類神話史中有洪水氾濫的恐怖記憶，但更多記憶的是水更多的用處。就功用來說，水可比天地，在天地之間，其無處不在，即可轉換為各種形狀的水和冰，也可轉換為類虛空的氣。水是既天地之後，最近道的「有」之體。故說，「上善若水」。

善，在第二章我們就講到了，善惡是人類社會最常見的價值評判，善相對於惡對人的感覺最適宜，沒有違和，因善而感覺世界和諧，所以上善是人類最好的道德。在老子看來，這最好的道德就是接近本源道的，也就是自然大道。不像天地，與人相比大而遠，不如水可近身感受體會。這樣也有利於增加學習道的興趣，也容易產生成就的動力。綜上所述，上善若水是最恰當的類比。

「水利萬物而不爭」。首先水利萬物要有其利萬物的能力和條件，而水恰好具備了這個能力和條件。上述可知，水可在天地之間縱橫行駛，可

以說充斥在天地間。河上公說「水在天為霧露，在地為泉源」。水具備了
這樣的條件，是土木金火所不能比的。而且水也確實是生命的源泉，萬物
因水而有靈氣、靈性，世界才生機勃勃。木有水可變成有生命的植物；土
有水，可以孕育生命，各種動物微生物將生於其中；火有水，雖不相容可
令其性情溫順；金有水可不蒙塵，光澤閃耀。各種生命物質離不開水。而
水有利於山川萬物並不需要什麼利益報酬，利益報酬對於水來說是沒用
的，水只是循自然之道而發生功用。最重要的是水由上趨下流動，處於深
溝低窪之處。深溝低窪往往藏汙納垢，故說「處眾人的所惡」。

「不爭」，有兩層意思，一層是利萬物而不爭利，一層是願處眾人之
所惡而不爭高位。由道利入道，轉而因循水之不爭之性，河上公取章名為
「易性」，實達本章精髓：不爭。故總結語以「夫唯不爭，故無憂。」再提
「不爭」二字。因而本章取名為「易性：不爭」。形成不爭之性，方為正式
入道。而此入道取水形、水意，使人可以便利悟道。因為水無處不在，身
邊可及，入道也就便利可及。

在第二章提到「是以聖人處無為之事，行不言之教；萬物作而弗
始。生而弗有，為而弗恃，功成而弗居」，第三章提到「為無為，則無不
治」。前面講遵道、循道時以無為為悟道的最適合手段和態度。不爭與無
為緊扣，故水的不爭之性幾於道。「幾」是將近，差一點之意。意思是水
的不爭之性很接近本源道了。雖然與天地相比，近道稍差，但不弱幾許，
近乎同類項。也與「上善若水」進行呼應。

「幾於道」是如何具體展現的？緊接著就是七個一連串的排比，氣勢
磅礴，推之而出：「居善地，心善淵，與善仁，言善信，政善治，事善能，
動善時」。將「幾於道」的表現淋漓盡致地表達出來。河上公的注譯甚為
精緻，如「居善地」注譯為「水性善喜於地，草木之上即流而下，有似於

牝動而下人也」;「心善淵」為「水深空虛,淵深清明」;「與善仁」為「萬物得水以生」;「言善信」為「水內影照形,不失其情也」;「正(政)善治」為「無有不洗,清且平也」;「事善能」為「能圓能方,曲直隨形」;「動善時」為「夏散冬凝,應期而動,不失天時」。畢竟是隨水修道,依水之性而修人之至道,所以再講水之性時而應對應講到人之道性。水以「處眾人之所惡」擇地,人要修道所居之地選擇首選「人之罕跡」處,所以古時候,哪怕是現在修道人士也會自趨於「深山密林中」。這只是徒具形式,修道不擇而居,擇而不爭,則為善地。當然不排除富氧離子密集地的選擇,但以不毀道心為前提。於水,不爭之性並無先後順序,而於人卻要依次排序,不可隨意調整。因為人的自然之道不是發乎本心,而是效於天地。善地之選是對道心的考驗,修道之地的選擇關乎修道的進展、快慢和效果。也是測驗心境的深廣,也有利於心境的修練。心境空虛,淵深清明,會致以仁厚寬廣。可以說「居善地」是「心善淵」的前提,「居善地,心善淵」是「與善仁」的前提。雖然說「仁者人也」,但此時的仁卻應是仁義的仁,老子並不反對發乎道心之仁。畢竟老子的無為是建立在「為」的基礎上的。心境淵深清明,才可真正達到「與善仁」。「居善地,心善淵」是針對自己的,而「與善仁,言善信」是針對他人的,這也與儒家「修身,齊家,治國,平天下」在邏輯上是一致的,先講修自身,方可慧他人,先「內聖」後「外王」,內聖與外王的連結是透過「與善仁,言善信」實現的,而後才有「仁義禮智信」,所以儒家思想源於道家思想,孔子問師老子不假也。「心善淵」也是「與善仁,言善信」的前提,當然「與善仁」要在於「言善信」之前。言由心生,心不仁,何談言信?由言致信,在於真,言不真,難以置信。言真在於心仁,心仁在於心境寬廣,淵深清明。後期儒家的發展隸屬於帝王,致以忘記了「心善淵」是「與善

仁」的前提，後來道儒分野辯爭，儒家丟了「心善淵」，道教丟了「與善仁」，致使儒家向執道偏狹旁出，道家向方家弄鬼捉妖斜生。「萬物得水以生」，人存聖人之心，方生仁也，致使人人得仁以相生，相生為生。「水內影照形，不失其情也」猶如「寬廣的心境為內影，心仁照形於內影；心仁為內影，信言照形於內影」。「正（政）善治」為天下之道，由「與善仁，言善信」所致。有了「與善仁，言善信」，「政善治」自然而來；沒有「與善仁，言善信」，「政善治」自不會來。如果缺乏「心善淵」的心境支撐，仁為偽仁，信為偽信，「政善治」也就枉然。儒家後來走錯了道，致使社會以帝王為尊，帝王霸取了「聖」、「王」的名號，以「天子名義」行天地大道，已經離「不爭」、「無為」甚遠，實離「天地大道」。以一己之私慾，行偽天地大道。結果重強力、重法制，最終導致儒表法裡的專制社會。看後來帝王多短壽，長壽者稀，然而其擁有天材地寶可謂多矣，何焉？離道遠也。「政善治」強調的是國家與社會的和諧統一，不是國家對社會的支配和奴役，而是國家與社會在「仁」、「信」上的統一。有了仁和信，國家和社會才能和諧；失去了仁和信，制度再多，也是壞的制度。可見制度不是萬能的。在「與善仁，言善信」基礎上達到的「政善治」，制度沒有太多的用處，故老子說「大制不割」就是此理。反而，太多的制度是多欲的載體。一些制度往往成為一些人欲望表達的手段。政善治的重心在於社會治理。國家治理只是社會治理的輔助，國家治理是為社會治理服務的。國家治理壓制了社會治理，是不會達到「政善治」的。「無有不洗」是指惠及社會中所有人的，雖有薄有厚，要確實惠及到所有人，而不只是少數人得利，更或者不是多數人得利。「事善能，動善時」是以「政善治」為前提的。失去了「政善治」的「事善能，動善時」，就可能表現為機會主義，崇尚賢能，以善變無原則為特徵。單純強調「事善能，動善時」，

會失去對本源道本真的掌握。「能圓能方，曲直隨形」和「夏散冬凝，應期而動，不失天時」，這兩種水的不爭之性，可對應人的機變靈活、隨機應變、順勢而為或因時而變。「事善能」可理解為事以能為尊，做事重能力，也可理解為能則作，不能則不作，總而最終會達到「有能力方可作，沒有能力就不要去作；不能則去其位，讓有能力的去做事」，也就是各歸其位，各安其命，也就是循自然之道行事。而在實際中，要麼是能者多勞，要麼是鳩占鵲巢，要麼是庸上能下，要麼是恃才傲物等，古代如此，現代亦如此。特別是現代社會，有著大量的技術知識支撐，有著不斷的社會結構化，許多曾經難以滿足的欲望，今天都可實現，致使人們很難有「靜下來」的道心。所以，現今遵道、循道、悟道之人越來越少，各種離道的現象越來越多。生態災難的發生有時會讓人們停下來進行一下反思。可見當今守道有多難，結果導致「事善能」的各種曲解。「事善能」在欲望的驅使下似乎超出了曲則隨形的能力，超越自然展現了「無所不能」，尤其人們喊出人定勝天的豪言壯語，人將自身能力推向了崇拜的頂峰，曾為「天塹」的龐大的水體阻遏力量〔在《大國政治的悲劇》中，米爾斯海默（John Mearsheimer）將水也就是大洋作為一種龐大的阻遏力量〕也成為人們自由游弋的場所。兩次世界大戰的爆發以及現在歐洲種族分裂的社會不穩定因素的集聚，迫使人們去重視一貫忽略的水曲則隨形的不爭特性，重視人與自然的和諧相處，注意「言善信，與善仁」的社會風氣缺失。從大文化視角看，就是從西方轉向東方，從抗爭性向適應性，從神的、針鋒相對的文化，向崇尚自然，節制行為的中國傳統文化逐漸轉變。「動善時」，水因季節、氣候、溫度等環境的變化，而作出形態、動能上的變化。溫度高時，化為氣；溫度低時，化為冰，但怎麼也改變不了水的「善淵」之性。人之向道、問道、循道可按水這七種不爭之性錘鍊內心、塑化

行為，將能逐漸淡化爭利，叩開大道之門。

「夫唯不爭，故無憂。」修道，以不爭之心靠近本源道，從更高的視角看到了認知所以為憂的因果緣由，就猶如螞蟻大象的視角變換。以不爭之心退出了爭鬥名利場，就沒有了欲望的驅使，憂愁自然就去了。可是，尤其是現代人，可能會問：「沒有欲望，生有何趣？」就如男人常說：「沒有了菸酒女人，男人活得有什麼意義」，女人常說：「沒有購物逛街美容，活得有什麼意義」。對於人，最大的最根本的欲望就是長生，而不爭之性恰能導致長壽。當有了長生的欲望，其他欲望皆可放下，所以才有古代道儒「存天理，滅人欲」的極道之言。古代道儒的長生與長壽意義上是不一樣的，特別是儒家，他們講的是精神的長生，不是身體的長生。由於他們過度追求精神長生，忽略了身體長生，他們雖然有「道尊」的境界，卻往往個體的身體達不到長壽之體。最長壽的當數孟子，記得老年人常說一句話：「七十二，八十三，閻王不叫，自己去」。說得就是孟子活了八十三，之後歷代儒生絕少超出這個壽數的。孟子的可道道與本源道更相近，「民貴君輕」指出了聖人的使命不是為君服務的，而是引導天下大眾尋求本源道，從而達到互不相擾，太平安康。那些達到無憂境界的人，一般都長壽。這裡似乎存在一個邏輯悖論：老子在無欲與有欲之間，首推無欲，而後道家的神仙道追求長生不老卻是一種有欲，其似乎不是老子講的無欲。無欲是站在人的角度講的，從人多欲的視角出發，天地無欲無親，而從天地生命意義的角度看，「天長地久」未免不是天地「有欲」的結果。人的長壽追求合了天地之道，人的有欲變成了天地的「有欲」，於人言，可稱為「無欲」。如果人在追求長壽之道沒有循之於自然，以利慾之心達到長壽目的是遠離本源道的，如過去說的「採陰補陽，採陽補陰」，這些可以說是歪門邪道，是滑離了本源道的可道道。

第九章　兩個系統的整合：功遂身退

> 持而盈之，不如其已；揣而銳之，不可長保。
>
> 金玉滿堂，莫之能守；富貴而驕，自遺其咎。
>
> 功遂，身退，天之道也。

變動：

在一些傳本中，「如」作「若」，「銳」作「梲」，「保」作「葆」。有時在句後多了一個「也」。如不可長保也、莫之能守也，自遺其咎也等。有些古本「功遂，身退」，演變為三個詞「功成，名遂，身退」，在解讀過程中，「功遂身退」中有逗號點開或者沒有。整體而言此章歷兩千多年，變化不大，其內在的價值表達不變。

闡解：

此章的闡釋首先要提出兩個問題。第一個問題就是在文中以功遂身退回答什麼是天之道後自然產生的一個問題。功遂身退是講人的，怎麼成了天之道？第二個問題就是為什麼在這裡要談功遂身退的天之道？

河上公將此章名之為「運夷」，夷是平的意思，平到什麼程度，也就是平的標準。那就是功遂身退，結果是與天道齊。運夷的關鍵是針對心的。對於一般人來說，心很難達到止水之境。充滿著各種欲望的個體，心總是在功名利祿的波浪上跌宕起伏，很難平靜下來。運夷就是要主動以特定的手段讓心平靜下來，封鎖欲望的干擾。文中例舉了各種欲望的後果，證實了運夷的重要，反證功遂身退手段是符合天道的，因而我為此章沒有循河上公的「運夷」名，而是另起「反證天道」之名，這樣突出了此章推出「天之道」的目的。

上章以水之不爭之性，讓人有了循道的方向，但是現實中有些現象還

是需要例舉出來用以證道，以佐水的不爭之性。幾於道的水與天之道是一致的。在人們的心目中，天之道比水之道更近本源道，可以說同於本源道的，而老子的本源道與天之道是不同的。前面幾章談天地，而此章拋開了地談天。看多種傳本及解讀版本，沒有注意到此細微的差異，在我開始讀《道德經》且連續幾年來反覆誦讀也沒有發現此細微差異，在心裡自然而然認同了是一樣的。這裡是天之道，而不是天地之道。如果是一樣的，從上幾章的邏輯思路，應是天地之道。畢竟前面先後談了天地、水兩類擬道體。天地之道自是應然而出。恰恰在這裡轉換成天之道。是有意還是無意？這裡認為是有意的，不管是否是老子的原意，按八十一章節排序，定是有意為之。從當時人的認知來說，天是離人最遠的，最為神祕的，雖有天地同壽的神話傳說，但是天比地更讓人敬畏，常常是以地配天。天比地更玄，我們常說的天地玄黃，不就是說的是「天是玄的，地是黃的」。人與萬物處於天地間，但是就大多數可看得見的生命而言，離地近離天遠。天之道與地之道分離是自然的。天地之道從此始分。

　　「持盈」、「揣銳」是對待事和物的行為，是從「動」的視角而言的；「金玉滿堂」、「富貴而驕」是人與資源和地位的關係狀態，是從「靜」的視角而言的。從「動」致「靜」，持盈可導致金玉滿堂，揣銳可導致地位顯赫。持和揣是進步心、珍視心，在世俗社會中，是具有積極意義的，能夠使人保持活著的「意義狀態」，而過度追求以致「盈」、「銳」之端，就埋下了禍害的苗頭。「持盈」、「揣銳」會讓人漸漸失去本心，走上了多欲之途，當以物質、地位作為衡量人生意義的標尺，就會導致欲望的膨脹，對物質追求「窮奢極欲」，因地位榮寵而驕橫之態漸生。結果呢？「莫之能守」、「自遺其咎」，落得個「空空如也」、「災禍過失不斷」。所追求的過程是辛苦的，所追求的結果是事而願違的，甚至連累的自己的身體、家

庭以及親朋。對自己的身體，縮短了生理壽命，對家庭、親朋，因牽連而受害。曾經有多少英雄豪傑、高官貴胄、鉅富商賈，能傳承後代者有幾？善始善終者有幾？呂不韋賈國驕績，卻被斥自鳩；韓非獻策，卻枉死獄中，如是者不枚勝舉。有幾個如范蠡急流勇退，三聚三散成為商賈美談。老子寥寥幾句，印證了後世這些商賈的命，運呈現了欲求反例，從反面堅定問道之心。

　　有了問道之心，堅定了問道之心，但如何問道，具體做法是「不如其已」，欲求要有所止。要有所為，有所不為，作為具體的人，是要做事的，做事的標準是「功遂」。不能生有、為恃、功居。功遂是一個有能力的人應該做的，如果以此為憑資，滿足自身的各種欲望，禍端就不遠了。身退是很難做到的，但對於一個問道、向道、循道之人，是必經的一種選擇。做到了身退，也就脫離了普通人的欲望追求，走向了成聖的道路，逐步走向了本源道。更為形象的說法就是與天道循齊。功遂身退是開始真正步上了循道之路。功遂身退很難，但走出來，就會更快地靠近本源道。有艱難的心理體驗，比直接身退要悟道悟得深。比起水的不爭之性，這種選擇是更直接的，可以清楚地作出選擇。

　　對於修道的人來說，天之道的追求要分兩部走，第一步就是「入凡」，順著自己的欲望之心，來實現普通人應有的追求目標，也就是要「功遂」或者「功成事遂」；第二步就是要「脫凡入聖」，具體的做法，就是身退。完成了這兩步，就意味著與天道齊。成君子者多，成聖人者稀。稱為君子的，是達不到身退這一步的，能夠完成「身退」的，就是聖人。也就是說只有聖人能夠身退。身退對於一般人來說，已經很難了，但是身退還是表達了追求「天之道」的欲望之心。聖人畢竟是人，完成了天之道的追求，還是要回歸道地、回歸人道，形成一個完整的關於道的生命循

環。天之道並不是老子設定的有道之人的終極目的，大多數修道之人止於這種認知，不食人間煙火的神仙成為他們的追求。其實，老子是為了以天道和人道連通以解決人道的貪婪，以身退成聖不是目的，有些人有很好的條件可以「身退成聖」的，但是他們沒有這樣做，如王陽明。他們雖然壽命不長，但依然是能夠達到長壽的聖人。

第十章　以德入道

　　載營魄抱一，能無離乎？
　　專氣致柔，能如嬰兒乎？
　　滌除玄覽，能無疵乎？
　　愛民治國，能無智乎？
　　天門開闔，能為雌乎？
　　明白四達，能無知乎？
　　生之蓄之。生而不有，長而不宰，是謂玄德。

辯正：

　　整章以通式版為主，略微調整。有的版本無「乎」。「滌除」在版本中是「修除」，因詞句直抵內心，這裡取滌除。有的版本如河上公本「為雌」為「無雌」，多個版本考證為「無雌」為誤寫，這裡取「為雌」。爭議多出於如下兩處：「愛民治國，能無智乎」中到底是「無知」、「無為」還是「無智」？「生之蓄之。生而不有，長而不宰，是謂玄德」是錯簡重複，還是本該有之？第一問的回答是「無智」。通式本為「無為」，大多數傳本也是「無為」，只因老子的道取義「無為」。若仔細理解老子「無為」的多層面的，取「無為」雖意通，卻不精到。第三章談到「常使民無知無欲，使夫智者不敢為也」，後才有「為無為，則無不為」。取「無知」

缺「無欲」，其意不全；取「無為」，卻忽略了「愛民治國」與治天下的差別。對聖人而言，不一定處國主之位，其旨在天下，治國只是治天下的主要途徑。國比身體，至道如嬰孩，取「無智」意切。第二個問題，在考證的版本中，都認為此句不應此章有，以五十一章為證。這裡認為此章故有。首先，五十一章為證不充分，錯簡不應將「道生之德蓄之」錯位為「生之蓄之」，與「生而不有」之間還存在「長之育之，亭之毒之，養之覆之」等句。第二，第二章「生而弗有，為而弗恃」也與此句中「生而不有，為而不恃」意同。這裡去掉「為而不恃」參考了《姬氏道德經》，這樣處理其意也順。

闡解：

　　修身、治國、治天下，是一個完整的體系，是無法分開的。我們不能只談修身，而不考慮治國、治天下，亦或是只考慮治國或治天下。三者之間是看作是有內在關聯的三個生命系統，它們有著共同的運行邏輯。相對於他者，修身之於「他人」，治國之於民眾，治天下之於天下人，都以「無為」的原則互不相擾。有人可能會問，為什麼這裡要談修身、治國、治天下？與幾個發問似乎不相干。可我要問為什麼「愛民治國，能無智乎」會處於中間？有人會說這裡只是簡單的問題排比無所謂先後的？既然無所謂先後順序，那幾千年來，問題的順序幾乎不變呢？因為它們合乎一個邏輯，一個生命系統的邏輯。以前人們沒有此問，也不會胡亂重排，那是在自然而然遵循一個邏輯。現在，我們以割裂的思維思考，這些問題個個都是獨立的，之間無內在的關聯，滿篇都是發問的句子，致使我們會斷定最後一句不屬於此章，就像後面「絕學無憂」句等，可以騰挪轉移。不僅問句與問句之間無法看清邏輯關係，與後面句子的關係更是無法建立起形式上的亦或是內在的關聯。故經常以括號對待，將其待擱不處理。

　　每一章其實都有每一章的意指。故河上公等注譯古文都盡量為每一章取一名。河上公是取名最用心的一個，從其養生修道的視角理出了每一章義理來。我們先不說最初老子是如何謀篇布局的，就只八十一章的出章順序是有講究的。老子講的是道德經，前面我們一直談的是道，第九章才開始道進門，轉而這裡開始首提「德」。讀過《道德經》的都知道玄德、孔德、上德、下德都是道，只是層次不同而已，道和德是無法分離的。至於〈道篇〉、〈德篇〉只是因為第三十八章談到的德甚多，故以此將《老子》分為兩篇，統稱之為《道德經》。進而將〈道篇〉出現的「玄德」句逐出去，而「孔德」因「唯道是從」得以安然。然而，「玄德」出現在此章中是大有深意的，將「道」和「德」無縫銜接起來，使道落了地。幾章的闡釋我一直在強調八十一章《道德經》是用於教學的，是用於向普羅大眾推廣的，是循循善誘的。不只是針對學富五車的學者、一出生就能接觸到書的貴族，還有其他的所有人。有教無類在春秋戰國時期是比較流行的教育理念，意味著接受教育不再是貴族獨有。所以，講老子一定要首先考慮到受眾的情況，根據受眾的情況可深可淺。前面一章要選擇天道而近本源道，功遂身退是道抉擇的關鍵，能夠身退，願意身退，那就踏進了問道、循道之路。但是更具體的該如何做呢？一進入具體的問道、循道之路，那麼道就開始向德轉化，玄德於此出現也就合理了。

　　雖然「營魄抱一」、「專氣致柔」、「滌除玄覽」、「愛民治國」、「天門開闔」、「明白四達」也對於問道、循道之人有一定的難度，但是與「功遂身退」比較起來更具體、更容易做到的，功遂身退理解起來不僅抽象，關鍵是更難抉擇。對於有羈絆的人，一下子放下功名富貴很難。但是此章指明了修德可以至道。以六個發問句指明了修德至道的關鍵。

　　首先，「營魄抱一」的關鍵是「無離」。也就是魂魄、身心、動靜，

能否經常做到不分離，就是魂魄合一、身心合一、動靜合宜。合一合宜為道，「一」為道具體化的符號表達，道化為一，也就是標示著道化為德。對於個體的人來說，達到了「營魄抱一」就合道化德了，如果能夠達到無離，就從偶然性走向了必然性，就成為一種合道化德的常態。我們可以稱之為入道式。這是修身的境界。

接著，就是以合一合宜之態運氣以通天道。對於一個具體的生命個體，隨著個體意識的覺醒，逐漸將自己置於不健康狀態，逐步走向了自殺的道路。從細胞分裂規律推斷人的生理壽命是絕大部分人達不到的，不管科技如何發達、制度如何完善，一個人的人生可以說是一個不斷殺死自己的過程。老子的養生之道恰恰就是一個制止自殺的逆過程。個體意識的覺醒是指欲望的自生性，一開始就是遠離天道的，後來要麼受欲望的支配，離天道愈來愈遠；要麼接受道念，抑制欲望而近道。以此意義來說，嬰兒是一個沒有個體意識覺醒的個體，處於混沌狀態，是近天道的，運氣達到自然合和，和氣使然，由氣致柔。以前我們經常談氣功，就是講運氣的，達到嬰兒般的專氣致柔。魂魄合一、身心合一、動靜合宜就是要透過氣運流動達到常態，用以忘掉欲望之心。嬰兒是擬道體，對於具體的個人以嬰兒狀態是無法修道的，沒有功遂，何為身退？以嬰兒這個擬道體只是為了表達運氣的最佳狀態。專氣致柔是在身心合一的狀態下進行的，已達到身體的最佳狀態。

緊接著，就講心了。滌除玄覽是直指心靈的。身體的最佳狀態必須配以心靈的最佳狀態，「無疵」。心靈沒有一點瑕疵，纖塵不染。玄覽，不只是以目覽知萬事，而是以一切感覺器官覽知萬事，以眼、耳、鼻、舌、喉、皮膚等對個體之外以及個體自身的感知，這些感知可以激起欲望之心，對心靈會留下或多或少些許傷痕。「無疵」只是盡量接近，修道就是

要身心合一、魂魄合一、動靜合宜的狀態弭平這些傷痕。這樣就會使心靈境界純淨，易於感知天道。對於個體可以達到養生長壽的目的。

但是，每一個人都是社會人，覽知萬事是要與社會、自然發生關係的。覽知萬事越多，「無疵」之境越純，「功遂身退」的天道感悟就越深。而「愛民治國」之事是萬事中最複雜、矛盾最為集中的事情。所以老子在後面才會說「受國之垢是為社稷主，受國不祥是為天下王。」對於問道、循道之人，也不可能都處在國主之位亦或為社稷重臣，但是在境界上要達到「愛民治國」的層次，只有這樣方可為聖進道。不僅要養生長壽，更是要以「不言之教」達到引領天下人養生長壽。國作為一個生命系統，在運行邏輯上與養生之道相通，不以智取，而以德倡，聖人之道盛行，民自以無知無欲為自然，智者不敢為，也自歸聖人道。故曰：愛民治國，能無智乎？達到無智，聖人之身與國同一，所以可以說「聖人無心，以百姓心為心」，從而達到新的身心合一。因而，講養生，也就講了治國，也就講了治理天下。

有了國身合一的國，天下也就合道，天下萬物為一體，為一擬道體，專氣致柔必致天門開闔為雌。天門可分為天下天門、國天門、身天門。天門是身、國、天下與天相通之門。天下天門最近天道，身天門為問道循道之人最易感知接觸。故河上公認為治身天門為鼻孔。天門綜可認為身、國、天下、天以氣相通連接之口，因天門存在，人才可以修身以治國、修身以治天下、修身以達天道，而終抵本源道。天門開闔，意指隨陰陽、五氣按照天干地支的符號有規律地變化。為雌，使氣相和，為身長壽，為國長存，為天下安平太。為雄，逆規律；為雌，順應規律。順應規律，可育養和氣，逆規律，則雜氣橫生，無利長生，無利長存，無利安太平。

明白四達，知也，達知也。不僅要明白規律的變化，而且還要明白雜

氣橫生的因由。知不知是很難做到的，沒有一定的修養功夫、經歷體驗，是達不到的。能無知乎？由達知之狀態入無知之因應，這是不符合一般人的行為規律，人受七情六欲支配，很難以無知順應自然，所以道要修，一般人才可向聖人轉化，與天道同齊。

修道是可能的，路徑是可行的。這是因為生之由道，蓄之由德；生而不有是道行，長而不宰是德行。天下萬物由道而生，由德而蓄養。生長的過程是一個道與德結合的過程。問道、循道達到生而不有、長而不宰，就有了玄德的品性。玄德是道與德同一的和諧狀態。

以聖人為中樞的人和天下生命系統整合

在第八章、第九章提出了人在其中的關鍵性，就是要改變人之為人的自私之性，使人類社會達到聖民社會，進而與天地萬物生命系統整合約一。此部分較為詳實地闡釋了聖人如何引領人們修心向道，最終達到人與天下生命系統的整合約一。人們透過觀念、行為的取捨選擇，以善為道者為示範樣本，既要靜復歸道，又要顯示出鮮活的生命狀態。「孰能安以動之徐生」，善為道者，以動顯示出天下生命系統的狀態演化。不同層次的為道者，會有不同天下生命系統狀態，差異產生的原因在於「信」。

第十一章　生活中的有無轉化

三十輻共一轂，當其無，有車之用。

埏埴以為器，當其無，有器之用。

鑿戶牖以為室，當其無，有室之用。

故有之以為利，無之以為用。

變動：

「埏」有版本為「挻」或「搏」，緣於《說文解字》、女媧造人。其他沒有什麼變化。

闡釋：

此章出入不大，蓋因表達的意思簡單，用生活中三個具體的事例說明了有無的轉化。這裡首先要說明的是不少傳本為此章取名為「無之為用」或「無用」。就是河上公本也取名為「無用」。它們著重強調了無，而忽

略了有。從結尾句看，既談有，也談無，各有其功用。第二章說「此二者同出而異名」、第二章又講到「有無相生」。老子原意是有無並重的，雖然認為先無後有。為什麼這些古人卻取名此章時忽略有呢？是否是因為老子的「無」不好理解而重點突出「無」呢？還是後世理解的無為思想牽引的結果？

我們仔細分析這三個事例，所指向的物都是人自身創造的物。車、器、室，都是人類創造出來的。說明人類在創造物體的過程中，遵循著有無相生的辯證規律。有無相生的道本來就是存在的，如果我們遵循有無相生的道，會不斷創造出新的物體來，以滿足生活中的應用。

第一個事例，三十個輻條為「有」，以轂的規則排列，三十個輻條化為一個整體，從整體的角度看，單個輻條的功能消失，從輻條的「有」轉化成輻條的「無」。而又創造出轉動的功能，從輻條的「無」轉成車的「有」。有無形成了一個轉化的鏈條。這裡部分空間納入到新有的物體中，有人認為不是「無」，而是「空」，也是物質的，這是以現在的物質觀念來理解以前的認知。這樣認為也並沒有與老子所認為的「空」、「無」關係相牴觸。即使是老子也沒有否認「空」是徹底的「無」，「空」也是「有」，我們可以稱之為「空有」，而原來有形體「有」稱為「原有」。「空有」和「原有」的系統化就形成了新的有形體的「有」。隨著新的有形體的「有」的誕生，就意味著「原有」相對於「新有」消失了。因視角的改變，「原有」就轉化為「無」。空可以理解為物的虛體，有形體的為物的實體。虛體和實體都是「有」之體。「虛體」可以理解為「實體」的鏡像，也可理解為「實體」的對立面，也可理解為「部分的無」。因而說，虛體可劃分為「虛有」和「虛無」。虛體和實體共同構成「新有」之體，從這個「新有」之體的視角看，原有的實體轉化成「無」，原有實體成為新有實

體的構成要素，而不是一個獨立存在的實體。這樣就形成了「有」 ──
「無」 ── 「有」的創造性的有無轉化鏈條。

　　第二個事例，埴為「有」，是「原有」；摶成特定的形狀，成為
「器」，是「新有」。將部分的空納入新的物體中，相對於「新有」而言，
埴消失了，「埴為有」轉化為「埴為空」。因為有了新的功能產生，新器從
埴的無轉化成「新有」。有無形成了一個轉化的鏈條。

　　第三個事例，戶牖為有，將部分的空納入新的物資系統，戶牖的
「有」轉化成戶牖的「無」，戶牖的「無」發生的同時轉化成室的「有」。
有無形成了一個轉化鏈條。

　　從三個事例我們看出一個相反轉化方向。以前在論道中談到「吾不知
誰之子，象帝之先」，天地由道而生，天地之間生育萬物，萬物可以說是
從無到有。而現在卻是由有到無。那我們可以說從道而言，萬物由無到
有，從具體的生活而言，從具體物質創造過程中，形成一個由有到無又到
有的過程。有無相生，自此得以補全。執「無的觀念」，可以產生無窮的
創造力，逐漸形成豐富的「有」世界。這可以說明即使在中國傳統社會反
對奇技淫巧，也並沒有阻擋中華物質文明的燦爛。

　　「有之以為利」和「無之以為用」各得其所，但是相互之間密切連
繫。有為無創造了便利的條件，無又以「用」產生了新的有。此章告訴
我們，即使我們無窮的創造力產生了豐富多彩的物質世界，但最終要走
向無，即使不斷有「新有」的誕生，但是「新有」總要變成「舊有」而後
轉化成「無」，除非我們有不斷的創造力。比如現在主要的交通工具是汽
車，馬車已經很少能夠看到了，馬車在實際生活中已經不存在了，代替它
的是汽車，在新的時空視野中，曾經存在的馬車就是「無」。

第十二章　誘惑與身體

　　五色令人目盲；

　　五音令人耳聾；

　　五味令人口爽；

　　馳騁畋獵，令人心發狂；

　　難得之貨，令人行妨。

　　是以聖人為腹不為目。故去彼取此。

辨正：

　　此章沒有大的出入，基本一致。只有「心發狂」的「發」為學者高亨等提出質疑。原因認為「使句法不一律」。

闡解：

　　對於人，身體就是一個生命系統。生命系統需要與外界環境發生關係，既有外界環境的誘惑，又有內心的欲望趨向。心主導著身體的行為和思想，影響著身體的內環境。外環境透過身體的系統邊界如目、耳、口，影響到內環境，進而表現為影響身體的狀態。五個「令人」的排比雖然沒有完全列出具體的身體與外界環境的交換狀態以及清晰的內外環境相互影響的聯動過程，但是也完全表達出來了誘惑和欲望對身體的不好影響。盲、聾、爽、發狂、妨都是身體生命系統運行過程的不正常、不健康表現。

　　目、耳、口都是身體與外界進行資訊交換的窗口、器官。如果目、耳、口接受來自外界的資訊量很大，造成器官不能正常工作，進而超出了身體的負荷，影響到身體的健康狀態。

　　五色，指青赤黃白黑。也就是三原色加黑白色。在中國古代這五種顏色是正色，各配以五行之色。青為木色，赤為火色，黃為土色，白為金

色，黑為水色。如配以東西南北中五方位，東方為青色，南方為赤色，中央為黃色，西方為白色，北方為黑色。五色放在一起泛指各種顏色。天地配以顏色，一玄一黃，玄幽為黑。這可以說是古代中國的五色理論。五色理論既具有三原色原理的解釋功能，又富有中國文化的特殊內涵。五色可代指五彩繽紛的世界。五音，指宮商角徵羽。不是「Do Re Mi Fa So La Si」，是中國古代文化自成一體的識音體系。五味，指酸苦甘辛鹹。宮商角徵羽和酸苦甘辛鹹都可以配以五行，形成以五行理論解釋聲音和味道的認知體系。五色、五音、五味，用現在的話說盡一切美色美景，盡一切美音美韻，盡一切美味佳餚。這花花世界的一切都會引起人們欲望的膨脹和不斷追求。在無法付諸行動的時候，一切可以感知的器官因欲望而不知疲倦，以致目盲、耳聾、口爽而不歇息，長期累積就會導致心態失衡、幻想不斷，引起各種心理疾患，以致引起身體的各種可能病症。而能以付諸行動的，採取各種行動以滿足內心之歡愉和貪婪，縱情於聲色犬馬、燈紅酒綠、追名逐利之中。馳騁畋獵，一切都是以身體為代價的。最終可能致瘋狂之態。就是不一定達到瘋狂境地，如果終是流連忘返這些能夠滿足各種欲望的事物，就會使身體長期處於一個不健康的狀態，經年累月，終養成不可逆轉的疾患。在醫療條件發達的今天，試問有幾人能夠活到現在科學斷言的生命極限？全因欲望的放縱。不僅有美好的誘惑，還有主動的追求，更有因擁有「難得之貨」而引禍上門的事端。一個人所擁有的「美好東西」成為「難得之貨」，會引起他人的覬覦，很有可能為自己帶來災禍，進而導致身體的傷害，甚至會害得生命。難得之貨同時可能會導致他人心術不正。故老子在第二章就講到「美之為美，斯惡也」。一切美好之事都會導致心惡、身惡，他人之惡、自身之惡，以至於社會之惡，國家之惡。

　　因此，對於聖人來說，外界一切誘惑都沒有作用。致惡的結果對於聖人而言，是很清楚的。人活著，最基本的是長壽。長壽可以觀一切誘惑因由，間接上比縱慾享受之人享受更多外界之美，更多層次的精神之美。要想長壽，最基礎的就是滿足身體的物質能量需求。故說「為腹不為目」。這裡目指代目耳口等一切滿足欲望的身體具體部分。聖人這樣做的結果就是「去彼取此」，必然有取捨的結果。正如我們說「魚與熊掌不可兼得」，取魚還是取熊掌二選一的選擇。對聖人而言，「為腹不為目」是容易的，對於我們而言，變道而行，需要較大能量的付出，克服欲望是不容易的，故「去彼取此」看似是「為腹不為目」的重複，實際上強調了方向性選擇的重要性。選擇對了，就踏入了長壽之道，就是肉和靈統一的長壽之道。

第十三章　身與天下：兩個生命系統的整合

　　寵辱若驚，貴大患若身。

　　何謂寵辱若驚？寵為下，得之若驚，失之若驚，是謂寵辱若驚。

　　何謂貴大患若身？吾所以有大患者，為吾有身，及吾無身，吾有何患？

　　故貴以身為天下，若可寄天下；愛以身為天下，若可託天下。

辨正：

　　此章在許多傳本中基本上一致。略有不同的，如河上公本為「辱為下」；景福碑、陳景元本、李道純本為「寵為上，辱為下」。釋德清說「世人皆以寵為榮，卻不知寵乃是辱。」故這裡取「寵為下」。

闡解：

　　河上公為上章取名為「檢欲」，此章取名為「厭恥」。以其「辱為下」解：控制欲望，脫離恥辱，是身與天下相合之道。上章與此章相繼而行，

「檢欲」是為了身體康健，「厭恥」是為了將治理身體的看法和治理天下的看法統一起來。身體是一個生命系統，天下也是一個生命系統。這兩個生命系統都源於道，都是「道生之，德蓄之」的產物。身，萬物之一；天下，因有萬物而成天下，天下與萬物等同。萬物與虛空共成一個整體而為天下。適用身體的治理理念，同樣適用於天下。

看到寵辱若驚，就會立馬想到「受寵若驚」和「寵辱不驚」這兩個成語。可以說這兩個成語都與此章有因緣關係，是有道理解此章的基礎上演變出來的成語。受寵若驚意思是得到寵愛或賞識而又高興又不安。寵辱不驚是指受寵或受辱都不放在心上，形容不以得失而動心。這兩詞應各有其演化邏輯，這裡不去分析。但這裡要說的是有道理解老子所說的寵辱若驚，許多人意蘊走偏了，以此造出了這兩個詞後而傳之不衰。如果將兩章前後相因來理解，老子的寵辱若驚並不在兩詞所衍伸的意義上，其意應在驚，驚與身相關，與大患相關。這樣理解，寵辱若驚與貴大患若身其意就串聯起來，放在一章裡就自然而然了。最初我一直不理解為什麼寵辱若驚與貴大患若身放在一章中，以為只是因為「寵辱若驚」和「大患若身」所表達的意思重要，當連繫到上章主要談誘惑和欲望對身體的影響，到在此章結尾為「天下」，才明白「寵辱若驚」和「貴大患若身」是為了「可寄天下」、「可託天下」。

此章告訴那些致力於問道、尊道、循道之人，老子的道不僅可以養生，還可以做更大的事情，為社會作更大的貢獻。老子意在告訴人們養生之道與經營天下之道在本質上是一樣的，都屬於本源道，善養生者，自會善治天下；懂得治理天下的無上之道，自然是善養生者。當我們看到周武王、周公等被儒家奉為善治天下之人都是長壽者，漢初「四皓」鶴齡高壽，為穩定天下，出山輔助惠帝，此前卻拒為高祖出仕，可知老子所意不

假。後世（文中後世意指秦漢以來的時期，此後本章出現的後世皆從上意）皇帝雖貴為天子，卻不是聖人，他們基本上走的是韓非子的可道道之路。韓非子意圖有道理論上證明聖人、皇帝、上天是一致的，而皇帝們具體的所作所為卻離聖人很遠，離老子所說的道很遠。乃至後世朝代循環更替不斷，你方唱罷，我方登場，天下混亂、王朝短命、個人壽命短暫。

「寵辱若驚」意思是寵也驚身，辱也驚身。對聖人而言，不是「受寵若驚」，也不是「寵辱不驚」，而是「寵辱若驚」。因而，聖人的寵辱若驚需要作專門的解釋，「何謂寵辱若驚」，也就仁者見仁智者見智了，進而導致對寵辱若驚解釋的分野，形成各自的可道道（河上公將辱替代寵，以屈辱之位破等級束縛，與其神仙道的追求相符。自韓非以君代聖，尊卑位成，所以才有景福碑、陳景元、李道純寵為上辱為下的尊卑認同。王弼認為「寵中有辱，辱中有寵。」釋德清認為寵辱同義。）。這裡也有自己的可道道。「寵為下」或「辱為下」的下並不是我們所常說的卑賤屈辱之意。它是於道而言的下，不是單指社會地位的尊卑，可引第二章的「高下相盈」為證。所以無需在寵辱中分尊卑。或寵或辱，只是人自身道行不足的表現。故於道而言，寵為下，辱亦為下。不管是寵還是辱，對於修道的人，都是不利的外部變化。寵或辱都會使心波動，容易激起人內在的欲望。致力於問道、循道的人，也知道寵或辱對修道的不利，以及可能的不利變化，以「驚」表達對寵或辱的警覺，要時常保持對寵或辱變化的警覺。故曰「驚」，故曰「得之若驚，失之若驚」。也就是說得寵也驚，失寵也驚；獲辱也驚，失辱也驚。對於修道者以及致力於修道的人來說要去尊去卑，以免影響無為、守靜的心境，進而不利長壽之道的追求。「是謂寵辱若驚」似與問句重複，實際上意在強調寵辱若驚詞義表達的重要性。這裡的寵辱若驚要用心去理解，與普羅大眾的理解是不一樣。人們通常會

認為寵是好事情，辱是壞事情，其實寵和辱對於修道的影響都是一樣的，會產生不好的影響。

「貴大患若身」意思是以大患若身為貴，大患若身可值得珍視。患，何也？對於寵辱時刻保持驚的狀態，如臨大患及身，正切合了後面所說的「天下難事，必作於易；天下大事，必作於細。」視寵辱為大患，借指無論大事小事，要以身體康健為宗旨，要去欲、抵制誘惑，這樣寵辱就與誘惑相若，因意順暢而下。故寵辱若驚隨後就是貴大患若身，共成為此章的提領句。

在解釋完「寵辱若驚」，緊接著就解釋「貴大患若身」，也是以一個問句的形式引起。大患與身體緊密相連，有身方有大患，有大患緣於有身。身體不可滅，大患就不可絕。人活著是為了長生，長生是以身體的存在為標誌。這是實體的長生，虛體的長生指精神的長生，虛體的長生是以實體的長生為基礎。沒有實體，沒有實體的長生為證據，虛體的長生缺乏有效的論證力度。對於人的個體來說，不能帶來身體長生的任何理論都是蒼白無力的。我們人類所暢想的各種理想社會，以及醫學以及相關生命學科的發展最終是為了掌握生命機理，延長人的壽命。思想上有大患，就會將身體的健康狀態保持放在很重要的位置上。因為高度重視身體健康狀態的保持，所以，就會在面對外界的誘惑和內在欲望的產生，身體的反應機制會及時地調整與外界的能量交換狀態，以氣的順暢流動來保持與天道相通的自然狀態。大患是預警機制，透過身體的靈敏感知，採取正確的反應方式，將導致身體不適的因素消滅掉。「及吾無身，吾有何患？」一個反問，進一步證實大患與身體關係的重要性。沒有了身體，也就無所謂大患了，其實沒有身體什麼患就都沒有了。以身體平比天下，就可這樣說：「沒有了天下，也就無所謂大患了，其實沒有天下什麼患就都沒有了。」也就

是說，人類滅絕了，人類面對的一切問題都無所謂了。所以說天下萬物的存在，很好地存在與我們的態度有很大關係。與環境的和諧關係是一種存在方式，與環境的惡化關係也是一種存在方式。由此所知，天下諧存，是需要人去治理的。為了人類更好地生活，為了萬物的和諧共存，只有那些能夠保持長壽之身的人才是最有資格治理天下的。而能夠長壽的人，就是能夠近道的人，進一步說就是聖人，與天道同在的聖人。

因此說「貴以身為天下，若可寄天下；愛以身為天下，若可託天下。」意思是以珍重身體的作法珍重天下，珍重天下就像珍重自己的身體一樣，這樣的人是可以將天下交給他的；以愛護身體的作法愛護天下，愛護天下就像愛護自己的身體一樣，這樣的人是可以將天下託付給他的。可見，不懂得珍重身體，不會愛護身體的人是沒有能力治理好天下的。社會中常說，不能夠尊老愛幼的人，去企望他對其他人好，那是假的。因此中國傳統社會以孝治國也是自然之理。治理好身體是治理好天下的實踐基礎。如果將身體作為一個生命系統對待，那麼對待天下也會有悲天憫人的心態，視天下為生命體系，就會像善待生命一樣，善待天下。

第十四章　向小見道

視之不見，名曰夷；聽之不聞，名曰希；搏之不得，名曰微。

此三者不可致詰，故混而為一。

其上不皦，其下不昧，繩繩兮不可名，復歸於無物。

是謂無狀之狀，無物之象，是謂惚恍。

迎之不見其首；隨之不見其後。

執古之道，以御今之有。

能知古始，是謂道紀。

變動：

「搏之不得」中的搏，有的傳本作「搏」。「其上不皦，其下不昧」中的「皦」、「昧」在《姬氏道德經》中取「幽」、「惚」。

闡解：

前說道大，「淵兮似萬物之宗」，天地為其擬道體。又以人的行為「功遂身退」視作能夠抵近「天之道」的手段。一切以近身之物之事感悟「道」，「以德入道」。生活中道無所不在，善用「有無」的道說，可以創造一切可能。因為道無處不在，用於修身可達長生，用於治理天下，可至天下平太。可見道不僅形大，也可以形小。所以，此章向小的方向形容道。用數學極限的觀念來描述道，可大，可無窮大；可小，可無窮小。

小到什麼程度，視夷、聽稀、搏微而不得。看，看不見；聽，聽不到；搏，搏不到。在現代科技高度發達的今天，視覺、聽覺、觸覺能夠依靠更加精密、更加靈敏的，能夠代替人體感覺器官的機器幫助，達到探察人體感覺器官感覺不到的東西。視覺、聽覺、觸覺的功能借助機器得到了延伸。現在有許多表達「微小」或「看不見」意思的概念被創造出來，如微生物、細菌、病毒、微塵、中子、微子、夸克、無線電波、電磁波、引力等，但是這些都是可以描繪出來的，是物質性的。它們都是有無觀念應用的附屬產品，卻不是道。它們都是道生成的，具象的，再小也是有形有像。好在它們有助於對道的理解，正如老子第一章所說，「常有欲，以觀其徼」。這些微小的「有」，豐富了有，以另一種方式可抵近「常有」。

今天，視、聽、搏不再是依靠人體感覺器官的視、聽、搏，視、聽、搏的功能延伸到人體之外的物，但是在本質意義上，還是出於人感知的視、聽、搏。人體沒了視、聽、搏的感覺功能，因外在之物延伸的功能也就失去了存在的意義，也就消失了。所以，對道的體悟不可能純粹依靠外

物，還是要依靠人自身。

這些外物的視、聽、搏於今天來說，對道的感悟更難了。他們豐富了五色、五音、五味的有世界，導致人體、人體感覺器官的高度透支，依靠科技緩解的疲勞不斷地累積致身體的不健康。結果是許多以前沒有的病都出現了，出現了許多不可治療的疾病，我們稱之為「癌症」。不僅有許多的身體疾患，也有許多的精神疾患，也創造了許多賴此以謀生的職業。看似社會在不斷地功能完善，實質上社會在不可遏制地不斷癌化。

因此說，現在對道的認知更為重要。

現在的我們凡事都要追根究柢，並美之曰科學精神。我們對科學精神的追求已發展為科學主義，可試問牛頓等西方科學家在科學追求的過程中為什麼最終會墜入神的領域？可見，科學並不能解決人的內心，追根究柢不是唯一的正確方法。追根究柢緣於世界中部分之間的因果連結，而作為整體的系統性考慮，需要的是模糊思維。對道的體悟，不需要科學精神，所以老子說：「此三者不可致詰」。有些東西是分不清的，分清了也就錯了。視夷、聽稀、搏微，「故混而為一」。為什麼混而為一，因為他們都進了「道」的範疇，「道生一，一生二，二生三，三生萬物」。說明達夷、達稀、達微皆可悟道、入道。

成「一」，為道式。因為一由道生。那麼道是什麼樣的？隨後對道進行了描述，雖不是「強名為之曰大」，這裡勉強可算「名之曰小」。

道無所不在，其沒有什麼具體的位置，但人對道的認知要有位置的標示，故述之曰「上」或「下」。所以，對道而言，上下無所謂位感，可以虛用，「其上不皦，其下不昧」可以理解為：「既不明，也不暗。」既不能夠清楚地看到，也不能夠如幽暗一般感覺不到。道於人體的感覺就是這麼存在的。似斷非連，似連非斷；似有非無，似無非有；綿綿不斷，卻難以

名狀。故曰：繩繩兮不可名。萬物皆可名，不可名，不為有，則是無，因而說：復歸於無物。「道」展現了由有向無的轉化過程。「是謂無狀之狀，無物之象」，又將道由無轉向了有，有狀有像。道似有似無，似狀非狀，似物非物，似象非像。這就是我們所說的「惚恍」。「惚恍」是人對虛幻狀態的感覺描述。道就是一個東西，不像病毒、細菌不借助顯微鏡我們完全看不見，其他的微物質也要借助工具、儀器才能看得見或捕捉得到。道借助任何儀器、工具都沒用，它要依靠人的心才能隱隱約約感覺到一絲。似實實虛，似虛實實，惚恍之狀是道的物象。

　　以心的感覺賦予了道形體之狀，以一種「具象」形式互古長存，廣大無邊。道綿綿不絕，以一個有具體時空特質的人的視角看，迎面看不到道的頭，隨道而行看不到道的後部分，直至生命盡頭也還在道的前部分。不管任何時代、任何世紀，道都廣大無邊，前於天地之始，後於天地之終。

　　道始終不變，古道與今道是一致的，所以可執古時候的道，以統御今天的有世界。為什麼不說執今之道而御今之有？今之道與古之道沒什麼分別，強調古之道，是因為今之道是古之道的繼承，學習到的今之道也是古代人傳承下來的對道的理解。師古道是對先人的尊重，符合中國的文化特性。雖後來有了佛教的傳入，儒家學說成為廟堂之說，到宋元三教合一，也沒有改變道家所說的道。後來雖然道家走向了歸隱山林的神仙道以及融合了陰陽家的方術之道，使得普羅大眾對老子道的理解偏離了方向，加上道教存在，老子道成為了世外之說，但是其道的核心沒有廢棄，從周敦頤到王陽明，大多都是以儒入道，知老子道也是濟世之道。王陽明的心學不就是再次展現了中國文化一直是講心的嗎？神仙道只談「修仙體去凡身」，除了治理身體，很少談治理天下。方術之道，取老子的無中生有之說，走上了中國的巫科之路，向西方最初科學發展一樣，與巫術一直相攜

而生。因中國傳統不重求真，以至於中國傳統社會的科學之路一直沒有與巫術分離。到了現在，基督教進來，彌補了中國傳統社會不重求真的情況，雖然有耶和華、耶穌像曾經的釋迦牟尼一樣衝擊著中國的信仰體系，但是老子道沒有變，一直在「無為」的狀態自然而然地影響著世界。現在的《道德經》成為僅次於《聖經》發行量的經典，可見老子道傳遍了全世界，以一種自然而然的方式傳布著、影響著人們的生活、人們的思想。我們現在崇拜的一連串西方名人如愛因斯坦、韋伯（Max Weber）、黑格爾、海德格（Martin Heidegger）、尼采、李約瑟（Joseph Needham）、湯恩比（Arnold J. Toynbee）等都有著《道德經》影響的痕跡，只是他們沒有尊古的傳統，也可能一些人源於文化的慣性，沒有正確擺正老子對他們的影響。如在黑格爾的邏輯學中，目錄綱要中《總論》提到了無論和有論，而後卻是一以貫之的有論，無論只是在總論中寥寥數語。總之，就是在現代化、科學深度影響的今天，老子道一直有效地影響著人們的思想，「執古之道，以御今之有」對於今天依然有效，將來也將有效。

再說，師古可以讓我們不忘初心，砥礪前行。學習老子道，讓我們能夠知道文化的源流、人類思想的源頭、古代社會的起源，不只是依賴上帝、真主等，而能夠真正明悟世界源於道，而不是某一個、某一些特定的神。「象帝之先」指出了科學的客觀性根源。道不依賴任何人或物而客觀存在，對道的明悟卻在人、在心。從古始到現在，道始終存在，也無處不在，這就是「道紀」。舉一個例子，法國傳教士馬若瑟（Joseph Henri Marie de Prémare）從此章的「視之不見，名曰夷（y）；聽之不聞，名曰希（hs）；搏之不得，名曰微（we）」發現了「夷希微（yhswe）」諧音耶和華（耶和華是舊約的主神，是上帝的名字。馬若瑟是清康熙年間的法國傳教士，是一位專門研究中國語言和文學的漢學家，著有《漢語札記》。「夷

希微」意味著道無處不在，在西方的上帝也可以說是無處不在的。）這樣說，道在西方也就合理了，上帝也是因道而生的。以老子道，可以兼容、闡釋其他所有的異域文化及文化現象。

第十五章　以「善為道者」見道

古之善為道者，微妙玄通，深不可識。

夫唯不可識，故強為之容：

豫兮若冬涉川；

猶兮若畏四鄰；

儼兮其若客；

渙兮若冰釋；

敦兮其若樸；

曠兮其若谷；

渾兮其若濁；

澹兮其若海；

飂兮若無止。

孰能濁以靜之徐清？孰能安以動之徐生？

保此道者，不欲盈。

夫唯不盈，故能蔽不新成。

辨正：

「古之善為道者」的「道」王弼本、河上公本為「士」，帛書本為「道」，其他多數傳本為「道」。可見漢朝時版本為「士」多，也就是今文經學時期為「士」多，古文經學時期為「道」多，故這裡取「道」。「豫兮」河上公本為「與兮」，《姬氏道德經》為「徐呵」，其餘的「兮」也為

「呵」，而大多數傳本為「豫兮」，故取「豫兮」。「兮」和「呵」的差別是地區用語習慣，楚風尚「兮」，大多人認為老子為楚國人，因而用「兮」合適，但是老子屬楚國人時，卻是陳國人，陳國為姬姓諸侯國，而「呵」又與《詩經》風格類似，「呵」作者認為更符合原本，因不影響大意，又因為多數人接受了「兮」，故這裡取「兮」。「澹兮其若海；飂兮若無止。」原在第二十章，很可能錯簡，在《姬氏道德經》中與此章其他句子在一起，只是換為「淵呵，其若浴；恍呵，若無止！」，「淵呵」、「恍呵」更確切，但是與「澹兮」、「飂兮」意差不大，故取「澹兮」、「飂兮」在此章。「蔽不新成」在陳鼓應注譯本與通式本為「蔽而新成」。為取意一致，以多數傳本為準，故取「蔽不新成」。

闡解：

　　前面一直講道，努力將道描述出來，大到可以天地作擬道體，小到微末塵，曰夷曰希曰微。如水近道，以功遂身退的具體做法近感天道。以及講到了生活中的有無之轉化。一直在告訴人們人人都可以悟道。對於剛進入道門之人，看周圍沒有聖人，即使是講道的人，也一凡夫俗子，滿口道學，玄之又玄，神乎其神，又脫離不了現實的羈絆，為欲望所纏繞。老師也概莫能外。老師對道理解的程度是不會阻止悟道的進程。我們有崇古的傳統，可以想像古之善為道者是個什麼樣。借助於傳承下來的知識，借助於現實中眾生相，借助於老子本身，綜合起來形成了對古之善為道者的形象描述。有一點說明了現實中不存在善為道者的榜樣，榜樣源於虛擬的想像，是為了確定人整體向什麼方向發生變化。現實中即使再高尚的人，都會有或多或少、或大或小的欲望，很容易成為有心者的詆毀對象。而對於一般老百姓，關注點是分散的，有時更感興趣於名人的醜聞。即使現實中有很好的悟道者，也只能虛託古人，尤其在亂世，更是如此。自古及今，

都會湧現出一些善為道者，經年累月，就會形成了許多善為道者的相。在老子這裡經過綜合，結合自身對宇宙、世界的理解，形成了以人為形態的擬道體。不像其他的擬道體，其具有了人格化的特點，對於問道、悟道、尊道的人，有了切近的學習、模仿對象。所以善為道者，不只是指聖人，除了擬道體的功用還包括那些追求聖人之道的人，也就是在追求本源道的人中，已經接近聖人境界的為道者。以「善為道者」的面目出現，從傳道的視角而言，是為了能夠激發問道、悟道、尊道之人的信心，道不只是聖人的道，也是普通人的道，只要致於道，也可成為「善為道者」。古之善為道者也可以說是能夠悟道深的今人對古人善為道者的一個想像。

老子以此虛構一個與人同一的擬道體，但是與聖人又有一點差異，不直接指出聖人，而是善為道者，可見是為了提供一個榜樣，想像一個人、一個對道有追求的人應該如何行事。可以說，這也是老子對自己的期許，也算是自畫像。對於以後學《道德經》的，可以這樣想，也可以說從老子所述對善為道者的自我想像。這樣是尊道紀的，與上章也就自然連接起來。

因為道無處不在，道可以表現各式各樣的形式，所以對於普通人來說，道「微妙玄通，深不可識」。當道以人的形式出現時，也應該是「微妙玄通，深不可識」。在細微中觀以要妙，在玄奧幽遠之中通達道的本源。以各式各樣的形式途徑都可致本源道，對於普羅大眾，看不透認不清，如墜廣淵，如達深海，所以可以說，深不可識。對於每一個具體的人，幾乎都有一定的欲望追求，已經形成了各式各樣的具體形態，就是映射到現實中，各式各樣的人也是道的表現形式。這就是我們現在說得現象與本質的關係。透過各種局部現象的綜合、集成，就有了善為道者的整體形象，一個人形擬道體躍然紙上。但是，對於普羅大眾，則可能不會相信

有這麼一號人，似瘋似傻、如痴如狂，如佛家語：著相。對於有一定道學知識的，這樣的形象又是脫相的，在不同的相中跳躍轉化，根據具體的情況而呈現獨特的相。似瘋非瘋、似傻非傻、似痴非痴、似狂非狂，既能平靜如水，又能狂暴如風，平靜中微波蕩漾，狂暴中飄忽如絲。從心理學角度看，就是一個多重分裂人格障礙的人，如從生命系統的整體性考慮，這是一個完美的擬道體。因為擔心一般人不容易理解，但是對於道有一定認知的人來說，卻也是勉強能夠理解的。

因為「微妙玄通」，道會表現出許許多多的形式，以致「深不可識」。即使是對「善為道者」繪像，也只能是零星半爪勉強為之，故說「強為之容」。為什麼「強為之容」？因為不可識。如果不強為之容，我們無法更好地識道、悟道，只有強為之容，我們才能夠透過局部了解全部，才能逐步進入道妙之境。

「古之善為道者」的繪像是不容易理解的。原來理解「豫兮」和「猶兮」、「儼兮」和「渙兮」、「敦兮」和「混兮」、「澹兮」和「飂兮」成句對出現，以此多角度地展示善為道者的各個側面。可又不知如何處理「曠兮」句。備受困惑，曾經也感覺「澹兮其若海，飂兮若無止」錯簡的有道理，這樣「混兮其若濁」與「孰能濁以靜之徐清」以「濁」相連。徘徊猶疑，久之不得解。當想起水之七性，其疑頓釋。此章中，對古之善為道者的繪像，可分為四個層次解讀。這裡取名為四重境。

「豫兮」、「猶兮」、「儼兮」句講的是第一重境。這三句話剛好與「居善地，心善淵，與善仁」一一對應，講個體的道修。修道的行為沒有延展到社會、天下，也沒有涉及到他人的回應，先講自身如何做。「豫兮若冬涉川」與「居善地」一致，猶如冬季過河一樣小心謹慎，擇善地而行而居。以冬季過河為喻，主要指對身處的環境保持一種謹慎小心的態度，善

地對於修道者是無所謂選擇的，選擇了也不會成為必要的爭奪之地，隨時可以讓於要爭之人。為何？對於善為道者，只要保持小心謹慎作法，對於別人的不善之地，也可變為善地。「豫兮」以查所處之地於善與不善之間的瞬變，因勢利變，將自身總是處於「修道之善地」。「猶兮若畏四鄰」與「心善淵」一致。善為道者選擇了修道之地，不一定就是深山老林、人跡罕見處。對於大多數人來說，必然是與其他人比鄰而居。對於善為道者，更多地也是這樣選擇的。只有這樣，方可檢驗心境的寬廣。因為修道者的心境並不就是天生寬廣的，淵深清明的。透過跟周圍的人相處交往而漸漸變得心境開闊。猶兮是指修道者對自己的言行保持不斷地檢點，唯恐引起四鄰的不安。「善為道者」與世人相處，無門戶、宗族觀念，無榮辱、貴賤之分，對人團結友愛，謙誠有加。不憑藉任何可獲得的權力資源欺凌他人，同時要面對他人的不當言行，畢竟人與人之間的智慧、品性是參差不齊的。當然對於普通人是很難做到的，而對善為道者，心境寬廣，淵深清明。以畏四鄰作喻，保持「猶兮」之態，以不斷錘鍊心境，達到「心善淵」。「儼兮其若客」與「與善仁」一致。在面對周圍人的不理解，甚至嘲諷、非議，能以一個躬躬慎行的姿態錘鍊心境，這講的是對己。然後是對人，「儼兮」是恭敬莊重的樣子，向客人一樣如履他人之地，對待任何人都是如此，不因其貧富貴賤而產生輕凌或卑賤之心，此之謂「與善仁」。

當能夠達到上述三個方面，就進入了第二重境「渙兮若冰釋」，由緊入鬆。我們常說的「士」，多在於第一重境，儒家講仁義禮智信，講行為的規矩、語言的規矩，並將這種規矩延伸到家庭、社會、國家。修身齊家治國平天下是不可分的，修身的終途是平天下，但好多人繞不過治國，終以愚忠、死忠的形式獻祭了身體。道家人很少這樣的規矩，范蠡、張良、四皓、劉伯溫就能做到退身而隱或因時而出。因為道家修身與齊家治國

平天下是分開的，修身講自然之道，齊家治國平天下也要講自然之道，他們之間也是透過「信」連接起來的。當國家無道、天下混亂，道不被尊重，「信」無法確立，退而修身成為道家的可守之道，不糾結於「為天地立心，為生民立命，為往聖繼絕學，為萬世開太平。」，因為道家的心境有四重境，不會因「緊」而終看不開。因道常不被尊重，由道生信難以確立，道家在人們心裡慢慢變成了出世之人。儒講入世，道講出世。其實，道家也是入世的。如果不入世，那麼自漢以來的強盛王朝由「無為之治」開啟難以說通。儒家一個緊字到底，道家可由緊轉鬆。對於修道的人，如果能夠做到「豫兮」、「猶兮」、「儼兮」，那麼就會進入到「渙兮」的心理狀態。以現在的語言來說，是「問心無愧」了，做到了三個方面，就能夠開始體悟道的精妙之處了。以道為志向的，自然而然心情如冰釋歡心、愉悅、通爽。對於善為道者，放棄了欲念的糾纏、擺脫了社會的羈絆，以一顆自由的心，天地間縱橫捭闔，可鳥可魚，呼吸天地之氣息，猶入莊子〈逍遙遊〉所述之心境狀態。（莊周在按照四重境歸類，應在第二重境。古代中國將其《莊子》列為三玄之一，蓋是因為莊周將老子的無為推向了極致。）

脫俗道，入天道，進入到第三重境。「敦兮其若樸，曠兮其若谷，混兮其若濁」，與天道相合。講的是返璞歸真。樸，道小；谷，道虛；濁，道源。「敦兮」、「曠兮」、「渾兮」是人表現出來的三種狀態。敦兮是敦實厚壯的樣子，用現在的話語來說，有點傻氣，這種狀態在老子眼裡喻之為道小的形現。曠兮是指胸懷寬廣，眼界高遠，見識超絕，像天地之間的虛空體一樣，以形化空，無所不包，無所不含，洞悉萬物的規律變化。渾兮就是難以劃分類別，為道者達到的一種狀態，這種狀態很難將其歸於某一類別，也就是似愚非愚，似智非智，似知非知、似傻非傻、似強非強等一

切在兩可間，近似於混沌，直抵道源。在此重境，善為道者方可達到老子所說的聖人，聖人無心，以百姓心為心，聖人道與天道齊。

第四重境就是「澹兮其若海，飂兮若無止」。以哲學的術語講，以前是具體到抽象，現在是抽象再到具體。主要是指道用。需要安靜就能安靜；需要動就能動；需要瞬停就能瞬停；需要動不止，就可綿綿不絕；需要智慧如海，就能智慧如海。達到此重境，就可兼利天下。從無為化為有為。這其實是最為關鍵之處。此處恰恰在許多傳本中，移入第二十章，將老子之道徹底墮入無為之道。老子不僅講無為，也講有為，這樣就形成了完整的生命循環體系，與第二章「有無相生」呼應。只關注老子的無為而忽略了老子的有為，用到治理國家，可是會致國家混亂，以致後世鮮有成功以道治國的案例，卻有繁盛轉衰的深刻教訓，如唐玄宗和宋徽宗時期，一個導致安史之亂，一個導致北宋滅亡。（在唐宋時期，老子道的傳布都是在道教的旗幟下進行的。唐尊老子為其始祖，號「太上玄元皇帝」，唐玄宗時期，將道士納入皇室人口管理體系，大置玄元皇帝廟，崇玄學、置生徒，將《老子》、《莊子》、《列子》、《文子》列為科舉考試內容，親自為《道德經》作注，令家家都要有藏本。可過度的道教尊崇，導致了安史之亂。宋徽宗自稱神霄帝君下凡，冊封自己為「教主道君皇帝」，在金兵將臨城下，迷信道家法術，拒絕引兵救援，而終導致被俘，斷送了北宋王朝。）

這樣最終形成了四個層次的人形擬道體。修道者可據此衡量自身的道修之境界。修道是為了什麼，前幾章談過，對於個人是為了長生，對於國家是為了長治，對於天下是為了久安。怎麼能夠達到長生、長治、久安？接著老子就談到了修到四重境的為道者的能力。「孰能濁以靜之徐清？孰能安以動之徐生？」以濁化清，以安化生，以兩個反問句道出了善為道者

的神奇能力，捨我其誰？指出了個人長生、國家長治、天下久安的依託者：達到四重境的善為道者。當個人處於情緒崩潰、不安、焦慮等渾濁狀態，身體處於不健康狀態，身體的功能不正常，有點紊亂等，怎麼辦？一個「靜」字講透了一切機要，當人生病時，醫生經常會說「安臥靜養」之類的言辭，強調的就是靜。可是誰又能真正靜下來呢？絕大多數人會為不良情緒困擾，在心理上其實已經放棄了真正的治療，大多都是姑且為之試試看。當國家發生動亂，天下疲憊，怎麼辦？也是一個「靜」字。盡可能地減少人們的貪欲，使民心不亂，這不是誰都能夠做到的，我們幾千年的治亂循環歷史也只出了寥寥數人。四皓避秦亂，漢高祖徵召不仕，卻為漢惠帝而出。國家、天下以靜去欲，因為是正途，慢慢地由動亂之地變為清明社會。然而單純的靜並不能達到長生、長治、久安。靜安久就會懈怠、流於固定的習慣、制度、思想。固定的習慣久了就會導致身體與環境能量交換的不平衡，微量累積致身體向不健康方向發展；某一具體的制度實行久了，就形成利益的固化，突顯出制度偏好的人群，微量累積到最終形成導致社會矛盾的不平等加劇；某一具體的思想流行久了，人們就會處於接受的疲勞狀態，產生抗拒心理，也會形成固定的思維模式，亦或反向亦或僵化，缺乏靈活變通，以致行為、語言偏離正常的軌跡，不利於溝通，引起社會矛盾和衝突。安靜發生問題皆因久，所以有些傳本「安以」變為「安以久」，但是意義沒有發生絲毫變化。因而，為了避免流弊產生，克服懈怠，所以以「動」而達到生命系統的再生，既包括身體的也包括國家的和社會的。以「動」為引力，慢慢地身體恢復了活力，國家恢復了活力，社會及天下恢復了活力，天地萬物就進入了動靜相宜的生命循環。

　　善為道者能夠保持生命系統的正常運行，也就是隨後所說的「保此道者」。隨即說出了能夠保此道者的根本原因：「不欲盈」。不要去追求圓

滿、完美、極致。也就是不要讓生命系統偏離正常運行軌跡太久太遠，極端狀態易於生變。但也不是不追求，生命的規律要求動靜合宜，靜久易怠，動久易亂。說白了作為一個人總是會有意志表達的，欲盈實質上就是按照自己意願來試圖影響身體、家庭、國家或天下（社會）。這是避免不了的，因而欲盈總會有偏離道的方差存在。這種意志如果控制了身體、家庭、國家或天下（社會），就會改變其自身的自然運行邏輯，慢慢地可能會將人為的植入邏輯當作身體、家庭、國家或天下（社會）的生命邏輯，結果就是身體、家庭、國家或天下（社會）偏離正常的軌道。不欲盈就是要盡量避免人為邏輯的植入，不可避免的植入也要及時放棄，讓各自的生命系統邏輯主導生命系統的運行。這樣的話，因去欲而使「不盈」成為主體與客體的關係常態。因這種常態，是尊重生命系統的自身邏輯，那麼對於身體就能長壽，對於國家就能長治，對於天下就能久安。

最後一句「故能蔽不新成」。因「蔽」的解釋而引起歧義。單純將「蔽」作破舊、鄙陋解，那意味著守舊落後，其句子就自然會發生變化，變為「故能蔽而新成」。但是對於老子，他並不著力於新舊，此章主要講為道者的思想境界。如果能夠保持不盈的不干涉或少干涉狀態，使身體、國家、天下達到健康的狀態，對於善為道者，即使所居、所穿、所食粗鄙不堪也是無所謂的，也沒有對美居、美衣、美食的渴求，因去欲而達到身體的長生、國家的長治或社會的久安，居、穿、食是不講究的。再有一意，也指身體、國家、天下保持原來運行邏輯的好，個人意志的過多植入，會使運行邏輯常新常變，忽略了各自的自然運行邏輯，就會將身體搞垮、國家搞垮、天下搞垮，新而不成。

第十六章　體悟萬物同道

　　致虛極，守靜篤。

　　萬物並作，吾以觀復。

　　夫物芸芸，各復歸其根。歸根曰靜，靜曰復命。復命曰常，知常曰明。
不知常，妄作凶。

　　知常容，容乃公，公乃全，全乃天，天乃道，道乃久，沒身不殆。

辨正：

　　此章在各種傳本中大體一致。其中差異主要有如下幾處：一、「篤」
在《姬氏道德經》中，為「表」。因所見其他傳本為「篤」，這裡遵多數傳
本，取「篤」。二、有不少傳本不是「靜曰復命」，而是「是謂復命」，其
意無相差，取通式本的「靜曰復命」。三、「妄作凶」在有的版本中「作」
和「凶」之間有逗號分開，而《姬氏道德經》中是「茫茫作」，因大多習
慣「妄作凶」，故取「妄作凶」。四、「全」在多數傳本中為「王」，又因
王弼注「公乃王，王乃天」說「當然公平，則乃至於無所不周普也；無所
不周普，則乃至於同乎天也。」又因道藏龍興碑為「公乃生，生乃天」及
莊子天地篇所說重全。故這裡取「全」。

闡解：

　　前述幾章先後有「天地」、「谷」、「水」、「人」為擬道體，一步步
指明了人透過悟道可以逐步靠近本源道的，人們所希望的「長生」、「長
治」、「久安」是在一定程度上可以實現的。以人學人明確地指出了道是人
人都可以追求的。

　　對於具體的個人，如何修道？此章給出了答案：「致虛極，守靜篤」。
如何「致虛極，守靜篤」？以觀萬物的規律運行。從萬物運行的規律中，

悟出道，並一生相隨。當然，此章這種道與萬物循環往復的規律是一致的。暗指屬於「萬物」的「吾」也一樣遵循「循環往復」的規律，即使終身修道，也難以擺脫「循環往復」規律的制約，實際上也就指出了人們追求的長生、長治、久安只是心中的理想期盼，實際上是不可能實現的。但也揭示出了追求長生、長治、久安的意義，在「循環往復」規律的制約下，可以以道延長壽命，近似於身體的長生、國家的長治、天下的久安。所以說，「致虛極，守靜篤」的目的是為了延長生命系統的壽命，而不是理想中的長生、長治、久安。從天上落到了地上，有利於進入道門的人踏踏實實地修道，不虛浮於理想中。

「致虛極」的極是極點。虛的極點是什麼？在第五章中，談到虛而不屈，天地之間是個龐大的虛空體，致虛極意味著達天達地，也就是意味著接近了本源道。接近本源道的不是具體的個人，而是心。中國的文化一貫是講心的，當佛進入中國，化為中國文化特點的禪宗，是講「明心見性」，自此中國文化開始講心性。「致虛極」是指心接近了本源道。

心如何能夠接近本源道，是一個「靜」，承接上章「孰能濁以靜之徐清」，而不是「孰能安以動之徐生」。對於人來說，都有或多或少的欲望，受欲望的的驅使，心是躁動不安的，以心濁喻心不入道的狀態。對於欲望之心以「濁」為「切」，「安」卻是指欲望之心蟄伏的狀態。所以，以靜方可使心清澈明澄。欲望之心一起，往往很難靜下來。靜的狀態也只是不得不休息的短暫狀態，容易逝去，所以要「守靜」，使靜的狀態能夠更長時間的停留。對於大多數人，根本想不到會靜下來，在「時間就是效率」、「時間就是金錢」、「浪費時間就是浪費生命」的有欲時代，靜被排除在生命系統的必要狀態之外，對身體功能的修復徹底交給睡眠來解決，如果在不斷透支睡眠時間的情況下，身體在逐步地走向崩潰，過程中以各

種病症予以提醒，以致最終以不可挽救的病症（癌症）終結生命。靜是生命系統的必要狀態，因為難守，方見靜的可貴。有些人不敢守靜，因為欲念太深，容易因守靜而導致不好狀態的爆發。要「致虛極」，單「守靜」還是不夠的，需要一顆虔誠的心將「守靜」堅持下來。因為生命系統都是不斷運動變化的，要不斷地與環境進行能量交換，靜是一個梳理能量的過程。運氣就是梳理能量。時時使身體氣通順達，那長壽就是自然而然的一個結果。國家和天下猶如身體，都是以氣為能量基礎，它們的氣通順達是人們整個群體的綜合反應，亦同此理。

　　靜是要講心態的，心態取決於對萬物的認知。如何正確認識萬物的運行規律？「吾」作為一個主體實踐者，要在萬物的周圍予以觀察思考。萬物都會處於一個生長發展的過程，作為主體實踐者的「吾」可看作為一個旁觀者。因為在旁觀察，所以有的傳本就將「萬物並作」書為「萬物旁作」。經過觀察思考，作為實踐主體的「吾」，就發現了一個共有的規律：「復」。萬物都會經歷生長發育衰老死亡的過程，無一例外。而且這個過程還是周而復始、循環往復。萬物是具體的，生死是不可避免的，對於一個具體的生命，生是生命的全過程，死是生命的終點。這是局於物象的生命觀。當萬物被視作道體，以物的類作為一個生命系統，生和死的觀念就發生了轉化，生是動，死是靜。修道者將自己的身體從物象轉化為道體，其在心境上就獲得了長生。索甲仁波切在《西藏生死書》中將死視作為一個新的開端，佛家可看淡生死，道家也可看淡生死，儒家不懼生死，法家以死懼之。悟了道，就自然看淡了生死，不會因死亡產生恐懼而導致生命品質的下降。

　　老子是如何進一步談靜和復的？另起一段，交代了靜和復的內在關聯，並給予評價。世界是一個萬物茂盛生長、生機勃勃的世界，而最終萬

物都要回歸其本源，根為本源。本源為無，從無到有，而最終要從有到無。對於具體的生命系統，無就是死。對於道體的生命系統，死成為一個必然經歷的中間過程，這樣死就成為一種新生。我們經常用一個詞「死寂」，死與靜同時發生的，死意味著鬧混混的生命結束了，也就安靜了。所以，老子說「歸根曰靜」。而「靜曰復命」，更是指出了「靜」的關鍵功能，復命意味著又開始了循環往復的生命過程，靜是一個內審的過程，就像現在的機器運行，到了一定階段就要檢修一樣，靜就是對身體狀態的整理修復過程。另一種意義講，靜是短暫的死，「守靜篤」是不斷模擬生死的循環往復過程。以「守靜篤」不斷明道，「復命曰常」也就自然而出了。常具有普遍的意義，知常就是知道循環往復的生命運動規律。懂得了這些規律，心理就會清楚明白，面對其運動變化就會坦然，而不至於產生不良的反應，還會因應變化做出正確的行動選擇。如果不知道這些規律性變化，就會無所適從，盲目應對，就會帶來不良的後果。故曰「不知常，妄作凶」。因此，知常明道可以趨利避害。

　　為什麼以靜明道可以趨利避害？接著就以一連串的因果連結清清楚楚地講出來。「知常容」就是：因為知常而能夠明白萬物運行的規律，所以對周圍的各種變化清楚明白，以至於導致心胸寬廣，氣度從容。即使涉及到面對自己的不好變化，知道其是不可避免的，也無法避免，也就能夠從容應對，不驚不慌，這樣慢慢地胸懷容量越來越大。結果就導致處理具體的事情合情合理，能夠盡可能地讓相關人滿意，所言所行就成為公正的標準，熟悉的人都願意聽從。當公正的名聲傳出去，口耳相傳，就會成為公正的代表，那麼在特定的地域內，成為名正言順的王。這樣看來有些傳本「公乃王，王乃天」也是因應邏輯的結果。但是由公到天，不一定要成為王，王只是其中的一種路徑選擇。王不過是對公正的資格認可，對於為

117

道者而言，王不是終極目的。人們願意聽從，主要是為了解決問題。當各式各樣的問題匯聚在一起，且能夠得到妥善的解決，有利於道修者的能力提高，對生命系統的運行規律能夠掌握得更精準，對萬物的各種變化能夠更加熟悉，以致全知全能。所以「公乃全，全乃天」的因果連結更為確切。「全乃天」就是知悉天地間萬物的一切變化，化虛為空，心境上靠近了天，與天齊，脫俗成聖。聖人以百姓心為心，不處王位也能以百姓心為心。脫俗成聖，也就沒有了自己的私慾，天是最近道的，靠近了天，意味著也就近了道，故說「天乃道」。悟了道，就可以達到生命系統的長壽目的，相當於一定程度實現了身體的長生、國家的長治、天下的久安，故說「道乃久」。如果這樣的話，那麼終身就不會陷入困境，不為名累，不為情迷，不為權繞，不為富驕，不為貧賤。

第十七章　理想天下生命系統的遞次回歸：關鍵在「信」

太上，下知有之；其次，親而譽之；其次，畏之；其次，侮之。

信不足焉，有不信焉。

猶兮其貴言。

功成事遂，百姓皆謂：「我自然。」

辨正：

此章歧義不大，只有兩處不同：第一處為「下知有之」。通式本為「不知有之」，這裡不取通式本，因查看各種傳本，後世多為「不知有之」，取其意蘊深遠，實際上蓋因將老子的道純視作為「無為之道」，其實從第一章本源道開始，老子既談無為，也談有為。第二處「猶兮」為許多古傳本所用，而有的為「悠兮」，也有「由」字缺兮，陳鼓應的《老子注譯及評介》中說悠、猶、由三字古通假，無什麼爭議。因為當今悠和猶兩字涵

義差別大，以便更能突出貴言，而用「猶兮」。

闡解：

　　此章大多傳本解讀為為政之道，也就是為政的自然之道。因而有許多版本將致信的主體歸於王或帝王或皇帝。這很有可能是秦漢以來的帝制秩序所造成的有利於帝國統治的解讀取向。而在老子時代，是禮崩樂壞，諸侯王紛爭的時代。老子寄託於未來社會致信的自然之道又有一定程度的理想色彩，但絕不是帝王統治模式的想像。由於老子是姬姓遺老（《姬氏道德經》問世，也充分說明了文化傳承的多樣性，口傳本的好處可以將口傳者的族源資訊穩定地傳遞下來，就像婆羅門口述印度歷史，婆羅門的血緣身分是最為可靠的。《姬氏道德經》言老子為姬姓王族之人，是頗為可信的。），他更多想像的是理想的周王朝。周朝分封諸侯，作為宗主國，其自己管理的領土其實並不大，而且除了周幽王有烽火戲諸侯之舉，罕見飛揚跋扈的王，周王室重視「修德以配天」。周王室式微，諸侯稱王，而這時的王與周王室的王已經不同了，但是周王朝治世的模式經過老子的理想化成為外在於諸侯王的社會治理模式。那時老子他們所認為的聖人並不是處於最高統治地位的人，我們經常為儒家所傳堯舜禹周武王周公旦的聖人定位所惑，記得商紂王挖比干的心說：「吾聞聖人心有七竅。」（《史記·殷本紀》）雖然見於漢武時期的《史記》，但是也能夠說明聖人並不專屬於王侯、帝王。聖人應該是德行高遠、有深刻悟道的人。而在當今，帝王的統治秩序已經遠離我們，關於此章的解讀有必要正源清流，還老子理想期許。此章不只是為政的自然之道，不是要突出為政的核心主體，而是講修道者道悟層次所帶來的結果，突出強調了以貴言而達「功成事遂」的過程。講的是有為而不是無為，也與「無為無不為」意合。為政的自然之道只是其中的一個方面。

　　「太上」二字從今天看，已經衍生出幾種意思：第一種意思是「最高」，最為古老的意義之一。如《墨子・親士》的「太上無敗，其次敗而有以成」、孫詒讓《墨子間詁》中的「太上，對其次為文，謂等之最居上者。」、司馬遷〈報任少卿書〉的「太上不辱先，其次不辱身……最下腐刑極矣。」、宋秦觀《心說》的「太上見心而無所取捨，其次無心，其次虛心，其次有心。」第二種意思是「至高無上」，在老子這裡是指清靜至極的道。後人為了表達尊敬，送給了老子一個「太上老君」的號，成為道教三清之一。在《左傳》中「太上有立德，其次有立功」和《禮記》中「太上貴德」的「太上」都有至高無上之意。所以，到了帝制秩序時代，「太上」成為皇帝的另一種稱呼，「太上」就是「天子」，這是第三種意思。我們在古代歷史劇中常見到「太上皇」的稱呼就出於此意。當道教出現以後，「太上」成為「至尊」、「最高神」的另稱，如元始天尊。這是第四種意思。「太上」在這裡指道悟的最高層次，屬於聖人的道悟層次。然後又依次化為三等。這四個層次的道悟，會帶來不同的結果。

　　達到「太上」境界的修道者，相對於境界不高者或者沒有進入道修之門的人來說，不會因之心情波瀾蕩漾，只是知道而已，知道有這種人存在，一切都是自然而然。太上境界的修道者不會因為境界上升引起周圍的顯著變化，同時對於周圍的人也是一樣，不會因為有一個存在而出乎意料。那麼次於「太上」之境的修道者就不同了。較好的是「親而譽之」，人們能夠感覺到他德行的美好，也能夠體會到他言行所帶來的好處，所以人們願意親近他進而願意讚美他，傳頌他的美好德行。再差一點的就是顯示出了較多的欲望，而這些欲望能夠透過支配性行為實現。對於他周圍的人，因他的言行而產生畏懼，害怕他的行為會導致其利益、名聲的損害。最差的就是引起了人們的反感，進而以侮辱的形式來回應修道者的

言行。同樣是修道者，為什麼他們的言行會引起如此大的不同反應，關鍵在於信。所以老子緊接著就說「信不足焉，有不信焉」。為什麼「親而譽之」？是因為人們透過親近美譽以希望保持穩定的惠利關係，擔心沒有「親而譽之」而失去來自道修者的福利，這顯然是「不信」。同理，畏之或侮之都是存在「不信」。不信的存在導致了信任的不足。信任不足的程度決定了「親而譽之」、「畏之」、「侮之」三種回應方式的不同。

　　為什麼會存在不信任呢？是沒有「達到」太上的境界，修道者的行為引起了人們趨利避害的反應。回到第八章中，水之七性的第四性是「言善信」。「言善信」是以前三性為前提的，而現在要說的是即使有了前三性，也不會自然而然達到信。這在於「言善信」本身。言是致信的關鍵，所以隨後老子要講「貴言」。「貴言」意指不輕易言。就猶如一因多果的關係，一說出來，會引起多種可能性結果。不輕易言，就會盡量減少可能性結果，也就減少了利慾取向的回應。不輕易言就會斟酌，斟酌言語合適不合適，就會表現為猶豫的狀態。經過仔細斟酌的話語是為了讓周圍的人們認為其所做的事情是沒有任何利益動機的，只是修道過程中自然而然的行為表現。言是行的標，「貴言」則意味著行為自然而然的取向明確。對於周圍的人們來說，也認為修道者的行為本應該如此，其自然可心安理得地享受修道者行為帶來的福利。

　　對於修道者，雖然不輕易說，但是默默地做符合道的事情，合道事易成，故能夠「功成事遂」。「功成事遂」只是合道的結果，沒有利益選擇的因果連結。所以周圍的人們會說：「我自然」。在當時，能夠達到「太上」境界都是有身分地位的。因為在老子時代，知識向普羅大眾擴散才剛剛起步，遵循慣性思維，「周圍的人們」就等同於「百姓」。對於有道者而言，即使是百姓，也不會以上欺下，因為他們遵奉的是聖人的言行，聖人是以

百姓心為心的。所以「我自然」是發自內心的道的顯現。在百姓眼裡，我和自然是同一化的。在這樣的社會，本身就是一個尊道重道的社會，功成事遂不用身退，因為在其他人眼裡他在與不在都無所謂。

天下生命系統無道的治理

　　信不足為天下生命系統衰敗的關鍵。信的徹底崩潰導致「大道廢」，而後致天下生命系統運行的無序。這與聖民社會相比處於另一個極端。當從一個極端無序的天下生命系統回復尊道的狀態，就必須採取非常的手段。聖人歸俗塵，在眾人面前「自絕其道行，自毀其名聲」。聖人以自毀的極端形式勉強將天下生命系統引入道的軌跡。聖人不為聖人，而為與眾不同的怪人。在無道的社會狀態下，聖人在眾人眼中也就變成了怪人。在一定意義上，這時候的聖人不為人識，只是可憐的殉道者。毀壞自身以保留聖人行為的火種，以賴後世能夠歸道。屈子殉道投江，因為活著拯救不了楚國，後來以楚國終為秦亡警示後人莫學「楚無道」。

第十八章　無道的景象

　　大道廢，有仁義；

　　智慧出，有大偽；

　　六親不和，有孝慈；

　　國家昏亂，有忠臣。

辨正：

　　此章沒有什麼歧義，只有一處「忠臣」在帛書本和傅奕本中為「貞臣」，遵照通式本為「忠臣」。

闡解：

　　在上章提到遵循自然的太上之道，也同時提出依次三種次下的治理狀態。不管怎麼樣，都有道的存在。此章卻是從沒有道是個什麼狀態的角度

出發的。一開始就言「大道廢」。其後的「智慧出」、「六親不和」、「國家昏亂」都是「大道廢」後的結果。而「大偽」、「孝慈」、「忠臣」是結果的結果。

當社會以太上之道為社會的價值取向，是不需要仁義的，雖然仁義不會消失，也是存在的，但是不以「仁義」為名，它只是發乎人的自然之情，是出於本心的行為表現。在名義上，是隱退的，但是實質上是存在的。當社會不尊道重道時，「仁義」必以「仁義」為名，代替道成為社會的價值取向。仁義也是道，只是道中的可道道。

「仁者人也，親親為大。」（語出《中庸》）我們經常聽到的是儒家講的「仁」，同時認為道家是不講「仁」的。雖然有道儒之爭，但不應該是圍繞著「仁」與「不仁」展開的。因為道家也是講「仁」的，老子並不排除「仁」。先仁而後義，道家這樣講，儒家也這樣講。「仁義禮智信」是有先後順序的，道家和儒家都是以「信」為終點的。「仁」和「義」內在有因應的邏輯，一般「仁」和「義」放在了一起講，叫「仁義」。老子不排除「仁」，當然也就不排除「仁義」。老子反對的是「仁義」中的「偽」，也就是假仁假義。「仁義」是好的，當「大道廢」的時候，仁義代道行使社會職能，但是要注意辨別仁義的真偽。

「仁義」之所以有爭，主要是名之為「仁義」是以「大道廢」為前提的。道失去了價值指向的功能，那必須有人出來重新確立社會規則。如果太上之道是社會的價值觀，智慧不會成為社會關注的價值指引，那麼，那些具有超絕智慧的人，不以其智慧作為其能力張揚的憑藉，也沒什麼值得炫耀的地方，一切發乎本心無猜無忌，超絕的智慧就是養生修道，以不言之教垂先示範成為人們自然而然的價值指引者。但是道修有程度之分，當處於能夠憑藉先天的優勢影響人們的人難以悟太上之道，就會慢慢地「親而譽之」、「畏

之」、「侮之」，以致最終失道。如周幽王，一場烽火戲諸侯的鬧劇，導致其棄道失信而亡天下。到了三家分晉之後，諸侯稱王，天下紛爭，各個階層的有能之輩精彩紛呈地登上了歷史的舞臺，各有各的道，士作為中華歷史文化社會的特有景觀開始出現，百家爭鳴，形成了空前的文化盛況。這可謂「智慧出」。「智慧出」是有積極意義的，處於亂世紛爭的情況，有許多有智慧的人認為自己應該有所作為，但是他們之間奉守的道不同，各以其道為治世治國良方。當然其中必有私心存在，會導致私心公有的現象發生，私心公有可以稱之為「大偽」。所以說，「智慧出，有大偽」。

在中國古代社會，有兩個重要的組織形式：一個是家，一個是國。大道廢，必然要影響到這兩種組織。因而，隨後依次談到對家、對國的影響。

「六親不和，有孝慈」是談對家的影響。「孝慈」並不是在六親不和時才出現的。大道未廢，孝慈也存在，是自然而然發乎情裡的事情，不名之為「孝慈」，也有孝慈之實。大道在，和氣生，人與人之間和氣融融，無利無爭。當「大道廢」，各種紛爭出現，也同時波及了家庭。父子之爭、夫妻之爭、兄弟之爭，成為家庭常態，人人都有自己的道，都以自己的道主導家庭的生活。此時，孝慈的秩序規範就顯得尤為重要，孝慈行為標之為共有的規範，顯性化了，這就是所謂的「六親不和，有孝慈。」

「國家昏亂，有忠臣」是談對國的影響。忠臣並不是國家昏亂才出現的。有國必有臣，國有紛爭，臣必有忠奸。大道在，國家有序，政治清明，君為君之事，臣為臣之事，各守其本分，臣沒有必要名之為忠。大道廢，君主昏庸，秩序紊亂，君不為君，臣不為臣。這個時候，需要忠貞之臣，還一時之秩序狀態。比干為商紂之忠臣，郭子儀為唐中期之忠臣，岳飛為南宋之忠臣等。

整體而言，無道的社會是個大爭的社會。大爭的社會，利慾橫行，為利慾張力的道也在社會中盛行。但是這些道都有其道的來源，都會借「大道」而出。因而這些道也就成了可道道。當這些可道道被有私心的人所用，就會致「大偽」的出現。借大道而出，從現在學術角度而言，就是新的學說都應有其因襲來源，要講學術的繼承發展。在春秋戰國時期，法家韓非也要解老喻老以之為帝王秩序張目；儒家孔子也要問道於老子，也要展示儒家學說的根源性；縱橫家蘇秦張儀師從於有道家背景的鬼谷子，呂不韋也以《呂氏春秋》黏上道家氣息，莊子更是以老莊並列列於同一道門等等。

第十九章　治無道

> 絕聖棄智，民利百倍；
>
> 絕仁棄義，民復孝慈；
>
> 絕巧棄利，盜賊無有。
>
> 此三者以為文不足。
>
> 故令有所屬：見素抱樸，少私寡慾。

辯證：

此章爭議較大的有三處：第一處是「絕聖棄智」，此詞也是被批評最多的。有的版本為「絕聖棄知」，在《姬氏道德經》中，卻是「絕智棄辯」。這裡還取用「絕聖棄智」，考慮到大多人都已經接受了它，而且為什麼有許多傳本採用「絕聖棄智」呢？應該是從其傳本的可道道出發，可以理解的。這裡取用「絕聖棄智」，也試圖釋讀，貫通邏輯。第二處是「絕仁棄義」，此詞多數傳本採用，只是《姬氏道德經》中卻是「絕偽去疑」。「絕偽去疑」與上章「有大偽」有因應關係，較為說得通。但是「絕

仁棄義」一直為多種傳本所選，顯然不是表面表現出來的老子對仁義的反對。釋讀也就自然必要了。第三處是最後一句。有不少學者認為下一章的「絕學無憂」句應該移到此章的結尾。其中也說了一番道理，也很有道理。這裡沒有採用他們的建議，也是有一些看法的。故只有「見素抱樸，少私寡慾」，而沒有「絕學無憂」。

闡解：

當天下無道，家庭六親不和，國家昏亂，仁義、智慧、大偽、孝慈、忠臣才紛紛顯名。但是這些只是紛爭的結果，並不能夠導致由亂轉治。再說，無道也是從有道而生的，信不足的有道，導致道的名聲下降。所以說，由有序致無序容易，由無序致有序難，要往往付出慘痛的代價。中國歷史的治亂循環有一點中國歷史常識的都知道，每當處於亂世階段，便是人口大幅度下降的時期。當有欲戕害到人們普遍思安的時候，這才到了由亂轉治的關鍵點。這時對於大部分人來說，不需要太多的欲望滿足，只求平平安安。環境迫使人「少私寡慾」，故河上公釋讀此章為「還淳」。「少私寡慾」是順天應人的，所以此章的治理無道也是從「少私寡慾」的客觀情況出發，人們厭倦了欲望的追求，只希求平平安安，可以說是「少私寡慾」。雖然不是內心甘願，只是環境使然，但也在客觀上形成了「少私寡慾」能被接受的有利條件。

此章主要講得是對無道社會的治理。因而為此章取名為「治無道」。

具體的講了三條路徑：絕聖棄智，絕仁棄義，絕巧棄利。這三條路徑中前兩條，尤其第一條，似乎與前面幾章所述，尤其是與第三章的聖人之治是相矛盾的。這致使那些反對道學的人予以大加鞭笞，亦或贊成道學的進行釋讀，如陳鼓應的解釋：「聖在老子書上有兩種用法，一位聖人的聖，一為自作聰明的意思」，以兩意迴避了此章與前述幾章的意義分歧。

其實當我們將前兩章與此章一起通盤考慮，我們就能夠看出此章與前兩章在邏輯上是一脈相承的，並不存在突兀之感，也不完全非要以兩種聖的意思來理解。此章其實也還有「道」的意思，同時表達了「道中蘊含著不道」，所以老子會說「物壯則老，不道早已」，才有有道治理的「四種境界」。除了太上之道，其他境界的道都蘊含有「不道」的因素。有「不道」的因素才可能導致「無道」。因為存在著「不道」的因素，「聖」就沾了「欲」，成為一種「欲望」，其表現出來的道，就是「大偽」之道。但是在普通人看來，這也是聖道。因為「大偽」是透過智慧主導了為道者的行為，所以大偽者很自然地將其「無為」的聖人之道轉化成有欲的「偽聖道」。因而，從根源說上，需要「絕聖棄智」。這是由亂轉治不得已而為之一種選擇。有欲的「偽聖道」，騷擾的最終是百姓黎民，「偽聖道」會導致重視智慧之士，激起頻繁的紛爭，各種有著私慾的可道道都欲求成為社會的價值主導，你方唱罷我方登場，結果就是對老百姓的頻繁折磨，因而故說「絕聖棄智，民利百倍」。

就連道都沾染了「欲」，在此環境下名之「仁義」也不可避免會有「假仁假義」。「偽聖道」推出的仁義之道必定假仁假義。「真仁義」和「假仁義」對於普通人往往是很難鑑別的，「真仁義」是道的仁義，「假仁義」是偽道的仁義，這兩種仁義都強調孝慈的重要性，尤其假仁義對「孝慈」的重視在形式上重於「真仁義」對「孝慈」的重視，容易獲得宣傳上的優勢地位，容易誘惑人對此秩序的肯定，而忽略其實質上導致「六親不和」的因由。老子不反對「仁義」，也不反對「孝慈」。從「民復孝慈」可以看出，孝慈是家庭生活的自然倫理，發乎血緣親情本身，是建立在「本心」愛的基礎上的孝慈，「復孝慈」指的就是這樣的孝慈，而不是以「六親不和」為對立存在的孝慈。孝慈作為一種對立存在，並大肆宣揚，很可能會導致那

些有孝慈之心而孝慈行為奉獻不足的人被列為「六親不和」的類中。以一類人的「六親不和」突出另一類人「孝慈」的品德優越，而漸漸顯出這種孝慈追求的欲，自然會引起孝慈秩序主導的紛爭，結果是不斷產生「六親不和」的現象。而這種有欲的孝慈是「假仁假義」延伸出來的孝慈，故老子反對的是這種孝慈，這種仁義。又由於真假仁義因社會無道難以鑑別，要改變無道致亂的結局，最有效的方法就是從仁義的根源入手，直接斬斷「仁義」這個根源，讓人的本心直接坦露出來，故說「絕仁棄義」是非常手段，不得已而為之。所以說老子的「絕仁棄義」是暫時的，是為了道的孝慈再生的環境淨化。這與「事善能，動善時」的為道七性因襲相扣。「絕仁棄義」是以道為基礎的。這樣的話，有利於「真仁義」的再生。

凡事必作於細。利是紛爭的源頭，道德淪陷的基礎。「盜賊之心」是不道德的，是因利而生的。智生巧，巧生利，「絕聖棄智」必然會導致「絕巧棄利」。沒有了巧，沒有了利，人們就不會產生占有的欲望。沒有紛爭，沒有攀比也就無所謂占有。對於那些不能生巧的人，也不會因利而起盜賊之心。

「三絕」（為了方便起見，將文中的「絕聖棄智，絕仁棄義，絕巧棄利」簡稱為「三絕」。）是非常手段，也不是容易理解的，也容易引起歧義。因而，老子會說：「此三者以為文不足」。就是不管怎麼文飾它，也無法消除許多人的歧義。由形致質是不能夠達到的，形式只是本質的表現，如果以形式規塑本質是本末倒置，我們現在有許多政績工程只是追求時效性、短期性、表面性，結果造成了巨大的浪費，結果就是「民怨沸騰」，就是本末倒置。

「三絕」是形式，其主要在於守什麼樣的「本」。因而，老子「故令有所屬」。指的是「三絕」要有什麼樣的本性所規制。那就是「見素抱樸，

少私寡慾」。我們不能單獨談「絕聖棄智」、「絕仁棄義」、「絕巧棄利」，而是要突出其本質，要最終歸結到：「見素抱樸，少私寡慾」。此章不是以「三絕」治無道，而是以「見素抱樸，少私寡慾」治無道。三絕只是具體的治理途徑。

　　前面講到「少私寡慾」是需要時機的，需要有少私寡慾的客觀環境。畢竟人們都是有欲望的，在所有人都將自身的欲作為人生的追求，是很難講「少私寡慾」的。「少私寡慾」不是去私去慾。私和慾是去不了的，人畢竟是人不是天，「存天理，滅人欲」只是一種極致狀態，對人來說還是需要有私慾的，這是人的本性使然，隨心從道，而不是從道滅心。「少私寡慾」主要是為了消除紛爭之心，這樣的話就不會導致生命系統的功能紊亂。如何「少私寡慾」，除了客觀條件的制約，更主要的還要從個人的內心出發，主觀上能夠「少私寡慾」。那就要「見素抱樸」，要不斷地訓練，避免目盲、耳聾、口爽，使目、耳、口習慣於素樸，這樣視素樸為自然，心自然少私慾。「少私寡慾」了，那麼智者無所投其角，紛爭不會起，社會自然處於「有道」之中。這樣就「治無道」了。

第二十章　為道艱難

　　　絕學無憂。
　　　唯之與阿，相去幾何？美之與惡，相去若何？人之所畏，不可不畏。
　　　荒兮，其未央哉！
　　　眾人熙熙，如享太牢，如春登臺。
　　　我獨泊兮，其未兆；
　　　沌沌兮，如嬰兒之未孩；
　　　儽儽兮，若無所歸。

眾人皆有餘，而我獨若遺。我愚人之心也哉！

俗人昭昭，我獨昏昏。

俗人察察，我獨悶悶。

眾人皆有以，而我獨頑且鄙。

我獨異於人，而貴食母。

辯正：

此章爭議甚多。「唯之與阿」中的「阿」有的以為是「呵」的借字，不管是用「阿」還是用「呵」，其意不變，故取用通式本用法。「美之與惡」中的「美」通行本為「善」。見第二章美惡相對，可佐證為這裡應為「美」。採用高亨說，加上帛書本及《姬氏道德經》中「唯之與阿，相去幾何？美之與惡，相去若何？人之所畏，不可不畏。」與第二章的「天下皆知美之為美，斯惡也；善之為善，斯不善也。」前後相連。亦可證應為「美」而不是「善」。故取用「美」。「荒兮」有的作「恍呵」或「曠兮」或「忙兮」或「望兮」，都有廣大之意，故取用通式本「荒兮」。「我獨泊兮」中「泊」有的用「怕」，釋讀「怕」也與「泊」意相近，故取用「泊」，也有的取意為「魄」。「沌沌兮」有的為「湷湷兮」或「純純兮」或「惷惷兮」，意蘊趨於一致，有的放在「我愚人之心也哉！」之後，這裡取用通式說法為「沌沌兮」。「如嬰兒之未孩」中的「孩」有的認為是「咳」，釋讀相同，故取用「孩」。「儽儽兮」有的為「累兮」、「乘乘兮」、「儉儉兮」，意蘊一致，故取用通式說法「儽儽兮」。「眾人皆有餘」中的「餘」有的作「余」，取意一致，故取用通式本的「餘」。「我獨昏昏」有的為「我獨若昏」。「察察」有的為「詧詧」，意相同。「悶悶」有的為「閔閔」。「頑且鄙」有的為「頑似鄙」或「頑以俚」。總體來說，爭議雖多，用詞用字多處不一致，但是，意義變化不大，不影響整體的意思表達。

闡解：

「絕學無憂。」承上章，接下章。因其轉承啟合的功能，致使一些釋讀者會認為此句應在上章，因「三絕」句與此句「絕學」同有「絕」。但是，他們移至上章也無法與「三絕」句並列，就自然置於最後，也不改變此句轉承啟合的功能。可是放在「見素抱樸，少私寡慾」之後，卻又不合適，「見素抱樸，少私寡慾」是結論句，「絕學」似乎可靠一些，可「無憂」卻可以說是「絕學」的結果狀態，與「見素抱樸，少私寡慾」為治無道的手段不是一個層次的東西。所以放在上章有畫蛇添足之感。

如果將「絕學無憂」與下面的句子連繫起來仔細思索，卻是一個意群。所以，古代許多傳本直接為此章取名「絕學」，雖有以首詞為章名之嫌，卻也標示了與其他句子的內在邏輯關係。最初對河上公為此章取名「異俗」有點不解，此章主要以對比的手法突出為道不易，而不是單單要表達與俗不一樣的狀態。而取名「獨異於人」也是同理有點不解。本章並不是要突出強調為道者的與眾不同。與「我」相對的有「人」、「俗人」、「眾人」，那為什麼老子要在此章中出現三個不同的字詞與我相對呢？而不是只用其中之一，難道只是為了讀起來順口？仔細思索，其意表達略有差異。所以，對於只用「俗」或「人」為章名取意略表不解了。但從河上公所創神仙道來看，「異俗」的取名也就自然了，他要突出我與俗人的不同，畢竟神仙是高於人的一個「特殊物種」。他倡導修道可至長生，而神仙就是人們所想像的長生者。而從通篇語義來看，似乎表達的不只是「我」的與眾不同，結合「其未央哉！」前幾句，應該講得是「為道艱難」。上章是「治無道」，治無道最終是要人發生改變，就是人要達到「見素抱樸，少私寡慾。」、「見素抱樸，少私寡慾」是修道的心，以修道的心去影響眾人的欲望之心，要面臨眾人的不理解以及內心堅守的各種心

坎。因而此章取名為「為道艱難」。

如果達到了「見素抱樸，少私寡慾」，那麼就掌握了道的精要。如果是這樣的話，對人、對國、對天下就無憂了。如果一個人能夠見素抱樸，少私寡慾，那麼就成為本篇所指的「我」。而作為「見素抱樸，少私寡慾」的我，卻要面對與人世俗塵各種格格不入的境況。這也可以說是老子現實境況的寫照，正如張松輝在其《老子譯注》中認為此章是老子的感慨抒發，就像屈原之境況。當在《道德經》化為八十一章的老子章句，「我」已經不再是指代老子自己，而是作為一個進入道門的「我」，一個現實中的道體。

什麼是「絕學」？陳鼓應認為絕學是棄絕仁義聖智之學。因為老子本質上並不排除仁義聖智，而是反對仁義聖智的功利取向。前面幾章已經闡明了老子並不是站在仁義聖智的對立面，所以將「絕學」理解為棄絕仁義聖智之學就離老子所要表達的本意就更遠了。絕學其實就是老子一直在講的道之學問。這門學問，不是輕易就能夠掌握的。既要講悟性，也要講堅持；既要講德行，又要講如何化解人的功利心。老子講的修道猶如佛家的菩薩「要渡人」，只是老子強調的是渡人要先渡己，渡不了人就渡自己，就像河上公他們做快樂神仙。在這一點又像佛一樣，只講自己修行而不渡眾生。為人所理解就渡，為人所不理解就自我修行，「獨異於人」，要能夠承受得起許多的不理解，如水一樣處眾人之所惡。只有這樣，「受國之垢」、「受國不祥」才是老子認為好的君王必要的人生經歷。朱元璋有作好皇帝的基礎條件，但是其性格的扭曲只能使明朝的社會達到「畏之」的有道狀態。絕學對人具有全方位的要求，本質上就是要有放棄欲念的自然隨性。因為人都是有欲體，所以對於普通人大眾，「為道艱難」是最正常不過的事情。雖然前面一直講道是人人都可以修的，也依次講了怎麼去修

道。而此章卻將引入道門之人給予心靈的歷練，修道要有面對許多人不理解的心理準備，並面對不理解能夠保持本心。絕學也就意味著難學。只要學會了，就能夠達到「無憂」的狀態。對於自身，身體康健，延年益壽，不用擔心疾病短壽；對於家庭，六親相和、孝慈有序；對於國家和社會，無戰爭、無衝突，一片平和安寧等，故「無憂」。劉邦就比朱元璋做得好，給中國帶來了巨大的後世福利，開啟了中國的強盛時代，也是中國歷史上自老子後唯一以「道家學說」治世的孤例。從中國的歷史進程看，可見「絕學」之難。

　　絕學之難就是難在判斷，難在人心。所以緊接著就是「唯之與阿，相去幾何？美之與惡，相去若何？人之所畏，不可不畏。」在具體的修道過程中，要不時地進入判斷、選擇的漩渦中，要事事在意周圍人的喜怒哀樂，因為道在細微之中。「唯」與「阿」、「美」與「惡」是很難判斷的。在特定的情況下，「唯」就成為「阿」，「美」就成為「惡」。

　　理想的狀態是絕學無憂，但實際上絕學需要經過具體的過程，才能達到無憂。只有歷經人世五味而不忘初心，才可達無憂之境。就像第一章開門談道，而後第二章直抵現實生活中，此章也是此開局格式。唯與阿、美與惡都是生活中經常出現的。其中唯與阿都是以語氣詞來表達順從和發對。我在生活中對「阿」很有感悟，在與我小女兒相處的過程中，有一個階段她經常用「呵」來表達反抗或反對，在古語中「呵」與「阿」通假。在這裡，順從和反對很形象地表達出來。「唯之與阿，相去幾何？」意思是順從和反對表達之間的距離有多遠呀？我們經常能夠看到表面的順從和表面的反對，順從和反對都能夠各自走向了對立面。更有可能逐漸發生了轉化，甚至走向了相反的方面。「美之與惡」，同樣如此。所以說，「唯」與「阿」、「美」與「惡」不是絕對的，受條件所限，表達的是相反的意

思，亦或是判斷發生錯誤，亦或是對了後來錯了、錯了後來對了。老子在告訴我們執著有可能是錯的、堅持有可能是錯的、變化調整也有可能是錯的。修道的曲折是難免的，但是要有一個正確的態度，也就是「人之所畏，不可不畏」。一定要謹小慎微。這裡的「人」指普遍意義上的人，任何個體的人都包括在內，「畏」必定有其因由，不能夠忽略、漠視，只有這樣，我們才能夠考慮到條件的滿足性，只有這樣才能夠以謙虛的態度不斷地去學習，更好地領悟道。

「唯」與「阿」、「美」與「惡」之間的距離究竟多遠呀，中間存在著許多的「畏」，是修道者都應該去考慮的。「畏」無止境呀，「荒兮，其未央哉！」就是承「畏」的意境擴展。關於道的學問浩大無邊，對於那些走上了修道之路的人，如老子我一樣，對道也還沒有悟透，還沒有能夠真正掌握道的精髓，還有很長的路要走。

當然，「我」要比一般人強了。這個強在一般人看來也不算強，且有點怪怪的。對於修道者來說可謂心境的歷練。以比照的手法從三個方面論述了修道者應該如何做，如何堅守？

第一方面指的是快樂享受，第二個方面指的是財富有餘；第三個方面指的是功用有為。這三個方面可以說是對修道者能否堅守道心的三重考驗，是否能夠堅持「見素抱樸，少私寡慾」之心，而達絕學無憂之境，以企實現上章所說的「治無道」。三重考驗也可說是考驗心境的三道檻。

第一道檻是快樂享受，從「眾人熙熙」到「若無所歸」。一開始描繪了一幅普羅大眾熱鬧享受欣喜的景象。「眾人熙熙，如享太牢，如春登臺」。與之相對的，卻是另一番景象。「我獨泊兮，其未兆；沌沌兮，如嬰兒之未孩；儡儡兮，若無所歸。」對於普通人，享受其應有的快樂，而走向了修道的人，卻要失去這些普通人的快樂享受。初入道門，必然要

面臨這兩種選擇。從普羅大眾的視角看，「享太牢」、「春登臺」是何等的快樂融融，那些所謂的問道、循道者，沒有情感的流露，一副混沌無知的傻樣，閒散慵懶的不知道該追求什麼。而從修道者的視角看，面對熙熙繁鬧的景象，入道的「我」能夠保持淡泊寧靜，就像什麼也沒有發生，因為「我」追求的是了快樂享受背後的道，看到了各式各樣的「畏」的因由，當時像剛出生的嬰兒一樣，一片混沌，無所畏懼，沒有了那些快樂享受，似乎無所歸依，卻是一副自然自在的樣子。「見素抱樸，少私寡慾」是「我」入道的法門。

　　第二道檻是財富有餘，從「眾人皆有餘」到「我獨悶悶」。這裡不僅談到「眾人」，而且還提到「俗人」，那就首先談談「人」、「眾人」、「俗人」有什麼差別。關於「人」有兩處，一處在「人之所畏，不可不畏」，一處在「我獨異於人」。這兩處「人」的意義是不一樣的，第一處應該為「天下人」，是普遍意義上的人，而第二處卻指的是普羅大眾，甚而專指「俗人」。「眾人」是從多數少數而言，「我」屬於少數。「俗人」就是指那些吃五穀雜糧、為欲望驅使的人。對於大多數人來說，都有財富追求的欲望，而且也能有餘財，但是對於「我」來說，財富不是我追求的，大多數人滿足於財富的獲得，而「我」卻不入此類人，似乎被遺棄了一樣。就像一個愚蠢的人一樣，不懂得財富的獲得。在這裡，「我」與「俗人」相對，在大多數人看來，就財富的態度，「俗人」昭昭察察，通曉人事，而作為問道、循道的「我」，卻「昏昏悶悶」，一副傻樣。知不知，不知知，在大多數人的眼裡發生了輪轉。對於修道者來說可以說是一種心理煎熬，不為人理解，甚而被誤解，是何等苦悶。這也是必經歷的心坎，過去了，心就堅定了，「見素抱樸，少私寡慾」的道心得到了穩定。

　　第三道檻是功用有為，總共一句「眾人皆有以，我獨頑且鄙。」功用

有為直接指向了人生存的意義。在無道的社會，大多數人以各自的欲求之心得到了社會的承認，成為社會「有用的人」，而「我」的行為作法不被社會認可，成為社會的「無用之人」。這是對修道者心境的最大考驗，直抵作為人存在的價值。心在這裡容易動搖，也沒有了任何的說辭，「不言」的意義被忽略，那對於「我」而言，卻是「頑且鄙」。哪怕被大多數人視為頑固而且卑賤也要堅守道心。有之以為利，無之以為用，「我」的無用在於「治無道」的大有。

「我獨異於人」，表達了修道者的心境歷練得以成功。四個「獨」，突出表達了修道者多麼的為道艱難啊，需要有意志力，挺過來方可成大事，以成聖引領社會「治無道」。堅守的是對本源道的不斷感悟，故說「貴食母」。

到了第二十章，由誘惑入道方始完成。問道、循道者脫離了一般人的欲望追求，已經具有了堅韌的道心修道、悟道。

天下生命系統中人如何能夠與道齊

　　此部分包括第二十一章至第二十五章。這五章主要講人如何與道齊，同於道。雖然老子所論述的道囊括宇宙萬物，但是核心目標還是指向了人，為人的改變樹立了一個標準，這個標準就是道。以道的觀念深入人心，尤其是處於統治地位的人，將人的欲心變成道心，也就能夠實現了老子所暢想的理想的社會。人透過心的修練，改變行為，以確立「信」的人際關係核心價值。

第二十一章　以德識道

　　孔德之容，唯道是從。

　　道之為物，唯恍唯惚。

　　惚兮恍兮，其中有象；恍兮惚兮，其中有物。窈兮冥兮，其中有精；其精甚真，其中有信。

　　自今及古，其名不去，已閱眾甫。

　　吾何以知眾甫之狀哉？

　　以此。

辨正：

　　「唯」有的版本為「惟」，兩個字一般通用，但是「唯」有「專有」之意，故「唯」更可靠些。第一個「唯」用「唯」，第二、三個「唯」可通用「惟」。「恍惚」甲本作「望忽」，乙本作「望沕」，有的傳本作「芒芴」。多數版本採用「恍惚」，故這裡取用「恍惚」。「其中有象」等相類的句子，在一些傳本為「中有像呵」或「中有像兮」。「中有像呵」等與

《詩經》風格相似，可推測更近似《老子》原版，但「其中有象」大多版本採用，因與其他兩種表達意思不變，故採用通式用法「其中有象」。至於有些版本缺「兮」，如「惚兮恍」，還有的是「惚呵恍呵」，雖近原本，但人們習慣了「惚兮恍兮」、「恍兮惚兮」，故這裡採用之。許多傳本及通式本用「自古及今」，據高亨說、帛書甲、乙本、傅奕本、范應元本，這裡取用「自今及古」。「已閱眾甫。吾何以知眾甫之狀哉」在一些傳本中為「以順眾父。吾何以知眾父之然哉」，俞樾認為「父」與「甫」通，而「閱」與「順」、「狀」與「然」意同，故採用通式用法。

闡解：

孔德是一種德。是所有其他德的總綱。就比如憲法和法律的關係。社會中具體的德要以孔德為綱。孔德與玄德相比，孔德為德，玄德為道。將道與德為兩端，畫一條線段，玄德靠近道一端，孔德靠近德一端。孔德與德之間有上德和下德，下德與德之間有「仁」、「義」、「禮」，「仁」、「義」、「禮」都是「德」的內容，絕大多數人審視道都是從德或仁或義或禮的視角出發的，這樣會將上德、孔德、玄德、道視為一體。上德為道，孔德為道，玄德為道，它們都是道的替代詞。如果只是單純的替代詞，為什麼老子要以玄德、孔德、上德而分別表示道呢？從德、仁、義、禮的角度看，視為一體無可厚非。如細究其差別表示，卻大有其妙。玄也，高遠幽深，最近道也，其次孔德，為德之總綱，其次上德，其次下德，分別指的以德入道的領悟程度。領悟程度高的為上德，領悟程度低為下德，其上德與下德又有差等。更為詳細地解釋其差別，將在第三十八章具體深入，這裡要談的是：所有的德都是從道的。因為孔德為德之總綱，孔德從道，其他「德」自然也從道。玄德是比孔德更近道，孔德從道，玄德更不用說了，在一定意義上，其就是道。

　　「孔德之容」指的是孔德的具體表現狀態。涉及到具體的表現狀態，自然也就指向了那些具體的「德」。這些「德」與孔德的關係，猶如具體的法與憲法的關係。更形象地說，「孔德之容」是孔德的輪廓架構。「唯道是從」，直接指孔德遵循的只有道，而不是其他。孔德所表現出來的景象、狀態遵循的是道則。因之，可以析出，道可以透過德得以顯現，進而從「孔德」有容，推之而出道之有「體」。

　　因而，接著就是「道之為物」。這個物就是道的「體」，這不是前面所說的道體、虛體，而是從「有」的視角看「道」與「有」如何連接，也就是展現了有無相生的臨界狀態，猶如「冰水混合物」。似有若無，似無若有，謂之為「惚恍」。「惚恍」從心，為有為無，若有若無，皆在心。道之為物在心之體悟。惚兮恍兮，恍兮惚兮，指的是從心中看「道」的過程，以一個不斷體悟的過程，有時看到的是道之為物的象，有時看到道之為物的體，象和物混在一起，故說「惚兮恍兮，其中有象；恍兮惚兮，其中有物」。道也可以像孔德一樣，表現為具體的景象和狀態。只是這種道的狀態我們稱之為「惚恍」。惚恍是道的景象和狀態。這進一步指出了「以德入道」的路徑。

　　「窈兮冥兮」，指的是道的「幽深」之狀，可以簡單地說「惚恍之狀的道啊，幽深高遠」。「其中有精」，說明了道不僅有物有像，也有精。「精」是物質中最純粹的部分，我們經常說「精華」、「精秀」、「精血」，「精氣神」等，可見有了精，物質就有了生命，在一些修仙小說之類的故事中，除了人之外的物有「修煉成精」之說，可見「精」在中國的文化裡有生命的意義，也指最高等生命的凝縮。自此，道猶如一個生命體，呼之欲出。有物有像有精，作為一個生命系統的道，呈現而出。精，也指精氣，能夠生養萬物。有了精，也就接著有了氣，形成一種生命的運行系統，進而有

了神，也就「生生不息」。故，「精氣神」是連著用的，主要指生龍活虎的生命狀態。這樣一來，道就與世界上各種生命物質連繫在一起，「道生萬物」也就好理解了。

古人認為人是萬物的一種，是最高等的，是和氣中的「精」生成的，人如果掌握了精的存在及運行過程，也就掌握了長生之道。「精」的純粹度，也隱指人之為人的純粹度，也就是指人與其他動物不同的地方主要在於「精」的純度。因而，隨之就是「其精甚真」。「真」，最純的「精」。古代追求長生之道，有一種「真人」的分類。《黃帝內經》中說：「古有真人者，提挈天地，掌握陰陽，呼吸精氣，獨立守神，肌肉若一」（《黃帝內經·素問·上古天真論篇》）。真人應該是指近道之人，是中國古代對人理想狀態的一種設想。用現在的語言來說，真人是逐漸脫離動物本性的人，也可以說是最理想的社會性狀態的人。在老子眼裡，人的社會性是透過「信」逐漸確立起來的。人之為人，核心在於「信」。故老子在「其精甚真」之後，就是「其中有信」。自此，德和道透過「信」連接起來了。「信」是「德」和「道」連接的橋梁。「信」是最根本的一種「德」。不管是在古代社會，還是在現代社會；不管是在中國，還是在中國之外的其他國家和社會，人與人之間關係的潤滑根本在於「信」。人無信不立說得就是這個意思。所以，不僅老子講「信」，孔子也講「信」，其他百家諸子也講「信」，一切良好的社會秩序都要建立在「信」的基礎上。在前面講到「水之性」，也講到了「信」，「信」由「仁」生，由信致「良政」。

自此，德與道形成了閉合的連接鏈。開始，孔德的具體狀態與「道」的物、象產生連結，然後與「精」形成一個生命系統，一個近道的生命系統。透過「真」，將生命系統推到了人及人類社會這個層次，然後講到了生命系統的秩序運行在於「信」。不僅人類社會是這樣，在老子那裡，

萬物皆是如此。「信」是最關鍵的，而「信」又是因道而生的，「信」是「德」中的最根本的「德」，這從「仁義禮智信」可知之。「信」是可化為行動的「德」。

如果只是從修道養生而言，就可以這樣理解：道需要用心去體悟，以有之心與道產生連結，道會呈現出惚恍之物象。具物象的道在其幽遠之狀中蘊含著精氣，也就是通常所說的與天地相同的靈氣。萬物因精氣而具有了鮮活的生命狀態。身體透過對精氣的吸收，致使身體系統的運行達到最佳狀態。作為個體的人逐漸達到了真人的長壽狀態，這是道的法則在身體中的有效表達。

對於國家，對於天下，於人，於萬物，道蘊含其中，「信」至為關鍵。「信」是道的「名」。透過「信」，可以識「道」。「道」化萬千世界。萬千世界中「道」無處不在。如何識道，就在於「信」。由「信」達「真」，由「真」識「精」，由「精」可見道之物象，「道」可得矣。

「自今及古，其名不去。」意思是識道的路徑從來是不變的。「信」、「真」、「精」、「物」、「象」這些「名」就是識道的路徑符號。現在是這樣的，遠古時期也是這樣的。以此路徑，我們來審視、觀察萬物如何生發的，這就是「已閱眾甫」之意。說明萬物皆有道的存在。透過這樣的路徑我們是可以感覺到「道」的存在。「吾何以知眾甫之狀哉！」意為「我怎麼能夠知道『道』生發萬物的規律及其如何表現的呢」，依靠的就是這個「以德識道」的具體路徑。老子最後以「以此」二字歸結出此章所要表達的主旨。河上公為此章取名為「虛心」，就是說，「以德識道」要透過「心」才能夠實現，而這個心需要「虛」，「虛」是放下執著，以空靈之態感悟道。

第二十二章　唯道通達

曲則全，枉則直，窪則盈，敝則新，少則得，多則惑。

是以聖人抱一為天下式。

不自見，故明；不自是，故彰；不自伐，故有功；不自矜，故長。

夫唯不爭，故天下莫能與之爭。

古之所謂曲則全者，豈虛言哉！誠全而歸之。

辨正：

此章多數傳本與通式本基本一致。在個別版本中，可能由於馬王堆出土的甲、乙本的影響，致使有些解讀版本字句有所變動，但再結合各種古傳本，綜觀而言，所表達的意思無差別，故這裡從多數版本。在有些版本中，「直」為「正」，「窪」為「洼」，「敝」作「蔽」、「弊」，「惑」作「或」，「抱一」為「執一」，「故彰」為「故章」，「不自矜」為「弗矜」，「長」為「能長」，「豈虛言哉」為「幾語才」、「豈虛語」，「誠」為「成」，有的沒有「天下」二字，有的「誠全而歸之」缺「而」。但是這些變動，並沒有影響此章所要表達的意思，以通式用法為好。

闡解：

第十章和第二十一章都談到了「德」對於悟道的重要性。以德入道，以德識道。道無形，借有形之德顯以道形，使道自身處於有無之間，使天地萬物具有了統一性。明道，就是明白了這個統一性，明白了所有認知範圍內的一切現象的內在連結。將曲與全、枉與直、窪與盈、敝與新、少與得、多與惑六對現象連在一起，發生因果，打破了慣有的認知常識。看似牛馬不相及的現象，竟然有其奇妙的因果連繫。不仔細觀察是無以發現這種連繫的。而這種連繫也難以講得清清楚楚、明明白白。就像心靈感應一

樣，我們無法理解這一現象。隨著一代一代傳遞，心靈感應附加上了玄幻色彩。到了近現代，科學走進人類生活中，以科學的眼光看，心靈感應被歸為迷信之列。而今量子理論的不斷完善發展，心靈感應又被披上了量子糾纏的科學外衣。心靈感應被證實了，但是仍有許多的現象我們無法按照既定的理性思維來釐清，就像在老子時代，這六對現象的因果關係也無法一下子講的透澈明白。就是現在的科學時代，我們也無法弄明白。「曲」怎麼成了因，「全」怎麼成了果？同此類推。在文脈傳承中出現了一些詞彙，如「委曲求全」、「矯枉過正」。可這些詞，也恰恰證明大部分人不懂「曲」與「全」，「枉」與「直」的因果關係。委曲求全是不得已而為之的生存策略，矯枉過正明顯是否定了「枉」與「直」的因果關係。至於「窪」與「盈」，我們將以德行的範疇「謙虛和驕傲」來理解，故河上公為此章取名為「益謙」。「敝」與「新」關係中，從一些詞彙中可以看出其因果關係的難以理解。如敝帚自珍、棄之如敝履、民生凋敝。敝是我們所厭倦的，不希望發生的，可是我們誰能夠理解其與「新」有因果關係。我們的文化總是以謙虛為美德，現在的我們也會聽到一些文化人會說「敝人」、「敝室」等一類自謙之詞。敝帚自珍有「道」的意蘊，可是與「新」沒有一點連繫。「少」與「得」、「多」與「惑」更是不能夠理解，我們常聽到的相反的詞彙表達，如「積少成多」、「少見多怪」、「少達多窮」、「多多益善」、「見多識廣」等。總之，從這六對現象分析中，我們很少能夠明白其內在的因果關係，就是在中國傳統社會中，也是這樣的，更不用說今天的社會。在統計學中，這六對現象的因果關係是小眾現象，在現實生活中絕少出現，甚至不認為存在因果連繫。絕大多數人於此形成了知識上的盲點，但是對於那些問道、尊道、循道之人，他們知道「道」是打通這些盲點的唯一途徑。故緊接著就是「聖人抱一為天下式」，故我為此章取名

為「唯道通達」。

「抱一為天下式」也就指明了要理解上面所說的六對現象的因果關聯，就是要明道。此章第一出現了一，以「一」指「道」。許多版本認為「一」就是「道」，其實「一」就像天地、水、人一樣都是擬道體，如果將整個世界比作是一個數字世界，一就是最近本源的，也就是最近本源道，萬千世界都從一開始，從一化生，正如老子所言「道生一，一生二，二生三，三生萬物」。在現在的資訊時代，我們已經能夠理解真實的世界可以用數字虛擬出來，而將虛擬世界與現實世界產生連結的就是依靠「二進制」的原理。零和一生動地闡釋了「有無相生」，成「道」化萬物。「常無欲，以觀其妙；常有欲，以觀其徼」，零為「無」，一為「有」，以虛擬再現歷史現實，現在經常歸結於科學發展的結果，這也未嘗不是「尊道」、「循道」的結果？因為「一」是最近本源道的，守了「一」，猶如守了「道」。將「一」理解為「道」也就成為一種自然而然的事情。「一」比「道」更具體，更易為人所理解，也容易與產生的各種「德」產生連結，「曲」為「一」，「全」為道生的結果狀態；「枉」為「一」，「直」為道生的結果狀態等等，「曲則全，枉則直，窪則盈，敝則新，少則得，多則惑」遵循「道生一，一生二，二生三，三生萬物」的道則。因而，聖人抱一，可以理解整個世界，也就能夠理解「曲則全，枉則直，窪則盈，敝則新，少則得，多則惑」的因果連接。

對於聖人，具體的如何守道？也就是如何「抱一」？如何以德入道？「不自見」、「不自是」、「不自伐」、「不自矜」都是人所表現的「德」。任何的「德」都在一定程度上展現「脫自」，尤其是中國的傳統美德。中國的傳統文化美德不但蘊含著「脫自」的思想，更主要的是「脫自不離自」，個性的自由是「脫自」思想的根基。我們的傳統文化從來不反對個

性的自由。個性自由是集體生存的根基，人類社會的整體狀態不能夠以扭曲的人性來構建。而是要以自我道德修養的提高導致家庭、國家、社會良好秩序的產生。為什麼老子要提高這四個「不」，而不是其他的，而且這四個「不」卻不能夠隨便顛倒秩序？這是因為老子從生命體自身的視角出發闡述德如何展現而展現道的。「見」、「是」、「伐」、「矜」是生命體依次遞推發生的四個階段。生命體之所以成為能夠差別其他的生命體，其在於所表達出來的質。首先要表達出來。沒有表達就不能顯示其存在及其存在的獨特性，這就是「見」。「見」包括「自見」和「他見」。「自見」更多的在於自身欲望的表達，「他見」更多展現這個生命體存在的社會價值。表達出來，然後就要進行個體定位，肯定這個生命體的存在及其存在的獨特性，這個過程是「是」的過程。這個過程是在肯定與否定的不斷發生中完成「是」的肯定，當然「是」也包括「自是」和「他是」。「見」和「是」都是生命體作為本我狀態的存在，要與周圍環境產生連結，那就要產生一系列的行為，這就是「伐」。行為的產生有主動和被動之分，「伐」就包括「自伐」和「他伐」。因「伐」而產生「功」，功會影響到人的心理和狀態，強化了生命體的獨特性，這就是「矜」。「矜」就是因獨特性產生不同而引發出來的莊重意。當然「矜」也包括「自矜」和「他矜」。然後要解釋的就是「不自見」和「他見」、「不自是」和「他是」、「不自伐」和「他伐」、「不自矜」和「他矜」是不同的。如「不自見」並不排斥「自見」，而「他見」與「自見」是對立存在的，相互獨立的；「不自見」是在「自見」的基礎上產生的，這樣的「自見」是去除了欲望表達的「自見」，是生命體內在的規律性使然。「明」、「彰」、「有功」、「長」是生命體存在的最良好狀態，既能夠將生命體的價值充分顯示出來，又能夠不受環境條件的負面衝擊，而且還能夠保持長久的存在。對於聖人而言，達到了與天地

齊，「同於道」。

生命體能夠達到如此良好的結果狀態，根源在於「不爭」。「不自見」、「不自是」、「不自伐」、「不自矜」表現為一個共同的特點就是「不爭」。因為「不爭」，在處於「曲」、「枉」、「窪」、「敝」、「少」、「多」的任何境況，都能夠安之若素。因為知道「曲則全，枉則直，窪則盈，敝則新，少則得，多則惑」的因果關聯，也能夠將普通人認為的不利條件轉換為對自己有利的條件。結果就是能夠達到其他生命體不能夠達到的良好存在狀態，因而說「故天下莫能與之爭」。

「古之所謂曲則全者，」說明了老子以前的遠古社會就存在著能夠達到「明」、「彰」、「有功」、「長」的聖人。「豈虛言哉」以反問的形式肯定了遠古聖人的存在。最後以「誠全而歸之」回應首句，返回到現實中的現象關聯，肯定了這種稀有的因果關聯，透過守道可以實現。

第二十三章　放執識信

> 希言自然。
> 故飄風不終朝，驟雨不終日。
> 孰為此者？天地。
> 天地尚不能久，而況於人乎？
> 故從事於道者，同於道；德者，同於德；失者，同於失。
> 同於道者，道亦樂得之；同於德者，德亦樂得之；同於失者，失亦樂得之。
> 信不足焉，有不信焉。

辨正：

個別版本有所變動，主要有三處。如「終朝」為「崇朝」，「終日」為「崇日」，「孰為此者」沒有「者」，此為小變動，為一處也。而下面要將兩

處較為大的變動略微列析，這關係到了意群表達的差異，其他不作詳解。

第一較大變動處為「故從事於道者……失亦樂得之。」的句群，第二較大變動處為「信不足焉，有不信焉。」先說第二較大變動處，此處主要在於「焉」，有這麼幾種：「信不足，焉有不信焉？」、「信不足，焉有不信？」、「信不足，有不信。」因多數傳本為「信不足焉，有不信焉。」故這裡取「信不足焉，有不信焉」。「從事於道者」的句群變動有一個規律，在帛書本出土前，大多數版本採用通式本，如在「從事於道者」之後的「同於道」前加疊詞「道者」。而有一些傳本在「德者，」、「失者，」前加「從事於」三字。在一些碑刻本中，又將這兩句凝縮為「故從事於道者，道德之；同於德者，德德之；同於失者，道失之。」在帛書本出土後，一些注本，取消了疊詞「道者」。這裡取用後一種。

闡解：

在第十七章提到了「自然」，也同時提到「信不足焉，有不信焉」之語。可見本章與第十七章都是一樣要談「自然」和「信」。可以說中間隔了五章的內容又回到了「自然」和「信」的論述上。從自然致信，到無道景象的描述，進而提出治無道，回到「道」的軌跡，卻感嘆為道艱難，以堅定守本我，指出治無道的唯一正途，要迎難而上，具體的山路就是以德識道，而又強調為道通達。總之不管遇到什麼情況，我們都不能離開「道」。既然離不開「道」，那就回溯到問道、尊道、循道的結果是個生麼樣的狀態，那就是「自然」和「信」。雖然以「功成事遂」之狀為百姓稱之謂「我自然」，但，具體而言，到底什麼是自然。認識還是模糊的，此章將進一步講自然，繼而講信。「自然」是問道、尊道、循道的狀態，「信」是問道、尊道、循道的結果。《道德經》五千言最終的目的是「信」，因而在第八十章提到小國寡民後，延伸出第八十一章講到「信言

不美，美言不信」而回歸到「信」。

「自然」二字並不好理解，更何況在當今將「自然」自動趨向了與人類社會相對的物質世界。而老子所要講的不是自然界的自然，而是人類社會的自然，這個自然人們卻很少談或者並不認為有這樣的自然，或者被動承認有這樣的自然，卻不怎麼去談這個自然。故老子以「希言自然」揭開本章所要闡述的內容。「自然」是道的狀態，道要遵循的狀態，所以老子後面要說「道法自然」。作為擬道體的天地「自然」，因為其近道；作為擬道體的水之性「自然」，因為其近道；作為聖人的「我」、「自然」，因為其近道。因此說，「自然」是道的本態。

為什麼開門見山就說「希言自然」？這是因為老子看到了人類社會為自身的欲望所支配，忘記了作為「自然存在」的本意，不能夠長壽，不能夠達信，不能夠致良好的社會秩序，指出了人們不能放棄對欲望追求的執著。此章主要是希望人們放棄對欲望追求的執著。故為此章取名中有「放執」。因為對欲望的追求不可能絕對的棄，所以在欲望的追求過程中要學會放下。能夠放下對欲望的追求，主要在於對欲望的重新認識，佛講「紅粉骷髏」，道講「一切有之欲望都要回歸到虛無之要妙」，因而河上公為此章取名為「虛無」。

緊接著，老子例舉出兩個不能夠長久保持的人們能夠容易理解且能夠經常看到的現象，也就是「飄風不終朝，驟雨不終日」。這兩種現象是自然之狀，所以要在前面加上「故」以因應承接「希言自然」之語。然後指出了「飄風驟雨」的施動者，「天地」。「天地」在人們心中是亙古久遠的東西，而且很神聖，認為天地是長久的。長久的天地產生了不長久的「飄風驟雨」，形成了巨大的思維反差，這對人們的思維定勢是一個巨大的衝擊。自然會得出一個結論：「天地不能久」。連長久亙遠的天地都能夠作出

不能夠長久的事情，對人而言，壽命有限，遠不如天地亙古久遠，作出不能夠長久的事情就是最自然不過的事情了。因而，對於人來說，產生的行為，做出的事情，不能夠長久，實際上也是「道之自然」。也就是說有什麼欲望不能夠放下的呢？這些欲望最後都會消失，到頭來是一場虛空，何苦要執著困擾自己呢？

　　執念要放下，所有的執念都是一種欲望的追求。問道、尊道、循道就一定能夠悟道嗎？當然是不能的。以德入道是悟道的正確途徑，但是德行稱道的人就一定能夠悟道嗎？當然是不一定的。放下了才有可能悟道。因此，社會上有從於道的、有從於德的，或者既不從道也不從德的差別。致力於道的追求，願意去遵守道的要求，一切行為做到與道一致。致力於德的追求，願意去遵守德的要求，一切行為做到與德一致。不願於遵守道、德的要求，一切行為做到不符合道、德的要求。這就是執念的作用。一切可道道都可近本源道，但是不同的可道道存在不可通約的現象，這是執念的作用。社會中，有的止於德，無法以德入道；有的不尊道貴德，道德的要求對其無用。對於傳布道的人，不要去強求同於德的人同於道，不要去強求同於失的人同於德或同於道。一切要「自然」。要知道同於道、同於德、同於失，都不能長久。同於道的，有可能會同於德甚而同於失。因而不要期待德高望重的人就不犯錯，也不要因為犯了錯誤就否定其德高望重的品格；不要寄望背道離德之人同於道或同於德。記得同有一件事：一輛滿載十九名乘客的中巴，突遇險情，掉進深達五米的水塘。當地一村民跳進冰冷刺骨的水中，砸開車窗將十九人全部救出，自己卻因長時間的冷水浸泡患上肺病，舉債治療數月，告借無門，不得不離開醫院，病死家中。而十九名倖存者無一人去醫院探視，更無人為他送行。其臨死前遺言：我救了十九人的命，現在誰來救我的命？同事從佛教的思想進行了評論，而

我從道家的思想也進行了思考。佛家言：十九人該死，其該死的因果轉移到了救他們的人，救他們的人也就代他們而亡了；道家言：道者同於道，德者同於德，失者同於失，卑鄙的人不可能一下變得高尚起來；高尚的人，沒有社會環境的支撐，也不能持久，強行高尚之事，應該考慮到不好的後果。

「同於道者，道亦樂得之；同於德者，德亦樂得之；同於失者，失亦樂得之。」各守其道，各得其樂。美其所美，樂其所樂。有這麼一句話，「卑鄙是卑鄙者的通行證，高尚是高尚者的墓誌銘」。在社會處於無道時，就是這樣的結果，高尚是要付出代價的。高尚的人相當於從道的人，做你高尚的事，不要寄予周圍不高尚的人因你高尚的行為發生轉變，變得高尚起來。美其美，樂其樂，做高尚之事樂高尚之心，行齷蹉之事樂齷蹉之心。為什麼會導致這樣的狀態呢？這是因為信不足的緣故。在水之七性中，「政善治」是在「與善仁」，「言善信」的基礎上實現。無道社會，缺乏「與善仁」的社會基礎，「言善信」就不會有。作高尚的事是一個「與善仁」的過程，是一個建信的過程。如果缺乏「居善地」，「心善淵」的條件，社會環境還不足以有利於「與善仁」的展開，自然就成為「同於道者，道亦樂得之；同於德者，德亦樂得之；同於失者，失亦樂得之。」的分離狀態。結果就是信用不足，而信用不足是因為有不信用人的存在。

「信不足焉，有不信焉。」是無道社會的自然狀態。這也是符合道的。言善信是有條件的，當信用確立的條件逐漸成熟時，信用就會逐漸豐裕起來。雖然社會還是「同道樂道，同德樂德，同失樂失」的分離狀態，但是因為「與善仁」為道之人不斷增多，社會分離狀態的比率發生了變化，比率的變化的檢測是要依靠信用豐裕度的指標。因而，放下執著、執念的成功與否，就在於「識信」。因此，此章取名為「放執識信」甚是確切。

第二十四章　貪欲道厭

企者不立；跨者不行。

自見者不明；自是者不彰；自伐者無功；自矜者不長。

其在道也，曰：餘食贅形。

物或惡之，故有道者不處。

辨正：

此章在帛書甲、乙本出現後，有些版本調到第二十二章，沒有「企者不立；跨者不行」之句，只有「吹者不立」。且在有些傳本中，「企」為「跂」、「垂」。考慮到，意義變動不大，遂採用通式本為「企者不立；跨者不行。」多數版本在「行」後加分號，與下面四句同行並列，這裡用句號，與《姬氏道德經》一致。一些版本中「自見者不明」四句沒「者」，或者「者」後用逗號，這裡取通式用法。「其在道也」有的為「其在道」、「其於道也」，還有的將「曰」併入，斷句為「其在道曰：」，不管怎麼斷句，意蘊不變，故這裡取通式用法。有的版本「形」為「行」，同時認為古代「行」通假「形」，這裡也取通式用法。關於最後一句有些版本尾加「也」，這裡取多數版本作法。

闡解：

此章是在前一章基礎上產生的。上章提倡放下執著、放下執念。而執著、執念是在欲望追求的基礎上形成的，因而此章一開始就直接談欲望中的貪欲。「企者不立，跨者不行。」就是貪欲的表現。踮起腳尖來想站得高，卻導致不能夠穩定地站立，站得高的結果打了折扣，甚而會跌倒，導致沒有原來站得高，最終沒能達到企望的結果；跨大步來想走得遠，反而卻走不遠。說明貪欲是要不得的，人不能夠被貪欲矇蔽了心。貪欲會致心急、心亂、心煩、心躁等，總之難以心靜。

　　「自見」、「自是」、「自伐」、「自矜」都是受欲望支配的表現，結果以致「不明」、「不彰」、「無功」、「不長」。可以說是「一事無成」，也就是說明心、顯形、有功、長久都達不到。古時士人常以「達則兼善天下，窮則獨善其身」為人生信條，如果貪欲蒙心，出入都會失當。當然「自見」、「自是」、「自伐」、「自矜」都存在是一種極致表現，「自見」、「自是」、「自伐」、「自矜」都由其各自的欲望追求支配。因「見」而「明」，明心是首要的。心不明，是難以致「彰」、「有功」、「長」。會導致「彰」、「有功」、「長」那是「他見」、「他是」、「他伐」、「他矜」的結果，成為一個提線木偶，生有何趣？非為人也。「他見」無法明心，「自見」不能明心，「不自見」才是明心之道。明了心，生命體才會有了靈性，才能談到「彰」、進而談到「有功」、終而談到「長久」。明心也可能「自是」、也可能「不自是，」但是明心一定是顯形的基礎，沒有明心，就不知道「如何彰顯本我」、「如何不彰顯本我」時機掌握。「我之為我」是因為「不自是」而不是「自是」。「自是」會導致迷失本心。不知「我之為我」，故「不彰」。沒有本我，「有功」為「他者」之功，有了本我也可能「無功」，關鍵在於「自伐」還是「不自伐」。「自伐」雖比「他伐」好，但是「自伐」會導致「無功」，只有「不自伐」，才能「有功」。「有功」不意味著就能長久。否則不會在前面提「功成身退」天之道說法。達不到「身退」，就悟不了道，處於「自矜」狀態，也就因為無法「身退」而不能長久，故曰「自矜者不長」。

　　「其在道也」，陳鼓應譯為「從道的觀點來觀察」，類似的有「站在大道的角度去衡量這些行為」等，《老子全書》譯為「按照道的準則來說」，袁堂欣、謝志強理解為「與道合一的人一般是這樣的」。其實，下面這樣理解會更為合理：「其」不是虛詞，應是主語，指代上面所說的「企者」、

「跨者」、「自見者」、「自是者」、「自伐者」、「自矜者」。「在」現時，表「正在」之意。「在道也」是謂語，意思是正在修道的路上。因為八十一章的《道德經》是為了便於傳布的教學PPT，是對那些問道、尊道之人講的，能夠從第一章堅持聽到第二十四章，對象自然轉化為修道的人，有了一定道悟的人。這些人呀，在修道的過程中難免會被內心的欲望之心所牽引，會變成「企者」、「跨者」、「自見者」、「自是者」、「自伐者」、「自矜者」，這樣是不利於修道的，形成的道悟是遠離本源道的，故曰「餘食贅形」。「餘」、「贅」都是貪欲的結果。貪欲猶如形體不美，疾病潛伏。腫瘤、癌症也是貪欲的結果，導致身體負荷超載而至發生異變。

「物或惡之」是因為「餘食贅形」不是遵循的自然之道，打破了自然的平衡，會導致失衡的物有所損，自然會產生惡之感。比如，在春秋時代，孫叔敖很得楚莊王信任，權力很大。一天，有個老者問他：「你是否知道別人對你有三種怨恨情緒。」在老者的提醒下，孫叔敖知道了如何平息這三種情緒。爵位高、官職大、俸祿厚對於孫叔敖來說，猶如「餘食贅形」，會導致別人的三種怨恨情緒，這就是「物或惡之。」因為「餘食贅形」是貪欲的結果，不利於修道，所以說「有道者不處。」意思是「有道的人不會這樣做」。「有道者」肯定是「同於於道者」，不一定是「同於德者」，更不是「同於失者」。「有道者不處」猶如「同於道者，道亦樂得之」。也就是樂於「不自見」、「不自是」、「不自伐」、「不自矜」。

第二十五章　悟道歸人

有物混成，先天地生。

寂兮寥兮，獨立而不改，周行而不殆，可以為天地母。

吾不知其名，字之曰：「道」，強為之名曰：「大」。

> 大曰逝，逝曰遠，遠曰反。
>
> 故道大，天大，地大，王亦大。
>
> 域中有四大，而王居其一焉。
>
> 人法地，地法天，天法道，道法自然。

辨正：

此章不同版本，意差不大，最為關鍵處在於「人大」還是「王大」，「天地母」還是「天下母」，其他就是末梢之別。這裡取「人大」、「天地母」，其後詳說因由。其他末梢尊多數版本。下面略指差異：一些版本「混」為「昆」、「不知」為「未知」，「強」為「疆」、「逝」為「筮」、「反」為「返」、「焉」為「尊」、「域」為「國」，各從自己的可道道出發。有些注譯者還在「字」加「強」，還有的在「強」前加了「故」，還有的在「強為之名」前加了一個「吾」。剩下的還有兩處變動較大的，如「寂兮寥兮」在一些版本為「為」、「蕭呵！謬呵！」或「寂漠」，「王居其一」在一些版本中為「人居其一」或「王處一」，其中「人」、「王」之別也同「人大」、「王大」之別。

闡解：

在〈為道艱難〉一章中，從一個與普羅大眾格格不入的問道者、循道者開始，追求道首先要練心，讓心堅韌起來，然後透過普羅大眾所認同的「德」，循德識道，突出了「信」的重要性，「信」是以德識道的關鍵。然後從社會存在的小眾現象的因果關聯入手，強調了唯道通達，進一步去堅定修道者的心。因為「信」是關鍵，所以接著就又從「信」入手，剝離出由欲望支配的執著、執念。引出了欲望為修道的大忌，「為道者不處」。「去欲」主要講「去私慾」，以「去私慾」還人之「自然」。為什麼修道的人要去私慾還自然？也就是此章要回答的問題。答案就是人以「王」的形

式為四大之一，同天、同地、同道，而道法自然。人透過「王」的形式能夠與天道地同為大，對於修道者而言不謂是強心劑。雖然「王」是人類欲望充分展現之處，但是在老子眼裡也是使人同天地大道的最佳之處。可以說「王亦大」能使修道者堅韌強心，謹遵「去私慾還自然」。

關於「去私慾還自然」的類似理解，古已有之，比如朱熹的「存天理滅人欲」。在天理與人欲之間，應存在一個過渡狀態。天－聖人－人的排序中聖人處其中，成聖的過程就是天理與人欲之間的過渡狀態。現在我們常常談「天人合一」，將之視為文化傳承中的精粹。倡導「天人合一」，本質是讓人追求「聖人之道」。在追求聖人之道的過程中，自會形成對環境的尊重，而實現「居善地」水之第一性的境況。「去私慾」不是「滅人欲」。「自見」、「自是」、「自伐」、「自矜」的「自」並不包括「自然」的「自」，「自見」和「不自見」、「自是」和「不自是」、「自伐」和「不自伐」、「自矜」和「不自矜」不是分離的，而是建立在作為生命系統的個體基礎上。因為作為獨立個體的存在，「去私慾」只是為了還「自然」之私，而不是「滅私慾」。由之可看出中國文化思維的獨特之處，不是西方「你我他」截然分隔的所謂理性思維。這種獨特的思維也曾被主流的西方文化批評為「沒有理性」、符合滲透率的「原始思維」〔呂西安・列維－布留爾（Lucien Lévy-Bruhl）：《原始思維》，商務印書館 1981 年版〕，如黑格爾、列維之流。這樣批評中國文化的是因為沒有脫離科學的機械思維，根本意識不到中國文化思維實質上是生命思維，是按照生命系統運行規律延展出來的思維模式。

此章很重要，它是「去私慾還自然」的立論基礎。立論基礎之一：域中四大，王（人）居其一；理論基礎之二：人法地，地法天，天法道，道法自然。立論基礎之前，是「人為大」的證明過程。

　　證明始於道，卻不直接言道，而是說「有物混成」。有了前面各章所述，自然知道說的就是道。道可視作「物」，在第二十章中就有「道之為物」。「先天地生」不言自明說得就是道，先於天地存在的只有道。「混成」是對「道之為物」的有一種狀態描述，指的就是產生萬物之前，天地之始時的狀態。這時陰陽交融，混沌一片。似有若無，似無若有，如恍如惚。以「混成」的狀態起首言出了道。

　　然後就說道如何表現？如何運行的？「寂兮寥兮」這是「混成」狀態的表現，「沒有聲音，沒有形體」。靜而寂，動而寥。超出了「有」世界的理解。然後就是兩種關於道的運行規律，一種是靜止時的規律：「獨立而不改」；一種是運動時的規律：「周行而不殆」。「獨立而不改」是高於天地萬物的本質抽象，其實有點類似於黑格爾的絕對精神、基督的上帝、伊斯蘭的真主。當人類在脫昧之後，人們的思維自動歸向於「一」，每一種文明都有其創世神，基督教文明的創世神是上帝，是高於人類萬物的存在，是一切的主宰。近代歐洲科學的發展一個根本的目的就是要了解上帝是怎麼主宰一切的。主動了解上帝的言行，對於歐洲人來說開始敢於挑戰神的權威，因而美之曰「理性思維」。在哲學上，黑格爾將「理性思維」抽離到「絕對精神」的高度，在物理學上，是統一場的尋求。而中國文化歸向的「一」，就是「道」，這是從生命系統角度思考的歸向，可以逆上，可以順來。逆上歸一為道，順來化生萬物。這個道融於萬物之中，不像西方的上帝是與萬物分離的。了解「道」，需要悟，需要遵循生命的發展規律，而了解上帝需要推導，一環套一環，將上帝誘入人類的思維陷阱，這就是講邏輯，講控制，講主動，提倡欲望表達。而「道」需要有系統思維、模糊思維、生命思維，講自然，講無為，講順應，去私慾。「周行而不殆」說明道的運動是週期性的，循環往復的，而且永不停歇。任何

一個生命都有壽命，符合生滅的規律，將天地萬物視為生命系統，就有了環境的破壞和修復，與人類共同形成了生命循環，故可以說：「可以為天地母。」不只是「天下母」。「天下母」為「有」，「天地母」為「道」。西方缺少「無」的思考，上帝應是「天下母」而非「天地母」。

　　吾屬於「有」世界，只能按照「有」的思維來思考「道」。在「有」世界中，沒有獨立的道，「獨立而不改」是在有無中的規律表現。「有」世界的一切都是有名的，因而屬於「有」的「吾」也就不知道「道」的名，只能從「有」世界中抽出「道」這個字來為它取名。這個「混成」的物有了「道」的名，前面二十多章所說的「道」就是這樣來的。因為道「可以為天地母」，象帝之先，可以化生萬物，可以名「夷」、名「稀」、名「微」，可以無窮大，可以無窮小。道無處不在，化為天地萬物之中，所以可以勉強取名為「大」。

　　「大日逝，逝日遠，遠日反。」這是老子對包括道在內的世界一切「大」的普遍性規律總結。這是觀察體悟、資料整理的結果。與黑格爾的三段論相比，可擬稱為老子三段論。表達很簡單，我們常說大道至簡，就是如此吧。何謂「大」？「大」就是目之所及的流動過程。在當今，科學技術飛速發展的今天，「大」的含義也豐富了，要加上一個修辭，「大」就是借助一切可能的技術、儀器所感覺到的流動過程。因此說「大日逝」。從任何一個主體的視角出發，這個流動過程是一個由近及遠的過程，因此說「逝日遠」。逝和遠，意味著廣大無邊，以及超出了可及的範圍之外，不是目前的條件所能夠理解的，預留下了無限的想像空間。超出了三維、四維的思維限制，拓開了多維的視域。就像現在的反物質、暗物質，在科學發展的基礎上衝擊了我們的認知視域，而這些現在所能夠的認知視域，也為「逝和遠」所涵及。「遠日反」最有意思了，老子動態的生命觀

由此展現而出。「歸根日靜，靜日復命。」這是萬物運行的規律，「吾以觀復」，萬物運行的規律歸結到「復」上，而「道」卻歸結到「反」上。「復」從於「反」，萬物從於道。對「反」的解釋，從陳鼓應的注譯總結出三種：一種是返回的「反」，作「返」，意味著返回原點，雖然老子其他處有相反之意，但這裡不取；一種是老子對於「反」的涵義都是重視的，這是車載說；一種是老子之「反」融貫兩義。這三種解釋都是合理的，就是單作返回之義，其實也涵蓋著相反之義。對於「遠」來說吧，返回不就是「近」麼，近不就是遠的相反之義麼。作返回之義講，我個人認為還是較確切的，因為這是老子動態的生命系統規律的描述，寓道以生命，返回是一個動態的具體過程。最有意思的是怎麼「反」。很簡約的「遠日反」，卻暗含了一個反的途徑。結合後面所述，在後面突然冒出了王和人。而且還是域中四大。可見這個「反」的途徑要歸到了「人」上。也就是說透過人而「反」。但是這不是說，沒有「人」，道就不「反」了。有「人」沒「人」，「遠日反」依然成立。只不過「人」是最生動、最有效、最大可能地展現「反」。一切道的「反」是透過人來發現的，人是所有生靈最可能近道的物種，因為人最聰明、最有靈性，最能夠與道產生的「精」相通而達「信」，由「信」致王道之治。因而，由人展現的「大」是透過「王」的形式而實現的，所以才有「道大，天大，地大，王亦大。」並不是有人理解的用「王大」而不是「人大」是歷史的局限性造成的，甚至因為這種觀念而將「王大」改為「人大」，以與後面的「人法地」相一致，並且認為這樣與現代的觀念保持一致了。其實，「王大」也能夠與現代的觀念保持一致，只要我們能夠正確理解「王」的意思，「王」是人人平等的極致展現。而且用「王大」確切地展現「遠日反」的意蘊而達到前後邏輯的一貫性、連續性。一個「亦」突出了「王」成為「大」的能動性。天和地，

是恆不變的近道，而人卻因為差等不一，有同於道的，有同於德的，有同於失的，而近道具有了可能性、變動性。如果我們能確立追求王道的道統秩序，「域中四大」就確認無疑了，「王居其一焉」也就成為確定性的陳述。

「域中有四大」，其中道大，天大，地大，天下公認為大，王大卻是最為特殊的。正是這個特殊展現了中國歷史文化的不同之處。當然我們不能將「王大」理解為是專制的堅固堡壘，專制一詞也不過是西學東漸中的歐洲中世紀社會的遺留。在中國傳統社會裡，一直主張講「王道」，不提倡「霸道」，統治的最高理想是行王道，「王道蕩蕩」。不是任何人都能夠稱王的，後世皇帝多把自己的統治譽為「聖王之道」，那是給自己臉上貼金。這裡要說的王，是中國社會對統治狀態理想期盼，也就是指統治的最高境界。何謂王道，是聖人的行為主導了社會秩序的構建。對於統治者，採取的是無為之治；對於處於下層地位的人，也體會不到來自上面的支配、控制、壓迫等；人與人之間講信修睦，平等相待，自然樂於心，自然樂於身。

這樣，「王」與「道」具有了一致性。也就可能避免了對老子認識的搖擺不定，看到了老子的「無為」，認為老子消極、空想、無奈；看到了老子的「有為」，認為老子只是出於統治階級的需要，並沒有脫離自己的階級出身。當「王」與「道」一樣成為「域中四大」，就能夠充分認識老子對人的全面性認知。老子在根本上認為人與人是平等的，這是因為老子追求的人「道」，是天之道，是「損有餘補不足」的道，是改良的「損不足補有餘」人道的昇華。

因而，「人」在老子眼裡，都具有成聖的可能。人是能夠近道的，人像天地一樣可以成為擬道體。這樣在道出「去私慾還自然」的立論基礎之

一後，接著就推出了「去私慾還自然」的立論基礎之二：「人法地，地法天，天法道，道法自然。」

在前幾章所述，說到了天之道，天為擬道體，而恰恰沒有提到地之道，更沒有以地為擬道體。這是因為人是地中生、地中養。地是金木水火土五類物質混合而成，具有金木水火土五性，其中水之性使地與天發生了連接，水替代了地成為擬道體。「人法地」，指人要受地之道的限制，受五行約束，人體也要遵照五行的運行規律，講究相生相剋，講究平衡，講究營養搭配。人能夠隨水悟道，因「地法天」而使人也「取法於天」。「人法地，地法天」包含有「人法天」。當實現了「人法天」，人就成了神仙，「跳出三界外，不在五行中」。道家延伸出來的神仙道也就有了自然的理論邏輯。成為神仙是理想，但是長壽透過修道能夠實現的。因為「天法道」，天是「有」世界中最近道的，故人也能夠「取法於道」。這樣就告訴了人們人是可以修道的。道並不是可望不可即。因為「道法自然」，所以「去私慾還自然」就有了理論基礎。

此章結束後，需要回溯前幾章。從第二十章開始，到第二十五章，總括起來造成一個主要的功能，就是闡述了如何治無道。治無道，最後還是要歸結到人上，透過人的悟道實現對無道社會的治理。一環套一環，逐漸使抽象的道落到了實處，所以作者在第二十一章之後，為章取名都要加上一個「道行天下」。下面幾章也是如此，將是對道的進一步展開。

君子為介入主體的天下生命系統

在老子眼裡，雖然人在道的面前都是平等的，都在道中。老子的主旨是為了實現對社會的改造。在老子時代的社會，老子認為是一個無道的社會，但是老子並不是處於消極的狀態評議社會，而是尋求一條能夠較為符合實際狀況的、最有可能能夠改變「無道」狀況的可行途徑，而不是單純寄希望於聖人的出現。從實際的社會狀態下向聖民社會轉變，不是一蹴而就的，需要一系列的過渡狀態。在這個過渡的社會狀態中，老子寄希望於真實存在的一類人，那就是君子。老子清楚地知道人們容易認可君子，但不能夠認可聖人。聖人發揮作用需要特定的社會環境。但是單純有君子，也無法引導社會向大道的方向轉化。君子好德，容易固於德，易引起紛爭，因而，關鍵在於怎麼引導君子向聖人轉化。由於君子相對數量多，君子以規模營造近道的環境，再透過君子不固守其德，以「事善能，動善時」實現靈活權變，而終變成聖人，而最終實現對不平等社會的改造。

第二十六章　君子守道

重為輕根，靜為躁君。

是以君子終日行不離輜重。雖有榮觀，燕處超然。

奈何萬乘之主，而以身輕天下。

輕則失根，躁則失君。

變動：

此章文字雖短，卻變動較多，異議之處也多。現一一指出各種變動之處。「靜」有的為「靖」。「君子」在一些古本中如王弼本、河上公本、傅

奕本等為「聖人」。「終日」有的為「冬日」，冬與終通假。「輜重」有的為「輕重」，也有的在前面加「其」。「雖」有的為「唯」。「榮觀」有的為「環官」或「華館」或「營觀」。「超然」有的為「而昭若」或「則昭若」或「昭若」。「奈何」有的為「若何」或「如何」或「如之何」。「而以」有的為「而」或「以」。「失跟」有的為「失臣」或「失本」。歧義較多，此章遵從通式本。

闡解：

　　以德入道、以德識道，逐步將修道引入德的途徑中，治無道需要德行的改變，尤其是那些有著巨大影響力的人。此章河上公取名重德，是很有根據的，「知輕重靜躁」是具體的德行，與「致虛極，守靜篤」的道相連，具體地展現了由德致道。德為陽，道為陰，德顯為陽，道隱為陰。道中顯德，德中道隱。重了德，也在一定程度上守了道。所以在河上公重德的基礎上，延展為以「守道」為章名。而此章首談君子而不是聖人，意在突出君子，「守道」之前加個修飾為「君子守道」。故「君子守道」是較為合適的章名。

　　但不少傳本，說的不是君子，而是聖人。這裡認為是君子，原因如下：君子重德，聖人重道，此章趨於「重德」，如像以前幾章也為聖人，與內容不匹配。沒有達到聖人境界的行為不能稱之為聖人的行為，也只好另取其名，在現實的社會中，最有影響的應是君子了，所以老子應該指的是君子，而不是聖人；而後提到「萬乘之主」，就與最初的君子涵義相一致了，從此也知應是君子，而非聖人；此章要談具體的行為，是「有為」，沒有突顯出「不爭」的特性，於君子的行為更確切，用「君子」一詞合適；順前幾章意，要改變無道的社會狀態，主要涉及到那些在現實中最有權柄的人，君子最初主要指有權柄的人，後來演變成為對社會有影響力的

人，因而用君子比聖人合適。

　　此章用君子還是用聖人，自然會引起何謂「君」、何謂「聖」的思考。君從其字源看，由「權杖」和「口」組成，意指「發號施令的人」；聖從其字源看，由耳、口或人組成，與「聽」通用，原指「聰明的人」，後來指「有最高智慧和道德的人」。《周易》是比《道德經》更古老的書，《道德經》的一些知識、思想也源於《周易》，而在《周易》裡，君子是說的最多的一類人，而聖人在《周易》裡卻一次也沒有出現過，可見在《周易》成書時，聖人還沒有受到重視，甚至可能沒有「聖人」之說。夏商周及以前的聖人稱謂多是後來的人附會上的。在國家或類似國家的組織出現後，人們最初崇拜或畏懼有權力的人。到了周朝，吸取夏商滅亡的教訓，講修德配天，主要是講有權力的人的修德配天，那時的聖人應該是指聰明的人。當《周易》成書時，社會還沒有形成重德的盛況，在社會治理秩序還比較好時，一些聰明的人漸漸地因為德行的原因成為聖人一類的人。當國家混亂、社會秩序處在劇烈的變遷中，聖人逐漸代替君子成為人們理想的期盼，《道德經》應世而出。這時，聖人在人們心中的社會地位已經高於君主，君子也逐漸延伸出其他的意義，但還是主要指社會中最有權力的一類人。

　　此章開門見山交代了所要闡述的主要內容，而後主體指向了「君子」、「萬乘之主」。「君子」和「萬乘之主」是當時社會主要的權力結構主體，能夠影響社會秩序的改變。對於「君子」、對於「萬乘之主」，應該有什麼樣的德行，是很關鍵的。

　　「重為輕根，靜為躁君。」這是「君子」和「萬乘之主」的德行之綱。輕以重為根，躁以靜為君。也就是說「重」比「輕」重要，「靜」比「躁」重要。「輕」最終要落到「重」上，「躁」最終要回歸到「靜」上。

　　對於君子而言，是能夠知道輕重躁靜的正確選擇。所以，君子的行為

從來沒有偏離過「輜重」，也就是「靜」和「重」。輜重一般指軍事中載機械糧食的車，軍事、物質、糧食是國家的根本，美女香車、富貴榮華只是附帶品，沒有國家穩定的根本，豪居美女的生活都是浮雲。君子是有清醒頭腦的，雖然居住著豪宅且美女環繞，但並不影響他對「輜重」及國家根本的重視。他並不執迷於豪宅美女，能夠以超脫的姿態清醒地面對這一切「錦衣繁華」。這裡的「君子」之意，除了指好的君王，也指其他有權力或社會影響力的人。但是，對於當時的老子而言，主要指的是「周王」。在老子眼裡，周王應該怎麼樣怎麼樣。畢竟老子是姬姓家族之人，是周朝的太史令。後來指代泛指了。

　　緊接著，就反諷歷史現實中「萬乘之主」的表現。一個「奈何」，道盡了老子對「以身輕天下」的周王的無奈和不滿意，以及對天下亂象的傷感。也有老子對周王一種理想的期待。

　　然後毫不客氣的指出了「輕天下」的後果，作為經驗教訓的總結。「輕則失根，躁則失君。」輕天下就會導致國家失去依存的根本。行為舉止失當，急躁好利就會失去君主的威儀。從此章我們可以析出國家—軍事—天下的關係。就國家而言，軍事為重，《孫子兵法》說道：「國之大事在祀與戎」。因為禮崩樂壞，祀淪為一種形式的表達，戎就成為唯一的國家大事。國家要透過祀與戎來展現國家實力，祀是軟實力，戎是硬實力。當國家實力的表達傾向於硬實力，軍事就成為國家實力表達的唯一形式。軍事力量的大小決定著國家與天下的關係。在一定生產力的條件下，一個國家所控制社會的財富是一個穩定的量。社會是國家權力可以達得到的天下。社會的財富決定了軍事力量的武裝規模。軍事力量受社會財富的制約，有一個理想的最大武裝規模。當軍事力量超出了這個理想值，就會深刻影響到天下人的生活，傷害到天下。當軍事力量武裝的規模小到對國家

之外的力量不能形成有效的制約，國家容易受到入侵和騷擾，結果也會影響到天下。因而說，天下成為國家的根本。以國家－天下構成一個生命系統，天下就是這個系統的根，「輕天下」就會失根；急躁行為，就會使用軍事力量，就會耗費社會財富，造成生命系統能量的不足，天下不穩，國家根基就會動搖。而對於人體的這個生命系統而言也是如此。人體透過九竅四關與周圍環境實現能量交換，保持身體狀態的健康，人體免疫系統是身體健康與否的根本。一定的身體狀況整體上對能量有一個需求量，過量和不足都會對免疫系統產生傷害，傷及身體的根本。

隨著時間的滌蕩，「君子」一詞，慢慢失去了原有的涵義，成為道德高尚人的代名詞。就是現代社會也需要謙謙君子，君子成為人與聖人的轉換橋梁。社會的好與壞在於社會中君子的多少。「萬乘之主」不一定是君子，更不一定是聖人。而「萬乘之主」是君子的話，那對天下是有好處的，起碼不會傷及根本，如果是聖人的話，那就是天下的福氣了。

第二十七章　道用三重境

善行無轍跡；

善言無瑕讁；

善數不用籌策；

善閉無關楗而不可開；

善結無繩約而不可解。

是以聖人常善救人，故無棄人；常善救物，故無棄物。

是謂襲明。

故善人者，不善人之師；不善人者，善人之資。

不貴其師，不愛其資，雖智大迷，是謂要妙。

變動：

此章在不同的傳本中存在著不少變動之處，但是整體而言，意義變化不大。有歧義的幾處：如有些傳本中「善行」、「善言」、「善數」、「善閉」、「善結」之後有「者」，在一些版本中之後用逗號斷開；有些傳本中「襲明」為「神明」；在《姬氏道德經》中「無棄人」為「人無棄」，之後一句為「善物故無棄才」，有的為「物無棄財」；有些傳本「善人者」、「不善人者」無「者」；有的傳本「不貴其師」沒有「不」。其他的不影響大意的有：「轍」為「徹」；「瑕」為「瘕」；「讁」為「讈」、「摘」等；「數」為「教」、「計」；「策」為「算」；「楗」為「鍵」、「捷」；「故無棄人」、「故無棄物」的「故」為「而」；「智」為「知」、「知乎」；有的缺「是謂襲明」；有的「是謂」為「此謂」。

闡解：

此章主要是說「道」妙用無窮，沒有不可用之處。當然用「道」做出來的壞事也是極致，所以老子一致在強調以德入道，方能終悟道在極處，達要妙之境。在悟道的過程中，修德為手段，修道為目的。修德為陽，修道為陰，修德為「知雄」，修道為「守雌」。修德的過程中，不可避免會受到各種利慾的考驗，會產生不同的「德」的認識。諸子百家皆從道生，而終因為「德行」的標準不一樣，產生了諸多學說。因德行標準的差異，也會導致道用的不同。河上公為此章取名為「巧用」，實有功利之取向。道用不可避免「巧用」，「巧用」只是道用的一種，在現實中最適合普通人的。以「巧用」之功利誘惑人們向「道」是一條確切可行的路徑。不同的人，利慾取向不一樣，問道、尊道、循道的起點就會有差異，可以說是千差萬別。

「善行」、「善言」、「善數」、「善閉」、「善結」五善是「巧用」，代指

現實社會中的一切善。這是道用的第一重境，名為「巧用」。這是聖人之下如君子之類的人的行為。而聖人的行為，達到了道用的第二重境，名為「襲明」。此重境與佛教的普度眾生類若。聖人的最高境界所表現出來的行為為道用的第三重境，名為「要妙」。

聖人在《道德經》中，地位很高，介於人與天地之間，因為對道的領悟，一定意義上已經超越了所有其他人，當然也包括君子。聖人的產生，離不開君子；聖人的行為，需要君子去弘揚。沒有聖人，人們在修道的路上表現的行為只會屬於「巧用」的層次。春秋戰國時期，聖人的地位很高，鬼谷子認為「聖人之在天地間也，為眾生之先」。（《鬼谷子·捭闔》。）沒有達到聖人的境界，人們的行為最好的表現為「五善」：善行、善言、善數、善閉、善結。這也算是悟了道的。「善行無轍跡」，沒有任何痕跡留下，踏雪無痕、所做過的事就像沒有發生過。如果用於偷盜、用於殺人，一點痕跡都不會留下，做任何的壞事，別人都發現不了，還認為是好人，這是盜善。如果做好事，也留不下任何痕跡，就像沒有發生過，這是巧善。如果從功利的角度看，做好事與做壞事都不留下任何因果，在結果上沒有任何差別，那麼就可能出現藏善於惡、藏惡於善的情況。這兩種情況容易被別人誤解。從「善行無轍跡」衍伸出「善言無瑕謫」，語言表達說的是圓融通達，挑不出任何毛病，也不會為之產生哪怕一絲疑惑，長於此者，善於雄辯，歷史人物蘇秦、張儀之流屬於此類。一開口就能夠說得的天圓地方，針對的對象都會被說服。這也是對道的巧用。用舌頭也可以做成好事或壞事，害人幫人都在一張舌頭。從功利視角看，幹壞事也沒有破綻，找不到任何證據，做好事與幹壞事對於善言者沒有任何不同的結果，做好事能避禍，幹壞事也能夠避禍。所以善言、善行關鍵在於心，心是前提。有什麼樣的心，就決定了善行、善言是什麼樣的性質。從鬼谷

子學道的蘇秦、張儀、孫臏、龐涓等都是曾經的風雲人物，各領風騷，他們有著不同的功利心，達到的結果也是不一樣的。無轍跡、無瑕讁，關鍵是不是能夠達到「心善淵」。巧用道，「善數不用籌策」，謀略也有大小之分，高低差等。悟道的人，針對具體事件，對其各種條件、因果關聯瞭然於胸，自然不用籌策也能選擇最合適的策略。歷史上善於使用謀略的大都是修道者，張良、諸葛亮、劉伯溫等都有道學背景。具有一定道悟的人，既可以揚名立萬，也可以安然隱名，不為世人所知，只要自己願意，可避一切禍，故可以說「善閉無關楗而不可開」。善閉者閉於心，能夠將所有可能的條件、因果剝離開，不為人所知，達到「真隱」。製造麻煩和困難也是超一流的，主觀製造的麻煩或困難會被人認為是客觀條件的制約。

總之，「巧用」的道用層次離不開心，隨時會被自己的欲望所左右，能功成名就，但不能夠身退；能夠出世修身，但不能夠有功於社會等等，總是有所欠缺。故成為像鬼谷子所言的那樣：「無為以牧之。」（《鬼谷子·捭闔》。）無為成為功利心的工具。只能夠達到「夫賢、不肖、智愚、勇怯、仁義，有差。」（《鬼谷子·捭闔》。）而不能在有差的客觀條件下，化為一視同仁的心。

道用的第二個層次就是「襲明」。襲明是聖人的心境。與後面第四十九章所說的「聖人無心以百姓心為心」取義一致。任何一個百姓，在聖人的眼裡是一視同仁的，公正無偏的。以「是以」進入道用的第二個層次，第二個層次是屬於聖人的層次。聖人也是在從其他各類人中產生出來的，必須經過第一層次。聖人與其他人所不同的是：在「善行、善言、善數、善閉、善結」中的心是「善淵」的，層次境界高。佛說「普渡眾生」，道家所言的聖人也是普渡眾生的，在道家眼裡，菩薩、佛陀也是聖人，佛渡一切人，聖人也是渡一切人。所以說聖人「常善救人，故

無棄人」。佛渡人是從此岸到彼岸，從現實的苦難之地到理想中的極樂世界。佛教並沒有滅人欲，而是將人內心的欲望在虛擬中無限放大，就猶如「各取所需」的理想社會追求。道也沒有滅人欲，而是將欲望轉移到對長生、長治、久安的追求，不是欲望的無限放大，而是欲望層次的提高。以「道」救人，「授人予魚，莫若授人以漁」。在老子眼裡，所有人都能夠修道，因而聖人以「無為」、「不言之教」引導人追求「長生、長治、久安」，以化去內心過多的欲望、人與人之間的紛爭、猜忌。聖人的「普渡眾生」，高於佛家的「普渡眾生」，因為老子認為人的身體、國家、整個社會也就是天下都是生命系統，如天下而言，天地之間的一切物，包括有生命的，還是無生命的，以一個生命系統的形式成為一個整體。一切物都遵循生命運行的規律。所以，在佛認為，物是眾生普渡的工具，而道既尊重了佛所認為「眾生」的自然，也尊重物的自然，因而除了「常善救人，故無棄人」之後就是「常善救物，故無棄物」。因此可以說，老子是有大愛的環保主義者。每個人在修道中，都有成為聖人的可能，達到「救一切人，救一切物」的境界，就達到了道用的「襲明」層次。「襲」，通透之意。

　　修道達到了襲明的境界，就有可能進入第三個層次：「要妙」。要妙之意，就是心之體會，心能夠充分體會道用的美妙無窮。三個層次要以此推進，尤其是第三個層次，要回到現實中體會道用之「要妙」。否則，就會陷入功利主義的評判視角。「善人者，不善人之師；不善人者，善人之資。」會做人的，就是那些道德高尚的人，是其他人的效仿學習的對象；而其他的人會成為道德高尚人之所以道德高尚的憑藉。「善人」和「不善人」都各有其用處。「善人」為人，「不善人」為物，物可以化為人（這裡的人是指隨自然之道的人），「不善人」可以向「善人」轉化，這個轉化不

是強制的，是自然而然發自內心的轉化，不是一蹴而就的。在沒有發生轉化的過程中，「善人」必然是「不善人」的「老師」，「不善人」必然是「善人」的憑依條件。只是這種關係不需要主觀特意強調。師是自然而為，無所謂「貴」，資也是自然而為，無所謂「愛」。「不善人」不以「師」為「貴」，「善人」不以「資」為「愛」。沒有主觀的故意，自然也排除了「自貴」和「自愛」和其他人的「貴」和「愛」。「善人」和「不善人」只是道悟的差異，在道的路上都是修道者。於聖人而言，可以作「善人」也可以作「不善人」。為「善人」，可造成引領的作用，為「不善人」，可以促進「不善人」的轉化。這需要高絕的智慧，可是在其他人的眼裡，卻像一隻「人生道路上」迷途的羔羊，因而說「雖智大迷」。

第二十八章　三歸大制：誘君子入聖

　　知其雄，守其雌，為天下溪。

　　為天下溪，常德不離，復歸於嬰兒。

　　知其白，守其黑，為天下式。

　　為天下式，常德不忒，復歸於無極。

　　知其榮，守其辱，為天下谷。

　　為天下谷，常德乃足，復歸於樸。

　　樸散則為器，聖人用之，則為官長，故大制不割。

變動：

　　此章歧義甚少，只有一些小變動如「溪」為「谿」、「蹊」、「奚」；「忒」為「貸」；「樸」為「撲」；「樸散」後的「則」為「而」，「樸」為「璞」；「聖人用之，則為官長」無「則」無逗號，為「聖人用之為官長」；「故」為「是以」、「夫」；「不割」為「無割」。

闡解：

　　從第二十五章「悟道歸人」，我們知道了人也能夠像天地齊，與道同為「域中四大」之一。將人們的心胸一下子打開了，眼界開闊了。而人中，最能夠開闊眼界、打開心胸的人群就是君子。而在老子時代，君子已經不再專指統治階級，而開始像現代的意義轉化。君子一詞，不管是原來的意義，還是轉化中的意義，對於老子而言，對於道而言，應該是指最能夠容易道悟的人。聖人之下為君子，暗含著要想成為聖人，首先要成為君子。成為君子不一定能夠成為聖人，而成為聖人就必須先成為君子。由君子轉化為聖人，萬不存一，很難很難。往往君子當的時間長了，反而成為轉化聖人的障礙。這種現象就是佛教所言的「所知障」。君子好德，但不能困於德，因而接著才有「君子守道」章。為了打破君子的「所知障」，對於君子需要足夠的誘惑。「道用三重境」給了君子更高的追求，一重又一重，衝擊著君子固有的所知。所知障破了，君子就需要採取具體的行動來來提高自己的道悟層次，那就是此章所要解決的。

　　採取行動的第一步就是要「練膽」，第二步是煉識，第三步是煉心。「知其雄，守其雌」重在練膽；「知其白，守其黑」重在煉識；「知其榮，守其辱」重在煉心。它們分別從不同角度達到道悟境界。

　　君子往往困於德，遠離了本源道，看不清所守之德背後的道。但是道悟的唯一路徑就是德，前面以德入道章已經講了「悟道離不開德」。對於有德的君子卻不能夠以德入道，反而愈益偏離本源道。因而，此章強調了三個「歸」。歸向何處？三歸是逐步遞進的，由「嬰兒」至「無極」再至「樸」，就是要君子「反樸」。我們常說的「返璞歸真」就是此意。因為需要君子歸道反樸，「反樸」就成為此章的中心，到此我們就會明白河上公為什麼要為此章取名為「反樸」。其實，不只是君子需要反樸，其他任

何在道上的人都需要反樸。只要尊道、問道、循道，反樸是一個必要經歷的過程。上章已經說過，在第三重境，聖人要回到現實中方可展現道之要妙。「樸散則為器」也就是指「反樸」後要涉及到道的具體應用。不善人、善人在聖人眼裡不是截然分隔的。於具體的道用，善人和不善人身分是不斷切換的。對於聖人來說，其知曉各種道用，且不會拘於善人、不善人的身分差異。聖人可以根據具體的情況，可為善人，可為不善人。在具體的時空定位中，聖人表現為在「用道」。「用道」的結果就是聖人身分轉換為「官長」。這對於君子而言，在即將踏入第一重境時，官長是非常有誘惑力的。君子好德，背後都是利益的選擇。官長也是許多君子行為目的的取向。君子希望能夠在現實社會中有為，而有為的最大化選擇就是為官，成為官長那就是優中優了。追求聖人之道是能夠實現君子的抱負，君子反樸向道是為了更好地獲得官長的位置。而對於老子而言，勸誘君子反樸向道是為了純化社會風氣，淨化官僚系統，達到不需要表達特定利益需求的具體制度的效果。結果沒有了這些具體制度的干擾，國家和社會在君子們反樸向道的引領下，也能夠治理得很好。這種沒有了具體制度的治理就是大制，表現為「大制不割」的狀態。因此說，此章最終歸結點，不再是河上公的「反樸」，而應該是「大制」。結合上述因練膽、煉識、煉心而以此達到三歸結果的敘述，此章取名為「三歸大制」應頗為合適。

對於君子而言，要實現其抱負，就要能夠當大官。而要當大官，「反樸向道」是最為便及的途徑。但是反樸向道並不容易。要經歷膽、識、心的巨大轉變。對於一般人來說，都願意選擇強大、正義、榮耀，而不是弱小、邪惡、屈辱。更何況好德的君子呢？知雄守雄是人之常情，在社會中沒有人希望自己弱小。面對弱小能夠有惻隱之心就很了不得了，有這樣的心就可歸於君子之類。但這不是守雌。持強扶弱，以強者的姿態幫助弱

小，這也不是守雌。從氣勢上、從心理上，有一種強者的優勢，你可能根本不理解弱者。當無法選擇強大的時候，只能處於弱小的位置。但也可成為大丈夫，孟子有言「威武不能屈」。就是當以弱小面臨強大者的恃強凌弱，敢於抗爭而不是卑微退縮。這也不是守雌。上述的行為都是行為者建立在不平等心裡的行為表現。當清清楚楚知道能夠變得強大，但是甘願處於弱小的狀態；當處於強大狀態，卻能以弱小的心境平等對待弱小者；那就可以說是知雄守雌了。不管是強大的人，還是弱小的人，懂得知雄守雌就意味著在悟道的路上走出了第一步。何謂知雄守雌？通俗一點說，就是對雌雄的相關因果知曉的一清二楚，只要自己願意，可為雄也可為雌。可雄可雌是根據善心出發的，守雌是出於善，而不是弱。短暫的知雄守雌許多人都可以說做到，但是持之已久地知雄守雌就不容易做到了。「為天下溪」，重點強調了知雄守雌的過程。只有持之以恆地知雄守雌，方能成流，也能一定程度上導引他人知雄守雌，這樣就匯成了道之溪流。成為天下溪，天下就有了知雄守雌的環境氛圍。不只是君子，大多數人在逐漸遠離恃強凌弱、遠離奴顏婢膝、遠離恩賜心態、遠離惻隱之心，以一顆平等心善待一切，這樣就會常德不離。不以強為強，以弱為弱，就好像強者不知其強，弱者不知其弱，嬰兒不就是這樣的嗎？這樣自然「復歸於嬰兒」了，嬰兒狀態不分雌雄，沒有雌雄的差別意識。嬰兒是道體，大德之體。常德不離，以成大德，也就可以說復歸於嬰兒。復歸是指原來就有，隨著成長的過程中逐漸消失了，而透過具體的方式方法，有漸漸地回歸原有。我們現在要說一下為什麼嬰兒是道體。天下萬物都是有生命的，人當然也不例外，生命過程的兩端是生和死。對於具體的生命系統，身死道滅。而對於人，追求道而不滅，那肯定不會是走向死亡之端，那只能向生之一端靠近，復歸於嬰兒也就靠近了生之端。生死兩端都是由有向無轉

變，有無轉化之間，是最能夠體悟道的，嬰兒是人最靠近有無轉化的狀態，也是道化萬物之開始。因而說，嬰兒能夠展現道，嬰兒可以說是道體。透過知雄守雌，尊道悟道，而獲得了長壽的福利。經常處於嬰兒狀態，那就是生命力旺盛的狀態，自會離死亡遠。身體歸向了道，那麼在認知上，是不是歸向道的？每一個人都有其對世界的認知，而且知道所有萬物及其行為都可黑白兩分。我們經常說黑白分明，一般人們都會將自己歸向於「白」的一類，而不是「黑」的一類。尤其對於君子而言，有著鮮明的愛憎分明的特點，而老子卻要「知白守黑」。相對於「知雄守雌」，「知白守黑」更不容易做到，對於已經有了自己可道道的君子，要放棄自己的德性堅守，幾乎是不可能的。「知白守黑」對他們意味著要向所反對的事物、事情妥協。其實有許多的黑白兩分都是特定人在特定時空的具體價值判斷。就那美醜的觀念來說，遠古時期形容美人是壯碩，在唐朝卻以胖為美，後來苗條成為美的標準，而在古代波斯，美人需要有一點男性化，在西方風行骨感美。「知白守黑」需要打破的是君子們的固有認知標準，是道德立場的改變。這個時候是立場鞏固與否的艱難時期，常德由「不離」轉向「不忒」。懂得了「知白守黑」，且敬尊執行「知白守黑」，那結果就是「常德不忒」。對於具體的個人，當然也包括君子，都有其原來固守的德，在「知白守黑」的狀態中，會產生「原德」和「後德」的差距，差距會造成心裡不適的「差錯感」。隨著持續的「知白守黑」，「差錯感」因適應而消失，此時「後德」與「常德」重合，達到「不忒」。在「有」世界中，容易黑白兩分，而且大都趨向於所謂的「白」，而憎惡「黑」。黑白兩分是認識世界的方式，黑白兩分是根據人的心產生的，不同的人黑白兩分存在著差別，每一個具體的黑白兩分都是對世界的一個側面認識。要想全面的認識世界，就需要摒棄「黑白兩分」的偏見。根據人們的普遍偏

好，以「知白守黑」予以糾偏。堅守「知白守黑」，就會慢慢地放棄原有的偏見，達到對世界萬物的全知認識。「黑白兩分」認知的不斷疊加，漸進於全知，極端認識逐漸被稀釋，達到無極端的狀態，那就進入了悟道的狀態，也就是「歸於無極」。「復歸於無極」意指原來就是近道的，原來就是無極。對於具體的人，指的就是最初的出生狀態。當一個人處於「知白守黑」的狀態中，在人類社會環境中會面臨許多的不認可，甚而帶來太多屈辱的感受。雖然你知道「知雄守雌」、「知白守黑」是悟道的必要途徑，但是此階段，使內心承受巨大的煎熬，很容易中途而棄。「煉心」是最為關鍵的一個階段，「守辱」就是要經受太多的屈辱，而且不失初心。在心堅硬起來的時候，有一份柔軟來盛放「良心」。這樣才會逐漸心胸寬廣，達到能容一切事，「常德」才充足。富貴榮華皆看淡，「心」近大道，返璞歸真，道不離身，呈現出「樸」的道蘊。表現為淳樸厚道。鉛華褪盡，以「樸」的形式回歸大道。「天下谷」突出了「心」，修道的人，要錘鍊內心。只有內心足夠的強大，才能有足夠的胸懷兼濟天下，為天下人謀福利。在「守辱」的過程中要守住「初心」，同時要知榮耀之根由，也就是「知榮」。「知榮」而不「守榮」，而「守辱」，這樣經過「榮辱」的反覆磨練，常德不只是「不離」、「不忒」，而且達到了「充足的狀態」。對於具體的修道者，就達到了「樸」的狀態，無所謂榮耀，無所謂屈辱，在價值取向上次歸於出生時的嬰兒狀態。從身體的嬰兒狀態，到立場的嬰兒狀態，再到心靈的嬰兒狀態，人整個生命系統就成為道的載體。經歷三次復歸，從君子轉化為聖人，以「樸」的形式顯示了成聖的結果狀態。對於君子而言，成聖不是他的終極追求，他是需要揚名立萬的，需要在社會上建立功業、留下美名。如果成聖之路不能實現君子的目標，君子不會走向修道之路的。

　　因而隨後的「樸散則為器」指明了君子修道的目的。以「樸散則為器」牽引著君子走向三歸之途。樸是道在「有」世界的大德表現，近乎於道。樸散就是道散，意思是世界存在的各種器物都遵循著道的規則。「樸散」是指道化為器物內在的本質規定性。「復歸於樸」的「樸」是悟道的終極狀態表現，「樸」寓意著悟道了，而「樸散」主要指向的悟道之後的「道用」。「樸散則為器」化成通俗的理解就是悟道了也就能夠懂得了各種器的應用。當然，這個器用，需要聖人應用才能夠發揮其最大功能。「聖人用之則為官長」，聖人可以說是道體，也就自然知曉如何將器用發揮到最大功效，「聖人用之」是「以樸用器」，這樣很容易得到人們的擁戴，「官長」這個身分自然就獲得了。畢竟老子寫《道德經》的最終意圖是希望社會能夠改變，而且最終變成老子所希望的樣子。聖人為官長是很容易的，官長只是其改變社會的工具。君子也希望社會向好的方面轉變，這樣以「聖人用之則為官長」為誘餌，也意味著聖人與君子在最終目的上取得了一致。

　　聖人將其所持守的道化為器用，人們對器的約束感覺不到。所形成的「制度之器」就好像人們內心所願意遵循的道一樣，感覺不到具體制度的分割存在，形成了「大制不割」的治理狀態。「大制」不傷人，是符合道的，不會傷及到人們的。

第二十九章　無為之道：人、物分途

將欲取天下而為之，吾見其不得已。

天下神器，不可為也。

為者敗之，執者失之。

是以聖人無為，故無敗；無執，故無失。

夫物或行或隨；或歔或吹；或強或羸；或載或隳。

　　是以聖人去甚，去奢，去泰。

辨正：

　　現已發現或傳下來的古本中，此章沒有「是以聖人無為，故無敗；無執，故無失。」現在的版本釋讀疑錯簡於第六十四章，在考察第六十四章上下文，有插入之感，移回此章，當然也是考慮到陳鼓應、奚侗的看法才仔細斟酌的。其他的變動之處意義基本一致，無傷大意。變動如下：「不得已」的「不」為「弗」；「也」有的在「神器」後，有的在「可為」後，有的就無「也」，有的在「天下神器」之前有「夫」，甚而有的在「不可為也」有「不可執也」；有的「為者」、「執者」兩字間有「之」；「歔」為「煦」、「呴」、「噓」、「嚛」；「夫物」為「故物」、「凡物」；「強」為「彊」；「羸」為「贏」、「羸」、「到」、「剉」；「載」為「接」、「挫」、「培」、「陪」；「隳」為「墮」、「墜」；「奢」為「大」。這裡基本尊大多數傳本或版本。

闡解：

　　此章也可以說《道德經》的核心章節，「無為」是《道德經》的主要議題，這是毋容置疑的。有的甚至因為「無為」而忽略了老子以「有為」至「無為」的具體行動路徑。可見「無為」在《道德經》的分量是何等重要。滿篇滲透著「無為」氣息的《道德經》，卻在第二十九章才開始交代什麼是「無為之道」？這是首先要回答的一個問題。

　　當我們翻看關於《道德經》的注譯本，就會發現，許多的版本都會為每一章取名。而最有特點的取名當取河上公本，它為此章取名為「無為」，而其他的版本，所看到的的，不管是隨意取名的，還是特意取名的，大多較為一致的取名為「道常無為」。有的還取名為「樸治」或直接取第一句為章名「道常無為而無不為」。這樣我們基本上可以認為此章確實主要談「無為」。雖然此章是以「道常無為」開始的，但是重心並不是

要談道是怎麼怎麼無為的？而是以聖人為主角如何具體地實現「無為」，也就是對社會來說，最終實現無為的治理，又因為上章將道在「有」世界中名之為「樸」，故有的就順然為此章取名為「樸治」。這是注譯者主要是從社會治理的角度出發看待《道德經》，在前面幾章中的闡解中，我一直在說《道德經》不只是談國家治理、天下治理，而且也適用於其他領域的治理，更主要的一點《道德經》主要指向了身體的治理，是養生長壽的聖典。它將多種治理以生命系統的形式整合到一起。

「道常無為」邏輯上通貫整個〈道篇〉的，而不是要在此章談「道常無為」。因為前面大部分章節都在說道「無為而任自然」。如「生而不有，長而不宰」等。明確說道無為的，都是以聖人的面目出現的，如第二章「處無為之事，行不言之教」、第三章「無為則無不為。」其他只是隱含地說到「無為」。具體的「無為」要表現在「聖人」的身上。因為「無為而任自然」是道超越天地之外的本性使然，所以道的這種本性如何在聖人身上展現就很關鍵。畢竟《道德經》是要服務於人及人類社會的，以「道之無為」實現人、人類社會的健康存在。因此，此章取名為「無為之道」才是合適的。

為何現在才談「無為之道」？在第二章、第三章提到無為，無為就隱身了，到第二十九章才又出現。可見要真正理解「無為」是多麼的難，要人們「去欲還自然」是不容易的，需要一步步鋪墊，一抽絲剝繭的形式引出「無為之道」。前面只是提了「聖人無為」，卻一直沒談聖人如何無為？

從現實引出現象，談聖人如何無為。一開始就道出了聖人無為的現實基礎。「將欲取天下」，這是老子對歷史和現實的一種現象的概括。在當時老子的頭腦中，「將欲取天下」的人我們現在也是可以數得出來的。三皇五

帝、夏后啟、有窮氏「羿」、「寒浞」、少康、商湯、殷商遷都的王、周武王、武庚、共和二公、宜臼、周攜王以及春秋戰國中的雄主等。有的是想占有天下，有的想鞏固繼續占有天下、有的為了現有的天下格局，這些人都在一定意義上取得了天下，可是都有他們不得已而為之的事情。「不得已」不是非要強為之，而是突顯了「順勢而為」。不管是出於公心還是出於私心，他們都有不得已而為之的理由。所以老子說：「吾見其不得已」。

透過總結歷史現實中經驗教訓，然後得出「天下神器，不可為也。」老子認為天下是一個神聖的東西，現在我們能夠理解，天下是像人一樣的生命系統，有靈性、有神性。所以有道理解神器上，有的直接將神器喻作為人。當然天下也包括人，人與天下形成了複合生命系統，既是一起的，又是獨立存在的。如何理解都不為錯。「不可為也」，以肯定的語氣指出了「天下神器」是非人力所能夠左右的，任何人的主觀意願對這個神器都造成有效的作用，而產生變化不是主觀使然而是客觀使然，是道在發揮作用。「不得已」展現了「將欲取天下」的人認為是道在推動著他們這麼做。如果他們表達出了是主觀欲念的驅使，那就是一個結果：「為者敗之，執者失之。」「為」是主觀欲望的行為表達，「執」是強調了行為的強制性和控制性。「敗之」和「失之」疊加表達了不能成功的結果。

透過對歷史現實的總結，天下神器不能動。那麼人們就無所作為了嗎？聽天由命吧？老子並不是採取消極的態度，他認為人還是能夠有所作為的。這樣有所作為，就是要透過聖人有所作為。為什麼要透過聖人有所作為？因為前面已經都充分交代了，聖人追求的道與天地的道是一致的，聖人的行為就一定程度上符合道「無為而任自然」的本性。人只要成了聖就可以以「無為」行天下有為之事。後世的皇帝為了欺世盜名，給自己加上了「聖王」的稱號，以迷哄世人。達不到功遂身退，怎麼能夠成聖？有

些帝王也確實想行聖人之事，如燕王噲、宋徽宗等，可惜他們有聖人之行，卻無聖人之資。結果不是徒留笑柄，就是禍國殃民。

　　相對於那些「將欲取天下而為之」的人，聖人的作法正好相反，採取的是「無為」、「無執」。因而結果就是「無敗」、「無失」。這也就說明了，如果真正按照聖人的作法，雖然不得已，但是透過「順天愛民」，也就一定意義上達到了「去私慾還自然」。如堯舜禹，如商周的開國君主、如二公輔政等。從其記載中的長壽可以看出，他們都有一定的道悟基礎。當然，長壽之君王就一定是敬天愛民的，也不能這樣說，但可以從自身的養性來說，是近道的。

　　關於下面的內容，也有的注譯者認為與上面所述內容各成一章，於是在釋義中發生了脫節，如任繼愈的《老子新譯》和高亨的《老子正詁》。我這裡是隨著陳鼓應的注譯本，但是我也有自己的看法。如「物」，陳鼓應認為是「人」的意思。我承認有「人」的意思，但是我也認為「人之外的一切事物」也不應該排除在外。都蘊含其中。而且人也不是所有人，否則無法與下面所述在邏輯上取得一致。聖人也是人，只不過是追求道而且道悟很深的人，進入非人領域，介於人與天地之間，但還在人這個範疇中。這樣理解也與第二十七章「道用三重境」所述在邏輯意義上取得一致。「善者，不善人之師；不善者，善人之資。」、「資」就是將「不善人」當作「物」。而在此章，「物」也應該包括「不善者」。「不善者」和「人之外的一切事物」都屬於沒有悟道的或悟道不深的。這裡採取對比的手法，將天下人是怎麼做的，以及聖人是如何做的進行對比。然後將「不得已而為之的取天下」行為進行一一比照。相當於這裡提供了兩個比照版本。一個是天下萬物的普遍行為，一個是聖人的行為。

　　天下萬物的普遍行為表現，老子用列舉的方法列了四類。第一類是

「或行或隨」，指行動的狀態，用程度標示指的是速度類的行為。或並行走，或隨後走，我們不能夠說這個是對的，那個是不對的。快慢沒有什麼合不合適的。第二類是「或歔或吹」，歔和吹是對冷熱的感覺而產生的行為反應，用程度標示指的是溫度類行為。第三類指強壯程度，不管是人不管是物，都有強弱軟硬之分；第四類從其功用程度標示的行為，要麼是帶來好的功用，要麼是帶給毀壞的功用。以此四類說明了萬物的行為表現千差萬別，沒什麼統一的標準對錯。如果以特定的類中某一行為為標準，來治理天下，那麼天下就大亂了，這就是以一己之私而損天下。這麼多的行為差別，而且要各方滿意，至少不至於橫眉怒目、針鋒相對，不是聖人是難以協調的。中國一向倡導「和而不同」，而達到和而不同的和諧狀態，卻是只有聖人才能夠做到。因為聖人沒有自己的私慾，天下人的欲就是他的欲，各種欲望的矢量和歸於零，所以其心境平和、清淡無味、富貴如浮雲。聖人之治是無為之治。無為之治的實現是需要遵循無為之道。無為之道成為社會的行為道則，需要一個過程，而這個過程是賽局平衡改變的過程。賽局平衡的改變，主要在於賽局規則的變化。賽局規則的變化主要在於參與者都願意遵循這個新的規則。而能夠讓人們願意改變行為規則，那是讓人們心服口服的人，是發自內心的願意遵從。那這個人就是聖人。聖人不會對他人有任何的強迫行為，也沒有清楚地去告訴人們怎麼做。而只是將自己的行為表現展現出來，讓人們自覺自願地去模仿。聖人所奉行的行為就是「去甚去奢去泰」。也就是說在任何方面都要避免做極端的事情。分別以「甚」、「奢」、「泰」表達行為的極端、財富的極端、地位的極端，以代指社會中的一切極端。而這些極端現象都是人類欲望追求的結果。「甚」是權力欲的過度表現，「奢」是財富欲的過度表現，「泰」是名聲欲望追求的過度表現。「甚」，相對於一個自然人而言，所做出的行為

是過分的，「去甚」就是要去掉過分的行為。可以明確一點說，可以指代不需要對人支配的權力行為，也就是說放棄對權力的追求；「奢」，富貴的狀態，表示對財富的追求，「去奢」放棄對財富的追求；「泰」，是極好狀態的表現，表示名譽聲望形象，「去泰」，放棄對名譽聲望形象的追求。「去」當然不是徹底地放棄，徹底地是放棄這些追求的「執」。聖人透過「去甚」、「去奢」、「去泰」的表現，躬身示教於其周邊的人，這樣推及出去，漸漸形成了無為的社會治理景觀。「無為之道」就是聖人的「去甚去奢去泰」。當然聖人的「去甚去奢去泰」是針對自己的，如果要求別人這樣做，這是偽聖人。對於聖人言，「去甚去奢去泰」是發乎自然的行為。只要是發乎自然的行為，就與聖人的行為取得了一致。因「為之」產生的「不得已」也就漸漸取得了自然的平衡。於國家穩定，於天下大治，於身體健康壽長。

第三十章　用兵在果：君子入道

　　以道佐人主者，不以兵強天下。

　　其事好還。

　　師之所處，荊棘生焉；大軍過後，必有凶年。

　　善有果而已，不敢以取強。

　　果而勿矜，果而勿伐，果而勿驕，果而不得已，果而勿強。

　　物壯則老，是謂不道，不道早已。

變動：

　　此章變動最大之處為「不敢……果而勿強」句，在《姬氏道德經》中，「不敢」的「不」為「毋」，「勿」為「毋」，其中「勿強」為「不強」，而且「得已」後加「居，是謂」。而徐梵澄的《老子臆解》也是如此。但

這裡認為不同之處，在於理解的差異，並不在於尋真，故遵循通式本。至
於其他小變動處也很多，如下一一列出：「佐」為「作」，有的「人主」後
無「者」；「強」為「彊」，有的其後有「於」；「還」為「遠」；「師之所處，
荊棘生焉」為「師之所居，楚棘生之」，有的無「焉」；「過」為「之」；「善
有果」為「善者果」，有的其前有「故」；有的「而已」後有「矣」；有的
無「敢」，有的「取強」後有「焉」；「驕」為「憍」；「不得已」為「勿得
以」、「不得以」，有的之後有「居是，謂」；有的「果而勿強」前有「是」；
「壯」為「牡」；「是謂」為「是為」、「謂之」；「不道」為「非道」，有的
兩個「不道」去一；「早已」為「蚤已」。

闡解：

　　在上章中以「不得已」的「取天下而為之」，引出來聖人如何才能做
到「無為」。當聖人面對不得已的事情如何做？首先要肯定的是：聖人
是近道的。我們說水也是「幾於道的」。聖人以「無為」近道，水以「不
爭」幾於道。聖人的「無為」透過「去甚去奢去泰」實現，而水以「居善
地，心善淵，與善仁，言善信，政善治，事善能，動善時」七性展現其
「不爭」。聖人如水，當大環境不好的情況下，也就是找不到「善地」，何
為？就要「處眾人之所惡」，就要根據具體的情況作出選擇，就要「事善
能，動善時」，以反達「政善治」。透過反向構建，實現「居善地」，最終
改變大環境。這其中要有「捨我其誰」的勇氣，聖人在別人眼裡不再是聖
人，而是化為君子之類的人。當面臨「不得已」的事情時，就要「果敢、
快速、有結果」，不是消極拖延，因「去甚去奢去泰」，聖人能夠及時進
入「心無旁支」，無欲無牽掛，由「無為」進入「不得已」的「有為」狀
態。狀態的轉換可以說是無縫的，表現為「果」。因為聖人知道怎麼做是
最好的，只要能夠達到最好，聖人不在乎其「名聲」等一切外在之物，只

堅守心淵深清明。寧可不做名譽上的聖人，也要天下盡快地達到平泰安和的狀態。而「不得已」的事情，表現最烈的就是戰爭，兵家之事。《孫子兵法》說：「不戰而屈人之兵，善之善者也。」中國自古以來的謀略思想認為，用兵的最高境界是「不戰而勝」，不是「百戰百勝」。戰爭是「不得已而為之」事情，盡量不生靈塗炭。

一個「果」字，顯示了用兵的不得已，也表達了少用兵、快用兵、達到目的就行。不是為了顯示強大而用兵，用兵最終是止戰、少傷亡而達天下平太。所以，河上公為此章取名為「儉武」，老子在一開始就談「道也避不開兵」，要讓國家、社會走上道所展示的狀態，就要有一些具體的辦法來治理國家和社會。所以，要談「以道佐人主者」。用道幫助君王治理國家，「無為的聖人之道」要化成「有為的君子之道」。修道者也要講入世，也要講有作為。對道而言，最「不得已」的有作為，就是用兵。但是「用兵」目的不是為了秀肌肉、顯示強壯。這是不符合道的，故說「不以兵強天下。」因為對修道者而言，應該清楚任何的「用兵」都會對社會帶來傷害。所以接著就說「其事好還」。也就是說用兵達到了好的結果，但同時也會產生不好的事情。因為「師之所處，荊棘生焉；大軍過後，必有凶年。」大規模的用兵是不得已的，「師」和「大軍」是一個龐大東西，要消耗資材，要死人，不可避免要干擾到正常的生產生活。戰爭往往是殺敵一千，自損八百。因而指出了「用兵」只要「善有果」就行，不能動不動就爭強好勝、顯示武力。「善有果」表達的意思就是能不用兵就不用兵、能少用兵就少用兵，當不能夠這樣做時，那就要以最少的代價、最快的速度結束戰事。

隨後，進一步具體闡述了如何「果」。用五個排比句，氣勢恢弘展示了「果」而用兵的禁忌、原因和結果。

「果而勿矜」，說的就是用兵達到了「果」，但不能因之矜持，內心膨脹，自我狀態良好，自認為「用兵而果」是理所當然的。

「果而勿伐」，說的就是用兵達到了「果」，但不能因之不再謹慎，輕易地進行戰爭決策，輕易地展開決戰以撈取功績。

「果而勿驕」，說的就是用兵達到了「果」，但不能因之驕橫無禮，認為同事或對手都不如自己。

用「矜」、「伐」、「驕」，老子強調了「果而用兵」的禁忌。

隨之以「果而不得已」，說明了「果」也是用兵的果，是有許多不好的後果產生，是會勞民傷財的，是會影響老百姓的生活。「果」也是「不得已」而發生的。雖然整體而言是對天下好的，但是在眼下造成很大的傷害。「果而用兵」相當於兩害相權取其輕。

在「果而勿矜，果而勿伐，果而勿驕，果而不得已」的基礎上，自然的結果也就是「果而勿強」。

從上述分析我們也已經看出了五個連排的「果」，不是並列關係。從展開的氣勢來說，視為並列也不為錯。再說分析也說明了為什麼五個排比中四個「勿」中間插了一個「不」，為什麼有的注譯者要將「勿強」換為「不強」呢？等等，這些也可能是這種內在邏輯關係的影響。

如果用兵的結果沒有遵循「果而勿強」的原則亦或是沒有達到「果而勿強」隨道而生的結果，那麼最終的後果就是「物壯則老」。最終沒有了迴旋的餘地，將事情的發展帶向了更為糟糕的結局。

在中國的傳統文化中，經常談到「盛極必衰」。歷史上也有許多這樣生動的例子。如春秋戰國時期齊湣王執政時，盛及轉衰，近乎滅國。

「物壯則老」說的就是「不道」。而後「不道早已」的說法很有意思。「是謂不道」實際上也可以作為此章的結尾。以警示的方式強調用兵在

果，且果而勿強。用「不道早已」進一步說明了「物壯則老」不是一蹴而就的結果，而是一點點不斷累積形成的。這才是此章真正的用意。「物壯」、「老」都是生命系統的表現狀態，一個表示生命系統的強盛狀態，一個表示生命系統的衰竭狀態。以「不道早已」告知，不管是天下、國家還是個人的身體，都是在強盛時期就開始埋下了衰敗的禍根。平時我經常跟朋友說，人大多時候都是在不斷地自殺。就舉一個身邊聽到的例子，一天在游泳館換衣服時，一位七十多歲的老爺爺講述了他們同學之間的故事：曾經身體很好的同學現在已經不在了，而遠遠不如這幾個同學身體好的他卻活得好好的。這就是「不道早已」的鮮活例子。

第三十一章　兵勝為悲：毀德成道

> 夫兵者，不祥之器。
>
> 物或惡之，故有道者不處。
>
> 君子居則貴左，用兵則貴右。
>
> 兵者不祥之器，非君子之器，不得已而用之。
>
> 恬淡為上。
>
> 勝而不美，而美之者，是樂殺人。
>
> 夫樂殺人者，則不可得志於天下矣。
>
> 吉事尚左，凶事尚右。
>
> 偏將軍居左，上將軍居右。
>
> 言以喪禮處之。
>
> 殺人之眾，以悲哀泣之，戰勝者以喪禮處之。

變動：

此章斷句形式多，連詞隨意現，「者」、「也」或隱或見，可道道多。

但是此章總旨趨於一致。其他變動之處如「兵」前有「佳」、「唯」、「美」；「有道者不處」為「有欲者弗居」；第二個「兵者」後無「不祥之器」，置於「君子之器」之後，且「不祥之器」前有「佳兵」，有的無「非君子之器」一句，有的「不祥」之後無「之器」；「恬淡」為「銛襲」，有的之前有「以」；「勝而不美……夫樂殺人者」為「勿美也。若美之，是樂殺人也。夫樂殺人，」，有的「勿美」為「不美」，「殺」為「煞」；「得志」為「得意」；「凶事」為「喪事」；「居左」、「居右」的「居」為「處」；「泣」為「蒞」。這裡依陳鼓應注譯本，版式略有調整。

闡解：

　　前述兩章都在談「不得已」，此章在接續上一章的基礎上進一步涉及到兵的論述，也進一步強調了「不得已」。「取天下」必須用兵，而兵者是不得已存在的一個東西。如果如老子所說，天下形成了「去私慾還自然」的風氣，兵是一個沒有必要存在的物。但實際上，這只是理想狀態。在現實中，為了實現「無為而治」的「天下大治」，於道來說，兵也是不可或缺的。儘管「兵者」為「不祥之器」，但是因道的存在，對「兵者」產生的認知與不認同道的「兵者」認知是不同的。這可以說也是中國文化對世界戰爭理論的特殊貢獻。

　　從道的角度看，「兵者」是「不祥之器」。兵革之事，用現在的語言說，都是軍事。所有涉及到軍事的東西，都是不祥的東西。以現在的話語講，軍事中的戰爭是政治的延續，政治在古代社會是一項高尚的事業，是一項中國社會精英實現其兼濟天下理想的的事業。軍事中戰爭之事應該是一項好的事情。可是按照傳統文化的道統視角看，戰爭是政治的延續於邏輯上是不通的。

　　「兵者，不祥之器」是個基本定論。從上章的「師之所處，荊棘生焉；

大軍過後，必有凶年」看，兵者就猶如給人們帶來厄運的怪獸，只要它出現的地方，必生災殃。「不祥之器」是沒有疑義的。

怎麼個不祥法呢？「物或惡之」。可見兵者是打破自然平衡的利器。只要兵者之事一發生，其所涉及到的「物」很可能會因為系統平衡的破壞而受到傷害，而破壞系統平衡的恰恰就是兵者。其實治無道也是要用到「兵者」的破壞力，用現在的賽局理論來講，壞的社會和好的社會都趨向於一種平衡，而這種平衡往往較為穩定，沒有外在的強力是很難打破平衡的，這是因為賽局規則沒有改變。強力就是要暫時改變這種規則。當然也有透過輕易擾動改變賽局平衡的情況發生，就是在某個特定臨界點，也就是社會中人們普遍厭倦了現有的賽局規則，或者是這種規則已經不能夠繼續得到普遍的認同，只需要一個契機就會發生賽局平衡的轉移，從壞社會的平衡轉變為好社會的平衡，但是這需要很長的時間。「兵者」恰恰就是能夠快速縮短平衡轉移的時間，當然要以較大的代價。而聖人知道這樣做的一切後果，聖人的不得已就是有時候甘願做人們心中的惡人。在一般的情況下，有道者是遠離於「兵者之事」的。有道者能夠成為聖人，但不一定就是聖人，有時也會看不懂聖人的行為。這樣的話，聖人做惡人也就是鐵板釘釘的事情，也沒有任何理由能夠說出來說服大眾相信。這也就是「處眾人的所惡」的生動展現，只有那些透過修道明心的人有可能懂得。

聖人能夠「處眾人之所惡」，但是君子不能。君子是聖人的陽面。就像佛教裡的菩薩一樣，他是佛的陽面。做正大光明的事情，做普遍認為是好的事情，是君子的行為。君子能夠對社會造成積極的引導作用，聖人無為中的有為是透過君子來實現的，社會的良好秩序是透過君子之類的人規塑的。所以在現實社會中，君子代聖人行。說到這裡也就應該解釋明白了為什麼此章出現的是君子而不是聖人。此章主要談的是君子的不得已而不

是聖人的不得已。

　　君子也是有道者。「有道者不處」，就要在現實中發生分離，表現為「君子居則貴左，用兵則貴右。」在古代的朝綱中，文官一般是在左，武官一般是在右，左丞相比右丞相官大，左丞相一般是文官來做，右丞相一般是武官來做，在人們的心中，文官是容易出君子的，而武官是重殺戮的，與君子無緣。

　　「兵者，詭道也。」（《孫子兵法·始計篇》）行兵打仗可以肯定任何的陰謀詭計，但是對於君子來說卻不屑於這麼做。因而說「兵者」、「非君子之器」。但是，也會有不得已的時候，到了此時君子也要肯定「兵者」的功能，並在需要的話也會親自帶兵打仗。這樣君子帶兵就產生一些與非君子不一樣的行為表現。

　　首先是態度上的不同。當君子與「兵者」發生了連結，如「帶兵打仗」，對君子來說是不得已而為之的事情。君子知道帶兵打仗是不可避免的，也就會放棄糾結的心態，自動改變了一貫「不處」的行為習慣。以「恬淡」的態度看待這種事情。而且「恬淡」也是首選的態度，雖然內心有糾結、有不舒服，只能壓下。故曰：「恬淡為上」。

　　接著就是對打勝仗的看法不同。在現在的電視劇、電影等作品中，充斥著大量的打了勝仗大肆慶祝的歡樂場面。美國的大片是這樣的場面，中國的戰爭作品也是這樣的場面，一些導演在拍攝戰爭中不公現象採取了暗諷也是這種心態。這些都不是君子的看法。中國古代君子的行為已經化成了我們精神的血肉，也表現在具體的國家行為上。「勝而不美」是君子對打勝仗的看法。在君子眼裡，勝了還是敗了都是要死人的，而且往往以殺人的多少來決定戰爭的成敗。不管是敵方還是我方，同處於一片藍天之下，要有對生命的起碼尊重。所以勝利並不是可以大肆宣揚的好事，除了

不得已為了提振民心、軍心等，盡量不去倡揚它。如果把勝利當作是美好的事情，那就是內心表達了「以殺人為樂」。

接著就是對於「樂殺人者」的看法不同。對於那些「樂於殺人」的人，如果想取天下那是枉然。得到了也會很快失去的，中國的歷史上不乏這樣的事例，如北齊的那些皇帝，如侯景，如冉閔等。這些人機遇巧合稱王稱帝，卻因為「樂殺人」而被很快取而代之。於道，於歷史經驗，「樂殺人者」確實「不可得志於天下。」得不到老百姓的擁護，最終滅國身死。

接著就是對吉事和凶事看法不同。「吉事尚左」，是因為「君子貴左」。左是尊、上的位置，意思是吉事與君子的一貫做法一致的。而「凶事尚右」，是因為右為卑，是不被予以尊重的位置。將不得已發生的凶事置於右，是對君子心理平衡的一種安慰。打勝仗對於君子而言就是「凶事」。

最後就是將軍位置的看法不同。在君子的眼裡，左為尊，右為卑，貴左賤右。而在軍事上，恰恰是相反：右為尊，左為卑，貴右賤左。因為偏將軍居左，上將軍居右。能夠當上將軍的，都是在屍山血海中淌出來的。在戰場上，能夠為上將軍的肯定比偏將軍殺的人要多。我們也可以理解為殺人的因果多。為什麼尉遲恭、秦瓊能夠當門神，因為他們是大將軍，煞氣重，能夠鎮住鬼邪。在軍隊裡，上將軍為尊，但是從朝堂的位置排序看，將軍之類的列在文臣之下。在古代官僚系統中，丞相是百官之長，而丞相屬於文臣系列。當然也不排除不少將軍當丞相的事例，那也是武就文職。

有了這些不同的看法，當君子不得已而為之時，在打了勝仗後，不是去狂歡勝利，而是要將勝利作喪事來辦。勝利的背後總是存在許多不幸的事情。對士兵而言，每一場勝利都會混合著不少戰友的鮮血和生命，以及

戰友家庭的眼淚和辛酸。勝利後能歡快得起來嗎？且不說軍隊所經過的地方並對當地造成的影響，且不說戰爭背後巨大的財富消耗，且不說人們日常生活的影響。當國家面臨戰爭的選擇，言戰不是容易的，不懼戰也不是容易的。因為戰爭的破壞力具有持久性，不管是對勝利方還是對失敗方。

　　那麼不只是言，更要落在行動上。故「以喪禮處之」的具體作法就是：一、「殺人之眾，以悲哀泣之」；二、「戰勝者以喪禮處之」。每個人的生命都是值得尊重的，即使是戰敗方。戰役的勝利成果往往是以殺敵或者傷敵的數量來衡量的。我們在看到每一場戰役展示的介紹，必有殲敵多少和傷敵多少兩個數字的列出。這兩個數字顯示了有生力量的消耗。數值越大，殺人就越多，傷害就越多。這是君子所不願意面對的景象。君子的道，如聖人的道，也是希望人們能夠長壽的，然而卻在自己手裡早早收割了許多年輕的生命。以及帶給許多家庭的淒涼和悲哀。「以悲哀泣之」是同理心。當然戰爭中不將人當人看也很普遍，那非君子的行為。君子的行為是作為一個人的正常反應，「以悲哀泣之」可告慰亡靈，安心去吧，這都是沒辦法的事情。可以讓活著的人減少一點痛苦。君不見有多少患了戰爭症候群的退伍老兵，在遭受著心靈和肉體的折磨。以悲哀泣之需要表達出來，讓活著的人看到戰爭是不得已而為之的事情，少些怨恨、多些寄託。要有一種儀式，在古代那就是「辦喪禮」。現在這種儀式多樣化了，如各式各樣的謝罪形式，也有以紀念館的形式表達對死亡者的尊重。

侯王為介入主體的天下生命系統

　　將現實存在的天下生命系統改造為理想的狀態，只有君子是不夠的。君子易守臣子位，會形成最高統治者失道的可能。雖然老子認為最理想的天下生命系統是聖民社會，但是要改造社會，離開現實的統治者是不可能的，只能寄希望於統治者能夠守道，以達到聖人對社會的治理狀態，也就是後期人們想像的聖人與統治者的統一。老子稱這樣的統治者為侯王，侯王是老子認為最有效地改變社會結構狀態的一種，在後面老子單獨賦予了侯王「為天下正」的大德。雖然老子有理想的寄予，也有現實的變通。

第三十二章　侯王守樸

　　道常無名：樸。

　　雖小，天下莫能臣。

　　侯王若能守之，萬物將自賓。

　　天地相合，以降甘露，民莫之令而自均。

　　始制有名，名亦既有，夫亦將知止，知止可以不殆。

　　譬道之在天下，猶川谷之於江海。

變動：

　　「樸雖小」斷句有差，有的「樸」前為逗號，後為句號，與「道常無名」共作為首句；有的「樸」後為逗號，置於下句；有的中間不斷；有的無「樸雖小」，有的「樸」為「撲」。其他也略有差異，如「莫能」為「不敢」；「臣」後有「也」；「侯王」為「王侯」；「守」後無「之」；「民」為「人」；「自均」後有「焉」；「夫亦」為「天」；「止」為「之」；「可以」為

「所以」，有的無「可以」；「譬道」後無「之」；「之於」為「與」、「之與」；

「江海」後有「也」。這裡根據多種版本，略微調整了一下，形成自有的

版式。

闡解：

在君子守道的過程中，有許多的不得已。而不得已展現最明顯的就是

「用兵」，所以在八十一章就有兩章來專門談用兵。而不得已展現最多的

地方就是權力的中心、政治的漩渦。因為有太多的不得已，會將不得已化

為一種行為習慣。君子於此退位，而多以身分稱之。此章不談君子了，涉

及到的只是具有具體身分的人。在古代，最有權力的，能夠影響一方之地

的就是侯王了。這裡不再單說「萬乘之主」，而是更多的主。歷史證明這

些主也能夠攪動天下。而這些主，卻為君子者少。對他們來說，只有利誘

使其入道。從其內在的野心出發，來以道約束自己的行為。因而此章以建

議侯王的方式，道出「道」的最小的道體：樸。

在第十四章以「夷希微」形道，此章導出了「夷希微」的根本：道

樸，也就是樸。樸就是道，所以可稱為「道樸」。

此章第一句就說為什麼「道」為「樸」呢？因為「道常無名」。何

謂「道常無名」？河上公解為「道能陰能陽能馳能張能存能亡」。道生萬

物，道並沒有消失，其寓於萬物之中，行於萬物之中。在「有」的世界

中，道化顯於德，化顯於物，化顯於言，化顯於行，道常常隱身，因之

常常無名。道還存在於「無」的世界中，萬物寂滅的狀態、天地之間的虛

空、物質構成中的空、星星點綴其間的空、人想像的虛擬空間等等，都蘊

含著道。以「有」、「無」為道主要的表現形式。在「有」的變化中，在

「有」、「無」的相互轉化中，有不變的質。因道無名，這個不變的「質」

就是「樸」。「夷希微」可以形道，是因為道樸。

樸可散為器，存在於小到不起眼的事物中，故曰「小」。小到只能以「夷」、「希」、「微」為之名。但是，在天下中卻沒有讓之臣服的存在。道與天下萬物的關係不是支配控制的關係，而是母子關係，是天然沒有經過任何雕琢的母子關係。在後面的章節會有詳細論述。既然不是支配控制的關係，那麼臣服就說不上了。

侯王是現實中最有權力的一類人，最容易行使支配控制的權力，最容易使支配控制的行為成為習慣性行為。在其所管轄的區域中，除了道就是他能夠對所有一切作用。但是，道樸卻是侯王支配控制的例外，連可能性也沒有。而且道樸也不支配控制他。如果他能夠處理好與樸的關係，那麼他的統治效力就是最大的，萬物將自願地奉他為主，而放棄主導權，就像道對萬物的效果。處理好與樸的關係就要透過「守樸」來達到。因為樸小，所以侯王在守樸的過程中在意一切事物，避免支配控制的欲望施予樸上而致背離樸。因之，「若能守之」將是對侯王最大的考驗，「若能」展現了不容易，會產生多變的可能性。

因為不容易，所以接著就誘惑侯王下決心。這樣做，會導致其心中的理想結果。每個侯王希望自己有個好名聲，甚至能夠千古傳唱。「天地相合」，意味著他的行為會得到天地的支持，「以降甘露」，表現為風調雨順，人們因之能夠多生產糧食，心情也舒暢，加於他們頭上的賦稅勞役也不會影響人們美好生活的期待，這樣自然會「莫之令而自均」。他們感受不到支配控制的不適，在心裡也不會將支配控制的行為加於他人之上，因寬裕而自覺自願地賙濟身邊的人，這樣自然達到生活水準的均衡。

「始制有名」的「制」，突出表現是人為的，而不是自然的，以侯王的主動有為而產生一系列的趨向良好的行為規範，故為因「制」而有名。也意涵著侯王因守樸的主動行為而具有了好的名聲。「始」是以侯王的「守

「樸」為始。「名亦既有」，表達了各方協和之意，都滿意於這樣有名有樣的狀態。侯王是這一切的發動機，對於這一切不應滿足於現狀，盈滿易虧，下一步如何？就是要保持這樣的狀態。那就是要懂得「知止」，要知道「天地尚不能久」。要懂得節約、儲備，避免浪費，以待「暴風驟雨」時的欠產歉收。這樣的話，就會「不殆」，不會發生危險。基本上能夠在危機來臨時，保持這樣的秩序不崩塌。

侯王能夠這樣做，就猶如大道一樣，有利於天下萬物，侯王可以「為君子」，近比「聖人」。侯王這樣做，侯王與萬物、百姓的關係就猶如川谷與江海的關係。呈現為「還自然」的景觀。這樣我們就能夠理解河上公為何為此章取名為「聖德」了。

第三十三章　辨德入道

> 知人者智，自知者明。
>
> 勝人者有力，自勝者強。
>
> 知足者富。
>
> 強行者有志。
>
> 不失其所者久。
>
> 死而不亡者壽。

變動：

此章變動很小。有些傳本句句加「也」，有一些版本「勝人」、「強行」後無「者」。

闡解：

此章第一次論德而不談道。此章的話語，已經成為人們日常生活的指導語。經常以之為格言警句。因此，不管歷經多少年，也幾乎沒有發生變

化。這些德就是在日常生活中表現出來的，但是容易發生混淆，不易區分哪些德是近道的。現在一一略微解讀。

第一對是「智」與「明」的辨別。能夠清楚地了解除了自己之外的人的所言、所行、所想的內在欲望根源，及其實現的條件和所帶來的後果等，這樣的人就是聰明的人。如果還能夠知道自己的優勢和缺陷，而且能夠根據這些優勢和缺陷節制自己的言行，那麼這樣的人就是明白人。「自知者」比「知人者」道悟要高。

第二對是「有力」與「強」的辨別。那些能夠戰勝別人的人是有能力的人，當然勝人從多個方面而言，不單單是身體的強壯。而那些能夠戰勝自己的人，才是真正強大的人。有力者不是真強，只有戰勝了自己才是最強大的。「自勝者」比「勝人者」道悟高。

第三是辨富。就是談什麼是真正的「富」。富有是每一個人都希望的，而且還會付之於行動上的追求。但是由於對「富有」的理解差異，而導致了行為結果不一樣。健康的身體、健全的人格、受人尊敬的名聲、令人羨慕的權力或資產、滿腹經綸的才華等等，都可以是富有的。追求財富不是錯，如果不能夠根據自己的實際條件而確定正確的目標，那就是錯。一定程度滿足欲望，不是錯，畢竟是生活在現實中的人，欲望也是自然而生的。如果過度地滿足欲望而去不停歇地獲取財富，那麼或累垮身體或精神疲憊或人怨鼎沸等，就不合算了。不知足，會不斷地去打破自然的平衡，不斷地去抗擊平衡的回復力。精神處於緊張狀態、身體處於緊張狀態、與周圍的關係處於緊張狀態等，各種問題就紛至沓來，伴隨著這樣的富有好嗎？所以說，「知足者富」，這才是真正的富有。

第三是辨志。何謂志？本義是志向，心之所向。從志的構成看，就是要有一顆士人的心。立志就是要立下志向，有一個人生的奮鬥目標。而

今出現了「佛系」類的人，就是缺乏志向，沒有奮鬥目標的人。道倡導無為，並沒有要滅掉「人為什麼活著」的價值追求。實際上，立志意味著斬斷內心原有的許多欲望，以寡慾之態保持人之為人的基本需求。斬斷欲望不是立個誓言就能夠做到的，那需要練心、需要有強大的執行力。只有這樣，才能算是有志向、有志氣的人。故曰：「強行者有志。」

　　第四是要辨別人一生中最不能丟失的是什麼？每個都有心中所想，都有認為最珍貴的東西。一生中最不能丟失的就是心中所認為最珍貴的東西。這與內心的欲望追求密切相關，答案肯定是非常多的。不管是有錢的，還是沒錢的；有權的，還是沒權的；有能力的，還是沒能力的等等。都會希望健康長壽。這是根本的。沒有了健康長壽，其他一切都是空的。取得了皇帝地位的人要追求長生不老，取得了巨大財富的人也要追求長生不老，而那些在社會底層掙扎的人群以對來生幸福生活的寄託變相表達了對長生不老的追求。對長壽要求的基礎條件就是要有一個健康的身體。這應該是所有人的最基本的追求，也就是心中所認為最珍貴的東西。現在，中國人在對物質追求的過程中，發現健康才是最重要的。關於健康的理念一直在正確的方向發生轉變。但在轉變過程中，一直沒有真正找到一生中最不能丟失的東西。老子告訴我們「不失其所」是最不能丟失的東西。我們要知道從哪裡來？不能在人生消費過程中而忘掉。我們都是從嬰兒走過來的，我們都是從母親的腹中走出來的，來自於玄牝，來自於無，來自於道。「不失其所」指的就是道。這才是根本的，是健康的根本，是長壽的根本。一生不離道，那麼長壽是自然而然的。

　　「死而不亡者壽」是在上一句的基礎上展開的。是從有向無的回歸。天下萬物都要歸根復命。身體消失了，但精神猶在。身體所附著的道在，就猶如人在。這才是真正的長壽。

從上述分析中看，老了並不只是簡單的列舉，而是有著一定的深意。前面所分析的辨德都是為最後一句作鋪墊的。最後一句是辨德的最終目的。

第三十四章　成大之途：誘侯王同於道

大道氾兮，其可左右。

萬物恃之以生而不辭，功成而不有。

衣養萬物而不為主，可名為小；萬物歸焉而不為主，可名為大。

以其終不自為大，故能成其大。

變動：

此章意義主旨不變，變動之處較多，列之如下：「氾」為「泛」、「汎」、「汎汎」、「泛泛」、「氾氾」，或後無「兮」；「萬物」為「萬象」；「以生」為「而生」；「功成」為「成功」；「而不」為「不名」；「不有」為「不居」；「衣養」為「愛養」、「衣被」、「有衣被養」；「主」為「王」；「可名為小」前有「常無欲」或「故常無欲」；「可名為大」前有「則恆無名也」；「名為」為「名於」；「焉」為「兮」、「之」；「小」和「大」後有「矣」；「以其」為「是以聖人」，或前有「是以聖人能成其大也」一句。

闡解：

在第二十五章中，強為道名之日「大」，此章就將大與道連用為大道。到現在為止，我們對道的認識有了許多的角度，道大是很自然的，大道其實就是道。以「大道」首起，以「成其大」而終。這是以「道」為榜樣，告訴人們如何「成大」。尤其是一方諸侯，功成名就的自然之途。道能夠如此，修道的人難道不能如此？侯王們難道不能尊道、問道、循道？

「氾」，容易與「氾」相混，大水漫流狀。「大道氾兮」，意思是大道無處不在，看上去沒什麼規則，在身邊左右都有大道存在。也意味著，有

心問道，不用選擇深山老林、不用選擇洞天福地，就地可以達到。

萬物都依賴它生長，大道都不會推辭，欣然願意幫助萬物生長而不停息，不為之煩，不為之累。萬物因道生生不息，大道卻不以之為功。這也回應了前面所說的聖人「功成而弗居」的行為。大道功成而不有，聖人也就「功成而弗居」，如果有人做到了功成弗居，那就是聖人了。

如何理解「功成而不有」？接著就從兩方面回答了這個問題，一方面從大道本身出發，另一方面從萬物出發。「衣養萬物」是大道的功績，大道沒有因為這個功績而成萬物的主，主導、支配萬物的生長。在人類社會中，因有恩而理所當然接受回報的心情和行為，這是人之常情。而大道在形式上與萬物有這種關係，這只是從人類的經驗角度審視，而實際上，大道將「衣養萬物」為自然之事，表面上就像人類中的奴婢一樣，侍候著萬物這個主人而得不到回報。萬物生長好像道不存在一樣，忽略了萬物也能生長不息。因而可以將道這種表現名之為「小」。而從萬物的角度看，「衣養」的恩透過「歸焉」而回報大道。「萬物歸焉」對大道來說，使得大道成為萬物形式上的主。雖然萬物與道不存在支配控制關係，而萬物歸附是一種自願的行為，形成了萬物之主的象。對於道的這種表現，可名之為「大」。由此可見，萬物與大道的關係，不是支配控制的關係，道在這種關係狀態中。可小，可大，即使忽略了道的存在也不影響萬物的生長，即使沒有任何支配控制意願也不影響「萬物歸焉」的結果。

因此說，因為道雖大卻始終不為大，沒有欲望成為萬物之主，所以能夠成大，成為萬物生長實質上的主導者。對於侯王們，如果能夠尊道、循道，那麼就會自然擁有了萬眾歸一的聲望和權力。對於其他人也是一樣，如果能夠尊道、循道，那麼有志於的目標會自然成功。對於身體而言，如果能夠尊道、循道，那麼長壽因身體各部位協調一致而得到實現。

第三十五章　知「道」天下歸：誘侯王同於道

> 執大象，天下往。
>
> 往而不害安平太。
>
> 樂與餌，過客止。
>
> 道之出口，淡乎其無味，視之不足見，聽之不足聞，用之不足既。

變動：

此章歧義不大，略有變動之處，如下：「象」後有「者」；「平」為「乎」；「太」為「泰」；「口」為「言」；「道之出口，淡乎其無味」為「道出言，淡無味」；「淡乎」為「淡兮」；有的無「之」。

闡解：

「大象」一詞，在我們現在的生活中，人們唯一能夠想到的就是一種高高大大的動物。不會認為「大象」還有一義。讀過《道德經》，或者對傳統文化有興趣的，會知道「大象」是「大道」的意思。河上公注曰：「象，道也。」成玄英疏曰：「大象，猶大道之法象也。」林希逸注曰：「大象者，無象之象也。」在網路搜尋大象一詞的意思，也沒有這個意思。可見，當今中國社會離傳統經典有點遠了。

河上公說象就是道的意思，為什麼在這裡不直接用道，而用象呢？理解為道，恰中了老子要表達的核心之意，但是單單說出道的意思，又不能完全符合了老子所要表達的。首先可以肯定地說，在這裡「象」比「道」更準確，置換成「道」，意蘊就差。

在古代物和象經常連用，稱為「物象」。有風景、景物之意，如杜牧〈題吳興消暑樓十二韻〉中的「晴日登攀好，危樓物象饒。」也有物體的形象、事物的現象之意，如酈道元《水經注·洛水》中的「北歷覆釜堆東，蓋以物象受名矣。」也有外界事物之意，如曹植〈七啟〉中的「獨弛思於

203

天運之際，無物象之能傾。」現在，有了氣象學，物象就又有了「物候現象之意」。有物就有象，在第二十一章中描述道的時候，象和物單獨分開出現了，都是道的表現形式。「恍兮惚兮，其中有象；惚兮恍兮，其中有物。」物表達出來的狀，就是象。物是實，象是虛。象因物而產生，也可脫離物而存在，有時象也就成了物的意思。

在「有」世界中，象和物都成了道的表達形式。論及「天下」，談道，道必然會以象或物的形式出現。大象也就指代大道了。

「執大象」的「執」就是「守」的意思。「執大象」就是守大道。更為準確地表達就是時時刻刻謹守大道。「天下往」就是天下的人都會來歸往。因為「執大象」，所以「天下往」。這裡暗指的主體是侯王。當然現在可以從一個抽象的空間視角來理解。因為要承接前幾章的意思表達，而且在一開始解讀中，我就一再強調八十一章的《道德經》是為了方便傳道，是古代版的教學 PPT。八十一章的分布有一個邏輯體系，如從治無道出發，提出治無道的具體的理論支撐，然後就逐漸進入如何將現實中的統治者「侯王」引入道的路上，此章又設計了一個侯王守道的景象。「往」表達了趨之若鶩的景象，因「不害」而無返的情況出現。「害」是指兩不相害。奔往的人不會受到來自統治者的傷害，來自原地方主人的排斥傷害，而同時自己也不會帶給奔往之地傷害。兩不相害的結果就是帶來「安平太」的理想社會景觀。「安平」指心安氣平，「太」同「泰」，是安平的整體社會狀態。既有個體的心安氣平，又有由個體而致整體的和泰景象。

「樂與餌」是「安平太」的外在表現。用音樂和美食來指代快樂的氣氛和吸引人的一切美好。從此經過的客人都會為之而駐留。「止」既有長期停下來的意思，也有脫不開羈絆只是短暫的體驗這裡美好的生活之意。這兩句核心意思就是要表達「吸引力強」。有的將「過客」理解為修道

者。意思是想表達就是連修道的人也會短暫的停駐下來，本意也是要表達「吸引力強」之意。可是當看到下句為「道之出口」，我們就應該仔細思索為什麼這裡突然要談「道之出口」。如果不仔細思索，我們就會感覺老子論述的隨意性，在想想因無為而導致的隨意自然，這種因隨意而產生的突兀就是應該的。因「出口」二字我突然明白了河上公為什麼為此章取名為「仁德」，看來他是理解老子的。前面「安平太」的景觀是透過天下人的語言行為展現出來的，而這些就是「仁德」的範疇。「道之出口」出什麼呀？不就是「仁德」嗎？這裡德顯道漸隱。道漸隱之狀，可見「大象」代指道很是確切。人們的注意力過多地關注了德，以及附帶而來的「樂與餌」，而輕易地忽略了因道的特徵使道處於漸隱的狀態。

　　最後四句描述了道的四個特徵，前三個是從認知感覺的，第四個指出了即使是感覺不到，即使是仁德、音樂、美食對注意力的吸引，道一直是存在的，也一直在發揮著作用。

　　喻「道」於具體之氣味、物體、聲音。從人的味覺中，感覺不到有味道；從人的視覺中，看不到有東西；從人的聽覺中，聽不見有聲音。道就是這樣表現的，與第十四章中的「視之不見」、「聽之不聞」、「搏之不得」相合。但是因為道處於漸隱狀態，道還惚恍與象物之間，近乎無味，但是還有點味，那就是淡淡的味道；近乎看不見，但是還是隱約有點可看見，以「不足」為稱；近乎聽不見，但是還能夠捕捉到一絲絲的聲音，以「不足」為稱。活靈活現地將道的漸隱的狀態描述出來。在其狀態中，似乎道沒有什麼功用，但是還在藕斷絲連地發揮著作用，故以「不足」為稱。不好抓，但也斷不了，德與道的關係是一顯一隱，也與「綿綿若存，用之不勤」表意一致。

　　道的主要表現和功能幾乎都轉移到了「物」、「象」之上，表現為

「仁德」。因仁德的存在，而天下平太，人們得以無所旁支地追求「樂與餌」。「樂與餌」是仁德之心溢現出來的美好景觀。產生的吸引力是綿綿不絕的，逐漸就形成了天下匯歸的景象，這樣就回到了第一句「執大象，天下往」的意指。可見關鍵是知「道」的存在。因此，本章之名沒有依照河上公的章名，而是另外名為「知道天下歸」。

第三十六章　道之小用：誘侯王同於道

將欲歙之，必固張之；
將欲弱之，必固強之；
將欲廢之，必固興之；
將欲取之，必固與之。
是謂微明。
柔弱勝剛強。
魚不可脫於淵，
國之利器不可示於人。

變動：

此章歧義不大，略有小變動之處如下：「歙」為「噏」、「翕」；「取」為「奪」；「固」為「故」；「柔弱勝剛強」為「柔勝剛，弱勝強」、「柔之勝剛，弱之勝強」；「脫」為「倪」；「國」為「邦」；「國之」為「國有」；有的無「於」；「示於」為「借」。

闡解：

此章很容易陷入功利主義的邏輯中。拋開《道德經》之間的章節連繫，單從此章內容看，老子的言論確實在支持這樣的觀點：為了能夠達到目的不擇手段，不需要道德的約束，只在乎行動的結果。此章也容易引起

人們的誤解，對老子觀點的認知發生偏差。如果不是《道德經》的分章內容，我們會就其內容本身，將其排除在「道德」之外。老子因而在一些人們心中就會定位於「為支配控制的統治者服務」的角色。從而過多地關注老子的統治術，而忽略了老子「無為」主張的本意。單從功利主義的角度看待老子的此章內容，也不為錯，這樣恰恰說明了道的無所不包。前面一直在勸導君子向道。而這裡，徹底擊碎了君子內在的道德樊籠。聖人不在乎行為的功利取向，沒有名聲的約束，哪怕擔當「小人」的角色。在老子眼裡，不管是君子還是小人，那只是一個暫時的標籤而已，老子的目的志在改造不平等的社會結構。社會的現實是赤裸裸的支配控制結構，考慮到利益、名聲的原因，一般人都會有「小人之心」。在這樣的社會狀態下，如果一味地講「君子行為」，那在本質上助長了「壞人的猖狂」。

　　柔弱不是罪，柔弱好德才是罪。老子說了「人之道，損不足以奉有餘」。如果一味地柔弱，沒有針對剛強的非常手段，那麼我們就會加劇「人之道，損不足以奉有餘」的結果。柔弱者懂得了反抗，才能夠抑制壞人的囂張。聖人可進行角色的切換，在天下無道時，就要以功利心性之智謀者的身分出現。在人們進行功利選擇的時候，不知不覺地已在「道」上。

　　功利主義的極致狀態、極致應用，內在發揮作用的還是「道」。修道要講「心」、講「仁」、講「信」，沒有了「心」、「仁」、「信」，此章所表達的內容就與道無關了。對於修道者而言，因其心中有道，不在乎別人怎麼說，但是要以此說服人們走在道的路上，品嘗功利選擇的效果，也是適應現實的妥協手段。只有讓柔弱者看到了權力結構改變的希望，讓強橫者看到反抗的力量，才能逐漸形成人人向道的社會風氣。

　　就像我們現在講「不忘初心」，一個社會的好壞、行動的表達，關鍵

在於人心。人心向善，行動的邏輯也不會改變，即使有功利主義的嫌疑，也沒有改變本質的向善；人心向惡，行動的邏輯也就隨之發生改變，即使沒有功利主義的嫌疑，也改變不了向惡的取向。

功利選擇是社會權力結構改變的引子，將「道」小用於功利取向上，因而老子為此章表達的行為取名為「微明」。河上公因之為此章取名為「微明」。前章談到「執大象，天下往」，這對於有心於「道」的侯王，具有很強的誘惑力。但是現實中弱肉強食也是一種普遍現象，有些侯王可能會耽於比其強大的存在，因「執大象，天下王」引起強大者的芥蒂，在道的堅守上會猶豫不定，此章卻能夠給於道心的堅定。有道在，就能夠實現以柔弱勝剛強。君子借助於侯王實現其抱負，侯王借助於君子實現其「取天下」的目的，然後就是需要有志於「道」的侯王道心堅守。「柔弱勝剛強」是道心堅守的強心劑，從功利心性選擇入手拉低了「道」的格局，但也是改變社會結構狀態的可行選擇，是賽局平衡改變的關鍵擾動因素。功利選擇是背離道的，但是又在「道」的範疇中，有誘惑，有說服，是對「道」的嘗試性應用，相比於「執大象」就是小用「道」。故我為此章取名為「道之小用」。

下一步我們就詳析四類功利性選擇行為。

此章一開篇就是以四個排比句將功利主義的目的性坦蕩地展露。以「歙」、「弱」、「廢」、「取」將意圖變強的目的一步步展現出來。完全改變了「不得已而為之」的風格，具有強烈的鼓動色彩。老子此章為什麼要這樣處理，並不是為了展現「道」的無所不能，無所不包。更主要的是希望那些向道的「君子」明白改變無道景觀需要一些非常手段，不要拘泥於那些虛浮於表面的品德。透過這些非常手段扭轉恃強凌弱的社會景觀狀態。在表面上，這些非常手段是與那些社會固化的德背離的，而實際上有利於

大道盛行的。

「歙」和「張」、「弱」和「強」、「廢」和「興」、「取」和「與」這四對意義相反的字，又一次證實了老子的辯證思想。從第二章開始，就顯示了老子的辯證思維。太多的辯證，會讓人認為缺乏原則立場。從好人就是好人，從壞人就是壞人。單獨看此章內容，就是如此感覺。老子講的是聖人之道，而非君子之道。君子是不會這樣為的，但是聖人會因時度勢可能選擇這樣為。聖人不拘於一域，而是從天地萬物天下更廣大的視野來思考問題。

先是從幾個目的出發，提出實現這些目的的具體辦法。「將欲歙之」、「將欲弱之」、「將欲廢之」、「將欲取之」這是四個目的。實現這四個目的的具體辦法分別是「張」、「強」、「興」、「取」。而且具體辦法前都用了「必固」，突出強調了具體辦法的最佳路徑。透過一定的辦法實現某一目的，這一目的的實現需要具體的策略，說明實現目的所面對的對象不是容易克服的，甚至比主體還要強大。否則，以直接的手段，雷霆滅之，而不用採取什麼策略。為什麼這些策略是有效的呢？因為這是遵循道的規則，充分利用了此消彼長的陰陽之道，而不是以強克強、以剛克剛，所以，於道而言，這些策略的採取叫做「微明」。不是用的常道，而是奇道。「知常明」，「不知常，妄作凶。」、「微明」而不是「明」。這些具體的策略不可理解為「知常」，而且似乎還屬於「凶」，以「凶」的象利於掩蓋目的的追求，容易麻痺對象，將有效的力量用於關鍵之處。在生活中，我們要關閉一些東西，或者吸進一些東西，單純依靠關、吸的手段無法實現，但是透過相反的手段，才能有利於蓄能。在完成關、吸的過程中，會產生更為強大的動能，以順利達到目的。這符合現代物理學的能量轉換定律。總結出來的「將欲歙之，必固張之」也就實質上應用了這樣的規律。以示弱讓其相對強大起來，或者促進其快速地強大起來，遠離道則，暴露

出更多的矛盾，再利用矛盾，形成於己有利的情勢，且讓對方不發覺，在矛盾累積到一定的量，突然爆發，最後善加利用給予致命一擊，達到弱化的最終目的。這就是「將欲弱之，必固強之」符合矛盾規律。透過快速地興盛繁榮起來，以至於基礎跟不上，現實中有許多企業在快速的擴張過程中，發展中的矛盾沒有得到及時處理，在某個時間點，資金鏈斷裂，而後倒閉。如果順勢而為，促使非理性的興盛繁榮，讓對方的頭腦失去理性的判斷，那麼就基本成功了。這就是「將欲廢之，必固興之」，符合順勢而為的規律。在不斷地滿足對方的欲望，讓其欲壑難填，四處出擊，招致多方怨恨，最後將其陷入困境，在取捨決斷中，讓其作出有利於自己取得的決策。這就是「將欲取之，必固與之」，符合人性的欲望膨脹規律。從「歙」到「取」，所表現的欲望一個比一個大，而採取的手段卻一致指向了「要學會忍耐」。要以時間換取空間，以待強弱轉換的時機到來。「忍耐」就會有一絲「道」的明悟，就會看到道一直在發揮作用。能量守恆、矛盾運動、順勢而為、欲望膨脹等都是道發揮作用的具體表現。

「微明」，從其手段來看，有陰謀的味道。但這是符合道的。如果強者恆強，弱者恆弱，總是「損不足而奉有餘」，不是修道者所要倡導的「天之道」。「微明」是有利於柔弱者的生存手段。故後面將說「弱者道之用」。這樣做是符合「天道」的。因而，隨後就是「柔弱勝剛強」。指出了上述策略的取用是有其最終目的的，是為了「損有餘而補不足」，是為了柔弱能夠勝過剛強。為柔弱者指明了克剛克強的路徑，也有利於柔弱者走上修道的路。

緊接著，做了一個補充，提出了「柔弱勝剛強」是有條件的。必須具備了條件，才可以實現柔弱勝剛強的逆襲之路。

首要的條件就是不能脫離「道」，道是柔弱勝剛強的根基。「淵」相

對於「魚」來說是魚的道。魚在淵中，柔弱者在道中，就能夠改變相對弱的態勢。對於柔弱者來說，它是一個生命系統，生命系統的存續強壯都離不開其所滋養的資源環境，其與所滋養的資源環境契合在一起，構成了一個符合特定道則的更為強大的的生命系統，這個生命系統是柔弱者賴以生存、發展的環境基礎，沒有了這個基礎，存在都困難，何談「柔弱勝剛強」。所以說，柔弱者要不離有利於自己成長的特定的道，也就是說脫離本身所隸屬的道體。以「魚不可脫於淵」來展現「柔弱勝剛強」的基礎條件。

　　第二個條件是建立在第一個條件的基礎上。第一個條件不存在，也就不能說第二個條件了。「魚不可脫於淵」只能在「國之利器不可示於人」之前，而不能置於其後。有道在，弱者才能夠畜養屬於自己的利器。而這個利器是相對於剛強者的相對優勢。對於柔弱者而言，相對優勢較少，是很容易變成劣勢的。而這個優勢的「利器」是實現「柔弱勝剛強」的現實憑藉。為了避免優勢轉變成劣勢，就要把優勢隱匿起來，讓強者有所忌憚。「國之利器不可示於人」形象地表達了柔弱勝剛強的第二個條件，同時也暗示對「志於道」的侯王的期盼。

第三十七章　治國至道

　　道常無為而無不為。

　　侯王若能守之，萬物將自化。

　　化而欲作，吾將鎮之以無名之樸。

　　鎮之以無名之樸，夫將不欲。

　　不欲以靜，天下將自正。

變動：

　　此章歧義不大，略有變動之處如下：「侯王」為「王侯」；有的「守」

後無「之」；兩個「無名之樸」間無「鎮之以」；「夫」為「亦」、「夫亦」；「不欲」為「無欲」、「不辱」；「靜」為「靖」；有的「天下」後無「將」；「正」為「定」。

闡解：

　　此章為許多傳本中〈道篇〉的最後一章，為何以此劃分為〈道篇〉和〈德篇〉兩部分，我認為主要有兩點：一是此章順著邏輯到了如何以「無為」為政，落腳於治國，亦或是老子以道治無道的最終歸宿點；二是隨後的一章就是大篇的論德。總而言之，此章是一個總結，不管老子撰寫此書是不是從為政的角度出發的，但是後來隨著神仙道的出現，《德道經》也就成了養生的書，為何能夠成為養生的書，因為老子在導向無為之政的過程中，將治國和治身統一起來。統一起來的基礎，就是將國、天下視為一個整體，這個整體就如人的身體一樣。用現在的術語講，老子實質上是將身體、國家、天下看做是一個生命系統。在談治國的時候，在邏輯上也與治身是想通的。因為是總結章，所以在順著自然呈現的內容詳細釋讀一下，如為此章取名為「治國至道」，同時也試圖從養生的角度闡解一下。

　　透過上述三十六章對道多層次多視角的展示，對道逐漸有了一個清楚的認識，也自然就導出了老子的一個主要觀點：「道常無為而無不為」。「常無為」一般意義上指「恆無為」，這一點大家都明白這是避皇帝諱的而改了的結果，後來傳世中，沒有改回來，成為習慣。到了現在，有些注譯者才改回來。但在日常生活中，還是習慣為「常」。因為道法自然，道沒有主動性的特點，故「常無為」。而「無不為」卻是因為道功用的結果。道有著「衣養萬物」的功德，這是自然的本性，是自為。同時「萬物歸焉」，這是他為。自為和他為都是無不為。

　　侯王如果能夠做到順道而為，萬物將自動過來歸化。「常無為」是道

的自然之性，侯王守道，守的就是「常無為」的自然屬性。雖然不可能達到「衣養萬物」的功德，但是對於天下百姓來說，以沒有來自上層毫無節制的騷擾為一種理想期盼了，對處於現實中的侯王已是難能可貴的。當侯王能夠克制自己的欲望，一切順天應時，天下的人就會自覺自願地來歸附，來到你的領地接受你的管轄。當兩不相害的情況下，才能夠達到安平太的社會治理景觀。雖然從侯王的角度看，已經沒有了對老百姓的傷害，但是並不能保證歸化之人的興風作浪。每個歸化的人都有自己的私心，所以會「化而欲作」。沒有道的約束，就會認為從自己所想就是自己的道。從私慾而來的「化而欲作」，總是會有一些遠離道的行為表現。道常無為，但是人不能常無為，有時需要有為之行方能達到守道的結果。而針對「化而欲作」的人是誰？按照一般的邏輯自會想到侯王。老子並沒有指向侯王，行為主體卻是「吾」。「吾」在這裡虛用，代指行教化的人，那些傳道的人。「鎮之以無名之樸」，就是用道樸的這個工具來鎮住這些人的欲望之心，使其順場地「作而復歸於根」。

　　而一般來說，對「萬物將自化」的釋義是：萬物將自我化育、自我生長。這是天下觀思路下的解讀，我們的古代史常講「率土之濱莫非王土，率土之臣莫非王臣」，有道理論上，理想的領土狀態是廣大無邊的，天下所有的領土有道理論上有一個理想的王，天下萬物都在這個王的管轄之下。而每一個有具體領土的侯王最高的抱負是能夠成為這樣的王。對於守道的侯王而言，在其治下的領土內，萬物在沒有了人為的干擾，將會自我化育、自我生長，自然也就歸向了道。天下觀是無所不包的，而實際上，卻有內外之分。對於外來的自然趨向，就前面所說的叫「歸化」。不管是歸化的還是本土的，進道之路參差不齊。化而欲作不一定就自動導向了道。背向了道，就會產生相害之事。同樣以「無名之樸」鎮之。

　　「鎮之以無名之樸」以頂真格式出現，強調了「鎮之」的必要。以「有為」致「無為」。透過「不欲」。所以說「亦將不欲」。就是讓有欲之心逐漸轉向「不欲」。這裡是「不欲」而不是「無欲」。「不欲」和「無欲」是有差距的。「不欲」是「有欲」向「無欲」過渡的中間狀態。「不欲」的前提是一顆有欲之心，借助於「無名之樸」，壓制住欲望。單純的壓制是不行的，我們不是說哪裡有壓迫，哪裡就反抗嗎？壓制本質上背離「無名之樸」，所謂的「鎮」只是說明了作為工具功用的短暫性。只是讓其心中明白要「不欲」。然後就是由「鎮」轉「疏」，「疏」的做法就是求「靜」，要讓欲望之心靜下來。關於靜下來的方法很多。當掌握了靜下來的方法，那就入了道。故曰：「不欲以靜」。入了道，那麼天下萬物將自動地到了道法自然的路上。「正」，以政治學的理路解讀，為「正者」政也。綜合傳統的思路和現代的思維習慣，「正」應該是陰陽平衡之態，無所偏倚，以「君子」之道守浩然之正氣，公正無偏，之謂「正」。在道家的視野裡，就是「人法地，地法天，天法道，道法自然」，循此路徑，為「正」也。

　　「天下將自正」就是以人的守靜，消欲，以使人類社會循道之法則，達到「人法地，地法天，天法道，道法自然」的軌跡。以此回溯到關鍵之處就是侯王能否守道。結果因侯王的守道而致的「天下自正」的治國至道景觀的呈現。

　　於養生而言，也是從心開始，心靜則少欲，甚而無欲，以無欲而滅身體感覺器官的過度支出，避免身體的不適，使身體處於防禦系統的正常工作狀態；以心靜達到對周圍環境「炁」充分利用，改善身體各器官的功能狀態，提高免疫系統的免疫水準，以此狀態保持生命系統的運行不息，而最終達到人們所寄予的長生。

生命系統疊加態：大丈夫、侯王的德性遷移

　　前三十七章是原來八十一章體例的道篇內容，但是也在不斷引入德的概念。在後面的德篇中，雖然重點放在了具體的德上，但是總歸還是要回到道上。道和德是不可分的。道要透過德來彰顯自己，德顯就是一個「道動」的過程，是向一個道「愈加隱」的方向而動。與人們悟道的方向是相反的，就是文中所說的「反者道之動」。在道動德顯的過程中，宇宙萬物呈現出來不同的生命系統狀態，從天到人，中有地、神、谷、萬物，它們與天與人一樣各成一系，各有其從道的大德。每個大德又不單屬於一種系統，系統之間的疊加可造成德的傳遞，如人不僅可修自身的「正」德，也可修「生」、「盈」、「靈」、「寧」、「清」等大德，人修道的最高境界就是天人合一。因為德性在不同系統中傳遞，各系統都有萬物「生」之氣息，因而每個系統都可稱為生命系統。人修德的多樣化，會造成人生命系統的階段性差異，進而影響到與其他生命系統的疊加狀態，反歸到人本身，就展現出不同德性層次，如德、仁、義、禮。這種德性層次德多元化是符合人類社會的真實狀態，人與人之間不僅需要發自內心的「信」，而且在「不信」的狀態，還需要「忠」的調節。我們人類社會的發展不僅需要平等，還要正視不平等的現實。「忠」是人類社會不平等權力結構的產物，在老子理想的從道社會中，是沒有「忠」的，在前三十七章中，就沒有人「忠」的出現。「忠」也是在「信」的基礎上延伸出來的德。忠信是大丈夫的德，是王公向侯王轉變的關鍵所在。高下貴賤由此始分，大丈夫、侯王的德性也就發生著遷移變動。

第三十八章　論德

上德不德，是以有德；下德不失德，是以無德。

上德無為而無以為；下德無為而有以為。

上仁為之而無以為；上義為之而有以為。

上禮為之而莫之應，則攘臂而扔之。

故失道而後德，失德而後仁，失仁而後義，失義而後禮。

夫禮者，忠信之薄，而亂之首。

前識者，道之華，而愚之始。

是以大丈夫處其厚，不居其薄；處其實，不居其華。故去彼取此。

變動：

「下德無為而有以為」在帛書甲乙本都沒有，有的版本卻是「下德有為而有以為」，也有的版本是「下德有為而無以為」。其他幾乎沒什麼變動，只是個別版本有差異，如除了第一行的「上」，其他的「上」為「尚」。還有就是「亂之首」和「愚之始」後有「也」。或者「處其厚」和「處其實」的「處」為「居」。

闡解：

此章有歧義的在「下德」。到底是因「無為」而致「有以為」，還是「有為」而致「無以為」或有以為。如按照帛書本，也就不用辨別了；如《老子》卻有此句，那就要分清楚「下德」的位序。此章有幾個關鍵詞是有邏輯遞推關係的，以此為上德、下德、上仁、上義、上禮，而且有先後順序的，不可亂之。下德也沒有失德，即使其為下，也是仁之上，自然也就在上仁之上。沒有交叉，只有依次遞推的排序。排序位置確定了，方可討論到底是哪種為合適。從邏輯上看，一般道是無為的，上德是最近道的，在具體的應用中有時等同於道，看做無為也是合理的。但不是所有的德都

會表現為無為，總會有的德表現為「有為」，否則可近似將所有的德等同道，那麼區分道和德、上德和下德也就沒有意義了。所以下德無為相對於上德無為，在本質上是有為，相對於上仁的為之它又是無為。可以說，下德的無為是介於無為和有為之間。上德的無為是自然之性的無為，下德的無為不是自然之性的無為，但也不是主觀的無為。在形式上，下德以「無為」出現是相比較更合適一點。解決了歧義，就可以依次一一闡解了。

此章第一次談德而沒有涉及道，是專門而且將為詳細地論德，此章是明確地專門在論德，被作為〈德篇〉的首章也就難免了。而在其餘的德篇章節中都或多或少會涉及到道，在〈道篇〉中有德，在〈德篇〉中有道，兩部分不是截然分開的，是融於一體的，分成兩篇可能是出於方便的需要。

上德近道，有道的特性，其所以「不德」。以「不德」的表現以趨於道，而德是道在萬物身上的具體表現，道是透過德表達出來，上德不管如何近道，其還是德，所以說「是以有德」。而下德就涉及到了失德還是不失德的問題，上德不會存在失德的問題。因為下德還是在德的範疇中，所以才說「下德不失德」。但也表達出有失德的風險。就像在第十七章中說道的「親而譽之」，是為下德，上德已近於「太上」層次。下德有了欲心的干擾，所以說「是以無德」。下德很容易滑向了「仁」。

因為上德最近道，「不德」是其「無為」導致的。對於擁有上德的人，其周圍的境況是，回應以「無以為」的認知。而下德只在於保持不失德，下德的無為已經趨向於有為，所以才保證不失德。即使下德還在於無為的心，但是對於周圍回應的卻成了「有以為」。自然的回應是精確的，畢竟下德有了一絲絲的欲心。這欲心因親而譽之而生。在互動中，就形成了「下德無為而有以為」的過渡態。

　　對於人，欲心是難免的，因而成為聖人是很難很難的，成為有仁義的君子就相對容易多了。在社會中仁義是最多的值得肯定的道德，仁義存在於社會關係中。聖人是不需要社會關係的，他是一個自在獨立體，而君子卻需要社會關係的潤澤，一講到社會關係，「仁」就成了最優秀的特質。仁也有上下之分，靠近德的為上仁。因為人類社會最重要的特質是仁，仁也是道的表現，是比德更為顯性的表現。人們識道通常是從仁開始的。仁是主動去與別人溝通，有表達的意願，故說「有為」，而對於普通人來說，這是道之始，因而會認為是「無以為」。仁是從心出發，有為是發自內心的，而義不一定是從心出發的，義強調的是行為，透過行為來表達心。我們說一個人有義氣，有情有義，是從行為去判斷的，其內心到底是怎樣想的，我們不知道。心與行為不一定一致。不管是不一致的還是一致的都屬於「義」的範疇。仁雖然有行為的表現，其判斷是否有仁不是從行為直接判斷的，而是要審視其內心如何。有時會將義看作仁，有時會將仁看作義，這是因為判斷標準產生了混淆。義展現的是具體的行為，無關於心的，所以說「上義有為而有以為」。上義是近於仁的義。雖與上仁有截然的差別，但是與其他的仁卻有相似性。所以只談「上仁有為而無以為」而不談其他的仁。義也是同此。到了禮，已經脫離了對行為的依附，而轉化成獨立於行為的行為規範。行為有了一整套的標準，行為有了類。有符合禮的行為，有不符合禮的行為，行為的好壞不再是主體的自我判斷，而是用一套禮的工具來進行判斷行為的好壞。禮可以說是制度、制度規範。所謂的上禮，還是在一定意義上遵循自我的判斷，即使有禮的存在，也就是說禮的判斷和主體的自我判斷是一致的。

　　為何要說「上禮為之而莫之應」，這是因為禮就猶如牢籠，將行為束縛捆綁起來。即使是上禮也是如此，會導致心的不適。削足適履就是禮的

導致的一種結果。從心而言，心中因禮而不適，自然就「攘臂而扔之」，以行為表達出不愉快的心。不從心，就有了多種限制、顧忌，而不會坦然「攘臂而扔之」，這就是社會的真實景象。

透過上述的分析，自然會得出如下的結果：「失道而後德，失德而後仁，失仁而後義，失義而後禮。」

「失道而後德」並沒有排除有道有德的情況，這裡只是講失道後，德就成為最高的認知，仁、義、禮統於德。同樣，「失德而後仁」並沒有排除有德有仁的情況，「失仁而後義」並沒有排除有仁有義的情況，「失義而後禮」並沒有排除有義有禮的情況，只是強調了最高認知的轉換。

為何到了禮就沒有了道表現的遞推。我們已知道道法自然。如果有「道表現的遞推」，那麼還屬於「自然」的範疇。而禮已成為非自然的標準，強調了以此標準為尊。從自然的標準轉換成自然的標準，在本質上與道發生了背離。禮在老子心裡自然就成為「亂之首」了。因為上禮在形式上與發乎自然的行為取得了一致，也就在形式上尊了道。這也只是上禮而已。

從心到行為再到行為的標準，外在於人本身之外的制度反過來成為對人行為約束的工具。禮，一開始就出於約束人的目的，為少數人所制定，以少數人對行為的判斷標準形成對所有人的約束，本質上是反應一部分人的利益訴求。忠和信本應該來自於內心自覺自願的遵守，所表現出來的行為是自然隨心的。外在於自身行為的禮成為人們行為好壞的判斷標準，忠和信的行為表現不再自然隨心，而是往往違心隨禮。隨的是別人的心。從隨心到隨禮的轉化，逐漸發自內心的忠和信被大量的沒有發自內心的忠和信淹沒和稀釋，所以說「忠信之薄」，至於為何是「亂之首」，這裡邊有老子對歷史現實的觀察整理和深邃的思考。老子的理想社會是一個愛民不擾民的統治者治下的社會，是一個人人發乎本心的、追求健康長壽、自然

隨性的社會。這就是老子所要倡導的道。而禮恰恰是與道的邏輯背反的開始。強調的是對人的約束和控制，以外在的物來制約人的行為而不再在乎人的內心。使人不是少欲、去欲，恰恰是驅動人們去掌握這個外在的工具而尋求控制和約束人的快感。對老子所想像的理想社會的破壞就是從禮的出現開始的。因而說禮者「亂之首」。

　　進而老子就把那些首先提倡和制定禮的人進行了一頓批評。這些人是聰明人，是不可否認的，否則老子也不會稱之為「前識者」。「前識者」具有超越一般人的智慧。他們打著維護道的名義，而且認為是更能夠快速省力地達到以道治世的社會景觀。這個快速省力的辦法就是制定出「禮」。他們迷於禮的功效而忽視了禮內在的強制約束性。表面上尊道的景觀很是壯麗，所以將「前識者」倡導和制定禮的行為稱之為「道之華」。由於禮本身的強制約束性、及其少數人意願的表達，而不是真正為天下人謀福利的，需要的不是人的心不斷磨練成長，而是規規矩矩的行為表現，失去作為生命體的系統獨立性，因而老子說這是人愚昧的開始。

　　對於禮，大丈夫應該怎麼做呢？老子第一次提出了「大丈夫」一詞。不是聖人、君子或者侯王等。之間是不能替換的。聖人、君子、侯王是從智、從德、從權產生的名稱。而丈夫卻是從人的外在形體產生的對人稱呼。丈夫最初就是指長得比較偉岸高大的人，相對於小人而言，是得到天地眷顧的。有著先天威儀的優勢。大丈夫又是這些人中出類拔萃的人，是丈夫中的丈夫。在《周易》，有丈夫一類人的行為描述。可見在當時的現實生活中，丈夫中的丈夫都有著一定的號召力和影響力，是最可能隨自己的欲望行動的人，起碼是隨心的人。隨著時間緩慢地流逝，丈夫漸漸地變成了現在的意義，大丈夫一詞隨著儒家對傳統社會影響日深，從孟子的「富貴不能淫，威武不能屈，貧賤不能移」進一步深化為能夠頂天立地的

男子漢。成為男人的專用詞彙。在以前不管是男人還是女人，只要達到孟子所說的三個標準，都可以稱為「大丈夫」。孟子是比老子晚好多年，老子時代的大丈夫也沒有孟子所認為的那麼嚴格，但是大丈夫也基本上能夠做到孟子所說的三條標準。大丈夫是比君子更泛化的一類人，他們存在於廣大的社會領域中，不像君子是比較集中的。現在我們生活中會聽到「大丈夫能屈能伸」。可見大丈夫，不會計較一時之得失，會委曲求全。在品格上雖然沒有像君子一樣會固守一定的原則，因為其有比較高遠的目標，策略採取的會靈活些，但是卻沒有聖人的智慧，缺乏一定的道悟。君子就像人的陽面，大丈夫已經處於踏足於人的陰面，只是還沒有達到陰陽平衡，缺乏聖人一樣的道悟，同時又比君子更切近普通人的生活。

這裡用大丈夫也寄予老子改變禮制的希望。「處其厚，不居其薄」中厚薄是指忠信的厚薄，「不居其薄」是指不奉守禮所規範出來的忠信，而是「處其厚」，及從內心萌發的、有自然之性的、通「道」的忠信。「處其實，不居其華」也是此理。只是「處其實，不居其華」是前識者對道應該如何發揮作用相比產生的結果。大丈夫不會借助於禮來擴大道的影響，而是對具體個體道悟層次的肯定，而謹遵道的自然之性。

「去彼取此」，是對上述的重複強調，同時也表明了一個方向性選擇。

第三十九章　道一化德

昔之得一者：

天得一以清；

地得一以寧；

神得一以靈；

谷得一以盈；

萬物得一以生；

侯王得一以為天下正。

其致之也，

謂天無以清，將恐裂；

地無以寧，將恐廢；

神無以靈，將恐歇；

谷無以盈，將恐竭；

萬物無以生，將恐滅；

侯王無以正，將恐蹶。

故貴以賤為本，高以下為基。

是以侯王自稱孤、寡、不穀。

此非以賤為本邪？非乎？

故至譽無譽。

是故不欲琭琭如玉，珞珞如石。

變動：

　　變動之處頗多，但大意不改。變動詳情如下：「谷」為「浴」；「正」為「貞」；「致之」為「至之」，「之也」中間有「一」或無「也」，有的沒有此句；有的沒有「萬物得一以生」；「天無以清」前無「謂」；「無以」為「毋以」、「毋已」；「廢」為「發」；「稱」為「謂」；「無以正」為「無以貴」、「無以貴高」、「無以正而貴高」；「將恐蹶」前有「貴高」，「蹶」為「蹙」，「貴」前有「必」；「高」前或後有「必」；「此非」為「此其」；「邪」為「也」、「耶」、或「耶非」且其後無「非乎」；「至譽無譽」為「致數譽無譽」、「致數車無車」、「致數輿無輿」、「致數與無與」，有的沒有此句；有的沒有「是故」；「不欲」之後加冒號斷開；「琭琭」為「瓅瓅」；「珞珞」為「落落」；「如」為「若」。

闡解：

「一」是至簡、至大、至尊之數。「有」世界可以計數時，「一」為「有」世界之始。道生一，則開啟了「有」世界。在「有」世界中，歸於「一」時，就意味著歸了道，伏羲一畫開天地說得也是此理，陰陽學說在《道德經》前，而老子比《周易》向前拓了一步，開出了「道」。《周易》論陰陽，《老子》說有無。陰陽終於「一」，有無終於「道」。「一」是「道」在「有」世界的代言人。「得一」就意味著「得道」。「得一者」為得道的主體。「昔」是回溯過往，追思遠古。用過去說現在，一個好處，就是聽者不用費心思胡思亂想，迷思於現實中。「昔」不只是意味著道的亙古存在，而且也意味著「得道」同樣是亙古存在的現象。有哪些亙古存在的得道者，下面就一一列數。

首先是天，然後是地，其後神，其後是谷，其後是萬物，最後涉及到了人，而人中最具有代表性的就是侯王。在前面的章節中，唯一沒有提到的是神。那就先說說神吧。神是任何文明都離不開的一個想像的能夠主宰天地萬物的主體。談到人類之始，必有神相伴隨而行。神是人類想像的解決人類自己不能的事情。神是高於人並形成對人類的統治，這是每一個文明之初脫離不開的認知。隨著人類文明進程的推進，人類逐漸開始脫昧，擺脫神靈在人們心中的統治地位。首先將一些神，特別是主神，用自己的形象進行設想，嘗試去認知神靈，來解釋自然現象。神也是可以「褻瀆」的。慢慢地人們將那些出類拔萃的歷史人物推向了神位，人類認識到自己也可以造神。有些文明卻還是將神作為高高在上的存在，與人類是分離的。神與人的結合，形成了半神，如希臘神話中那些具有神力的英雄人物。這類人物，在中國神話裡，已經轉化成為神，而不僅僅是半神。神的神祕感逐漸消去。伏羲一畫開天地，我們有了認識天地萬物的工具，神就

223

漸漸祛了魅。從陰陽理論向道的轉化，神在中國傳統社會的精英中再也不是那麼萬能。神也是道生的，而且在天地之後，得道而生。在春秋戰國時代，神在那些有文化的人心裡不再是高高在上，主宰人類和自然，而大多轉化成對人類智慧的讚美，如神機妙算、神鬼莫測、神算子、鬼斧神工、有如神助等。在中國，神和靈是結合在一起的，靈也是道透過天地萬物賦予的，故能夠說：「神得一以靈」。沒有道，神不會成為神靈，也就無法產生其應有的功能。因為神與靈是分離的，所以靈不是神內在的屬性，而充斥於天地間。神和靈分離可以說是道教產生的理論基礎。在道教產生後，認為人可以透過修道獲得靈，而後成神。這樣神與仙也結合在一起了，神靈又有了神仙這個兄弟。對那些修道的人形容之為「仙風道骨」，對那些假道學諷之為「道貌岸然」。神與人成為連貫一體的認知。

　　天和地是在神前得道的。在初始的「得一」順序，應該先是天，後是地，然後才是神。道「先天地生」，「天得一以清，地得一以寧」。「一」是道形，「清」是天的德行，「寧」是地的德行。也就是說天德為清，地德為寧。同理，神、谷、萬物和侯王都是以「一」為道形，「靈」是神的德行，「盈」是谷的德行，「生」是萬物的德行，「為天下正」是侯王的德行。也就是說神德為靈，谷德為盈，萬物的德為生，侯王的德為「為天下正」。這裡要進一步說說侯王的德行，其他的都是以一個字概括了，而到了侯王這裡卻成了「為天下正」，而不是「正」。「正」是屬於人這個類，就像天、地、神、谷、萬物，都是一個類。侯王是人中的一個特殊群，人的德行是「正」，侯王透過「為天下正」而「正」人的德行。這裡所說的德都是大德，也就上章的上德。大德只為一。人的大德是「正」，那侯王的大德卻是「為天下正」。「為天下正」是以「正」為基礎的。侯王只有成為人這個類，要先有「正」的德行，然後才能說侯王的大德。就像人與萬物的關係

一樣。人首先以「生」為基礎的。人是萬物中的一員，「生」也是其德行，在生的基礎上才能談人的大德「正」。這也是我們常說的「倉廩實而知禮節」，無以生何以談德？首先要有做人的基礎條件，然後才能不同於其他萬物的類，才能有其大德「正」。侯王以一種類的存在要依靠人這個類，只有作為人的「正」，方能成就侯王的大德「為天下正」。每個類都有其大德，但是並沒有否認人就不能夠有「生」、「盈」、「靈」、「寧」、「清」的德行。人以「正」為發端，開始修德近道之路。首先先返回自然的生理需求，講「生」，講「長生」，就是「為腹不為目」，回到最基礎的要求，修萬物之「生」的德行。然後繼續逆修，修谷之「盈」的德行，化虛，虛懷若谷，而成厚德狀。繼續逆修，修神之「靈」的德行，修道成神。行利萬物之事。繼續逆修，修地之「寧」的德行，對待「萬物並作」以寧靜的心態，不煩萬物的鬧騰，像母親一樣「泛愛眾」。繼續逆修，修天之「清」的德行，滅了愛慾，一切以歸道。所以道教裡要供奉的是「三清」。侯王行逆修之路，是以「為天下正」為發端的，返回人之「正」的德行，再可修「生」（「長生」）「盈」、「靈」、「寧」、「清」。逆修之路，最主要的就是築好根基，就是要修好作為人中那個特殊類的大德。

「其致之也」是對下面內容的連結，起承上啟下的作用。可理解為「推而言之」或「以此推及」或「推及如下」。其指代各自化的德。「致之」可以意為「達到如下的情況」。

上面是正說，下面就是反說。天如果沒有表現為「清」的德行，那麼將擔心會崩裂。以現在的觀念來理解當時人對天的看法，天無法保持晴明，就會意味著可能電閃雷鳴，從地上看，電閃雷鳴就是天崩裂之狀。地如果沒有表現為「寧」的德行，那麼將擔心會崩塌裂陷。以現在的觀念來理解當時人們對地不能寧靜的看法，就是對地震、發洪水等自然災害所引

發現象的誇張想像。表達人們更希望的是天清地寧，清和寧逐漸分別成為天、地的大德。如果神沒有了靈，那麼其將恐怕要歇息，不成為神。如果谷沒有了盈，那麼其將會枯竭，毫無生氣，不成為谷。如果萬物沒有了生，那麼其將會寂滅死亡，不成為萬物。如果侯王沒有了正，無法「為天下正」，那麼其將會從所處的位置上下來，不成為侯王，進而難以成人。歷史上的歷代殘暴的君王都會被人們視作為禽獸，即是此理。

沒有了其應有的大德，天不將為天，地不將為地，神不將為神，谷不將為谷，萬物不將為萬物，人不將為人，侯王不將為侯王。結果就是無法以類而存在。在人類社會中，君子不為君子，丈夫不為丈夫，老師不為老師，學生不為學生，官不官，民不民等，這就是我們要首先必須要講的「格物」。萬物各歸其類。守道在於守德，守德在於積德。以積德歸正位，回其類，所以要說「貴以賤為本，高以下為基。」德厚為貴，德薄為賤；德多為高，德少為下。貴賤高下有先天而為的，有後天而塑的。先天的薄厚多少不關鍵，貴賤易位在積德。中國傳統社會一直在講積德。不管是富貴的，還是貧賤的，都講究積德。對於修道，不論德厚薄多少，道都是對其敞開的。如果不重視積德，即使祖先留有餘德，那只是祖先為人的德行彰顯，而於己還是未歸於類，未正其位。祖先餘德並不能幫助你正德歸位，而只是你在積德的過程中有助於你較快地達到貴高之位。你的德厚德多還需自己去努力。佛教講循環報應。如果你不積德，遺害不一定在你獲得時候顯現，那麼就會延後禍及子孫。

對於侯王而言，已經身處貴高之位，但是自己的厚德多德還需要自己來修。自稱「孤」、「寡」、「不穀」只是警戒自己，要勤於修德。貴與高是大多數人垂羨的位置，也很容易與百姓群臣拉開距離，產生心理隔閡，多疑猜忌，以致心胸不開闊等，逐漸背離大德。其比其他人更應嚴格要求

自己，否則就會滑向了非人的領域。

「此非以賤為本邪？非乎？」接連兩個反問，表達了兩層意思：一層意思是：歷史現實中侯王的行為表現差強人意，對於其自稱「孤」、「寡」、「不穀」不會輕易聯想到「以賤為本」。「以賤為本」實質上強調的是重積德，而侯王們多數確實在消費祖先的餘德。另一層意思是：老子認為理想中的侯王不單是口頭上自稱為「孤」、「寡」、「不穀」，而行動上也表現為「重積德」。以「孤」、「寡」、「不穀」自稱，侯王能夠不斷地知道自己還處於德薄德少的狀態，需要不斷地鞭笞自己，勤於修練，使自己的行為能夠匹配得上「以天下正」的大德。不斷地勤於修練，德厚起來了，多起來了。在別人眼裡「孤」、「寡」、「不穀」也就無所謂了，達到了「至譽無譽」。即使稱呼自己「孤」、「寡」、「不穀」，人們也不認為其真正的「孤」、「寡」、「不穀」。

達到了「至譽無譽」，進而達到「不欲」的狀態。在人們眼裡美玉和醜石的價值不同也變得無所謂了。這樣就會達到「不尚賢」、「不貴難得之貨」、「不見可欲」，以其自身的德行彰顯，而逐漸影響到群臣百姓，而終達到老子認為的「聖人之治」。回應第二章，使第二章的提法在第三十九章中得以印證。

第四十章　道循環鏈閉合：德化之綱

反者道之動；弱者道之用。

天下萬物生於有，有生於無。

變動：

在幾千年的傳承中，此章內容沒有任何變動，所謂不同，就是單獨成章，還是與其他章內容合併，不循八十一章體系。

生命系統疊加態：大丈夫、侯王的德性遷移

闡解：

　　世分正反，道有動靜；世有強弱，道分體用。前面許多章，都在講怎麼問道、尊道、循道、入道，講道的源頭，以「守靜」、「少私寡慾」、「見素抱樸」、「無為」、「不言」、「不爭」等展現道體，像天、像地、像水、像谷、像玄牝、像虛空、像混沌、像一、像人、像樸等等，一直展現道是個什麼東西。講道無處不在，無時不在，道很強，能夠衣養萬物，能夠使萬物歸焉。而此章卻是反著來，我們不但在心靜的時候可以悟道，在「道」德顯的時候，也可以感覺到道在動。因為道生一，一生二，二生三，三生萬物，道展現於萬物並作中，所以說「反者道之動」。道講有無相生，講陰陽平衡，講損有餘而補不足，講功成身退，講強梁者不得好死，講處眾人之所惡，講守其雌，講賤下，講夷希微，講柔弱勝剛強，都在展現著道的功用對於弱者很有利。因而說「弱者道之用」。

　　「天下萬物生於有」與第一章本源道所說的「有名，萬物之母」遙相呼應。萬物就是天下的萬物。萬物由「有」所生，是「有」世界的重要組成部分。「有」世界不僅包括萬物，也包括天地，甚至天地之間容納萬物的虛空體也是「有」世界的一部分。這些都產生於有。在第一章中，有無都出於同一處，講了來源的同一性，卻沒有交代有無也有先後。在第二章中，講了「有無相生」，並在許多章中也滲透著有無相生的意蘊。有和無一直是平行關係。而此章卻講了有無的時間順序，無在先，有在後，而且還是母子關係，「無」為母，「有」為子。繼而也間接的說明了天地與萬物的關係。如何從無到有，從天地到萬物，這需要詳細的理論演化。從氣論講，天地始分，清氣上升為天，天德為清；濁氣下沉為地，地德為寧。兩氣交融產生和氣，和氣化生萬物。天地萬物都由氣所生，只不過所生之氣，氣又分有形的氣和無形的氣，有形的氣源於無形的氣，無形的氣具

有了「無」的特徵，有專門的一個「旡」字標示。透過「旡」，無產生了有，也就是有生於無。有了「有生於無」，然後才能有無相生，才有萬千世界。自此，有道而生的整個世界的循環鏈閉合起來了。正者，趨於寂，歸於道；反者，道動而化生萬物，以萬物並作展現道之動。這個由道而生的循環鏈講究的是和諧平衡，對於極端的現象將以道平之，結果就是削強扶弱。

　　此章出現於德篇中，可以說是道化德後的整個世界的規律性總結。

士人、王公為主體的天下生命系統：
弱者的憑依

　　前面四十章可以說把「道」的理論體系講完了。以後所講的，用現在的學術術語來說，就是「道」的應用理論。所以在此部分的第一章也就是第四十一章一開始就要說三類人聞道的表現。在社會中，總有不少人悟不了道的，或者悟道不深的。對於徹底冥頑不化的，尤其是處於統治地位的「王公」，老子將其列為「物」類，而不是「人」類，以詛咒的姿態表達其強烈的憤怒，並以「教父」的角色喚醒弱者也就是被統治者對其反抗，反抗的武器就是「道」。這也就是道散民間的過程。對於士，特別那些中士、下士，曉之以有道無道的利害關係，勸他們知足止心。並以聖人的能力利誘他們，以他們為核心引導天下為人之「正」道，以趨向於老子所設想的理想社會。

第四十一章　道之動：德化多元

上士聞道，勤而行之；

中士聞道，若存若亡；

下士聞道，大笑之。

不笑不足以為道。

故建言有之：

明道若昧；

進道若退；

夷道若纇；

上德若谷；

廣德若不足；

建德若偷；

質真若渝；

大白若辱；

大方無隅；

大器晚成；

大音希聲；

大象無形。

道隱無名。

夫唯道，善貸且成。

變動：

此章變動之處很多，有的版本「若」為「如」，「大白若辱」的位序不同，多數版本在「上德若谷」之後，這裡根據陳鼓應注譯本及其引高亨、張松如之說置於現在的位置，而其中《姬氏道德經》中結尾不是「善貸且成」而是「善始且善成」。其他下變動如下：「而」為「能」，「行」後無「之」；「勤而」為「而勤」；「亡」為「忘」；「大笑之」之前有「而」，「笑」為「咲」，「不笑」為「弗笑」、「弗大笑」；「故」為「是以」；「若昧」為「若悖」；「若纇」為「若類」、「若慣」；「若辱」為「黑辱」；「建德」為「健德」；「若偷」為「若媮」、「若輸」；「若渝」為「若輸」，「質真若渝」為「質真者渝」；「晚成」為「免成」、「慢成」；「大象」為「天象」；有的無「道隱無名」；「且成」為「生」。

闡解：

上章提到道之動，講的是德化。此章緊接上章對道之動具體展開。道

以動德化多元散於萬千世界中，一切事物都表現出各自的特徵。人們要透過萬物的特徵表現來掌握事物的發展規律，也就是說以德顯而識道，進而入道、循道。可是人有差等，在於信與不信間，結果產生了對道的不同態度。究其根源，在於道之動。道動，讓人不能輕易捕捉到，同時道又化為萬萬千千的德，容易讓人們困惑哪些德是近道的。然後為了避免難以捕捉，將近道的各種德化之形一一列出，避免人們陷入不識道的地雷區，相當於提供了識道指南。並以具體的方法循道動之脈絡，而得以識道。

　　道呀，對於不同的人，理解是不一樣的，進而態度也就不同了。就拿那些讀了書的人來說，對待道也會產生不同的反應。士在古代指那些有機會讀書的人，是古代的知識分子。大士、中士、下士是以對道領悟力的差異而區分的。就猶如我們把前面哪些章節所論述的道講給眾人聽，會產生不同的反應。在當時，能夠願意聽人講道的都是想在社會有所作為的，而且讀過書或者願意讀書，他們知道老子來自於姬姓王族，有著高深的學問。但是，因為老子的道很不好懂，聽了道的，會產生迥異的反應是很正常的。上士聽聞了道，或者因為聰慧，入了道，或者就是相信道即使不明白道也有一種執著，給出的行動就是「勤而行之」。努力地躬身力行，以具體的行動表達尊道、循道之意。而對於中士而言，聽聞了道，反應是「或存或亡」。在他們心中，有了疑惑，將信將疑。信吧，似乎道並不是真實的存在著，不信吧又確實能夠在現實中感覺到它似乎存在，以至於行動遲緩，猶疑不定。中士的行動遲緩、猶疑不定，將來可能會導致三種結果：一是繼續保持這種狀態；一是慢慢走上了上士的循道之路；一是轉向不信道或者輕信道。對於下士而言，當聽聞了道，就會以大笑來表達對道的理解和領悟。或者就是徹底不懂，但是不想讓人知道其不懂，以大笑來表達他的道悟；或者認為道如此簡單易懂，以大笑表達道不過是故弄玄虛；

或者認為道不過是什麼玩意兒，亂七八糟，以大笑來表達輕視之意；或者認為道與他現在的欲望追求是一致的，以大笑來表達心情舒暢之意等等。大笑所表達的涵義很是豐富的，揭示了對道歧義的多樣性。總之，下士深怕別人不知道他是能夠理解道的。其實，道在「有」世界中動態不居，不容易捕捉，能夠得到那麼一絲也是不簡單，這是常態。而上士能夠知常，下士為不知常，中士介於其間。

　　為了對道有一個較為準確的理解，避免更多歧義，因而提出了如下的建議如何去識道。雖然道以有之形態不斷的變化著，但總有可循的軌跡。可以稱之為識道守則。在修道的過程中如何去理解道，應參考如下建言：

　　前三句是講道的，「明道」、「進道」、「夷道」都是道在心中的三種感覺，也是修道過程中的追求目標。有時看似明悟了道，其實在修道的路上走了彎路，遠離了道，道之為物的「恍惚」特性決定了道不是很容易看到底的，真正的明道卻是讓你感覺還處於朦昧狀態中，看得不是很清、看得不是很明，如「惚恍」之狀，想清澈明白地確定道是不可能的。所以說「明道若昧」。在修道的過程中，如果沒有感覺到有時是在退步，那也很可能進入了修道的地雷區，修道猶如在茫茫大海上航行的感覺，如果沒有什麼標識，就感覺不到前進，甚而感覺是在後退。如果有了確定的標識確定自己在道的路上不斷前進，而這些標識就是讓你遠離道的，說明你的心還沒有入靜，一直在動，有虛妄，有誘惑。給你退步的感覺也是一種對心境的修練。所以說「進道若退」。在修道的過程中，沒有任何的障礙出現，這樣的道為夷道。如果你感覺道是這樣的，那麼你進入了修道的地雷區，需要及時調整你的心。因為道在細微中，沒有處於寂靜的狀態是很難去掌握道的存在，更何況道德化萬千世界，存在於不同的類中，猶如在崎嶇不平的道路上遊行，這才是道在「有」世界的存在方式。所以說「夷道若纇」。

　　道要在「明昧」、「進退」、「夷類」之間去不斷地思索掌握，才是修道正途。不要一開始就存「圖省事」的心思。也不要滿足於修道所依借的資材。要明白修道即是修心，心不到，道就不會到。要有打持久戰的準備，夯實基礎，一步一步來，隨心自然離道也就不遠了。

　　四五六句是明確講德的，「上德」、「廣德」、「建德」都是在修德中主動追求目標，道要隨性自然，德卻是要積極主動，不斷積德。在積德中首先要修自己為類的大德，這在第三十九章中已經說到了。首先要心正，心正方可回歸萬物之性，才可能修「生」之萬物大德。要修超越萬物的德，那就是上德。萬物皆有自私心，修上德，就要去私心。修超越萬物的上德，最近的就是谷之大德「盈」。使自己的心胸逐漸寬廣，如空谷一樣，盡可能地容納一切生靈。以深厚寬廣的心去感覺靈氣的充盈，善待萬物，回溯給養生之大德，以「生生不息」之徹悟，來度化他人正其心以修人類大德。繼而又能夠進行靈的累積，為進一步修神之大德，一步步向天道靠近。但最緊要的上德還是谷之上德，修了「生」之萬物大德，已經是很了不起了，對於幾乎所有人谷之上德也就是人生的極限。所以老子在這裡說「上德若谷」。大德必廣，就拿人自身來說，道所顯示的德有許多，其中最為深廣的就是「正」這樣的大德。對侯王來說，大德的要求更高一點，「為天下正」。不僅自己要「正」，而且也要教導天下人為「正」，以達到天下這個生命系統為「正」，進而透過侯王天下這個生命系統還可修「生」之萬物大德，最終達到天下的長治久安。與人的弱點相比，與其他的德比起來，「正」、「為天下正」的廣德總是顯得不足。故說「廣德若不足」。「建德若偷」，其義解讀有不少差異，也不敢妄言別人說的不對，只是在按照自己的邏輯整理中，應該是承上而來。不管是上德，還是廣德，最終都要落在一個「修」字上。大德天生就有，只是在明智逐漸開啟的過

程中，為欲望所牽引，離大德愈來愈遠，要透過「修」再返回大德，而使大德合之於身。「建德」應是修德過程中的結果狀態，而這種狀態卻是在人回歸自然本性的過程中獲得的，故稱之為「偷」。「偷」意味著在他人看來「德」是偷懶懈怠的狀態中獲得的，這是因為他人不理解道，不理解德與道的關係，將「道法自然」丟到九霄雲外去了；而對於修道者來說，「偷」卻成為自然隨性的狀態下對「德」的獲得。

「道之動」決定了道不僅德顯於正，而且德顯於反。在真和渝之間、在白和辱之間，都有道流動的顯現。這就是渝中有真，真中有渝；白中有辱，辱中有白。這種思維方式在第二章就開始了各章的鋪敘，貫穿到現在。對於修道者來說，於真、於白中求道，亦知真寓於渝中，白寓於辱中；真、白中有道，渝、辱中也有道，而渝、辱中的道卻是致「全」的關鍵，「全乃天，天乃道」。因而說「質真若渝，大白若辱」。為何說道的質是真？我們在第二十章中談到了「真」，「其精甚真」。「真」是「精純」之意，為何精純？是因為道的精，精是道的本質特質之一，是與道共生的，所以才說「窈兮冥兮，其中有精」。因而說道的質是真，其實已經在第二十章已經交代過。第二十章還談到了「由真致信」，有了信」才能保證渝中真不蒙塵，「質真若渝」方可從老子口中道出，為其他人知道。

道，大也。大的浩瀚無邊，道的大是超出了我們思維限制的，是所想像不到的大，對於人類的認知而言，簡單地說就是大。因為道大，由具體的形體推演道，所以道在這些具體形體的表現就是大。比如「方」，在可視的範圍內，是有稜有角的，而道的「方」，已經看不到稜角了，因而說「大方無隅」。比如「器」，每個器各有其功用，都是道之樸散而成。器有大小，大器大用，小器小用。具有簡單功用的器，不需要複雜的工藝製作就可以製成，而那些功能複雜，具有大功用的器，卻需要耗費更多的時間

和精力方可製成。這是很簡單的道理，在科學不斷發展的今天，是很容易明白的。比喻到人才的培養上，一個人的器量是有大有小的，氣量小的做什麼事都會怨天尤人，而終致身體早夭，而大器量的人，卻能夠忍辱負重，終成大用。韓信忍得胯下辱，而終成就豐功偉業；姜子牙做事多不成功，而毫不氣餒，而於八十歲輔助周王取得天下等等。有許多歷史人物為我們留下了豐厚的例證。那些成就越大的人，其心修練得越大，其器量越大。「天降大任於斯人也，必先苦其心志，勞其筋骨，餓其體膚，空乏其身，行拂亂其所為，所以動心忍性，增益其所不能」。這不就是大器之人所培養的過程嗎？由此可知，「大器晚成」不虛也。比如「音」，在第十四章中已經講過「聽之不聞名曰希。」大音是用耳朵聽不到的。現在我們知道聲音是一種波。在耳朵能聽見的聲音中，頻率越高，聲音越高；頻率越低，聲音越低。耳朵聽不到的聲音，有超聲波，有次聲波，但是這些波還有時能夠感覺到，如心煩意亂。這些波有違和之感，沒有達到「音聲相和」。「音聲相和」，就會使生命系統處於協調的狀態中，「和」是一個穩定態，音之高低與聲之高低圍繞著和進行相匹配。不能匹配的，為失道之音聲。音高則聲低，聲高則音低；音和聲就猶如陰陽兩面，音為陰，聲為陽；音於暗處，聲於明處；音透過聲來表達，聲展現音的質；大音必希聲，大聲必希音；大音乃道音，於無聲處體會大道之音。比如「象」，一般象的表達是透過長短高下而相盈相形，長短高下為象，象為裡，形為表，長短互為表裡，象可長可短可高可低，形也就可短可長可低可高，大象必致於無形。大象乃道之象，於無形處以觀道象。

　　希聲聽道音，無形觀道象。因此可知「道隱無名」是什麼意思了。希聲、無形等我們何以為之名？只能是無名了，這時道較為充分地表達出來了，但是如果沒有很高的道悟，是無法體會道的存在。因而就稱之為「道

「隱無名」了。

　　道呀，原來是這麼表達的。如果體悟了道，相當於道屬於你了。在悟道的過程中，有了一定的體悟，相當將道借用過來，而我們不能直接借道，而是透過貸德而達到借道，當道與你融合於一體，你就成為道體，借道不存在了，你就成為聖人了。「善貸」指的是要善於修德、積德。德無論大小、優劣都要善於應用，於不德處可見大道，所以第三十八章要說「上德不德，是以有德」。透過不斷地修德、積德，以察微於不德之處，方可明悟大道。因而要說「善貸且成」。

第四十二章　反「和」不存

　　道生一，一生二，二生三，三生萬物。
　　萬物負陰而抱陽，沖氣以為和。
　　人之所惡，唯孤、寡、不穀，而王公以為稱。
　　故物或損之而益，或益之而損。
　　人之所教，我亦教之。
　　強梁者不得其死，吾將以為教父。

變動：

　　此章變動頻繁之處是「人之所教，我亦教之」，在《姬氏道德經》中為「上所教兮，易而教後」，其他版本變動在下句，「亦我之所以教人」、「亦我義教」、「議而教人」。其他變動之處如下：「沖氣」為「中氣」、「空氣」；「人之所惡」為「天下之所惡」；「稱」為「自名」，「名」後有「也」；「所教」為「所敬」；「教父」為「學父」。

闡解：

　　在以前的幾章中，不斷地提及道生萬物的規律。此章正式講此規律。

道是如何生萬物的？第一句簡約地講了道生萬物的流程，在沒有阿拉伯數字系統、希臘字母系統的中國古時代，有自己的語言文字就能夠將一種規律現象很簡約地表述出來，而且這樣的語言性規律總結在《道德經》中很多，可見老子不但博聞廣見，而是真正的聰明睿智。雖然「道生一，一生二，二生三，三生萬物」沒有 F ＝ ma 來的簡約，但是以文字來表達道生萬物的規律的簡約程度已經很了不得了，而且讓人一看就明白。F ＝ ma 雖然簡約，卻需要配以不少的文字說明。幾千年來，我們不斷地複製傳承，在近代受到了西方科學思想的衝擊，我們不僅開始懷疑老祖宗的東西，甚而將之列為落後的思想棄之而不願深究。並以來自西方的思維模式來評判這些傳統思想的優劣，而且帶著較強的主觀色彩。可科學發展到了資訊時代、智慧化時代，再仔細思索科學發展的歷程以及這些古老思想的傳承，竟然有切合之妙。

　　「道生一」，一不就是宇宙大爆炸理論的那個奇點嗎？奇點瞬間膨脹，爆炸而產生宇宙，而作為有生命氣息的地球只不過是一個恆星體系中的一顆行星。而老子在奇點之上有了「道」，道、一、奇點都是無法徹底說清楚的東西，依靠的是人們的想像力。科學的終極之處，都是思想。沒有想像力的推動，科學也是無法向前發展的。「道生一」可以說是想像力的極致表達。大爆炸理論的萬物是瞬間出現的，而道生萬物卻要經過幾個環節才產生萬物的。老子是從生命系統的角度出發的，而大爆炸理論卻沒有去考慮生命的存在，其認為生命可能是隨機的附帶物。在老子眼裡，萬物都是有生命的，人有生命，萬物有生命，谷有生命，神有生命，地有生命，天有生命，一切宇宙都遵循著一個生命的邏輯。遵此邏輯，方有「一生二，二生三。」道分陰陽，陰陽一分，道就知雄守雌，知陽守陰，為人則知德守道。陰陽交合，和氣而生。和是生命的本質，和是陰陽平衡的結

果，如果能夠一直保持著和的盈滿之態，或者延遲盈滿之態的衰減，那麼生命將很長很長。人因和氣盈身不陷，將壽命久長；國、天下亦如此。「三生萬物」，關鍵的是有了和氣，才能夠結合陰陽二氣化生萬物，萬物因之有了靈，有了生命。在老子眼裡，現代所提出的宇宙，也是有生命的，都有生老病衰。

　　萬物都是有生命的，那麼在道生萬物的規律提出後就是生命規律的反應。生命規律之一就是「萬物負陰抱陽，沖氣以為和」。道生萬物是正熵效應，而生命規律是負熵效應，逆道生萬物而行。萬物離不開陰陽調和，如果陰陽無法調和，萬物的生命就會走向終結。順道而生可觀生死，逆道而修可延生命。生命可以延長的關鍵就是和。和還表達出了一個重要的資訊，萬物天然是向道的、尊道的，和是道的符號。人知和而仿之，就有了道的意蘊。因而河上公為此章取名為「道化」。下面就是人尤其是王公在具體道化過程中應該表現的。

　　「孤、寡、不穀」是違和的現象，違和是人們所不願的，因而說「人之所惡」。人們厭惡這些違和的現象，是因為人們天生都有道悟心。在沒有進入修道中，只是一種本能反應。「唯」字表達了本能反應只厭惡違和現象，其他的都是能夠接受的，因為都在道中。既然違和現象是人所厭惡的，那麼王公為什麼要自稱「孤、寡、不穀」呢，而不擔心人們討厭，還樂此不疲？下面一句給出了原因，但是對這一句的解讀分歧也較大。仔細一思索，分析主要是在於對王公的看法是褒還是貶。一度我們只是將王公視為剝削階級，他們的這些自稱很虛偽，也就自然從支配性的權力結構視角解讀「損之而益，益之而損」。但是我們想老子雖然有人人平等的觀念，但是要知道他出生貴族，是姬姓王族之人，儘管看不慣一些王公的作法，但不會從根本上去反對王公，而是將王公理想化。

從王公自身的角度看，能夠稱己為「孤、寡、不穀」是不簡單的，畢竟王公也是人呀。首先，這樣稱謂自己的王公能夠看到自己所擁有的東西是其他人所無法相比的，以自汙達到損之而益的目的，以益之而損的方式來保全自己所享有的一切。最初這樣稱謂的王公是有一定道悟的，而後來成為獨有的專稱，這樣稱謂不再是為了警醒自己，更是一種特有地位的炫耀。對於那些有智慧的王公來說，他們也懂得這樣稱謂的內在原因。

「故物或損之而益，或益之而損」，這是和的結果反應。只有這樣才能達到陰陽平衡協調，萬物攜興。道在裡面發揮著作用。一個「物」，也表明了老子對王公的看法，王公就是王公，不是君子，不是聖人，他們這樣做只是像其他萬物一樣是自然隨性而為，不是後來的地位獨特的象徵性表達，是自然的自利性行為。是沒有貪欲的本能反應。

因而形成了歷史經驗，成為傳承教授的道理，以代代相教相習。因而老子要說：「人所教之，我亦教之」。

到這裡，一直存著一個疑惑，為什麼稱之為「孤、寡、不穀」時，在第三十九章中是侯王而在此章卻變成了王公。但從「侯王自稱孤、寡、不穀」和「而王公以為稱」兩句看不出什麼不同。想像老子那個時候還是有等級秩序的，老子和孔子一樣也不希望禮崩樂壞的，也是對當時社會秩序的變動不滿意的不是變好而是變壞。當仔細思索「強梁者不得其死」之句，頓時有開朗之感。老子對那些造成「孤、寡、不穀」現象的王公們是痛恨的，而對侯王是相對溫和的。王公是亂了侯王的秩序，後世的王公本不應該自稱「孤、寡、不穀」，而是串了周禮可能規定的「侯王自稱」，侯王以這樣的自稱來警覺自己的行為，避免給老百姓帶來真實的「孤、寡、不穀」。雖然老子不滿意這樣的亂禮行為，但如果王公們真的以「孤、寡、不穀」為警示語，而不是權力的炫耀，而且沒有造成老百姓出

現「孤、寡、不穀」，這樣的王公老子也是認同的，所以說「損之而益，益之而損」的道理是不變的，不管是侯王還是王公。「人所教之，我亦教之」教的這個道理，不會因侯王和王公不同而產生差異。當然也有「同中有異」，隨後的「強梁者不得其死」就是異。為什麼老子會用這麼激烈的語言來表達對強梁者的不滿，現在我們知道了老子是反對戰爭的，不能動不動就打仗。而「孤、寡、不穀」的現象多是戰爭造成的，戰爭的結果是好多的男人要死去，而男人死去的結果就會出現「孤、寡、不穀」。強梁者看來主要指的是輕易發動戰爭的那些王公們。我們現在形成了「春秋無義戰」的認識，可見在老子時代，戰爭隨便找個理由就可打起來，結果造成社會出現了許多孤兒寡母、百姓食不果腹的慘狀。所以老子對輕易發動戰爭還自稱「孤、寡、不穀」的王公們怒稱其為「強梁者」，而且還算是一種詛咒吧，「不得其死」就是不能夠正常的死亡，不是飛來橫禍就是疾病折磨而死。我們現在常說「不得好死」以詛咒所痛恨的人。而有些戰爭也是圍繞著禮發生的，難怪老子在第三十八章中要說「禮者亂之首」。這種不斷造成戰爭的禮制秩序是該徹底廢除了。所以老子要以「吾將以為教父」作為對這種不合理制度率先發起攻擊的宣言。所以老子傳布《道德經》有其內心的自願驅動，不是我們一般理解的不得已而為之，他只是為不能精確地表達出來而不得已。老子就是要透過《道德經》廣為傳布，培養一些制約王公們的力量，使其能夠被迫制約自己的行為，逐漸讓人們也包括王公們步入修道之途。老子在這裡有一種捨我其誰的豪邁氣概，大有地藏王「我不入地獄誰入地獄」的敢當精神。教父就是第一個這樣教的人，不僅教「損之而益，益之而損」這樣的道理，也教以「強梁者不得其死」來喚起人們反對「不斷引起戰爭的統治者」的勇氣。對當時來說，只有超絕智慧的老子才敢這樣說，而且後來道學也成了顯學。由這裡，我們才真正地知道

了老子的「無為而無不為」。從修身的角度看，這是憤慨的心，我們不能隨便去滅心，而是不斷歷練各式各樣的心。只有這樣，才能夠「正」，修成大德而道悟。以利於修萬物「生」之大德，而終達到長壽。

第四十三章　道化利器

> 天下之至柔，馳騁天下之至堅。
>
> 無有入無間，吾是以知無為之有益。
>
> 不言之教，無為之益，天下希及之。

變動：

此章變動之處如下：「無有入無間」為「出於無有，入於無間」，「入」為「入於」；有的沒「吾」；「希及之」為「希能及之矣」，有的「希」為「稀」。

闡解：

上章的「吾將以為教父」，就像是革命的宣言，宣布了與現存統治秩序的決裂。老子要擔當起教父的責任，教以人們應該起來反對這些不斷挑起戰爭的王公。如果有王公能夠擔當起安天下的責任，那是再好不過了。可惜他們卻不斷地遠離「為天下正」的大德，讓老了徹底失望了，以「強梁者不得其死」與這些王公們決裂；以「吾將以為教父」來表示自己甘願當改變這種秩序的引路人。老子孤身一人發出了那個時代的最強音，是弱者對強梁者的宣言。那麼弱者反對強梁者的利器是什麼？此章提供了弱者應該以什麼樣的武器來反對強梁者，那就是我們一直所說的道，道可以化出反對強梁者的利器。因而河上公為此章取名為「道化」，因其走得是神仙道，這種在秩序改變的隱喻是被忽略的，只以「道化」來點明修道可免

被強者侵凌，走得是脫塵俗之路。而老子本意是想改變現狀的不合理統治秩序，所以我認為此章應取名為「道化利器」。道就是反對違和統治秩序的利器。

道就是弱者戰勝強梁者的唯一可靠的憑藉，依靠道也確實能夠實現對強梁者的戰勝。「天下之至柔，馳騁天下之至堅。」至柔和至堅的實力相差何其巨大，而結果殊異，至堅被至柔馳騁。這是道在發揮作用。在中國社會，其實道統一直沒斷，因而我們也一直相信「以柔克剛」。在中國的歷史上從來不乏「以柔克剛」、「以弱勝強」的案例，「以柔克剛」在科學應用上更是頻繁，這都是道化的結果。在各種權力理論所闡述的權力，強調的就是支配控制的結構，而這種支配控制結構的維持就是依靠權力者所擁有或控制的資源也就是實力作支撐。要改變這種支配控制格局，就要改變這種結構，進行權力結構的改造，植入平等性的因素，改變的關鍵就是讓權力的受體也變成權力的主體，而不是不平等結構的固化。而能夠改變這種結構的利器就是老子所談的道，這也是我要將老子的無為思想引入權力生態學領域的動因。

老子傳道的結果，就是培養了一批人在戰國時期風雲迭起，在漢初奠定並開啟了中國的強盛時代。

沒有空間，如何進入空間？看似是一個無解的問題。因有道，這個問題就迎刃而解。「無有入無間」，可見道的功用很強大。「道常無為而無不為」，道的這種功用就表現在無為上，因而老子隨後就說：「吾是以知無為之有益」。無為在平時顯示不出它的功用來，而在關鍵的時候，只有無為之道可解決。這就是奉守無為之道的好處。

最後一句是總結，「不言之教」是傳道的方法，「無為之益」是道的功用。傳道的效果和無為的好處，在天下幾乎沒有能夠比得過。言外之意，

就是信我的道吧，我的道是最好的。透過四十多章鋪敘，在這裡充分展現
了布道的意圖。要讓更多的人走上信道的路上。

第四十四章　道用之適可而止

名與身孰親？身與貨孰多？

得與亡孰病？

甚愛必大費；多藏必厚亡。

故知足不辱，知止不殆，可以長久。

變動：

此章變動之處如下：「甚愛」前有「是故」；無「故」；「多藏必厚亡」
為「厚亡必多失」。

闡解：

當處於弱者的時候，需要善於用道以柔克剛，以弱勝強，結果就是弱
者地位的改變。扶弱抑強是道的功用，當弱者扶起來後，已經改變了弱者
的地位，弱者不再弱。弱者是從功利的視角出發用道的，修道是在於私
心。雖然能夠善於道用，但是還不能去私慾還自然。當地位發生改變後，
原來沒有的欲望可能就萌發出來，也容易受新生欲望的誘惑，偏離「正」
之大德，況且地位的上升，大德所修開始考慮到「為天下正」。在還沒有
做好準備的情況下，就會被名、利、權所綁架。所以在八十一章《道德
經》中，此章一開始就以三問來叩醒失衡的心。

「名與身孰親？」意思是名聲重要呢，還是身體重要呢？當然身體的
好壞決定一個人生命品質的高低。許多人經常為名聲所累，不是多病就是
早夭。在我身邊有不少為追求名聲而不斷離去的人，都是為名聲所累而失
去了生命。當這樣選擇的時候，人們自然能夠輕易地判斷身體或生命重

要。名聲的追求不就是為了心情愉悅，沒有了好的身體，那能夠有好的心情，沒有了好的心情，名聲有何用？

「身與貨孰多？」意思是身體和財富在心中哪個分量重？人們追求財富的目的就是為了享受，而享受財富的好處卻需要一個健康的身體。如果在追求財富的過程中，傷及了身體，甚至丟掉了性命，追求的財富有何用？當這樣二選一的時候，人們自然會毫不猶豫地選擇了身體更重要。當今有這種說法，「三十年前拚命賺錢，三十年後花錢治病」。這是何苦來著？雖然年輕時不贊成成為「佛系」人物，但是拚命一定要有一個限度，不能不斷超越身體承受的極限，到時候悔之晚矣。

「得與亡孰病？」意思是得到了名、利、權好呢，還是在追求過程中失去生命好呢？一切的欲望追求都是為了好好享受美好的生命時光，生命不在了，這些追求也就是鏡花水月。進行二選一的話，誰都知道失去生命不好。在放棄名利與死亡的選擇上，誰都不會選擇死亡。

老子強調一切名聲、財富、權力的追求都沒有對健康長壽的追求重要，健康長壽也需要環境好，天下長治久安。佛教教人修來世，是對現實絕望的一種回應，而老子的道卻是要在面對現實中的一切有一個淡然的心態。人生的快樂與否不在於名聲的高低、財富的多寡，而是在於以一顆坦然的心活得足夠長。活在當下是道家的人生態度。

三問，揭示了欲望追求的紅線。雖然悟道的最高境界是「去私慾還自然」，而不是存天理滅人欲。所以在修道的路上，時時刻刻會受到欲望的檢驗。欲望在心中從來不會被滅掉。有些人在面臨這三個問題，也能夠進行正確的選擇，但是在具體的行動上卻會發生不一致。欲望會隨時來襲，相對於其他萬物而言，人行為的主動性很強，所以時時以謹小慎微的態度來迎接欲望，以之磨練心性，以對主動性行為的約束來實現自然率性的萌

發。欲望是滅不掉的，那就要設定欲望追求的紅線，就是不要觸及身體健康和生命。在心中時時警鐘長鳴。怎麼能夠知道身體健康不健康？現在有許多儀器檢測的數據可作為參考，但是更主要的是每個人對自己的健康狀況有一個清楚的認識，身體康健與否應該自己最清楚，畢竟有個體差異的存在，不能完全以大眾健康平均值作為標準。在控制好九竅四關時，心就是身體康健與否的晴雨表。所以說道家一直在強調修心。心容易被外物所干擾。過度的愛必然會牽扯太多的精力和心血，使心失偏，而終影響到身體狀況。這就是「甚愛必大費」。對財富的過多擁有，也會伴隨著更多精力和心血的付出，誰能有陶朱公三聚三散的心胸，對絕大多數人來說，過多的財富就是累贅，就是「餘食贅形」，而終影響的是健康。在不斷追求財富的過程中，也是在厚積死亡的資本，懂得放下就是長壽之道。要知道「多藏必厚亡」。

　　因而要「去私，節愛，輕財」。這樣心就一點點地放下來，這樣也不離「正」之大德，於己、於家、於社會都是有益的。具體的作法就是「知止知足」。好處是不會感受到屈辱。沒有了攀比，沒有了不滿足的心，何來屈辱之心？知止也會讓你能夠避開危險，避免捲入紛爭的漩渦，在漩渦之外開闊心境。最終的好處就是因此而能夠活得夠長，更長久地享受人生的樂趣。

第四十五章　適可在於止心

　　大成若缺，其用不弊。

　　大盈若沖，其用不窮。

　　大直若屈，大巧若拙，大辯若訥。

　　躁勝寒，靜勝熱。清靜為天下正。

變動：

此章字數雖少，變動之處頗多。其中變動歧義頗大的，只要在後兩行。其一：「大辯若訥」為「大贏若肭」，或其後有「其用不屈」或「大盈若詘」；其二：「躁勝寒，靜勝熱」為「靜勝躁，寒勝熱」、「炅勝寒，靜勝躁」。其他有一些小變動，如「弊」為「敝」；「盈」為「滿」；「沖」為「盅」、「空」；「窮」為「窘」；「屈」為「曲」、「詘」；「靜」為「靖」；「躁」為「噪」、「趮」。

闡解：

對於「大辯若訥」為何為「大贏若肭」？想不通之間的替換規律，至於添加的「詞句」可能是放上句而出，又或是順展而延伸，亦或原來就有的句子。不管怎麼樣？也沒有此章的整體意義表達，也就隨大多數版本的選擇。而最富有爭議的就是「躁勝寒，靜勝熱」。取用之選擇各有其理由，自有其一套說法。就取用「躁勝寒，靜勝熱」的就有如下說法：其一，河上公的以季節變化順序釋解；其二，以靜不勝寒，躁不勝熱反證；其三，解釋為運動能夠戰勝寒冷，心靜能夠戰勝炎熱。現在的人多以第三種解釋為準。但是有的以「靜為躁君」及古本中經常「靜」和「躁」相隨出現，而調整為「靜勝躁，寒勝熱」。這樣的調整是滿有道理的，我一度很是認同，原來準備這樣選取的，可後來看到《姬氏道德經》中是「炅勝寒，靜勝躁」，受了啟發。然後對這樣的調整產生了幾點疑惑：其一，調整過多地關注了「靜」和「躁」習慣性匹配，而導致忽略「寒」與「熱」的自然調整。寒熱自然相對也說得通，但是這樣缺少一點考慮，就是為什麼靜勝躁後就是寒勝熱呢？兩者之間似乎是脫離的；其二，「靜勝躁」明顯是說心境的，「寒勝熱」自然是說氣候的，指周圍的環境。看似不相干的兩類事情，在《詩經》裡是常用的情感表達方法，叫比興。如果從比興

方法解，位置就不對了，「靜勝躁」應置於後，就像《姬氏道德經》中「靜勝躁」是放在後面。比興是古人的一種表達習慣，也就是我們現在常說的以物詠懷、觸景生情吧。這種調整不符合比興方法的習慣模式。後來將各種釋義一一思索，感覺這樣調整並沒有認為原來是不對的，沒有考慮到原來取用選擇在釋讀中的合理性。即使取用「靜勝躁」的《姬氏道德經》中的釋義（燥熱能勝寒冷，冷靜能勝燥熱）前後的表達也銜接起來了，與原來的「躁勝寒，靜勝熱」在「釋義」中取得了一致。這樣一考慮，我認為「躁勝寒，靜勝熱」更為合適，再仔細離析，發現「躁勝寒，靜勝熱」與「靜為躁君」在邏輯上也不衝突，還是一致的，只是這裡「靜」和「躁」的關係是間接表達出來的。再說我也有了不同的看法，認為比上面三種釋義更為合理一點。是否如此，在下面具體的闡解中陳述出來，以供評判。

　　結合前幾章的內容，此章就是要告訴我們「知足知止」的關鍵就是「止心」。此章一開始就是一個豪華排比，來告訴我們，平時所追求的極致結果應該是這樣的。以一連串的排比告訴我們正確的作法。當然使用「豪華排比」、「一連串的排比」的修飾語是有點誇張。但也確實表達了老子的意圖。前兩個「大成若缺」、「大盈若沖」其後隨之就講了這樣做的好處，而後面三個卻把要講的好處都省略了，不就是要告訴我們，這些正確的做法是不可能一下子說完的，太多了只能省略之，而後面以「大直若屈，大巧若拙，大辯若訥」三詞告訴我們還有很多。古代常常以三代表眾多。「三生萬物」，三後就是許多。畢竟道是無處不在的，其顯現的德也是多元的，列舉出來的五種德就是近道的德。

　　「大成」指的是人們心中取得的最完美的成就。按照一般人的心理，大成是沒有遺憾的，有遺憾終感覺美中不足，而導致不斷地去追求「完美」，由此誕生了「完美主義者」這一類人。其實所謂完美的「大成」是

不存在的，也是不遵循道的，內涵了貪欲，而真正循道的「大成」就是要有那麼一點說不上來的缺憾，可能在別人看來是已經很完美了。這告訴我們「大成」的追求是沒有終點的，能夠停下來關鍵在於心。有了道心就會止心，止心也就滅了完美追求的欲。結果呢，就是「其用不弊」，既能夠避免身體的疲勞崩潰，也能夠留下進一步追求的希望。若缺是永遠存在的，完美是不可能的，為了聆聽上帝之音的科學運動現在還沒有衰竭，一代一代推動著科學的發展。個人的能力畢竟是有限的，只有在長時期保持身體康健的情況下，才能夠將能力發揮到最大。這些就是我們所說的「其用不弊」。

「大盈」，按照一般人的心理推導的就是盈了又盈到再沒有空間留下，實際上「大盈」就是盈了又盈的無限循環。在旁人看來，是沒有空間了，而在修道者眼裡，還是有無限的空間可以填充。盈滿需要具體的器來量度，在一般人的眼裡，都有一個有一定容量的器，而在修道者眼裡，這個器沒有限定的容量，而這個器就是道器，而且總是處於「空」的狀態。結果就是「其用不窮」。以道器來量盈滿，總是用不完，沒有窮近。視心胸為道器，心胸就會寬廣；視肚量為道器，肚量就會宏大；視眼界為道器，眼界就會高遠。盈是沒有盡頭的，總有盛不完的氣，人的一生不能總去生氣，所以要適可而止生氣之心。每個人心的容量是有限的，不能總讓氣充的滿滿的，那就會心浮氣躁。

「大直若屈，大巧若拙，大辯若訥。」都蘊含著道，都告訴我們裡面有一個「止」，過度地追求「直」、「巧」、「辯」，就會得到「甚愛大費」的結果。

一切近道的德，都要涉及到「止心」。但是「止心」並不容易。什麼是正確的「止心」辦法。那就是「躁勝寒，靜勝熱」。躁和靜是指心境，

寒和熱是指環境。人在修道的過程中，必然會面臨寒冷暑熱的不同環境。
寒熱是大周天的規律變化，躁靜是小周天的規律變化。人在修道的過程中
不可避免會受到寒熱的環境影響，人的身體如何與環境的寒熱形成一個循
環，與自然融於一體。在寒冷中不會瑟瑟發抖，在炎熱中不會汗流浹背，
記得網路上有這樣的文章，說的是東南亞有一個人表演在蒸籠中能待多長
時間，最後因之玩掉了性命，但是以前都沒事，這個人是有一點道悟的，
懂得「靜勝熱」的道理，且能夠用於謀生的實踐中。如果在蒸籠裡像螃蟹
一樣的翻騰，就一次也活不下來。在炎熱的環境下，心要能夠靜下來，要
充分激發人體防禦系統對外界環境變化的適應能力，身體與環境形成良好
的積極互動狀態。但是靜不勝寒，人在靜寂的狀態下會有清涼之感，是一
種冷。在寒冷的環境下，靜下來是會發生危險的。所以，在寒冷的環境
下，「躁勝寒」就造成了作用，整體身體狀態不是處於靜寂的狀態，而是
在一個動的循環狀態中，這樣與外界環境形成陰陽平衡的能量交流，當然
身體需要一定的能量儲備，才能夠應付寒冷的環境，以待大環境的變化。
身體的動循環需要熱量的持續釋放，那就需要「躁」來激發，躁是有控制
的，不是源於對寒冷的恐懼而極大量地釋放熱量，而釋放的熱量是可調節
的。躁和靜都是屬於心的，躁不是身體的外在運動，雖然外在的運動能夠
抵禦寒冷，但心躁也是能夠抵禦寒冷的。但是躁容易使心浮起來，造成身
體內在機能的紊亂，「急躁」就是這樣的表現。躁要實現可控，那就要依
靠靜，前面已經講過「靜為躁君」，透過靜駕馭了躁，在躁靜中，有序的
釋放能量，與外在寒冷環境達到平衡，保持身體機能的正常運轉。所以，
在打坐的時候，看上去是一個安靜的狀態，但是心在悠閒地動靜切換著。
平時我們認為打坐是趨於靜的，是因為我們平時經常動，很難靜下來，所
以打坐主要是修「靜功夫」的。

在面對外在的炎熱，是需要「靜」的；在面對外在的寒冷，也是需要「靜」的；在面對躁動不不安的情況，也是需要「靜」的。清靜是心靜的最佳狀態。清靜可以讓我們從容面對一切。對於個體的人，「正」為其大德，清靜可至大德成；而對於由眾多人組成的社會，在古代，這個最大的社會，就是整個人類群體，叫「天下」。那時的侯王為天下的治理主體，由個體的人來擔負治理天下的大任，「為天下正」就成為治理主體的大德。治理主體處於權力中樞，各種利益的交會之處，會形成許多寒熱交替的各種漩渦環境，而面對這樣多變的環境，「清靜」是最為關鍵的，因而說「清靜為天下正。」

第四十六章　儉欲：天下之知足

> 天下有道，卻走馬以糞。
> 天下無道，戎馬生於郊。
> 罪莫大於可欲；
> 禍莫大於不知足；
> 咎莫大於欲得。
> 故知足之足，常足矣。

變動：

此章變動之處如下：有的版本沒有「罪莫大於可欲」；咎莫大」為「咎莫憯」、「咎莫甚」、「咎莫慘」、「咎莫憯」；「故知足之足，常足矣」為「故知足，知足常足」，有的「常足」後無「矣」。

闡解：

此章還是在談知足，連續三章都與知足有關，知足在於止心，在於節欲。只不過此章多從反面視角去談知足。意在告訴人們知足在於控制自己

的欲望。所以河上公以「儉欲」為此章取名，我亦從河上公的取名之意。

　　一開始以對比的手法，告訴我們天下有道和無道的結果。天下有道，就是侯王們在修道的路上，懂得體恤百姓，致力於修「為天下正」的大德，以引導人們修人之大德「正」，然後人們自然趨向於「生」，人與人之間沒有控制的欲望，信、仁自然而生。侯王們謹慎對待戰爭，戰爭幾乎不發生。所以，用於打仗的戰馬都沒用了，只能在田間種田，與一般的馬在功用上沒什麼不同。而天下無道時，侯王們欲心不止，戰爭連綿不斷，戰馬不夠用，就連懷了馬駒的母馬都要上戰場，用於耕田的馬就更不用說了，甚至在戰場中的馬駒一生下來，就作為戰馬使用。所以要說「戎馬生於郊」。透過對比，突顯了對老百姓影響的巨大反差。一個是有利於老百姓平安地生活，一個是對老百姓的日常生活造成了極大的騷擾。不僅要出人，還要出物，甚而還得經常餓肚子，一切痛苦由之而生。這一切都源於欲望不止。

　　然後就是連著用三句話對欲望追求給予猛烈地抨擊。將產生的「罪」、「禍」、「咎」都歸到了欲望的頭上。「可欲」、「不知足」、「欲得」都是欲望的表現。「罪」、「禍」、「咎」都是對欲望行為的懲罰。在這裡主要有幾個問題要處理，一個是為什麼在一些版本中會沒有「罪莫大於可欲」？第二個問題就是這三句話是個什麼樣的關係，只是簡單的堆砌嗎，還是另有深意。下面就將嘗試回答這兩個問題。

　　在那些沒有「罪莫大於可欲」的版本中，我沒有看到為什麼沒有的解釋，簡的缺失？有此可能，但是也可能就沒有這一句。那麼那些有此句的版本為什麼要加上去呢？而且也沒有解釋多這一句的理由。可能都認為應當如此。這裡我就是要說說應當如此的理由。對於沒有這一句的，可能會認為，「罪」與「咎」是一樣的意思，看「咎」的詞條分析，有罪過、怪罪

的意思，與罪詞意差不多。如果只是這樣想，那麼「咎」與「禍」也有同一意思，就也有災禍的意思，一句就夠了，無須再多一句。為什麼就有這兩句呢，而不是一句？那就是為了排比的氣勢烘托出老子對能夠挑起戰爭欲望的痛恨，如果是這樣的話，那麼罪這一句也是應該存在的。從《姬氏道德經》看，也是應該有的，它是姬姓家族的口傳本，代代相傳，即使有詞字口誤，也不應該有句誤。在《周易》裡，沒有見到「罪」和「禍」，「咎」在《周易》中是個常出現的字。「咎」應該表達的是人們還沒有意識到人類自身行為會導致的結果，歸結於客觀因素導致的不好影響。至於「罪」與「禍」，是人類不再將不好的結果歸之於客觀條件，已經認識到自身行為會導致這些不好的結果。從字源看，「罪」最初從「自」、從「辛」，也就是因為行為不當，而被自己的群體施予的懲罰。而「禍」，從「示」、從「咼」，自身行為不當來自上天的懲罰。而「咎」，從「各」、從「人」。最初的意思災禍來自於客觀條件對行為的制約，當擺脫了對上天的敬畏，而歸結於道的認知，「咎」就表達了與自身行為沒有直接因果關係的不好結果。老子認為人得到的不好結果都歸之於人的貪欲，如果能夠節欲修道，這些不好的結果都是可以避免的。

「罪」、「禍」、「咎」在老子時代都是表示對人本身產生的不好結果。「罪」慢慢轉變為內心的自責而產生的痛苦。為什麼這麼說呢？從「可欲」以此可知，這是由心發出的，還沒有化成行動。所以由此產生的「罪」，也是因為內心感到痛苦而自認的。「禍」是貪婪行為的一種結果，欲望已經轉變為具體的行為。「咎」是貪婪想法表達出來而逐漸引起了人際關係的疏離變化。因而可以這樣說，「罪」是來自於自我認知的懲罰，「禍」是來自於「周圍環境」的懲罰，「咎」是來自於人類社會他者的懲罰。「罪」、「禍」、「咎」也基本上將由貪欲導致的不好結果都涵蓋了，三

者是缺一不可的。

因此，貪欲要不得。要知足，要知道滿足的這種滿足。這種知足，要有自我認知的知足，也要有他者認知的知足。這兩種知足合一，才是「知足之足」。這樣的知足也就是恆定不變的知足，沒有任何異議的知足，是各方滿意的知足，這也是大道所倡導的知足。

第四十七章　聖人的能力

不出戶，知天下；不窺牖，見天道。

其出彌遠，其知彌少。

是以聖人不行而知，不見而名，不為而成。

變動：

此章變動之處如下：「戶」前有「於」；「知天下」前有「可以」、「以」；「窺」為「闚」，或其後有「於」；「見天道」為「知天道」、「以知天道」，或其前有「可以」；「其出」後有「也」；「彌」為「釅」；「少」為「近」、「尟」；「不行而知」的「知」為「行」；「名」為「明」；「不為」為「弗為」。

闡解：

在中國傳統社會中儒學處於支配地位的時候，也是重視實踐的，我們不是常說「讀萬卷書，行萬里路」。古人也強調遊學，而這裡老子強調不出去走，而是窩在家裡。我們由此就會給老子冠上一頂客觀唯心主義的帽子，現代人以為掌握了一套科學方法，就胡亂給古人戴帽子，總認為自己比老子高上一籌。總認為自己站在了真理的一面，而來自古代的聖賢們就站在謬誤的一面。認為自己是進步的，老子的觀點是落後的。這也是曾經的我。其實這就是一種著相。老子的觀念雖然有時代的局限性，但是《道

德經》能夠盛傳幾千年而不衰，可見其觀點並不過時。以我們現代知識的累積程度，才逐漸證明了老子一些觀點的正確，而且還經常給那些有著巨大成就的科學家和哲學家寶貴的啟示，可見老子的思想是非常前衛的。他的境界、他的知識、他的智慧綜合在一起，很厲害。現在的我們很少能夠讀懂老子的《道德經》，其中一個主要原因是我們主觀上不願意深入理解，想當然地肯定現代的哲學理念比那時的強，然後就以淺顯的見識胡亂批一通，感覺很美。卻不知這是一種無知的表現。首先一點，我們不懂得尊重聖賢，在人格上落了下乘。第二點，我們不明白此章老子所要表達的意思。此章所闡述的內容主要針對有一定道悟基礎的人，內容主要是反映了老子對聖人能力的看法。聖人可以這樣做，普通人不行，君子也不行。這裡老子並不是為了反對實踐，他只是要說明修道到了聖人層次就有了一般人所認為的「通天徹地之能」，不具有普遍性。在歷史上戰爭中的謀略家哪個不是待在方寸之地決勝千里之外呢？按照八十一章的體例排序，此章是在前三章論述「知足」的基礎上推之而出的，其必定有另外的深意。我們不理解，就不能輕易去否定《道德經》內在章節之間的邏輯關聯。現在在闡釋此章的過程中，也在不斷為老子思想的深邃而深深震撼。

　　雖然老子說的是聖人「不出戶」、「不窺牖」，但是他認為存在這種「不出戶知天下，不窺牖見天道」的可能性。這是很了不起的。在現在的資訊社會，我們很容易能夠實現「不出戶知天下，不窺牖見天道」這種情況。因為現在能夠借助網路、電腦、電視等資訊媒介，而那時的老子沒有這些工具，他就是依靠自己的頭腦，靜心感悟知道可以這樣辦到。老子是不是很不簡單，老子所倡揚的道是不是很厲害。不管是現在，還是過去，有一點共同之處就是空氣中有大量的資訊存在。而這些資訊可以透過道悟用心去感覺到，而現在可以借助技術去捕捉這些資訊。說白了現在的科學

發展也沒有脫離老子的道，反而證實了老子思想的超前性。

正像印度大師奧修（Osho）所說的一樣，每一個讀《道德經》的人，就感覺自己就是老子，可見老子的語言是貼心的，也正好證實了，如老子所認為的，每個人心中都有道。只不過悟道的層次不一樣，對空氣中的資訊捕捉能力是不同的。捕捉資訊越多，也就是說道悟越高深，就能夠近乎達到「不出戶知天下，不窺牖見天道」。實際上，修道也是一種重要的實踐過程，是心的實踐活動。

前面幾章要人們知足，辦法就是節欲。欲望起來後，是不容易節制的，要確立一個新的追求。此章可以說是一個替代性誘惑，告訴你修道修到聖人境界是很厲害的，原來所追求的都是小兒科。老子也不主張你去欲，在開始修道的時候，是需要有也必然有欲望，那也只是將欲望追求轉移一下。有了一個遠大理想，自然會產生替代效應，看淡一切的貪欲。就達到了節欲，就慢慢達到了「去私慾，還自然」的境界。河上公為此章取名為「鑒遠」，我直接通俗一點直接以「聖人的能力」為此章取名，雖缺了鑒遠的文雅，但是更容易讓人明白。

一開始就以「不出戶知天下，不窺牖見天道」為此章開說。這是一種可能的結果表述。是修道到一定功夫可以實現的一種結果。這不只是想像，歷史已經告訴我們這是一種能夠實現的真實狀況。為什麼透過修道可以達到這樣的情況？這才是我們需要明白的內在機理。對於一個修道者，能力能夠達到這樣的情況，就近乎「成聖」了，一般也會被周圍的人稱為聖人。也就是說聖人肯定具備這種能力。那就以聖人為主體展開分析：聖人不出戶，只是他自己不出戶、不窺牖，對於其他人沒有限定，家人可以自由進出，朋友可來訪談。這就是其中關鍵。資訊實際就在空間中彌漫，方寸之地的資訊可以透過家人和朋友發生變化，而對這些資訊變化的捕捉

就是聖人能夠做到的。新資訊帶來的因果關聯聖人也能夠推導出來。整個天下透過資訊串聯起來，形成了一個龐大的資訊網絡。這個資訊網絡古代也存在，我們現在的人很容易理解，但是對於古代的人，除了那些修道的人是感覺不到存在的。聖人是透過心來感知資訊的存在及變化，由此可作出相應的推斷，而達到「知天下」、「見天道」的效果。透過止心，讓心靜下來，處於空靈之態，透過心使身體與周圍的環境發生融合，進行能量交換。當環境中資訊發生了變化，哪怕是很輕微的變化，心都能夠感知到，對心來說，就是一個具體的實踐過程。

　　古代透過心去感知資訊的存在和變化，具體的方法就是要讓心靜下來。靜不下來，就完不成這個實踐過程。而在依靠腿腳不斷地走動，是會影響到心靜的狀態。所以老子隨後就說「其出彌遠，其知彌少」。雖然依靠具體的運動實踐，我們能夠知道許多東西，但是也伴隨著干擾到了「止心」的活動。用我們容易感覺到的實踐認知來取代我們不容易感覺到的實踐認知，這樣我們產生高於老子的想法，認為「其出彌遠，其知彌少」是胡說八道。

　　透過心的實踐活動，聖人能夠掌握比其他人多得多的資訊量，所以聖人能夠「不行而知，不見而名，不為而成。」但是，要使心完成這樣的實踐活動，就必須對心進行歷練。經歷的磨難越多，心就越能夠滿足實踐活動的條件。從此看，老子是不排斥具體的運動實踐，否則他不會說「受國之垢」、「受國不祥」之類的話。

第四十八章　致無為

　　　　為學日益，為道日損。

　　　　損之又損，以至於無為。

無為而無不為。

取天下常以無事，及其有事，不足以取天下。

變動：

　　此章最為關鍵的變動在於「事」作「私」，這樣一變，意思就不同了。其他小變動之處如下：「為學」、「為道」後有「者」；「為道」為「聞道」；「又損」為「又損之」；「無不為」前無「而」，或其後有「矣」；「取天下常以無事」前有「故」、「將欲」，「取天下」後有「者」、「也」；「有事」後有「也」；「不足」前有「又」，最後有「矣」。

闡解：

　　此章就是要告訴我們怎樣才能夠達到無為。河上公以「忘知」為此章取名，可見其認為「致無為」是要透過「忘知」而實現。要先有知，才能夠忘知。所以河上公也明白老子不是反對知的，而是以「知」作「資」的。沒有知，就不能忘知，也就無法「致無為」。雖然明面上老子說「為學日益，為道日損」，但是將下一句連接起來，我們就知道老子不反對學而知之，也承認學是為道的基礎。由此看來，將「絕學無憂」置於第二十章，並給予釋讀在此得到了證明。

　　上一章我們談了聖人的能力，而聖人的一個主要表現就是「無為」。那麼如何達到這個「無為」呢？下面就將進行詳細分析：

　　第一步就是要學。學是一切的基礎。至於學得怎麼樣，那是另一回事。學習都會有一個明確的目的，也是為了更好地滿足內心的欲望。因而說，學是欲望驅使下的學，沒有欲望的驅使，就沒有學習的動力。對於一個對道不了解的人來說，學習首先不是為了尋道的。只要一學習，那就背離了道，道是要求節欲的。道最終是要求「去私慾還自然」，但不反對尋道過程中有私慾。人人都有道的根基，這就是為什麼老子要說「復

歸於嬰兒」。嬰兒是混沌的，沒有什麼雌雄行為的差異，而在學習的過程中要「知雄、知雌」，學習的越多明白雌雄不同的道理越多，這樣就離混沌狀態的距離越遠，也就越來越不可能「復歸於嬰兒」，也就是「為道日損」。學的越多，道的根基損的也就越多。所以在學習的過程中，不但要「知雄、知雌」，而更重要的是要「知其雄守其雌」，不能在「知雄、知雌」的過程中因討厭雌性的行為而放棄柔弱。沒有雌的存在，雄也就失去了方向和基礎。只要我們抱著「知其雄守其雌」的原則堅守，當道的根基被損的不能再損了，也就放棄了所有的執念，什麼都不用做了，這時「知其雄守其雌」的原則堅守就產生了作用，不是無所事事，而是放下執念後的「無為而無不為」。由「無為」順利過渡到「無不為」。「以至於無為」的「無為」是聖人的「無為」。以學練心，不斷地學而化之，將各種「不道」一一體悟，各種「不道」是「為學日益」輸送過來的，體悟了也就明了大道。達到「無不為」的自由之境。「無為而無不為」是為「無為」定性。從「致無為」的過程中，我們應該能夠明白「無為無不為」在於心，在於去私心，在於不生事。

　　我們追求無為就是為了活在當下，就是希望天下環境也利於「無為之心」，以無為之心而達身體之長壽。沒有環境的支持，很難讓人「無為」的。聖人知道無為的好處，而一般人只能從無騷擾的外部環境被動享受無為的好處。對於聖人來說，是為了讓更多的人去享受「無為」的福利，取天下也就成為一種選擇了。聖人的「取天下」是以「常以無事」達到的。所以老子要說「取天下常以無事」、「及其有事」，這不是聖人的行為，從聖人的標準而言，以「有事」取天下是不足的。即使取得了天下，也不會是聖人所希望的那個天下。

　　這裡的「事」，在《姬氏道德經》中是作「私」。我感覺這在邏輯上

更順暢，雖然沒有用「私」替換「事」，是為了遵循人們對《道德經》的接受習慣。達到「無為而無不為」是在「去私心」的基礎上，所以以「無為而無不為」取天下，是在於沒有「私心」。中國的文化一直強調「天下為公」，有了私心，取下的天下根基就差些，不足的地方越多其滅亡的就越快。中國的朝代更替也是這樣證明的。不管足不足夠，能夠取得天下，本身就帶著一定程度的「公心」。當人們看到其「公心」裡，藏著許多私心，那就離滅亡不遠了。

第四十九章　聖人之心

聖人常無心，以百姓心為心。

善者，吾善之；不善者，吾亦善之；德善。

信者，吾信之；不信者，吾亦信之；德信。

聖人在天下，歙歙焉，為天下渾其心，百姓皆注其耳目，聖人皆孩之。

變動：

此章變動之處如下：「常無心」為「無常心」、「無心」；「德」為「得」，「德善」、「德信」後有「矣」、「也」；「在天下」前有「之」；「歙歙」為「惵惵」、「怵怵」，其後無「焉」；「渾其心」為「混其心」、「渾渾焉」，其後有「焉」；「百姓」後無「皆」，「注」為「屬」，「耳目」後有「焉」；「孩」為「咳」。

闡解：

聖人已經超脫了常人，他的道就是天之道，就是接近本源的道。聖人已經去掉了私心，有的只是大愛之心，天下的百姓都是他所要關心的對象，無一遺棄。聖人的「無心」是沒有私心。常，指的是這種無私心的狀態恆定不變。百姓關心什麼，他就關心什麼。可以說，老百姓的心就是他

的心。聖人的能力很大，聖人愛人的能力也很廣大。

在百姓中，有善良的人和不善良的人之分，但是對聖人而言，不會因之行為有差等，都會善待他們。對於善良的人，因聖人的善待，得到了支撐，而更加秉持善言善行。對於不善良的人，因聖人的善待，而改變其心，變得也善良了。這時聖人所奉守的道展現出來的德就是善，聖人的德善展現在人人向善。

在百姓中，有講信的人和不講信的人，但是對聖人而言，不會因之行為有差等，都會選擇相信他們。對於講信的人，因為聖人的相信，會更加堅定，堅持講信沒有錯，將這種品格秉持下去。對於不講信的人，因為聖人的相信，而改變其心，變得也講信了。這是聖人所奉守的道彰顯出的德就是信，聖人的德信展現在人人講信。

在一個社會中，社會行為的整體趨向在於整個社會的賽局規則是什麼？聖人就是那個改變賽局規則的人。

「聖人在天下」不是聖人站在統治天下的地位上，而是指聖人的心在天下。心在天下，身處何處也無關緊要。況且聖人不一定就是一個，又可能一個也沒有，有可能好幾個。處在統治地位的聖人當然能夠更快地更好引導社會向好的方向發展，這是因為造成影響力的渠道好。處於深山而人不知的聖人，影響力就會小很多。但是對於聖人來說，不管在什麼地方，都是心繫天下，而且能夠造成一定的影響力。天下是以聖人為中心的信、善的擴散性傳播。聖人成為社會守信向善的核心，聖人以自己意欲收斂的表現，擴散影響到周圍甚而整個天下，使天下成為節欲、守信、向善的天下。為了天下能夠向這樣的方向發展，聖人會將自己的心混沌化，將自己的心樸散於百姓心中，引導人們節欲、守信、向善。在聖人渾其心的時候，聖人並不馬上寄希望於百姓發生改變。畢竟對於老百姓來說，都有自

己的利慾趨向選擇。但是老百姓都會因聖人渾其心而專注其耳目，聽在耳裡，看在眼裡。聖人表現為像愛護孩子一樣愛護他們。老百姓的行為就會因之而發展轉變，不善的開始向善，不守誠信的開始守誠信。社會風氣將會因之而扭轉。

生命系統的生死道

　　任何的生命系統都會有生有死。道之動而生天地萬物，故為「出生」。歸根曰靜，靜曰復命，死是靜的一種狀態，為歸道，故曰「入死」。出生入死，是生命系統的運行過程的概述。如何生，是道隱德顯的生命系統運行狀態應該如何？核心就是尊道貴德。尊道貴德是天下生命系統運行的根本，也是人生命系統延年益壽的祕訣，更是身、家、鄉、國、天下不同生命系統疊加相連的根基。儒家的「修身齊家治國平天下」未免就不是老子重積德觀念的延展？我們可以從人的生死窺到天下的興亡，也就是天下的生死。從人之不言到天下之無為，是玄同，是天下最可貴的。

第五十章　貴生於道

　　出生入死。
　　生之徒，十有三；
　　死之徒，十有三；
　　人之生，動之於死地，亦十有三。
　　夫何故？以其生生之厚。
　　蓋聞善攝生者，陸行不遇兕虎，入軍不被甲兵。
　　兕無所投其角，虎無所用其爪，兵無所容其刃。
　　夫何故？以其無死地。

變動：

　　此章變動之處如下：「人之生」為「民之生」、「而民之生」、「而民生生」、有的其後為「生而動，動皆之死地」；「亦」為「之」，有的無

「亦」；「生生之厚」為「生生也」；「攝」為「執」；「陸」為「路」、「陵」；「遇」為「避」；「兕」為「矢」；「被」為「避」；「投」為「駐」、「揣」；「用其爪」為「措爪」、「措其爪」；「無死地」後有「焉」。

闡解：

　　此章從上章「聖人之心」中的「聖人皆孩子」承遞而來。因聖人的存在，百姓都能夠感受到關愛。因關愛，百姓都會重生而不輕死。如何重生？這是此章所要論述的重點，因而河上公為此章取名為「貴生」。因文中「生生之厚」的提醒，又經過仔細思索，原來貴生的結果也是不一樣的，只有符合道的貴生才是此章所要強調的，雖然此章沒有說一個「道」之，也沒有說一個「德」，只有從「善攝生者」間接談到了道。善攝生者因行為合道，故「無死地」。因此，我為此章取名為「貴生於道」。

　　此章歧義最大的就是對「十有三」的理解。主要有三種：一種說「十有三」為「十又三」，意為「四關九竅」或「四肢九竅」；一種說「十有三」意為「七情六欲」；一種說「十有三」意為「十分之三」。當今多以第三種理解為多。自韓非、河上公等許多傳本多取第一種理解；「七情六欲」可能多是佛道合流的附會之說。其中取「十分之三」解的蘇子另有奇說。老子所列舉出的三三之數，有十分之一沒說，蘇子意為「生死之道九，而不生不死之道一」。不管怎麼說，要理解「十有三」，必須結合上下文。既要考慮到「出生入死」之句，又要考慮善攝生者如何不入死地。只有結合了上下文理解的意思，才應該是合乎邏輯的解釋。下文的「陸行不遇兕虎」應該將「七情六欲」之說排除掉了，只是合數而已。徐梵澄在《老子臆解》中傾向於取「四肢九竅」之說，原因有：其一是《韓非子》是離老子最近的解老之作，其二是連結了前兩句，並解釋為「生亦此身也，死亦此身也」。河上公取「九竅四關」之說是從其長生道出發，九竅四關是人

身體這個生命系統與外界產生連結的門戶，也與《道德經》前面章節中論述相吻合，「其生也，目不妄視，耳不妄聽，鼻不妄香死，口不妄言，手不妄持，足不妄行，精神不妄施其死也」。「九竅四關」或「九竅四肢」是合乎邏輯的，此說是可取的。「七情六欲」之說我還沒有看到更合適的理由，姑且這裡不認為是合適的，至於「十分之三」之說，雖然不甚贊同他人的解釋，我卻於此有了新的看法，是否牽強附會以待評論。

　　「出生入死」在現代漢語中，是一個成語，意思是甘冒生命危險的做事情。對於此詞也形成了固定的思維模式，在此章，看到「出生入死」，總是被這種思維模式所干擾。雖然知道老子所說的「出生入死」與現代的意義是不一樣的，但是對這個詞的理解總不能深入下去，也容易接受別人對老子「出生入死」的解釋，如「出現於世上，入於地下」。這些解釋都很合理，與中國實行人死土葬的風俗習慣相匹配。但是，我們更習慣「入世」，而不是「出世」。這樣「出現於世上，入於地下」與人們的慣常思維邏輯也是不融洽的。那怎麼理解「生之出，死之入」呢。我試解如下：我想人的生命處於生死兩端，其實萬物的生命也是如此。從「生」端出來就開始了生命的歷程，進入「死」端，生命歷程結束。老子的道一直講的是修身，於個人而言追求長生，講的是活在當下，不像佛教一死就進入新的輪迴，生命的無限在於不斷地輪迴，老子對生命無限的理解是對道的終極追求，是延長生的過程，只考慮生死之間的這一段時間。長生是悟道，長壽是合道，死是歸道，生是道化。生死之間的生命過程是道化的階段。老子將此章放在〈德篇〉裡，其意在此。我一直在說《道德經》是關於生命系統的學說，以道為發端，落腳點在生命系統上，「出生入死」一詞也是以生命系統為中心的。生命系統的兩端一生一死，「生」為「有」，出於生也就是出於有；「死」為「無」，入於死也就是入於無，那麼「出生入死」就可轉換為

「出於生入於死」。下面「十有三」的解讀順此邏輯也就發生了改變。強調的是生命系統的存續過程，下面應該是比較完全地交代一個過程。

　　「生之徒」、「死之徒」、「人之生，動之死地」分別處於生命系統的三個階段。這是一個完整的生命歷程。其中「人之生，動之死地」處於中間階段，也是老子重點強調的一個階段。「三」在中國文化中是最小的一個全數，經常以三喻多、喻全。因而到了三的數就可劃分為一個完整的階段。過了三，可以說具有一個穩定的階段性特徵。生命系統的兩端，一個靠近生，一個靠近死，分置兩端的兩個階段必然分別以生、死定義兩個階段的特徵是較為合適的，因過了「三」的數，這「生」與「死」的特徵就是穩定的，所以叫「生之徒，十有三；死之徒，十有三。」這是最容易確定的兩個階段，故先在文中確定下來了。「生之徒，十有三」意味著度過了「三」，已經不會因環境條件的制約而發生夭折。「死之徒，十有三」意味著已經進入人生的暮年，死是一個可以看得到的一個結局，活到了這個階段，算度過了大半生，即使是死，也能夠估價活得價值了，這個階段可以說是一個等死的階段，對於常人來說，這個階段死了，也就算活夠了，可以叫做「壽終正寢」。中國古代人認為活夠六十歲就是一輩子，超了就賺了，是恰合在道中的結果，一般修道的人基本都能夠超出這個歲數。孔子說「四十不惑」也就是此意的一種表達吧，到了四十後，死了也就沒什麼困惑了。因合了道的延遲死亡或修了道延遲死亡的情況也不少，在老子這裡多了一數，所以中間階段不只是三數，「死之徒」也向後延了一數。在「生之徒」階段，雖然有早夭之人，卻有著突破環境限制的生的意志的瀰漫，度過了這一階段，一個人應該能夠順生順死了，應該會自然過渡到「死之徒」階段。但是，在中間階段卻會發生了「動之死地」的情況，而且也是過了三的數，意為著這也是一個穩定的死亡人群，這個階段不僅是

一個人人生充分展開的時期，也是一個有著強烈生活欲望的階段，而且是脫離了環境限制而死亡的階段，可是對於絕大大多數人來說，不應該發生死亡，而恰恰在這個階段發生的死亡人數也很多，甚或超出了「三」這個數。這是一個人為的變數，而且這個變數很大，老子用「亦」表達了對這個階段死亡人數的吃驚。不應該發生的死亡而卻在活生生的現實中成為一個穩定的數群。

這到底是什麼緣故呢？老子給出了答案就是「以其生生之厚」。就是太看重了生以及生的意義。

那麼應該怎麼解決呢？老子沒有給出明確的答案，而是以一個「善攝生者」能夠在一生中規避危險為例，而否定了不能抱著「生生之厚」的生活態度，否則解決不了「動之死地」的結局。「善攝生者」為什麼能夠規避危險？最後回答是「以其無死地」。一個明顯的對照：善攝生者無死地，而不善攝生者動之死地。言外之意我們應該向善攝生者學習，向善攝生者學習什麼呢？就是學習怎麼能夠無死地的辦法。雖然沒有回答，但是實際上已經蘊含了答案。這個答案是什麼的呢？下章肯定與此有關。

那我們看看善攝生者能夠規避什麼樣的危險。老子舉了兩個例子，一個是威脅到生命的凶猛動物的例子，一個就是人類自身的例子。我們都知道野犀牛和老虎都是難以對付的凶獸，碰見了一般是會沒命的。對於善攝生者，他們是不會遇到像野犀牛和老虎這樣凶猛的動物，因為他們知道這些動物的規律性活動，而且還能夠提前向這些凶獸發出給它們帶來危險的資訊，要麼善攝生者避開凶獸，要麼凶獸避開善攝生者。這是因為「知」而能夠提前採取行動而避免陷入危險的境地，這與「九竅四關」有關聯，而與「七情六欲」沒什麼關聯。動物不一定懂人類的「七情六欲」，動物不會因為人類特定情欲釋放而對人類不發生傷害，佛家也會這麼認為的，

否則也不會有「捨身飼虎」的佛教經典故事。我們也知道人類之間也會經常自相殘殺，而能夠帶來危險的就是帶著武器的士兵最為典型。我們常說，秀才遇見兵，有理說不清。當兵的不會跟你講大道理，但是懂得情欲呀。善攝生者不會激起士兵的憤怒或不滿，總會以合適的情欲表達來撫平士兵的情緒，所以善攝生者能夠「入軍不被甲兵」。

下面三句「兕無所投其角，虎無所用其爪，兵無所容其刃」進一步說明凶獸和士兵不會對善攝生者亮出帶來生命危險的利器。最後以善攝生者從來不會將自己置於死地為總結結束了此章。到此已經明確地告訴了「人之生，動之死地」是可以解決的。

第五十一章　尊道貴德

道生之，德蓄之；物形之，勢成之。

是以萬物莫不尊道而貴德。

道之尊，德之貴，夫莫之命而常自然。

故道生之，德蓄之；長之育之；亭之毒之；養之覆之。

生而不有，為而不恃，長而不宰。是謂玄德。

變動：

此章變動之處如下：有的「德蓄之」、「勢成之」前有「而」，有的只有「勢成之」前有「而」；「勢成之」為「器成之」；無「莫不」；「德之貴」後有「也」；「莫之命」為「莫之爵」，有的後無「而」；「常自然」後有「也」；「德蓄之」無「德」；「長之育之」為「長育之」；「亭之毒之」為「成之孰之」；「養之覆之」為「養覆之」；「養」為「蓋」；「覆」為「復」；「生而不有」、「為而不恃」、「長而不宰」後都有「也」；「不宰」為「勿宰」；有的「不有」、「不恃」、「不宰」的「不」為「弗」。

闡解：

此章首先要回答上章遺留下的一個潛在問題：為什麼善攝生者無死地？一開頭就以「道生之，德蓄之；物形之，勢成之。是以萬物莫不尊道而貴德。」回答上章的這個問題。善攝生者是明道的，而萬物都是尊道貴德的，不入死地也就是一種自然之理。

「道生之，德蓄之」說的是我們所看到的天下萬物，都是道生的，前面透過「道生一，一生二，二生三，三生萬物」就知道了天下萬物是從道生發出來的。而且還是透過德的蓄養，使得道這個惚恍之物德化成形，因形生勢。「道生之」，萬物一開始是一片混沌之態；「德蓄之」，道一直德化蓄養，化為具體的各種德；「物形之」，在德化蓄養到一定階段，道之物化形而出，不再是混沌態；「勢成之」，各種成形之物因含有道、德的差異，因形產生了不同的勢，此時萬物並作而有序。

上面可以說是一切萬物從無到有的一個完整生成過程。這個過程是德蓄養的過程，現在我們知道生命的發育是二的指數形式的發育，而這個過程也不是完全按照指數發育，完全指數發育是一個「癌化」的過程。在德蓄養的過程中，指數發育趨於停止，在成形那個點上，改變了發育的形式，這個過程是「長之育之」的過程。到了某一個節點，發育的形式又發生了改變，德還在蓄養之中，物的形不再大變，處於一個平衡狀態中，這個平衡的過程是「亭之毒之」的過程，是一個勢成之的過程。在某個節點上，這種動態的平衡被打破了，這個階段德的蓄養形式也發生了改變，一個生命系統走向了衰落，「破」形成為這個階段的主要特點。整觀此過程，是一個破立平衡的過程，這個過程我們稱之為「養之覆之」的過程。這樣就形成了一個完整的生命循環。萬物並作的高峰是「勢成之」，兕、虎、人各充分展現其本性的存在，兕用其角顯示其凶猛，虎以其爪顯示其

凶猛，兵以快兵利刃顯示其為「不祥之器」。對於普通人來說，萬物處於勢成之的階段，也是凶險的階段。避凶要從道，這是因為萬物都是尊道貴德的。

萬物為什麼能夠尊道貴德，也就是說「以道為尊，以德為貴」。這是因為道生、德蓄使萬物成形、成勢都不是在命令的方式產生的，而是一個生命系統的自然運行過程。所以，萬物是「尊道貴德」的。

因而萬物在「尊道貴德」的情況下開始其各自的生命循環，進入有無相生的道紀中。一個具體生命系統的循環運行，第一階段是指數式的德蓄階段，相當於懷孕狀態中的嬰兒發育階段；第二階段是「長之育之」階段，相當於青少年成長階段；第三階段是「亭之毒之」階段，相當於人的成年時期；第四階段是「養之覆之」階段，相當於人的一生步入了老年期。

在第一階段，道生之，生命從一開始，也就是一個細胞開始，不斷的分裂生長，經過各種德化德蓄過程，分化發育一個生命系統的各個組織器官。對於哺乳動物，這個生命系統的初始階段是幼嬰；對於卵生動物，生命系統的初始階段是卵；對於種子植物，生命系統的初始階段是種子；對於菌類，生命系統的初始階段是孢子等等。一切萬物都有一個蓄成階段。

在第二階段，是生之階段，為生之徒階段。這個階段的特點就是生長發育，除了生理上的發展，也要完成心理上的發展，對於高級動物來說就需要生存技能的培育，如人類，這個階段是重學習的過程。隨著人類的演化發展，這個過程越來越長。

在第三階段，生長發育停止了（當然不排除一些反規律的現象），生命系統處於一個成熟狀態，對於人來說，已經能夠自主地應用所擁有或控制的資材來為自己造勢。是一個生長和消耗近乎平衡的階段，「亭之」是生命系統的累積，「毒之」是生命系統的消耗。透過「亭之」、「毒之」保

持著生命系統的平衡狀態。

在第四階段，是死之階段，為死之徒階段。這個階段是生命機理不斷降解的過程，突出表現為「破生」。這個階段的生存策略就是以養為主，盡量將「破生」的過程延長，一般人也往往是在這個階段才感覺到「生」的重要性。「養之」是為了延續這個過程，「覆之」是為了縮短這個過程。

這四個階段，所表現出來的德化德蓄，都是具體的德，代表特定物的德。缺乏一個綜合，最後一部分就是對德的綜合，將具體的德抽象化。因為它們都是從道的，所以抽象綜合表現出來的德具有道的特性：「生而不有，為而不恃，長而不宰」，道「衣養萬物而不為主」、「萬物歸焉而不為主」，我們將這三種具有道的特性的綜合抽象的德，稱之為「玄德」。玄德在第十章就講到了，那一章講得是入道的途徑，這一章是將具體的德歸化為「玄德」。雖然有的解說是從第十章錯簡而來的。但是「玄德」一部分在此章的存在在邏輯上也是合理的。以「玄德」將尊道和貴德統一起來。

第五十二章　德歸

> 天下有始，以為天下母。
>
> 既得其母，以知其子；既知其子，復守其母；沒身不殆。
>
> 塞其兌，閉其門，終身不勤。
>
> 開其兌，濟其事，終身不救。
>
> 見小曰明，守柔曰強。
>
> 用其光，復歸其明，無遺身殃；是為襲常。

變動：

此章變動之處如下：「以為」前有「可」；「既得」為「既知」；「以知」

為「又知」、「復知」；有的沒有「既知其子」；「兌」為「悶」；「勤」為「務」；「開」為「啟」；「濟」為「塞」；「救」為「棘」；「守柔」為「用柔」；「無遺」為「毋遺」。

闡解：

「始」，發端也。不少注譯者將此章的「始」理解為道，是不為錯。但是如果連結第一章「無名，天地之始；有名，萬物之母」，以及第二十章「有物混成，先天地生，……，可以為天地母」時，此章的「始」更為準確地解，不應該只是理解成道。上章剛剛以「是謂玄德」結尾，此章的「始」理解為「玄德」為合適一點。因為天下之外還有天地，天地之外方是道，道可以為天地母，當然也可以為天下母。但是應該有一個過渡。這個過渡應該可以叫做玄德。因為天下是容納萬物的，所以天下母應該等同於萬物之母。我們將「始」喻作「母」，天下母和萬物之母，都為「有名」，道化「無」和「有」，在有世界中，道化為一，一的德顯為玄德，萬物之德抽象為玄德，因而說「玄德」為天下母，如果我們只是將「始」和「天下母」理解為道，雖不為錯，但是在認知上又回到了第一章剛認識道的那種狀態，沒有在道逐漸展開後而進一步對道的認識，作為道的符號很多，玄德是其一。

第一章和第二十五章都說了天地有始，此章也要說天下有始。這個始，我們在主觀上可以當作為天下母。這個母不是混成的，而是聚於「一」的，河上公將此章取名為「歸元」，此章表達了道在德化的過程中反向歸一的過程。在「有」世界中，我們理解道，也只有透過德來實現，這在第十章已經講到了。所以說，修道就是要最終將各種認知的德回歸到「道」上。因而我為此章取名為「德歸」。

「既得其母」，既然得到了道，亦或是玄德，透過具體的德化過程，

以此知道了終端之萬物特性。於人而言，就是指人的個體。每一個體都是道的子，每一個人所展現出來的德都是玄德的子。也就是說，我們掌握了道或玄德，也就明白了每一個個體特性的因緣。每一個個體的特性是不一樣的，因而每個個體修道的發端很可能不同。但是由於都是道生的，德蓄的，個體中都會有道、玄德的基元。因而說「復守其母」。而復守其母又是在對自身身體的狀況有一個清晰地了解。也就是我們要熟悉自己的身體狀況，是好還是壞，哪裡好還是哪裡壞，好的程度怎麼樣，壞的程度怎麼樣，身體與心的契合度如何，有多少多大的欲望，身體能否承載的下等等。當然這也是一個逐漸的過程，要透過德化、德歸的反覆認知，不斷深化熟悉。如果按照這樣修行，那就是「沒身不殆」，終身都不會陷於危險的境地。於個體健康長壽，於國家長治，於天下久安。

　　一個物，一個個體，可以說就是一個生命系統。生命系統都是德化出來，有著系統自身的獨立特性。道化出的每一個生命系統，都會表現為具體的個性。而這個個性以及生命系統本身延續的長短跟其與外界的關係密切相關。而系統與外界也就是環境發生關係的時候，存在著一個能量輸出和輸入的關係。而這個輸出和輸入的關係不單是系統本身的內在需求，而且還一定程度表達了系統的主觀意志。輸出大於輸入，而且這個狀態一直持續著，那麼系統的個性以及生命系統本身也就進入了衰退期，壽命就會縮短。如果能夠透過一定的手段，改變這種輸出輸入關係，或者輸出與輸入達到平衡，或者輸出大於輸入的程度減小。這就需要止心，以克制欲望。最直接的就是要改變四關九竅的狀態。「塞其兌，閉其門」，這樣避免了外界的刺激，客觀上改變了輸出與輸入的關係，如果能夠持之以恆，那麼生命系統的能量一直處於低耗狀態，有利於長壽，「終身不勤」的意義在此。如果關不住欲望之心，而且隨著欲望的追求，一個一個地滿足，也就

是「開其兌，濟其事」，那麼結果可能就是「終身不救」。如果一直保持著「開其兌，濟其事」的狀態，那麼就不要想什麼長壽了、長治了、久安了。

如果做不到「塞其兌，閉其門」，那也不能夠遺棄修道。透過修道要明白一些道理，讓自己變得更好更強。具體的辦法就是「見小」、「守柔」，因為「小」和「柔」是道之所在。如果能夠小中見道，那就明悟了，涉及到具體的情況就是明白了道理。如果能夠透過守柔悟道，那麼肯定會變得強壯、強大。

「見小」和「守柔」需要一個持久的功夫，因為「小」和「柔」易碎易散，所以明悟就是一瞬間，難以捕捉，又陷於懵懂之中。所以要「見其光」，借助道的靈光，也就是智慧之光，將易散易碎的道緊緊地抓住，那麼就可稱之為「復歸其明」，也就是逐漸達到了穩定的明悟。這樣的話，對於個人來說就不會遺留下什麼禍害。既能夠避開自然的災害，也能夠避開人類社會帶來的災害。如果能夠達到這樣「無遺身殃」的狀態，那麼就可稱之為「襲常」，也就是對道悟得比較深透。

第五十三章　人易非道好徑

使我介然有知，行於大道，唯施是畏。

大道甚夷，而人好徑。

朝甚除，田甚蕪，倉甚虛；

服文采，帶利劍，厭飲食，財貨有餘；

是謂盜夸。

非道也哉！

變動：

此章變動之處如下：「介然」為「挈然」；「唯」為「唯」；「施」為

「矣」、「迆」、「它」；「是畏」為「甚畏」；「而人」為「而民」、「民甚」；「采」為「彩」；「厭飲食，財貨有餘」合成一句「厭食而資材有餘」，其中有「財貨有餘」為「財貨有餘」、「資貨有餘」；「盜誇」為「盜竽」、「盜誇」、「盜竽」，有的後有「乎」；「非道也哉」為「非道」，「非道也哉」或「非道」前有「盜誇」、「盜誇持之」。

闡解：

　　此章「介然」和「施」不好理解，歧義也頗多，而現在流行的意思與原意之間已發生多變。只好去查詞源，畢竟老子時代，用詞是相對於靠近本意，而那個時候，用詞沒有多少避諱，還用的是篆書，往往能夠以字知意。如「介」字，最初是披著鎧甲的人，介的堅固、堅定之意可由此引申而來。文中「介然」是知的狀態，有知什麼呀？就是「行於大道，唯施是畏」。這個介然是從前面那麼多的章節對道和德有一定認知基礎上產生的，介然應該有深思熟慮的意思。這裡使用「我」，並不是指老子自己。而是指對道的明悟者，是接受了前面許多道和德相關知識的人。用介然與主體指向是一致的。「使我介然有知」應該是「透過深思熟慮，使我堅定地認為」的意思。「行於大道」意思是行走在追求大道的路上，唯一擔心害怕的是「施」。在《詩經》裡，常見這個「施」字，表蔓延之意，可引申為曲曲折折趨於細狀，與下面的「徑」應該取意一致。「施」也就是指修道的歧途。「唯施是畏」應該這樣理解：「唯一擔心害怕走向了修道的歧途上」。

　　本來所追求的大道是平坦寬闊的，而人們偏偏認為「修道」的路不好走，很難。在這種心理的支配下，加上利慾之心的驅動，人們自然就去尋找「便捷的小路」。從古至今，絕大數人都是這種心理。現在的社會，對於一般人來說，追求的無非就是錢、權、名。走捷徑，趨名逐利者，如過江之鯽，這也算是一種常態，在制度化的今天還為這樣走捷徑的心理設計

一些特有的制度。如股市、期貨市場等，利用這種心理國家政府可完成快速籌資任務，以能夠快速進行經濟結構轉型。博彩業也是基於這種心理而產生的一類行業。其實這樣的事情好多。我們經常迷信於制度，沒有去想任何的制度都需要人來實行。人不好，制度再好也不行，都會變樣的。當人們處於「走捷徑」的心思，那肯定不是大道。如四十多年前，許多企業採用「以市場換技術」的策略，不安心走屬於自己的創新之路，結果也可想而知，許多產業被外資企業控制，也沒有換來核心技術。現在的傳銷產業方興未艾，也是利用人們的這種心理。而在這裡，老子指向的是禮崩樂壞後活躍於權力場的那些人們。而同時用一個對比的場景突出「好徑」的壞處。

一邊是「朝甚除，田甚蕪，倉甚虛」，一邊是「服文采，帶利劍，厭飲食，財貨有餘」。嚴重的陰陽失衡，是失「和」的社會，是一個嚴重不平等的社會，是一個以建立在別人痛苦之上為樂的社會。這是一個脫離道則的社會，是為大道所不容的社會。老子毫不留情斥責為「強盜行徑，有什麼值得炫耀的」。

「朝甚除，田甚蕪，倉甚虛」是一個因果鏈。「朝甚除」意思是老百姓為了滿足統治階級豪華的居住條件而不得不去服勞役，這些勞役是統治階級的貪欲生成的，結果是老百姓要放下田裡的活兒，荒了田，到收割的時候，沒有糧食，也導致倉庫裡存不下糧食，會有許多老百姓要餓肚子。在此背景下，卻是穿著華麗的衣裳，佩戴著顯示身分的利劍招搖過市，橫行霸道，食物多得沒什麼想吃的，錢財用不完留有剩餘。人們都好徑，結果就會導致這樣的情況，失去天和，招致天怒人怨。建立在他人痛苦的欲望追求就是一種強盜的行為。

修道的人，謹記不要這樣做，這不是道，而是為道所恥的「盜」。

第五十四章　重積德

善建者不拔，善抱者不脫，子孫以祭祀不輟。

修之於身，其德乃真；

修之於家，其德乃餘；

修之於鄉，其德乃長；

修之於邦，其德乃豐；

修之於天下，其德乃普。

故以身觀身，以家觀家，以鄉觀鄉，以邦觀邦，以天下觀天下。

吾何以知天下然哉？以此。

變動：

此章變動之處如下：「善建者」和「善抱者」無「者」；「抱」為「褒」，有的「子孫以祭祀不輟」無「以」；有的無「於」為「修之身」、「修之家」、「修之鄉」、「修之邦」、「修之天下」；「乃真」為「乃其」；「乃餘」為「有餘」、「乃余」；「邦」為「國」；「乃普」為「乃溥」；「何以」為「奚以」；「然哉」前有「之」。

闡解：

修道無「徑」，只能一點一點去積德，從自身做起，然後一步一步地將自己的德擴散開來，以最終達濟天下。

上章指出了好徑非道，會因急於求成，在社會認知有限的情況下，導致社會的極化現象。此章卻是從正面講應該怎麼去修道。一開始以三句話點出了善於修道的人應該有的表現。在進一步分析這三句話前，還的先再次強調一下，具體的修道要從積德開始，修道就要修德。

建的、抱的都是德。修德就是要德成為自身的一種本性使然，要改變的是人性。德對於個體來說，原來是沒有顯化出來。人人心中都有道，但

是要激發出來，才能夠表現為自己的德。對於原來沒有而後來透過修德而逐步顯化出來，我們稱之為建德。如果這種德能夠成為自身生命的一部分，那麼我們就把能夠這樣做的人稱為「善建者」。德要逐步顯化出來，不能急於求成，要無聲無息地與身體發生融合，成為自身的一種特性。所以說「善建者不拔」。「抱」表達了對某種德的熱渴之狀。德有許多種，每個人對具體的德選擇組合是不一樣的；德也不會自動趨向於你，需要每一個人的主動選擇。選擇並不是一個容易的過程，要進行取捨，德要與自己的身心配位，你的身、你的心在選擇某種德的時候不會猶豫、不會抗拒。這樣的抱德者，我們稱之為「善抱者」。選擇了將伴以終身，不會中途發生棄德的現象，所以說「善抱者不脫」。每一種具體的德都有局限性，而每個人要面對不確定的環境變化，當具有一定德行的人以其既有的德在面對具體的環境變化，產生的行為會發生不當。比如，我們從小教育孩子要誠實，但是誠實處在一個充滿謊言的環境中，孩子的誠實所表現出來的行為會持續地吃虧，會造成心靈的傷害。誠實是優秀的德，修德是為了修心，可是結果心卻因誠實而被傷害。這個時候是選擇放棄呢，還是堅守？善抱者是會堅守的，可是對於大多數人不會去選擇做誠實的人，因為誠實造成的直接傷害感受很深，已經感受不到誠實的好處在哪裡，會發生迷茫。這個時候，我們要向過去的人學習。這就是老子為什麼要將「子孫以祭祀不輟」作為良好的修德表現。在你對所要修的德產生了迷茫，老祖宗就會告訴你堅持下去，你是他們的子孫，他們不會騙你，內在有血緣的親情，而且老祖宗們的實踐證明了某種品德的重要。這需要你相信老祖宗，以具體的行動表達對老祖宗的尊重，那就要「祭祀不輟」。這不是迷信，我們曾經將之作為迷信，不去祭奠自己的祖宗。結果棄掉了許多傳統的優秀品德，導致物欲橫流，人群整體的道德素質下降，也不願意去傳承

文化。在人類的歷史上，曾經有聲望的家族都會有一些特定的優秀品德傳承。有了信，有了尊重，就不會因短暫的迷茫而對自己所選擇德的放棄，這樣使不少人轉為「善抱者」。因環境的變化，也需要將新的德納入到道的組合中，融為自身的一種品性，也就從善抱者轉為「善建者」。因而說「善建」、「善抱」的根基在於「祭祀不輟」。「祭祀不輟」的外在表現就是積德。這種積德是一種傳承。這是歷時態的積德。有家族傳承的，一個家族比較興旺發達的，後代子孫可以享受這種德性的累積。而對於斷了傳承，或者人丁不旺，或者還沒有形成穩定的家族風格，那也應該重視德的累積，不要為利慾所累，而忽視了德性的累積。下面就是德行累積的程序：

首先，要修自己。中國傳統文化一直強調要從自己做起，不管是道家的，儒家的，還是法家的，第一步講得就是修身。修身就是要提高德行修養，逐漸形成與身體內在契合的顯示一個人獨特個性的德性。這樣的德才是真的。所以說，「修之於身，其德乃真」。如果個人的德性不足，就不會惠及家庭、家族。只有在一定條件下個人的品德修養無法再提升了，才能夠將其餘德擴散出去，影響到家庭、家族。也就是在家庭、家族中要有品德上的聲望，你的德能夠彰顯在家庭、家族中。這個時候你可以為家庭、家族做一些事情，也能夠得到家庭、家族的認可。因為作為個體的人在成長的過程中，是脫離不開自己的家庭、家族，在古代往往如此，所以修之於身與修之於家近乎同時發生的。家是一個能夠有效地保護個體成長的一個社會基本單位，脫離家的個體很難談修身的，當個體修身到一定程度，必然首先盈益到家。當以自身作為修德的整體轉移到以家為修德的整體時，這個時候彰顯的德行就像是「修之於身」多餘下來的。因而要說「修之於家，其德乃餘」。

　　然後就是「修之於鄉」、「修之於國」、「修之於天下」，一環加一環。生命系統的層次不斷上升，就猶如一個人成長經歷了五個層次的翻天覆地變化，體格一直在不斷地膨大。你的心胸在逐漸寬廣。當你將自身作為一個生命系統，家就是你的小環境，在你個人德行彰顯的時候，逸散出來的德就自然進入了家這個小環境。修德要修心，當你的心強大到能夠將家作為一個整體來考慮，你就將家視作為與自身相融合的一個生命系統。你的德與家德取得了一致性。這個時候的你可以作為家的代表，你的德行彰顯就是家的德行彰顯。

　　當你將鄉作為一個整體來考慮，也就是你的心強大到能夠將你經常活動的地區視作為一個與自身相融合的生命系統。你的德行也就逐漸影響到這個鄉里地區的整體德行。容易將鄉里志趣相投的人聚集於一起，形成一個核心，這個核心的德行彰顯代表鄉里地區整體的德行彰顯。「修之於鄉」是一個人第一次真正的考慮到他者，與沒有血緣關係的人融合成一個共同體，開始涉及到「去私慾」。主要是要講仁義，相對於「修之於身」、「修之於家」，是一種成長的德。所以要說「其德乃長」。公德從「修之於鄉」開始歷練培育成長。前兩個階段只是埋下了公德的種子。

　　當你的德行累積到一定程度，在鄉里地區也有了一定的威望，你的心胸和境界也在不斷地上升。到了你能夠關心國的時候，你就會將國視作為一個與自身相融合的生命系統，仁義之德不再局限於小團體之中。你的命運與國家命運緊密連繫在一起，國家的興衰成為你生命關切的一部分。當你能夠為國家做一些事情的時候，你自然會將在鄉里形成的志同道合的小團體拉到這個軌道上，因為這個小團體的人和你一樣都是想為國家做些事情的人，他們的德行彰顯就猶如你的德行彰顯，共同促進了國家的德行彰顯。所以要說「修之於國，其德乃豐」。在鄉里形成的小團體有助於你修

德於國。縱看中國歷史，劉邦建立漢王朝，離不開其在沛縣結識的蕭何、曹參、樊噲等文臣武將，有許多的事例可以列舉出來。公德借助於志同道合的團體力量的幫助，你的「去私心」有了一定的豐度，可以匹配國家之德。逐漸從個體為「正」的大德轉向了「為天下正」的大德。國家是一個巨大的權力場，充滿著各種誘惑，在這個階段會發生截然不同的分野。有的會變成國家的毒蟲，有的借助於國家的平臺為天下人分憂。

當你能夠為天下人分憂，如范仲淹所說「先天下之憂而憂，後天下之樂而樂」。你將整個天下作為一個命運共同體，將「為天下正」作為大德，你的私心不會成為你的羈絆，你的視野就開闊了，你將會放在人類的整體視野下思考問題。這個時候不再計較一城一池的得失。以天下為貴，以天下為愛。所以說「修之於天下，其德乃普」。你的德行彰顯於天下，這個時候的你就近乎聖人了，你修得德也靠近了大道。

如果每個人都是這樣的修德程序，我們就可以由己及人，在不同的層次上獲得「全」的認知。「以身觀身」，透過了解自己的身體狀況，進而可以推及對他人身體狀況的了解；透過自身德行修養的過程，進而可以推及對他人的德行修養情況，從而達到對身體這個層次的生命系統運行有一個較為全面的認知。「以家觀家」、「以鄉觀鄉」、「以國觀國」、「以天下觀天下」等都是同理，這樣就會在五個層面，從小處到大處各有其較為全面的認知。因而，隨後就說「吾何以知天下然哉」？就是透過這樣的途徑來通曉天下的。這也在一定程度上次答了聖人為什麼能夠「不出戶，知天下；窺戶牖，見天道」，也算回應了第四十七章的內容。

第五十五章　精至和至為德厚

> 含德之厚，比於赤子。
>
> 毒蟲不螫，猛獸不據，攫鳥不搏。
>
> 骨弱筋柔而握固。
>
> 未知牝牡之合而朘作，精之至也。
>
> 終日號而不嗄，和之至也。
>
> 知和曰常，知常曰明，益生曰祥，心使氣曰強。
>
> 物壯則老，謂之不道，不道早已。

變動：

此章變動之處如下：「厚」後有「者」；「比於赤子」為「比之於赤子也」；「毒蟲」為「蜂蠆」、「蜂蛋虺蛇」、「蜂蠆蠍蛇」、「毒蟲」；「不螫」和「不搏」中的「不」為「弗」；「攫鳥不搏」為「攫鳥猛獸弗搏」時前面無「猛獸不據」，「攫」為「玃」、「鳥」、「鷙」，「搏」為「搏」；「合」為「會」，「朘」為「峻」、「竣」、「腹」、「全」、「稄」、「俊」；「作」為「怒」；「精之至」和「和之至」後無「也」；「號」為「嚎」，「號」後「而」為「而嗌」、「嗌」；「不嗄」為「不啞」、「不憂」；「益生曰詳」為「欲生曰殃」；「曰強」為「則彊」；「物壯則老」的「則」為「即」。

闡解：

為何河上公為此章取名「玄符」？玄符是什麼意思？玄已經比較容易理解了，有高深莫測之意。因為《易經》、《道德經》、《莊子》不好懂，在魏晉時期就被稱為三玄。在前面的章節中，也反覆在講玄。玄已經與《道德經》緊密相連，透過五十四章的學習，玄近乎一種公知。但是「符」卻不好理解。如果接觸過道教的故事，就會很自然地理解為道士製作的法寶。如果懂一點中國歷史，也就會想到「虎符」、「符節」之類的東

西。再聯想到音符、畫符，以及符號、符合之類的詞，符的意義就浮現出來了：是一種事物表達的符號，功能等同於所表達的事物。而在這裡「玄符」必然與道有關，與德有關。那麼在此章中，玄符是什麼？此章主要論述的就是「赤子」。因而，赤子就是河上公所指向的玄符。赤子為什麼能夠成為玄符呢？結合前述章節，它們都指向了「德厚」二字。玄符對於現在的人不好理解，那就取一個通俗的名字以匹配此章內容，「德厚如嬰兒」最是直接明白，也能夠貫穿「玄符」本意。

　　前章講積德，積德的結果必然是厚德。所以此章一開篇就是「含德之厚」。言外之意此章就是要說，積德也就是厚德到什麼程度就可以了。當然現在我們已經知道厚德到能夠體會到濃厚的道蘊這個程度，而具體的狀態應該是什麼樣子的？也就是以一種外部表徵來表達這個程度。有一個外部表徵，可以明顯判斷積德「夠」了。赤子也就應然而出。嬰兒是一個明顯的表徵狀態，而且嬰兒在老子這裡是一個很重要的符號，是修道達到高深境界的一個重要符號。在許多章中都提到了「嬰兒」，如第十章「專氣致柔，能如嬰兒乎？」、第二十章「沌沌兮，如嬰兒之未孩」、第二十八章「復歸於嬰兒」。積德見道，心境歷練到嬰兒的狀態就標示著見了道。此章的赤子，就是嬰兒之意，一個具有完整人形的狀態。嬰兒的重要特點是柔，對世界的認知是一片混沌狀態。而這種狀態，就是近乎道的狀態。所以說，在老子這裡，嬰兒天生是屬於道的。對於成年人，經歷了世事滄桑，在回歸到嬰兒的心境時，人生的境界就得到了昇華，不只是嬰兒的無知混沌，而是有知的混沌；不只是無為，而是無為中的有為。修道不是為了無為而無為，重點還是在於有為。

　　當人成為一個欲望之體，就避免不了紛爭和矛盾。強烈欲望下的生存行為恰恰是其他個體口中美味資材的資訊表達。當修心到了可以止欲，模

擬為嬰兒的混沌狀態，就合道了，似「萬物之母」，自然也就不會成為其他萬物的生存之資。

在「德厚如赤子」的觀點表達後，老子就逐步展開了對嬰兒狀態的描述。

第一個狀態表現就是「毒蟲不螫，猛獸不據，攫鳥不搏」。當嬰兒在遇到毒蟲、猛獸、攫鳥這些對人類不利的動物，是不是真如老子所說，不會對嬰兒發生「螫」、「據」、「搏」的傷害行為？現在是沒辦法驗證。現在的孩子一生下來就被護理的很好，絕少能夠離開父母的視線，就是有一些不得已的原因，也不會將嬰兒遺棄於荒郊野外，讓「毒蟲」、「猛獸」、「攫鳥」有接觸嬰兒的機會。但是在老子時代，這種情況應該是能夠見到的，嬰兒能夠有機會單獨與「毒蟲」、「猛獸」、「攫鳥」相處，而且在發現後，還沒有一點傷害。這應該是真實情況，不是一些人所認為的只是老子的想像，也應該是反覆觀察思考後的結果。雖然現在無法證明老子所述的正確性，也不可能有人會拿孩子做這樣的實驗，這只不過是古代不得已情況下發生了與「毒蟲」、「猛獸」、「攫鳥」單獨相處的情況而被記錄下來的。從古至今也沒有人無聊到做這樣的實驗。但是，我還是能夠給予間接的證明，老子所描述的狀況是真實的。我的女兒，她很喜歡小動物，曾經我們還養了一條狗。我的女兒不僅愛動物，而且也學會了向動物表達她的友好。現在社區裡可以見到不少的貓和狗，有的都看上去很凶，也害怕人，許多小孩子接觸不了，也不敢接觸。我女兒經常屢試不爽地將這些小動物叫喚到她的跟前，讓她撫摸。也就是說，你如果將善意表達出去，讓動物能夠理解你不會傷害牠，牠就會與你接近，讓你撫摸。我舉這個例子要說的是嬰兒不會釋放出故意的信號，對於「毒蟲」、「猛獸」、「攫鳥」就是一種善意表達，這樣就有了交流接觸的基礎。「螫」、「據」、「搏」都

是面對外界刺激的本能反應。一種是防禦性反應，一種是攻擊性反應。防禦性反應是在感受到威脅時發出的，攻擊性反應是在感覺到對方恐懼促發了捕食鏈條的記憶而做出的。當然我們不應主要糾結於是不是真實的，而是要明白老子舉這三個例子意圖是什麼。欲望的表達會成為一種信號引起外界的反應，其他個體會根據這種信號進行判斷，會不會對它有傷害意圖，亦或是捕食鏈條的食物。一個人首先要表達善意的信號，而且善意的信號不能被理解錯。對人來說，糾錯可以透過持之為善而達成，如果是混沌狀態，就沒有理解錯一說，甚至被視作為可親近的同類。

　　第二個狀態表現就是「骨弱筋柔而握固」。嬰兒是我們每一個人都能夠接觸到的，都能夠感受到的。嬰兒從母腹中出來，骨頭幾乎都是軟骨，最硬的頭都能夠變形，可以說是一種至柔之體。看上去沒力量，可是嬰兒那個小手，握著東西很緊很緊，相對於他小小的個體，能夠感受到很大的力量。如果成年人能如嬰兒這般狀態，那可以推想一下，力量是不是可達無敵。當然老子不是這個意思，真這樣就著相了。首先，成人在身體上不可能實現嬰兒的狀態，但是人們可以向這個方向去努力，比如練瑜伽。然後，告訴你致柔是對身體有好處的。最重要的是要告訴你：心要「骨弱筋柔」。心要有韌性，經得起挫折；不要一味爭強好勝，要懂得示弱，示弱也是一種力量的宣示。

　　第三個狀態表現就是「未知牝牡之合而朘作」。小男孩有著明顯的表徵反應，而小女孩沒有。在中國傳統社會，女子的社會地位沒有男子的地位高，還是有著一定社會地位的，特別是有老子這樣道悟的人。中國向來講求陰陽平衡，男屬陽，女屬陰。地位是差不多的，只是在社會中所顯示的功能不同。從陰陽論看，男屬陽以精氣平和，女屬陰以血氣平和。精是男中陰，血是女中陽。在生理特徵上，男孩子有著承載精氣的器官，而

女孩子卻還沒有發育出承載血氣的器官。所以以男孩子的生殖器反應來表示精氣的旺盛。這裡強調的是自然之理，對於小孩子根本不懂什麼男女之事，小孩子的精氣充足能夠彌補先天的陽體，達到和的平衡狀態。在第二十一章中描述道的時候，有「精」的表達，如「窈兮冥兮，其中有精」。精是道的精華，純粹之物。而小男嬰的精也是指道的精。這個是先天的，不是為了男女之事而備存的。對於女孩子來說，天生就是陰體，需要育陽，而男孩子，以精的存在而為擬道體。「精之至也」，指的男嬰的精氣充足有著明顯的表徵反應，男嬰因「朘作」而接近道源，女嬰以其本體接近道源。

第四個狀態表現就是「終日號而不嗄」。整天的哭鬧，也不會把嗓子哭得啞了。這是為什麼呀？究其原因，老子說是「和之至也」。不管是男嬰還是女嬰，都哭不啞。先天的陰陽平衡，「和」因陰陽平衡而生。

從嬰兒的這四個狀態表現，可以看到嬰兒的特徵「無欲」、「致柔」、「有精」、「有和」。如果人們德厚積能夠達到「無欲」、「致柔」、「有精」、「有和」的情況下，那就道悟了。四個特點是相伴隨而生的，接近了「無欲」，也就接近了「致柔」、「有精」、「有和」；接近了「有和」，也就接近了「無欲」、「致柔」、「有精」。所以老子能夠說「知和曰常」。在第十六章中說到了「復命曰常」。那意味著「知和」和「復命」應該是等同的。「知和」和「復命」都能夠進入正確的識道路徑，都講究的是隨性自然。和就是陰陽平衡，復命也是陰陽平衡，只是復命的陰陽平衡是透過「靜」——「去私慾」而達到的。一陰一陽之為道。知和、復命、陰陽平衡都是「有」世界的道的表徵。進入了「常」，透過知常而達明。

「益生曰祥，不使氣曰強」這兩句意思難以確定，在不同注譯本中，解讀差異還是挺大的。「祥」和「強」作「不好」理解，也有作「好」理解。

而且各有其理由。作「不好」解，「祥」意為「災殃、妖孽」，「強」意為「逞強」。有林希逸、范應元、易順鼎、陳鼓應等，以古書祥有此義為證，如「有祥桑穀共生於廟」（《書》序）、「水迤見祥」（《素問》六元正紀大論）、「惡事亦稱為祥」（《左傳》僖十六年傳疏）、「生生之厚，動之妖祥」（《道德真經取善集》引孫登）。作「好」解，「祥」意為「吉祥」，「強」意為「強壯、強大」。當然也認為「強」雖作「強壯、強大」解，因有「物壯則老」也就趨於貶義了。也有的將這兩個「日」看作為「日」表「日益」，這也能夠說得通。而我認為，應該連結上下文來理解這兩句話。前面一直在說嬰兒的表現，由嬰兒的表現導出前兩句「知和日常，知常日明」。「益生日祥，不使氣日強」也應該跟嬰兒的表現有關聯。還有就是後面一句「物壯則老」也要關聯。「益生日祥，不使氣日強」的意思應該是由好的認為轉向為不好的認為的過渡。這兩句應該反應的是個過程，是過程的狀態變化。結合上下文，我們就可以解釋了。「益生」和「不使氣」既是指嬰兒成長過程，也是指成人修道返嬰的過程。這樣一解讀，兩種意思就有兼容之勢了。在嬰兒的成長過程中，「益生」、「不使氣」本來是好的事情，既生龍活虎，又品格高雅，但是在成長過程中有了「欲」而漸漸失去了和氣，在初始時認為好的徵兆其實都是不好的偽象。「祥」和「強」取好的意解卻成為「不好」的意解。到了最後就是「物壯則老」。這其實是一個順生順死的過程，但是對於修道者在明白好多的規律性變化後，就想能否逆修長生之道，而且有些人在一定程度上成功了，因而老子才能夠總結出「物壯則老」之語。對於修道者而言，是要改變這個不可逆轉的過程，以「反嬰」的狀態還原以實現逆轉。這時候「益生」和「不使氣」有了積極的意義。「祥」也就成為「吉祥」之意，「強」就成為真正的強。「益生」指又回復到嬰兒那種生機勃勃的狀態，「不使氣」就是不讓欲望驅使，使心境達到

平和，促使和氣再生。在這樣的狀態下，不是妖祥，而是真正的吉祥，不是去柔的剛強，而是有「柔和」在內的剛強、強大。

「物壯則老，是謂不道，不道早已。」這三句已經是第二次出現了，第一次是在第三十章。這兩次都是在談到「強」時，然後就出現了。說明老子不喜歡強，老子所論的道也是反對強的。尤其在第二十四章中強烈詛咒「強梁者不得好死」，表現了對動不動就發動戰爭顯示強大的統治者的厭惡。在老子眼裡，不管是對身體，還是對國家，還是對天下，一味地追求強大，結果就是物壯則老。實際上，就是包括柔和在內的剛強、強大，老子也是反對的。老子倡導的是知其雄，守其雌，而不是知其雌，守其雄。要以柔弱為根本，不是以剛強、強大為根本。追求「強」，結局就是物壯則老，而這種現象從古到今就一直存在著。雖然人人都在道中，但是能夠明悟道的人還是不多。

第五十六章　天下貴之一：人的行為

知者不言，言者不知。

塞其兌，閉其門；挫其銳，解其紛，和其光，同其塵，是謂玄同。

故不可得而親，不可得而疏；不可得而利，不可得而害；不可得而貴，不可得而賤。

故為天下貴。

變動：

此章變動之處如下：「知者」為「智者」；「不言」、「不知」為「弗言」、「弗知」，有的後有「也」；「閉」、「解」、「同」前有「而」，「兌」為「欲」，「門」為「悶」，「挫」為「銼」、「畜」，「紛」為「分」；「親」、「利」、「貴」後一句前有「亦」，有的後兩句有「亦」，有的後一句有「亦」。

闡解：

　　我們在第二章就說到了不言之教。當時說了聖人兩個特點：一個是無為，一個是不言。不言展現了無為，無為就包括不言。不言是聖人的躬身之行，以不言垂身示範無為。後來就又在第五章說到了「多言數窮，不如守中」。在第四十三章中又提到了「不言之教，無為之益，天下希及之」。而到此章才正式講不言之教，且是在「德厚如嬰兒」章後開始講不言之教的，可見也是一個恰當的時機。嬰兒除了上章所提的幾個特點，有一個形式上的表現，就是嬰兒只嚎不說。嬰兒因無欲而不言，那修道的人，亦或是傳道的人，就要以不言止心、止欲。文中的主體不是聖人，而是知者。「知者」還不是聖人，卻已經懂得追求聖人之道了。不言意味著知者還是有欲之心。所以呀，要「塞其兌，閉其門」，這是知者針對自己有意形成不言的環境。不言之教起於「有欲」、「有為」，而終歸於「無欲」、「無為」。知者仿聖人行不言之教，但是還達不到聖人的境界。言者是不懂得聖人之道的，自然不知道「塞其兌，閉其門」主要為了什麼，當然也就無法進入玄同的狀態。大部分人經常將知者認同於處於統治地位的人，因為這幾章都離不開天下，此章也是以「天下貴」收尾。其實知者不只是指這一類人，而是指已經懂得了聖人之道的修道者。對於聖人，對於修道者，關心天下不在於所處的地位，而是在於心。心繫天下，居山野陋巷也能有利於天下，不一定非在廟堂之中。

　　「塞其兌，閉其門」有的認為是可能錯簡於第五十二章。但我認為存在於此章中也是合理的。因為這兩句在此章中是個必要的過渡，所以錯簡與否我是不去考慮的。透過「塞其兌，閉其門」的必要手段，使「不言」建立在「止心」、「止欲」的基礎上，然後才能將不言之教落到實處。「挫其銳，解其紛；和其光，同其塵」也在第四章出現過，有不少注譯者認為

第四章的「挫其銳，解其紛；和其光，同其塵」是錯簡於此章的，但我已在第四章中很好地闡釋了。如果我們歸之於錯簡，為何偏偏集中在此章，連著就出現了兩處。我一直認為，即使是錯簡，但在所錯之處也是能夠說得通的，也就成為一種可道道，何必糾結於錯與不錯、真與不真呢？「塞其兌，閉其門」是對知者而言的，「挫其銳，解其紛；和其光，同其塵」是在行不言之教過程中產生的變化。經過了「塞其兌，閉其門」，知者有了行不言之教的資格。為什麼要這樣說？就是透過「止心」、「止欲」的修練，能夠控制自己的私慾，有了公心，這樣才能有效地挫其銳、解其紛、和其光、同其塵。別人會認同你的行為，產生了趨同模仿之心。銳氣十足的，收斂了鋒芒，相當於以不言挫其銳；有紛爭矛盾的、內心糾結的，也紛紛和解釋懷，相當於不言解其紛；光耀顯赫的，也不以其光耀顯赫為尊，相當於不言和其光；卑微不名的，也不以卑微不名為悲，相當於不言同其塵。天下人都主動因知者的不言之教而發生了改變，消弭了人與人之間的差別，達到了「玄同」的天下景象。

因為玄同，所以也就無所謂親疏、利害、貴賤。親不為親，疏不為疏；利不為利，害不為害；貴不為貴，賤不為賤。這是有意為之的，是出於自願的有意為之，是在玄同的大環境下產生的。其實在人們的心理還有私慾在潛伏著，隨時會蹦躂出來。所以老子以六個「不可得而」的豪華排比強調私慾控制的重要性。尤其是對於知者，知者既是行不言之教的主體和引導者，也是有私心潛伏的主體和引導者。以「不可得而」強調了保持玄同景象的利害之處。

「故為天下貴」在最後出現進一步強調了玄同景象的可貴，而且是值得追求的。

邦國為介入主體的天下生命系統

在君子為介入主體的天下生命系統中，我們有兩章的內容涉及到用兵。用兵是不得已而為之的事情，是發生在天下無道的時候。在歷史現實中，用兵必然與國家緊密相連，國家的治與亂也將影響天下的狀態。涉及到天下大事，國、兵、天下經常混同出現，容易搞混，老子專門在此部分作了一個界分。而且此部分突出了國或邦是天下生命系統從理想走向現實不可忽視的存在。治理天下，邦國是重要的媒介主體。在現代的政治學理論中，國家的本性是惡的，而在傳統中國文化中，國家是實現天下大治的工具。在老子眼裡，國家也是重積德的產物。在沒有達到聖民社會的理想狀態，國家就是不可避免的存在，其有德還是無德，對天下生命系統影響很大，這是老子「道」走向實踐的重要部分，也是老子論道所要針對的主要著力之處。

第五十七章　國、兵、天下之界分和聯動影響

> 以正治國，以奇用兵，以無事取天下。
>
> 吾何以知其然哉？以此。
>
> 天下多忌諱，而民彌貧；
>
> 人多利器，國家滋昏；
>
> 人多技巧，奇物滋起；
>
> 法令滋彰，盜賊多有。
>
> 故聖人云：
>
> 我無為，而民自化；

> 我好靜，而民自正；
>
> 我無事，而民自富；
>
> 我無欲，而民自樸。

變動：

　　此章變動之處如下：「以正治國」為「以政理國」；「事」為「私」、「苛」；「何以」為「奚以」；「知其然哉」為「知天下之然」，有的無「哉」或「哉」為「乎」或「哉」前有「也」；「天下多忌諱」前有「夫」或無「下」；「國家」為「邦家」，或無「家」；「人多技巧，奇物滋起」為「民多知慧，而衺事滋起」，「技巧」為「智慧」兩個「人」為「民」或有的一個為「民」，「技」為「伎」；「法令」為「法物」；「故聖人云」為「是以聖人之言曰」，「聖人云」後四句有的無「而」，有的「民」為「人」，「靜」為「靖」，「無欲」前多一「欲」。

闡解：

　　上章所闡述的只是理想狀態，此章卻注重到現實的不同。在現實社會中，有國家的存在，也有兵的存在，當然也有天下的存在。國、兵、天下也同時存在於現實之中。但是各有各的道，不能混同，否則就會亂套，國不成國，兵不成兵，天下不成天下。所以此章開門見山就指出了治國、用兵、取天下各自所奉守的道。治國以「正」為道，用兵以「奇」為道，取天下以「無事」為道。中國傳統文化講奇正之變，老子也是不可避免地要談奇正之變。這也進一步表達出了老子不是一味的無為，老子的無為之道能夠在現實中推之而行的。

　　為什麼治國以「正」為道？這是因為國家是由人組成的，沒有人也就沒有了國家，國家的存在是為了人本身服務的。在第三十九章釋讀中指出了人的大德為「正」。國家也是以「正」為道。突顯出老子的人本主義

思想。國家不是某個人、某些人、某個家族的私器，而是要為老百姓服務的。

　　為什麼用兵以「奇」為道？前面幾章關於軍事的章節就說了，用兵是不得已而為之的事情，用「奇」就是為了快速結束這種「不得已」，實質上是為了治國之「正」。國和兵一樣都是由人產生的生命系統，就像人一樣，有可能變壞，造成對人類自身的傷害。國和兵都是欲望之體，容易造成對天下的影響。用兵以奇，治國以正，都是為了天下無事。「取天下」之道就是無事，這在第四十八章中已經說過「常以無事取天下」。

　　此章將治國、用兵、取天下並列而談，分別以「正」、「奇」、「無事」為道進行嚴格界分。並以此嚴格界分而知道了治國、用兵、取天下應該怎麼做。隨後就講了不嚴格界分的後果。

　　「天下多忌諱，而民彌貧」說的是天下不是以無事為道，框架太多，人與人之間缺乏坦誠。對於那些權力較大的人來說，人們不敢輕易置評，否則言之不當或者做事不當，會招來災禍，能夠降下災殃的是掌握軍事權力的、國家權力的，或者是其他的橫行霸道者。這樣會束縛住人們的手腳，不敢堂堂正正地追求財富，害怕在追求財富的過程中觸犯了禁忌。結果是導致人們的生活更加貧困。

　　「人多利器，國家滋昏」說的是人們手中多了利器，相互之間容易引起紛爭。而兵者多利器。這就相當於人們在平時多用兵，而「用兵」以「奇」為道，這樣治國沒有了章法，亂套了，結果國家就變得越來越昏亂。

　　「人多技巧，奇物滋起」說的是人們多了技巧，就會玩小聰明，各式各樣的奇物紛呈出現，欲望之心就不可遏制，「正」之大德不為繼。

　　「法令滋彰，盜賊多有」說的是法令越多，盜賊反而就越多。為什麼

會這樣呢？法令是制約人的，當制約人的法令多了起來，人們的行為就受到了越來越多的限制，人們就會反感，反正橫豎都做不了好人，乾脆就不去遵守法令，違反法令的行為就會很多，也就多了所謂的「盜賊」。

結果就是治國不能以正為道，用兵不能以奇為道，天下不能以無事為道，三者之間沒有了嚴格的界分。

從上面四條所述看出，老子是反對禁忌、忌諱之類的東西，反對人們都擁有打仗用的兵器，反對奇技淫巧之術，反對過多的法令。這些外在的東西，都沒有心重要。如果一個人心不好，這些外在之物就是助推劑；如果一個人心好，向道、向善，這些外在之物實際上一點存在的必要也沒有。

那麼，對於聖人而言，應該怎麼做才能夠使治國、用兵、取天下各守其道？我們現在已經能夠知道聖人處無為之事，能夠做到「無為」。而「無為」是透過「好靜」實現的。「好靜」了，也就不會去生事，自然形成了「無事」的狀態。而「無為」、「好靜」、「無事」都要透過「止心」、「去欲」而實現。「無欲」是聖人之心的表現，因為「無欲」，所以聖人表現為「無心」。聖人對社會有強烈的自動規塑功能，因為聖人的存在，人們會自動因聖人的行為而發生改變。人們首先有感覺的是聖人的「無為」，「無為」是聖人的行動表現，是在周圍環境中的展現。聖人不去騷擾老百姓，老百姓就會自然因聖人的「無為」，而發生改變，歸化於「無為」的一致狀態中，天下風氣隨之發生變化。當老百姓看到聖人很安靜地在那裡，散發著祥和寬容的氣氛，他們就會自然歸「正」，「正」成為他們表達出來的德。當聖人沒有什麼事情來騷擾他們，他們自然也就沒有了額外消耗的資材，也就能夠全力安心於致富。聖人無事，是由於聖人無欲，老百姓知道了聖人沒有什麼欲望，也慢慢地對他們產生了潛移默化的影響，人與人

之間相互信任，也都活得自由自在，一點點地逐漸地就歸於「樸」了。聖人以「我」的面貌實際上顯示了對社會影響在主觀上的積極意義，就像是「吾將以為教父」的宣言一樣，炫現了聖人的天下情懷。河上公為此章取名「淳風」也在於此。

第五十八章　為政之道

其政悶悶，其民淳淳；其政察察，其民缺缺。

禍兮，福之所倚；福兮，禍之所伏。

孰知其極？其無正也。

正復為奇，善復為妖。

人之迷，其日故久。

是以聖人方而不割，廉而不劌，直而不肆，光而不耀。

變動：

此章變動之處如下：「悶悶」為「惛惛」、「閔閔」；「淳淳」為「惇惇」、「醇醇」、「偆偆」；「察察」為「督督」；「其民缺缺」的「民」為「邦」；「所」前無「之」；「其無正也」的「也」、「耶」、「邪」；「正」為「政」；「妖」為「訞」；「迷」後有「也」，「久」後有「矣」；「聖人」後有「教之也」，有的無「聖人」；「割」為「隔」，「廉」為「兼」，「劌」為「劇」、「劇」、「刺」、「害」、「穢」，「耀」為「燿」、「曜」、「懼」。

闡解：

從第一章開始到第五十六章，一直沒有涉及到「國」的論述，除了論道論德，主要涉及到的就是「天下」和「人」，人有聖人、君子、大丈夫、民、百姓、兵者、萬乘之主、侯王、王公等，除了聖人常說，然後提到最多的就是侯王。可見老子這裡侯王具有不可或缺的作用。要讓天下有

道，而且民淳樸厚道，侯王的作用至為關鍵，聖人、君子、大丈夫、兵者、王公等都有侯王的影子，有一些注譯者經常就將老子裡面的聖人與侯王同一起來，更不用說將君子、大丈夫、王公混而為一。為什麼侯王的作用至為關鍵？那就是因為侯王與國和邦有著密切的關係。在談侯王的時候，從來不涉及國，而只與天下產生連結。在上一章開始談到「國」時，以「正」將侯王、國和人連繫在一起了。而後面涉及到「國」和「邦」的論述，也沒有談到侯王。這說明在老子心裡，侯王與國、邦有著密切的關係，但是侯王與國、邦應該是分離的。侯王有道可以有國，無道就要失國，兩者之間並不是必然的連結。雖然有先天條件從祖先那裡擁有了邦國，但是有可能要失去的。國雖然是私有制的產物，但是老子已經認為國不是私有品，國為有道者居之會更好。所以說，老子是將邦國和侯王一直分開論述的，雖然對侯王有理想的期許，但是老子一直在謹慎地處理著侯王與邦國的關係。

上章開始將國引入論述中，但只是在守道的差異上與兵、天下作了一下區分。我們現在知道，從老子那時到現在，國都是人類社會不可或缺的存在，而還是一個異常重要的存在。天下有道、無道，與為國理政有著重要的關係。此章就是講的如何治理國家的為政之道，河上公為此章取名「順化」，指出了為政之道的核心。

國家和人體一樣，是個生命體。人體講陰陽平衡，國家也是一樣要講陰陽平衡的。我們現在經常講養生，有飲食平衡、營養均衡等，講的就是身體的陰陽平衡。中國的文化可以說是一個講陰陽的文化，道家講，儒家講，法家講，佛教進了以後也得講，才有了禪宗之類的中國化佛教。其他的宗教進來後，也得講陰陽。這是一個世界的基本大道。符合了陰陽之道，就符合了世界萬物的發展規律。在陰陽之道的基礎上，我們發展了中

華醫學，形成了獨特的醫學理論體系。陰陽之道不僅是認識萬物的理論基礎，更是理解一切生命系統的理論基礎。國家就是一個生命系統，自然離不開陰陽理論作理論分析的基礎。陰陽之道也是老子的道，老子的道也包含了陰陽之道。陰陽之道也是道。

　　國家作為一個生命系統，總會有一個整體的聯動反應。為政是改變國家陰陽平衡的一種手段，就像我們要保持身體健康，運動和飲食等是保持身體陰陽平衡的手段一樣。就拿運動來說，不是只要運動就會對身體有好處，運動不當必然會影響到身體的健康，這是我們很容易明白的道理。可是到了「為政」上，就不好明白了。就算我們能夠明白運動不當對身體的壞處，可是我們實際上有多少人能夠做到不被運動不當傷害身體健康。也就是說即使我們明白了「為政」不當對國家的健康有害，為政者又有幾個能夠做到呢？

　　為政者和老百姓都是國家的有機組成部分。任何一個部分的變化，必然會引起其他部分發生變化。為政者與老百姓之間的具體變化規律就是：「其政悶悶，其民淳淳；其政察察，其民缺缺。」國家的健康與否就展現在老百姓是一個什麼樣的狀態。是「淳淳」呢，還是「缺缺」呢？「淳淳」是國家健康狀態的表現，「缺缺」是不健康狀態的表現。「淳淳」是人之大德「正」的反映，「缺缺」恰恰相反。為什麼「為政」悶悶其民就「淳淳」呢，察察其民就「缺缺」呢？這牽涉到為政者的欲望、為政者的心。為政者要「止心」、「止欲」，要以「為天下正」為其大德。私心少，其政悶悶，結果就是如上章聖人云：我無欲，而民自樸。私心多，其政察察，結果就是老百姓狡詐多用智。在具體的制度設計者和制度運行者中，難免有利慾薰心的人，在「為政」的制度運行中，必然滲透著他們的私心。「察察」就是用太多的規則使國家看上去運行有序，就像是吃了過剩的營

養品，滲透著太多的提供產品人的利益追求，以少部分人的私心來代替大部分人的公心，老百姓自然會進行趨利避害的選擇，盡量避免別人的私心對自身利益的侵害，也就表現為「缺缺」了。為政者與老百姓就其私心的實現程度，是個此消彼長的過程；就是為政者本身沒有私心，如果有過多的動作，實質上也是私心的隱晦表達。

任何人，不管是為政者，還是老百姓，都離不開名和利，當然要除了聖人。一般人是看不透聖人的作法，也理解不了聖人的行為選擇。如果老百姓心中沒有聖人，那社會中就不會認為有聖人存在。當然聖人是不會在乎這些的，不會為他人的短視所困擾，也不會被名利束縛，聖人只是在按照道行事。

我們從大眾的視野觀察，以簡單的福禍視角看，禍福是相依相伏的，看上去是福，實際上是禍；看上去是禍，實際上是福。人們都希望幸福常伴隨，可實際上並不能如願。自然就會發問「孰知其極？」，但在實踐中給予的回答就是「無正」。人人都在修「正」之大德，而結果在實踐中得到的結果就是「無正」。因為，經常會發生「正復為奇，善復為妖」的事情。一貫堅守的正道變成了詭異之道，一貫奉守的善良觀念卻成為一種邪惡。人們不知道該去怎麼做？「人之迷，其日固久」，人們看不清正邪善惡已經有很長時間了。但這恰恰是道在發揮作用，在默默地糾正人們失偏的心。在迷中歸道。為政者是這樣的，老百姓也是這樣的，為生命系統的國家有自我療傷的功能，這也就能夠解釋為什麼有休克療法。為政者作為太多，就會導致國家的營養過剩，國家整體展現為不健康或者是不健康；如果為政者不作為，國家沒有足夠的營養補充，國家呈現虛弱的狀態，經不起其他國家的折磨；如果為政者亂作為，那就是國家之禍，人民之害了。

如果國家有聖人存在的話，那就是國家的福氣，老百姓的福氣。人們

不會因迷而亂心，國家就不會因處於病態而無法實現長治之理想。

最後講了聖人應該怎麼做，也就將「人之迷」引領出來。方，有稜有角，一般容易割傷人，如果聖人持著「方」，人們是不會受傷的。因為聖人知道「方」是一種規矩，一種品性，有其正確的一面，但是用之不當，持之不慎，就展現出不好的一面，而且會靈活謹慎地用「方」。故「方而不割」。廉，也是有稜有角，易傷人，如果聖人持有「廉」，人們也不會受到傷害。因為聖人知道「廉」有好的一面，正如別人理解的銳利也好，廉潔也好，但持有不當，是會傷到人的，而且總是恰當的持有「廉」。故「廉而不劌」。直，既表物形之狀，又表人性之率直，但是肆意用之，也是會傷人的。如果聖人持有「直」，人們就不會受到傷害，因為知道直只有謹慎善用，才不會造成不好的結果。光，能夠照亮別人，但是也能夠讓人不舒服，而聖人持有了「光」，卻總是能夠避免不好的結果產生。「方」、「廉」、「直」、「光」在平常的認知裡，都是好的，有的成為人們一生奉守的品格，但是不能過度，過度了就會走向了反面，也就是前面所說的「正復為奇，善復為妖」。因為聖人的存在，奇正各有其道，善惡各歸其途。為政就會自動趨向於「悶悶」，而不是「察察」，為政者能夠「止心」、「止欲」。

第五十九章　有國之途

治人事天，莫若嗇。

夫唯嗇，是謂早服。

早服謂之重積德。

重積德則無不克。

無不克則莫知其極。

> 莫知其極，可以有國。
>
> 有國之母，可以長久。
>
> 是謂深根固柢，長生久視之道。

變動：

此章變動之處如下：「事」為「及」；「嗇」為「式」；「是謂」為「是以」；「早」為「蚤」）、「服」為「伏」、「備」；「謂之」無「之」；「深根固柢」前的「是謂」為「是為」、「是以」，「柢」為「蒂」；「視」為「事」；「道」後有「也」。

闡解：

「治人事天」說的就是為政者的事情。在傳統社會裡，我們可能會經常聽到這樣的話「敬天愛民」。應該是後來人們將「治人事天」轉化成「敬天愛民」。為政者，主要處理兩類事情，一類人民的事情，也就是老百姓的事情，一類就是祭祀之類的事情。在現在的北京城，有天壇、地壇、月壇、日壇，那都是清朝皇帝祭祀的地方，是事天之舉。現在這些祭祀的地方成為了旅遊景觀，但是在傳統社會，人們是不能輕易進入的，而這些地方主要是指皇帝們用來事天的地方。現在我們沒有了敬天之說，現代社會只講究愛民。但是當這些祭祀的地方化成為文化符號，我們應該持著莊重嚴肅的樣子。其實，在古代中國，不只是帝王們、侯王們要事天，那些為政一方的執政者都要將「事天」作為重要的事情。關於西門豹治理鄴城的故事，我們也能夠知道古代地方官員要根據地方的具體情況「事天」。老子也講祭祀，在第五十四章中就提到了「子孫以祭祀不輟」。祭祀是為了積德。老子的「事天」根本在於尊道、循道。天地之上有道，天之道只是最近本源道的一種道的形式。在春秋戰國時期，有許多地方官，並不敬畏什麼鬼神，而是遵從了老子所說的道，「事天」只是尊道、循道

之舉，就像西門豹一樣，首先強調治人，要關心當地老百姓的生活，「事天」也是為了真正要讓老百姓過上比較安穩的生活。現在我們沒有必要的「事天」活動，但是我們也要有敬畏，要尊道、循道，不能做違背道的事情。這樣有利於我們更好地愛民，愛民不只是講在口頭上、形式上、程序上，而是要從心底出發，付出實際行動，做利在長遠的事情，不計較個人一時之功效得失。現在的為政者，從尊重傳統文化的視角而言，從遵從自然客觀規律而言，應該行「事天」之事。所以說，現在「治人事天」還是為政者最基本的事情。現在有不少官員，道德敗壞、無惡不作，就是因為他們心裡沒有了敬畏，官員們忽略了「事天」的教育。

　　要做好「治人事天」之事，最重要的事情就是「嗇」，沒有比嗇更重要的。嗇不只是字面上的節儉之意，從前面的許多章中我們也能夠知道老子所講的嗇，強調的是「止心」、「止欲」。節儉只是形式上的嗇，而「止心」、「止欲」卻是實質上的嗇。「止心」、「止欲」是不容易做到的，要早作準備。因而，老子才說：「夫唯嗇，是謂早服」。「早服」說的就是「重積德」，老子的重積德是在守傳統之德的基礎上，從自身做起，一點一滴地累積，同心圓式的外延擴張。在修好自身德性的基礎上，才逐步擴展到家、到鄉、到國、到天下。修身積德就是要趨向於積「正」之大德，何謂「正」之大德，就是「心善淵，與善仁，言善信」。以此為基礎，修之於家，講孝悌。在積德的過程中，以自己為中心，促進了社會的良性發展，構建了社會信用網絡。人們都認為你心底寬廣、講仁義，講信用，人們都願意信任你，與你交往，這樣你就實際上沒有什麼辦不成的事情。所以老子說「重積德則無不克」。辦什麼事都很順暢，沒有感覺到有些事情不好辦，需要一個確定的努力方向，這就是在達到「政善治」的基礎上，顯示出來的「事善能，動善時」。因而老子說「無不克則莫知其極」。德累積到這樣的程

度，就可以「有國」了。我們常說國為有德者居之，則為國之福。老子就是要表達這樣一個意思。「有國」只是積德過程中的過渡狀態，最終是要為天下謀平太安康。國家只是一個很有效地實現最終宏願的工具。經過一個積德過程，就能夠在國家的政治漩渦中不迷失本性，不忘初心。沒有經過這樣一個「積德」的過程，是不具備資格「有國」的。這也就指出了家天下的王朝為什麼會發生更替的深層原因。老子早已經講了，而後世的王朝在培養帝王的時候很少能夠這樣做。以至於一個王朝的帝王越往後德性越不足，越來越不具備「有國」的資格，最後更替難免就發生了。

任何一個政權都希望能夠長久執政。但是歷史證明了，沒有哪個政權能夠長期存在下去。中國兩千年的王朝更替證明得比較充分。因為政權無法長期存續下去，所以就嘗試政權的平穩輪換，以西方為發端的民主制度走上了歷史的舞臺。天下在中國古代社會就不認為是私家的天下，國有道可以有天下，國無道則要亡天下。而私家的天下觀容易將國推向無道。所以我們的歷史就是一個治亂循環的王朝更替史。

老子強調的「有國」透過積德的長期過程順天道，與道產生連結，與老百姓的心產生連結，這樣就是「深根固柢」。這就是唯一的「長生久視之道」。

第六十章　大國

治大國，若烹小鮮。

以道莅天下，其鬼不神；

非其鬼不神，其神不傷人；

非其神不傷人，聖人亦不傷人。

夫兩不相傷，故德交歸焉。

變動：

此章變動之處如下：「治大國」後有「者」；「茬」為「臨」、「立」、「蒞」；「非」字兩行四句後都有「也」，「聖人亦不傷人」的「不」為「弗」，「傷」後無「人」；無「焉」。

闡解：

「治大國，若烹小鮮」。老子一開始並沒有直接說治理大國要尊道修德，而是用了一個比喻。這個比喻對於現在的我們而言不好理解。一般人看到這句話都會從字面去理解，很少去深挖內中的深意。再說現在的人很少能夠靜下心來讀讀古代的經典，不如來一點心靈雞湯更讓人舒心怡神。治理大國就像烹飪美味的小鮮一樣。這就是字面的意思，想想小鮮都會讓人流口水的，治理大國是一件很愉快的事情，就像在享受美味佳餚一樣。但是治理大國本來不是輕鬆的事情，而老子這樣一比給人一種輕鬆的遐想。

當然，這句話不只是字面意思那麼簡單。有這麼幾種延伸的理解：一是治理大國就好像烹調小魚，調味料要恰到好處，不能過頭，也不能缺味。二是治理大國應該像燒菜要掌握火候，都要注意佐料。三是治理大國要像煮小魚一樣，不能多加攪動，多攪則易爛，以喻治大國應當無為。

在《詩經》中有一句：「誰能亨魚？溉之釜鬵。」可見當時烹魚是個高深技術，小魚、小鮮更不用說了。老子用小鮮作比，喻治理大國也是個很有難度的技術。商朝有一位賢相叫伊尹，他主張像烹飪一樣調和五味的方法治理國家。估計是老子作引來表述他對大國治理的看法。這樣結合典故比就比喻本身進行延伸更能表達老子本意。可是老子只是為了單純地引用伊尹的治國理念，也能夠說得通，畢竟老子也一直在強調「和」。但是結合上下文，我們就能夠更準確地理解老子這個比喻的意義所在。緊接著就

以「以道莅天下」談到了道，而這句話主語是誰？毫無疑問指的是大國，亦或是指治大國的人。這樣我們就能夠明白了用這個比喻也與其所表達的理念是一致的。「烹小鮮」和「治大國」都有其各自的道，老子一直強調道無處不在，大至天地小到「微末塵」。烹小鮮能夠烹好是因為遵循了道，掌握了烹飪的方法，而治理大國也是一樣，要以道治國。治大國違背了道，就會像烹小鮮失敗了一樣。這個比喻老子主要在強調治大國道的重要性。因尊道、循道，治大國要突出表現和。

我們一直在說大國是一個生命體，也就是一個生命系統。國之大德就是「正」。「以道莅天下」，意思是大國在天下的表現是尊道、循道的，那麼大國就表現為「正」的大德。像人一樣堂堂正正的，行得端，坐得正，神鬼不侵。這是因為神鬼也在道中。我們在第三十九章中，提到了「神得一以靈」，雖然沒有論及「鬼」，但也可以據此推，「神無以靈，將恐歇」，沒有了道，神都歇菜，鬼自然不敢侵害有道的國。也就是說一切妖魔鬼怪也都歇菜了。所以說「其鬼不神」。在我們的文化中，神比鬼更厲害，神是陽氣凝聚之物，鬼是陰氣凝聚之物。有道在，不但鬼不顯靈，就連神也不會去傷害人。國以正，人以正，神不傷人。因為國有道，就會有聖人出現，而聖人是以「百姓心為心」，聖人常善救人，而不傷害人。所以說「聖人亦不傷人」。因而說治大國要以道為尊，道在，聖人在，神鬼不侵害。結果就是「兩不相傷」，社會有序，各安其道。鬼走鬼的道，修其德；神走神的道，修其德；人走人的道，修其德；聖人走聖人的道，修其德。故說「德交歸焉」。

第六十一章　邦之謙德

大邦者下流，天下之牝，天下之交也。

牝常以靜勝牡，以靜為下。

故大邦以下小邦，則取小邦；小邦以下大邦，則取大邦。

故或下以取，或下而取。

大邦不過欲兼畜人，小邦不過欲入事人。

夫兩者各得所欲，大者宜為下。

變動：

此章變動之處如下：「邦」為「國」；「大邦者下流」為「大邦者，下流也」；有的「天下之牝」和「天下之交」位置互換，其後都有「也」，有的「之交」後無「也」；「以靜為下」為「為其勝也，故宜為下」、「為其靜也，故宜為下」，「靜」為「靖」，後一個「以靜」前有「牝」；「則取」為「則取於」；「而取」為「如取」；「兩者各得所欲」為「皆得其欲」，「各得」後有「其」或無「所」，「所欲」為「所故」。

闡解：

為何上章用「國」，下章用「邦」，還是像有的版本採用「國」？是有意義之差，還是同意替換？難以確定，姑且從字源入手進行嘗試分析。「邦」從「豐」，「國」從「戈」，從字源講，兩個字是不同的，一個強調農業豐收，一個強調兵事。而在春秋時期，「邦」與「國」已經通用了。但是，這裡用「邦」，主要從德威的視角強調國家，而不是武威。而「下流」卻是一種謙遜的德。因而，我自以為「邦」為意確切。「大邦者下流」是指大國就像流動的水一樣有著「謙下」的美德。如果大國謙下，那麼大國就是最為近道的，就會對周圍產生吸引力，成為各方匯聚之地，成為天下系統的動力源泉。不單近道，而且生機勃勃，成為天下陰陽交會之地，

易於陰陽平衡，和氣融融，吸引四面八方的力量匯聚。在第六章講到了玄牝是天地根，那麼此章講到了「天下之牝」，順著邏輯而推，應該說天下萬物之根。也就是將能夠「謙下」的大邦比作為「天下萬物的根源」。在邦與邦之間，謙下的大邦就比其他邦更有影響力。

緊接著比喻大邦為「牝」後，指出了「牝」的優勢之處就是「靜」。強調了大邦要事之以靜，不以繁政擾民，在國與國之間，也不倡導頻繁用事。「靜」是大邦治理的道要，大邦安心於農事，止戈於內外，就是「謙下」的美德表現，因而說「以靜為下」。對於一個大邦，很容易受到擴邊增民欲望的驅使，偶爾的用兵根本看不到對國家根本的侵蝕，只要能夠克制不用兵，那對於其他相關小國就是一種謙下的表現。用兵尚且看不到對國家的害處，更不用說那些其他更誇張的事情。大邦的止欲，就是一種謙下。

這樣就會帶來兩方面的變化。對大國而言，大國不恃強凌弱，對待小國也是謙下的姿態，結果就是小國則會發自內心的歸附過來；對於小國而言，對大國保持謙下的態度，這樣就免於大國的侵凌，且取得了大國的支持和保護。這也就是我們常說的禮尚往來。結果就是天下萬邦協和，溝通頻繁，避免了國與國之間意圖的猜測而漸生嫌隙。

每個邦國都以「謙下」為其美德。最終的天下景觀就是「或下以取，或下而取」。「取」是指國與國之間的信用狀況良好。一個「以」，一個「而」表達了國家以「謙下美德」而實現「取」的途徑不同。「以取」是將「謙下」的美德作為憑藉的資材，有目的性；而「而取」卻是因為「謙下」美德而自然而然實現的，沒有目的性。「以取」是影響力的結果，有不得不為之的意思。這是符合國與國之間信用良好的實際狀況，也指出了國與國之間信用的建立也是一個逐漸的過程。老子陳述國家關係時，是從一個天下生命系統的整體而言的。現在我們國家努力引導、營造命運共同體的

新型國際關係秩序，也正是從老子的認知而言的。而西方描述國家關係是從國家紛爭的視角出發，不管是康德式的，還是洛克式、霍布斯式的認知，都無一例外指向了衝突後「無政府狀態」。從國家視角出發，關注重點就放在了大國之間的角逐平衡，講求的是國家的硬實力，而不是國家的軟實力，更不會指向國家的德性改造。

隨後，指出了要保持這種景觀狀態需要兩個「不過欲」，既要求大國不過欲，也要求小國不過欲。「不過欲」就是要保持克制，考慮到他者的存在，而不是以自我為中心。在這裡，老子也沒有要求國家去欲，而只要能夠克制欲望就可以了，這是一個好的開始。對於大國而言，在克制欲望的同時，表達出來的是其「謙下」的美德，對於小國，這樣的大國不是威脅，不會因為其大而產生擔心防範的心理，並為其「謙下」美德感召，而主動歸附，形成大國超出國家界限的軟管理狀態。對於小國而言，在克制欲望的同時，表達出來的是其「謙下」的美德，主動以臣下的謙遜態度事大國之君，國與國在政事上是相互融合的，但同時國與國之間有時相互獨立的，對於大國，這樣的小國也就不會產生吞併的欲望，因為這樣的狀態比吞併了對大國更好。國無非是天下的一部分，以國為手段也不過是實現天下大治，這樣的狀態也離大國追求的目標相近。

這樣就是最好的結果，大國也能夠實現其德性弘揚的欲望，小國也能實現其以美德保全國家的欲望。這種大國與小國的關係，從勢力視角看，大國具有支配性影響力。小國「謙下」美德的存在是以大國「謙下」美德為基礎的，如果大國沒有「謙下」的美德，小國的「謙下」也帶不來其安全保障。因此說，這種國與國良好信用關係的構建主要在於大國，大國是主導天下格局的關鍵力量。故老子說「大國宜為下」。強不以強而示弱，是國家長久的保障，任何一個大國都不能保證其恆強，一味地宣示武力而

消耗實力，最終的結果就是大國衰弱，小國滅亡。從西周到東周，有著許多具體的歷史事實彰顯了「大國宜為下」的雄厚歷史基礎，可見老子並不只是邏輯推斷，而是更多地建立在歷史事實總結的基礎上。

第六十二章　天下貴之二：有國的行為

道者，萬物之奧。

善人之寶，不善人之所保。

美言可以市尊，正行可以加人。

人之不善，何棄之有？

故立天子，置三公，雖有拱璧以先駟馬，不如坐進此道。

古之所以貴此道者何？

不曰：求以得。

有罪以免邪？

故為天下貴。

變動：

此章爭議最大之處有三處：第一處為「不善人之所保」，有的表達剛好相反為「不善人之所不保」；第二處為「美言可以市尊，正行可以加人」中的逗號加在「市」後還是加在「尊」後，加在「市」後，往往就沒有「正」，加在「尊」後，行之前就加了「美」，但也有的空了下來；第三處為「不曰：求以得」，有的是「不曰求以得」，有的是「不曰：得」。其他小的變動之處如下：「道者」為「道呵」；「奧」為「注」、「柱」後有「也」；「加人」為「加於人」、「賀人」；「何棄」為「奚棄」；「不如」為「不若」，後有「善而」，「此道」後有「也」；「何」後加「也」，單獨成問；無「邪」，不成為問句。

闡解：

通篇是圍繞「不善人」展開的。老子所言的道，是萬物的道，所有人的道。所以老子託聖人而言「聖人常善救人，故無棄人」。不善人，道也不會拋棄他。在我們前面闡述的所有章中，道是讓人向善的。對於一般人而言，大都有較為鮮明的好惡之分，會認為道對「善人」和「不善人」應該是不一樣的。因而，老子要以「道者，萬物之奧」開頭，闡述道與不善人的關係。

「道者，萬物之奧」。開篇就講道是認識萬物的鑰匙。天下萬物都與道有著密切的關係。但是要掌握這把鑰匙卻不是容易的。「奧」從字面講，為深奧難測之意。我們經常將難以理解的東西稱為「奧」。我們將印度的一本遠古經典翻譯為《奧義書》。對於現在的我們，可以借助許多詞彙來理解，如奧妙、奧祕、玄奧、古奧、深奧。奧與妙、祕、玄、古、深意義相連。在第一章中我們就以道為「玄」，以道為「妙」。現代的我們閱讀古文，不好理解，就可以稱為「奧」。可以單以妙、玄、祕、古、深來理解「萬物之奧」，似有不盡之意。老子所言對於現在的我們可以說很「奧」的，許多的話不能只看字面的意思。「萬物之奧」也是同樣的。不好理解也得去理解，不然我們無法與古人相通，於是就出現了「訓詁」。「奧」也被訓詁為「庇蔭」（王弼理解為「庇蔭」）其實我們想想，老子這樣說是針對誰的，肯定不是自言自語，而是要把他的道傳播出去，而接受道的人，起初都像我們大多數人一樣，有著一般的善惡好惡之分。肯定會對「不善人之所保」持懷疑之義。因而，老子以「道者，萬物之奧」起頭，是為了與常人的思維取得一致性，從他者的視角出發，容易增強說服力。這裡釋義為：「道是萬物中最深奧難懂的」。對於老子比較好理解，而對於天下人卻不好理解。已經到了六十多章，能夠堅持聽道的，都會對道

有一定程度的了解，也知道道對於萬物而言是最本質的東西，也是最不好掌握的。

　　道包容一切，不只是包容善人，也包容不善人。對於善人來說，道是其端正言行的最好標尺，是持之一生的珍寶；對於不善人來說，道也是其依仗的憑藉，其言其行也要在道上尋找合理性，對其資材和身家也要尋求道的保護。「不善人之所保」就是說道對不善人來說也是有用的。我們常說的「假迷三道」不就是這樣的嗎？一個不誠實的人總是裝得正兒八經的樣子。似乎道對於善人和不善人是一樣的，沒什麼差異。在道面前無所謂善與不善。善人會像珍寶一樣地護持道，而不善人會充分利用道來保護自己。善人有道，不善人亦有道。這怎麼回事呢？「道者，萬物之奧」，一下子是無法解釋清楚的，老子開始只能這樣去回應持疑者。

　　然後就進入到現實中善人和不善人言行表現的場景：「美言可以市尊，正行可以加人」。此句現在認為還有許多其他說法，爭議頗多。不管是「美言」和「美行」，還是「美言」和「尊行」，亦或是「美言」和「正行」，一般上是指善人之舉。而在現實生活中，不善人也會經常這樣來，而且更會彰顯其「美言」和「正行」。也就是說我們不能夠從「美言」和「正行」中差別出善人和不善人。如果強行以之為標準去甄別善與不善，我們就會犯錯，很可能將「偽善」作「善」，將「真善」作「不善」。「美言」可以隨便去兜售，贏得更多人的尊重；民主社會領導人的選舉不就是這樣的嗎？好話說盡，以贏得更多的選票，選票就表達了選舉人對被選舉人的認可。「正行」也會贏得好名聲，會有很多人跟隨或贊同，在金庸的《笑傲江湖》中，有不善人岳不群和左冷禪等，在其偽善沒有被揭穿時，會有許多江湖人士的支持。我們形容這樣人為「道貌岸然」、「衣冠禽獸」，這也是我們出於言行的判斷。這是其言行背後不善之心暴露之後

的判斷。如果沒有暴露，那些人在世人眼中就是「善人」，而不是「不善人」。有的「不善人」可能終其一生扮作「善人」。因為「美言」和「正行」而得以善終。

因此，老子隨著就是以一個反問肯定了道不會遺棄「不善之人」。「人之不善，何棄之有？」人不行善事，道就有拋棄他的理由嗎？人之善與不善，並不在其言行，而是在其心。心善則人善，心不善則人不善。心善與心不善的根源在於內心的欲望。沒有欲望或欲望少的人，會很少產生傷害他人的事情，而充滿欲望的人，很容易侵害到他人的利益。為了能夠更大程度地獲得利益，不善之人會偽裝成善人，而偽裝的手段就是「美言」和「正行」。因為道不棄不善之人，所以我們可以說不善之人的「美言」和「正行」也就是道賦予不善之人的。一個人的心決定了他言和他行的本質，但是「美言」和「正行」久了，也就慢慢地反饋於心，促使不善之心發生轉變。偽裝了一輩子的人，他的不善沒有表達出來，我們不能認為他不善，因為其整個生命過程表達是善，所以他是善人。有些人乾了不善之事，後來一直偽裝的很好，在其生命結束時，所表現是就是「美言」和「正行」，我們也會說這個人是善人。這也就是佛教所說的放下屠刀，立地成佛。這都是道作用的結果。就是一直行不善之事的人，也會轉換成為反面的典型，來以教育人們行善，這也是道作用的結果。

道對不善之人是一個逐漸改變的過程，有的終其一生沒有從不善心轉變成善心，但是都會有道影響的痕跡，我們常說：「人之將死，其言也善」。不正是顯示了道持之不斷的影響力嗎？

「立天子，置三公」，從政治學的視角看，就是國家制度的頂層設置，代表著國家權力的中心。在尊道循道的環境下，「立天子」就是在人間選一個人代天行事，天是屬於道的，那麼代天行事的人也就要尊道循

313

道,「三公」是輔助天子維持天道。透過一系列莊重的儀式,確立了替天行道的合理性。「拱璧以先駟馬」表達的就是一整套代天行事的權力中心的確立儀式。既有道的表達,又有權力的表達,處在天置三公之位的人,很容易使自己的欲心膨脹起來,認為自己就是天道,隨意殺伐裁判。對待不善之人容易處以「棄置」的解決路徑,而不是去「以道拯救」,對人之不善責之過甚。這樣最終的結果容易偏離天之道,而是以己之私慾代行天道。所以說,「立天子,置三公」只是尊道循道的形式,並不能真正奉守道。而真正能夠奉守道的就是處於「天子三公」之位的人能夠止心止欲,而親自尊道循道,不只是拘泥於形式上的表達。只有自己成為聖人一樣的人,才能夠在「天子三公」之位實現代天行事。所以老子要說:「不如坐進此道」。

不善之人居多,強梁者稀少。強梁者透過國家制度制約其行為,使其終不得好死,這才是替天行道,如果泛化於所有「不善之人」,那就過了。對於強梁者以其死歸道,其他不善之人以其生而自化歸道,替天行道的制度設置只是輔助。

老子也經常託古,這樣可以避免在傳道中受到現實情況的糾擾。其實古代和現代的人都是一樣的,對於大多數人來說「貴道」是有其功利目的的,是帶著欲望之心貴道的。這沒什麼,這是正常的入道路徑。在不懂道的時候,大多數人都會發生背道之舉。當認識到道的重要性,而且是社會的規範,他們就會尊道循道,但是不會馬上去了私慾。首先他們要做的就是透過尊道循道免罪,對其過往的不道行為希其得到道的寬恕。對於一些人,這個過程可能很長,但是可貴的是他們已經意識到道的存在,而且在尊道循道。他們透過免其曾經的不道之罪,以之為以後更好地修道,達到止心止欲。免罪在任何一種文化中或是倫理秩序中,都會涉及到。佛教如

此，基督教亦如此。因為這樣，人們才能夠安心上道。要在制度設置上，更多地要考慮到能夠讓人們大都在自化免罪的路上。一下子成為聖人是不可能的，這樣才是人間信道的常態，而這樣的常態也是很可貴的。因此說：「故為天下貴」。

此章也是最親民的一章，也是多有歧義的一章。我這裡以綿己見，以享讀者。仁者見仁，智者見智，我認為自己闡解的有道理，但也不否認其他人注譯的有道理。

第六十三章　以德化怨於始

> 為無為，事無事，味無味。
> 大小多少，報怨以德。
> 圖難於其易，為大於其細；
> 天下難事，必作於易；
> 天下大事，必作於細。
> 是以聖人終不為大，故能成其大。
> 夫輕諾必寡信，多易必多難。
> 是以聖人猶難之，
> 故終無難矣。

變動：

此章變動之處如下：「大小多少」後無「報怨以德」。「圖難於其易，為大於其細」為「圖難乎，於其易，為大乎，於其細」，有的「易」、「細」後有「也」；「天下大事，必作於細」為「大事必作於小」，有的「細」與前面的「易」之後有「也」；「輕諾」、「寡信」後有「者」；「猶難之」前有「曰」；「終無難」後無「矣」、或有的「終」後有「於」。

闡解：

　　前章講道與不善人的關係。人之不善往往是出於對道無知而作出的不道之事。此章是從防患於未然的角度出發的。人之不善都有一個開始，如果從開始就以德、以道化之，不善就滅於開始，人何謂不善？即使存在了不善，也可一點一點地化掉。河上公為此章取名為「恩始」，我參考河上公的取名，根據自己的理解，以現代人較好理解的形式為此章取名為「以德化怨於始」。不管是河上公的「恩始」，還是「以德化怨於始」，都突出了「始」。這個始有兩層意思：一層是將怨（怨也可以說是「不善」）在萌芽狀態中化掉；另一層意思是出現了「怨」，不管其有多大，以德化怨重在開始，並以之為發端，持之以恆。前章講「人之不善，何棄之有？」提出了道不會放棄任何人的一個命題。此章卻提出了具體的解決路徑：如何不放棄。下章其實也在延續此章的邏輯。

　　我們要以德化怨，是要以什麼樣的德化怨。這是首先要解決的。但是實際上，我們也明白應該需要什麼樣的德。因為有許多章都在論德，而且這個德是以道合在一起論的，道與德是不可分的，它們是一個整體，陰陽兩面，道屬陰，德屬陽。德是道之表，道是德之根。德是道的具體表現，要透過具體的行為來表達，所以要「為」、要「事」、要「味」。怎麼個「為」，就是「無為」，要表達出老子所倡導的道的意思；怎麼個「事」，就是要「無事」，以「無事」成「無為」之道；怎麼個「味」，就是要「無味」，以「無味」成「無為」之道。「無事」、「無味」是為「無為」張目的。「無事」是「無為」的一種外在表現，而「無味」卻是「無為」在心境上的表現。「為無為，事無事，味無味」較為完備地交代了德。「為無為」講的是要順應自然，不違背客觀規律，在尊重客觀規律的基礎上的「為」。這樣的為在老子眼裡就是「無為」，人做事不去橫生枝節，不管是

特意的自我表現，還是中規中矩的默默做事，都是要符合客觀規律，符合道。強調的是管好自己，既要管好自己的心，也要管好自己的言和行。「無為」主要指不以自己的心、言、行傷害到其他人或者周圍的環境，進而改變世界的平衡狀態。侯王以無事取天下，而對於普通人而言，無事就是不去刻意改變人與人之間、人與環境之間的關係狀態，關係狀態不管是好是壞，都要遵循自然的演替規律，人的積極作為要有所限度。這樣他人不會行妨，環境得以安寧，自發其美。人與人之間的信用自然滋生，人與環境的和諧自然而來。「味」是針對心的，不是表面所顯示的意思，是體味之意，而不是純指味道。以「味」喻心的狀態。人們在經歷各種事情的過程中，內心會感受到各種酸甜苦辣辛，形容難以言狀的心情為「五味雜陳」。在欲望的驅使下，行事有成功、有喜悅、有痛苦、有失敗、有酸楚、有無奈等等，而這些會牽動身體狀況的反應，引起身體向不健康的方向發展或者造成對他人或者環境的傷害，形成不善的境況。當處於「無味」狀態，就是心境淡泊寧靜，不為外界的刺激而引起情緒的波動，不管是好事還是壞事，都不能夠改變心境。以這樣的心境為事，就不會打破平衡而改變與環境的和諧狀態或不會惡化人與人之間的良好信用，各安其好，無為自然而成。

　　當然，我們總不能夠有道理想中談論「無為」、「無事」、「無味」，最終得落到現實之中。面對現實採取的是報怨以德，德就是上面所說的「無為」、「無事」、「無味」之德。現實是一個什麼狀況？就是「大小多少」。「大小多少」是一個總稱，凡指一個人所經歷的各種事情，也指所經歷的各種事情帶來的各種後果。看過《道德經》的，而且能夠有耐性看到此章的，很可能知道關於「大小多少」的解釋是不同的。有的認為有脫字，不可強解，如姚鼐、奚侗、蔣錫昌等；嚴靈峰在《老子達解》中釋為「大生

於小，多生於少」；有的解為「大的看作小，多的看作少；小的看作大，少的看作多」，詳析也有差異，如釋德清指出了有道人和一般人的價值觀念差異，高亨以「大其小，多其少」喻「謹小慎微」；林希逸解釋為「能大者必能小，能多者必能少」。不管多少解釋，都是各自對「大小多少」的理解，我也有自己的理解。我認為要理解「大小多少」，就要連結上下文。如果考慮到是從上句自然延伸過來的，從邏輯上看「大小多少」應該與上面的德有連結。在《姬氏道德經》中，「大小多少」之後沒有「報怨以德」，這就更顯得與德連結的重要性。如果不與德產生連結，那麼「大小多少」就顯得更加突兀了。從「大小多少」的多種釋義看，大都是與下句產生連結而延伸出來的解釋。「圖難於其易，為大於其細」，表達了「難」的解決是從「易」開始的，「大」建立在「細」的基礎上。根據難與易、大與細關係類推，上句的「大」與「小」、「多」與「少」發生了連結，而不是並列存在的關係。但是要將「大小多少」的上句和下句，透過「大小多少」產生邏輯上的關聯，「大小多少」的意思理解就很重要了，如果釋義只是與下句產生連結，就會感覺到首起句與下面所述內容意思脫節。再說，我們想想如果「大」與「小」或者「多」與「少」產生連結，應該中間插入「之」、「則」、「於」等類字以表達兩者的關係，這也是《道德經》中其他篇章的習慣用法，難免會有注譯者認為有脫字之疑。可是大多數人偏偏不願意從並列關係去理解，認為這種理解太小兒科了，表現不出學問。其實我一直認為老子是用最樸實的語言來闡述世界上最根本的道理，目的是希望人們能夠很清楚的明白他的意圖所在，「吾言甚易知，甚易行」說明了老子會盡量用最容易理解的語言來表達最深刻的道理。而且大小多少的並列關係也能夠說的通。因而，我認為，「大小多少」就是一個代指，代指一切事，一切針對「我」發生的「有怨」的結果。而面對

一切事情，對「我」的要求就是「報怨以德」。「我」虛指進入道門的修道者。

　　然後談「報怨以德」是可行的，這個可行來自於歷史實踐經驗的總結。歷史實踐經驗就是「圖難於其易，為大於其細」。這是很容易透過實踐進行檢驗的規律性認知。在平時，我們要保持謹小慎微，在事情發展的開始往往是最容易解決的，一切大的事物都是精細結構構造而成，生命運動更是如此，最初還未成形，隨著成長，事物形成了自我肯定的邏輯。而且與其依附的主體形成了共生關係，這樣處理起來是很麻煩的。中醫也講究治病於始，或治病於未病之時。對於一般人來說，說起來容易，做起來其實很難的，因為容易、細微，所以也易於疏忽。在開始時，或未發生時，人們都會認為沒事，無所謂，看不清由易轉難、由細變大的規律性變化，往往發生了，才知道其後果的嚴重性。所以，從統計學角度看，呈現出來的是一個「大小多少」的分布狀態。對於一個人而言，能夠較為充分地知道「圖難於其易，為大於其細」的規律性認知，也能夠知道應該「以德報怨」，但是總會面對大怨、小怨、多怨、少怨的這種狀態，對於「小」、「少」都能夠以德輕鬆化之，對於「大」、「多」，卻需要一點一點地以德化之，以至於老子要說「和大怨必有餘怨」。有了「抱怨以德」的開始，就不愁化掉「大怨」、「多怨」，至於「和大怨必有餘怨」的情況老子將會詳細論述，這裡只是將化掉「大怨」、「多怨」的路徑指出來，從容易的開始，從細處開始，注重細節，注重防患於未然，逐步將「大怨」、「多怨」化小、化少，最終達到消怨。

　　接著，以兩個「必」，堅決地肯定了「圖難於其易，為大於其細」規律性認知的正確性。天下的大事、難事都是從最初的小事、細末之事發展而來的。從源頭入手、或者從容易處入手、從細微處入手，就會逐漸理清

319

解決大事、難事的具體路徑。根據事物的發展規律而採取相應的針對性措施，這樣就沒什麼解決不了的大事和難事了。這就是有些人在面對大事、難事時能夠表現為舉重若輕的理論根據。

將難化易，將大化細，這就是聖人經常做的事情，聖人經常幹得就是細小的事情、容易的事情，在小事沒有變成大事就解決了，在容易的事情沒有變成困難的事情就解決了，聖人沒什麼大事、難事可以做的，所以說「是以聖人終不為大」。對於聖人來說沒什麼難事、大事，但是對於不同人而言，大事、難事就多了。在普通人眼裡的大事、難事，在聖人那裡卻成為小事、容易的事情，而且聖人也不藏著掖著，而是不斷地以身示範教以人們如何處理大事、難事。結果人們自然會尊其為大，因而說「故能成其大」。從德的累積講，就是小德一點一點地累積成大德。

對於容易之事、細末之事，普通人與聖人採取的態度是不同的。將大事化細，將難事化易，然後對待易、細的態度及具體做法就至為關鍵。易細之事，易於懈怠，易於疏忽，易於不放在心上，這是一般人的經常做法。所以對於普通人而言，多易就變成了多難。因為處於易細的狀態，也會輕易許諾，但是卻又看不到變難變大的可能性，所以最終的結果，在變難變大之時而實現不了諾言而導致失信。因而說「輕諾必寡信，多易必多難」。兩個「必」強調了不注重易細之事的後果。老子很少用決斷性語氣說話，此章卻出現了四個「必」，強調了「報怨以德」的重要性。對於易細之事的態度和做法，聖人卻以謹小慎微地將易細之事鄭重地處理，因為其清楚地知道易細之事變難變大的可能性是存在的，處理不慎就會事而願違的，所以說「聖人猶難之」。老子告訴我們細微之處有大因果，「見微知著」也與此意同源吧。從德的視角說，我們要依然「報怨以德」。「莫以惡小而為之，莫以善小而不為」。對於聖人而言，因其「猶難之」，「故終無難矣」。

第六十四章　守微在於知明

其安易持，其未兆易謀；

其脆易泮，其微易散。

為之於未有，治之於未亂。

合抱之木，生於毫末；

九層之臺，起於累土；

千里之行，始於足下。

民之從事，常於幾成而敗之。

慎終如始，則無敗事。

是以聖人欲不欲，不貴難得之貨；

學不學，復眾人之所過；

以輔萬物之自然而不敢為。

變動：

　　此章變動之處如下：「安」、「未兆」、「脆」、「微」後有「也」，逗號斷開；「持」、「謀」、「泮」、「散」後有「也」；「泮」為「破」、「判」、「浮」；「微」為「幾」；「散」為「踐」；「未有」、「未亂」後有「也」；「之於」為「之乎其」；「層」為「成」；「起於累土」為「作（或甲）於纍（或壘）土」；「千里之行」為「百仞之高」；「慎終如始」前有「故」；「如」為「知」、「若」；「敗事」後有「矣」；「不貴」、「復」前有「而」；「學不學」為「教不教」；「復」為「備」；「以輔」為「能輔」、「以復」；「不敢為」後有「也」。

闡解：

　　此章首先要交代一件事，就是「為者敗之，執者失之。是以聖人無為故無敗，無執故無失。」的位置。這幾句話沒有出現在此章中。在許多傳

321

本和通式本都有，在「始於足下」與「民知從事」之間。因為內容之間的邏輯關聯，這幾句在此章不是很嚴密，而在第二十九章中邏輯上更契合，根據陳鼓應據奚侗說，就放在了第二十九章中而不再在此章中出現。當然放在此章在邏輯上也能說得通，但那也是在他人的解說之道中，而我的釋解卻是不合適的。

此章是從上章承繼過來的，上章託聖人「終不為大」和「猶難之」而歸於「易」、「細」，此章專談「易細」。河上公為此章取名為「守微」，我在釋解中也就直接取用了河上公的取名。

一開始就將「易細」分解為「安」、「未兆」、「脆」、「微」四種狀態。前兩種從「建有」而言，後兩種是從「破無」而言。人們做事總是處於「維護什麼」、「破壞什麼」的兩分選擇。一種是支持，一種是反對。不管是支持還是反對，要達到最大的效果，就要找到最合適的路徑，而這個路徑上章已經指出來了，將「難大」化為「易細」。

「其安易持」，講得就是在歸於靜安之時才容易持有。於物而言，在安靜的時候比在動的時候更容易保持，是最省力的；而於心而言，在安靜的時候，才不會被欲望所控制，能夠保持最清醒的狀態，達到身心一致。「其未兆易謀」，是指在沒有出現任何徵兆的時候是最容易謀取的。有了徵兆意味著事物就有了自身的運行邏輯，而在謀劃的時候就不會隨心所欲。我們也經常說培養人要從其什麼都不懂開始的，有了先入之見，糾正往往很難。事物的發展還沒有成形，完全可以按照自己的邏輯進行設計謀劃。「其脆易泮」，是指物在脆的狀態下容易破碎，要摧壞一個東西或一個事物，在其脆弱之時是最容易成功的，任何事物都有其發展的強盛時期和衰落時期，在衰落時期是容易將其擊破擊碎的，所以謀大事都要擇時機而動。從四種狀態來看，在易細的時候，既容易持有或謀劃，也容易將事情

辦壞，所以告誡我們在易細之時，也要保持「謹小慎微」，避免「泮」、「散」；同時也告訴我們，要摧壞一件事物，也要果敢有為，趁其病要其命。一個走的是神道，一個走的是鬼道；一個為正，一個為奇。此章主要從「正」而言的，所以下面緊接著就是「為之於未有，治之於未亂」。「為之於未有，治之於未亂」說起來容易，做起來是很難的，難在需要兩個條件作支撐，一個要「知」，要知道事物的發展規律；一個要「明」，能夠準確地按照事物的發展規律辦事。「知」需要勤奮不輟，「明」需要靜心晴明，兩者缺一不可，否則無法實現「為之於未有，治之於未亂」。前面的四種狀態就是為了推出「為之於未有，治之於未亂」。在沒有的時候進行做事，會茫然若失，失去方向的；在沒有亂的時候，是很難提出針對性措施，做出來的事情似乎是無厘頭的，不是有的放矢。沒有「知」和「明」作條件支撐，未有之為、未亂之治是不會出現的。

由小變大，又少變多，短期是可期的，長期卻帶來了許多的不確定，向一個方向努力堅持至為關鍵。為了煅塑堅定的心，接著老子連著舉了三個實際存在的「為之於未有，治之於未亂」同類型的例子。第一例子是「合抱之木，生於毫末」。「毫末」相當於「未有」、「未亂」之時，一顆需要好幾人合抱才能夠圍住的大樹，最初也只不過像一顆雜草，甚至也只是由一顆小小的種子破土而出，在最初誰能夠想得到最終長成參天大樹。第二個例子是「九層之臺，起於累土」。「累土」與「九層之臺」相比，就猶如「未有」之狀，處於「累土」的階段，有多種發展的方向，最初處於「累土」階段的視野中，「九尺之臺」是不可想像的，只有不斷地向一個想像的目標堅持努力，目標才能一點一點地臨近，視野、境界才能夠不斷上升。即使開始就有超越「累土」階段的視野和境界，也都在於「知」和「明」的支撐。第三個例子是「千里之行，始於足下」。沒有遠大的志

向，是無法完成千里之行的。在古代，千里之行不是一件輕鬆事，需要下定決心並付諸於實際的行動才能夠實現。千里之行的壯舉，是需要一步一步走出來的。一起腳，能否實現千里之行確實是個未知數，需要一顆堅持的心，才能夠實現。三個例子突出了要成就一番偉大的事業，都需要從小做起的，一步一步腳踏實地。

對於一般人，即使確定一個目標，也很難堅持下來，往往是半途而廢。因而老子說「民之從事，常於幾成而敗之」。就是我們常說的缺乏常性。為什麼會這樣呢？老子隨後就給出了原因，就是不能夠「慎終如始」。在容易的時候容易驕傲自大、自以為是，在最初不以為然，懈怠一下、偷懶一下都是無所謂的，可慢慢形成了習慣，失去了堅持的心，積易成難，信心在逐漸增加的困難面前一點一點地磨滅了，故「多易必多難」。如果自始至終，都是謹小慎微的，容易的事也要認真地去完成，那麼就不會有失敗的事發生。為什麼「慎終如始，則無敗事」呢？前面講了，要做成一件大事需要「知」和「明」兩個條件支撐，而「慎終如始」與「知」和「明」有什麼關係呢？從三個例子看，我們看到了堅持的可貴；從一般人往往不能夠成功的原因分析看，我們突出了「慎終如始」的德。但是並沒有看到跟「知」和「明」的關係。但是我們深入分析一下，就能夠明白「堅持」和「慎終如始」與「知」和「明」有著密切的關係。我們做一件事是要確立一個目標，這需要「知」的儲備，在實現目標的過程中，會發生一些意想不到的事情來阻礙事情的進展，沒有充分的準備，會觸手不及。準備是一個「知」的過程，同時也是一個「明」的過程。「知」是「堅持」和「慎終如始」的前提和基礎。缺了「知」，不會堅持到底，會讓心茫然，所以「明」就可貴了。「知」是列出了可能出現的困難，並提出了可能的解決方案，在「堅持」和「慎終如始」的過程中，會出現

困難的估計不足，「知」就不足夠了。「明」是化難為易，是有利於進一步的「堅持」，達到「慎終如始」。

所以最後老子要依託聖人，指出了「知」和「明」的重要性。「欲不欲，不貴難得之貨」講得是「明」；「學不學，復眾人之所過」講得就是「知」。「欲不欲」是說聖人的欲是不欲，不欲是因為「明」了大道，結果是「不貴難得之貨」。「明」是講心的，「欲不欲」也是講心的，心明了，就能夠不欲。因為不欲，所以在聖人眼裡沒有什麼「難得之貨」。「難得」是因為欲望之心而產生的。「學不學」中的「不學」，是聖人的「學」，「不欲」的欲和「不學」的學是普羅大眾的欲和學。而這個欲和學不屬於聖人的。「不學」是在普羅大眾「學」的基礎上的全知。「復眾人之所過」意思是指聖人能夠知道眾人的一切，包括失敗的根源和成功的經驗。「復」不是複製，而是借鑑和學習，在此基礎上形成聖人的「學」，聖人的學是高於眾人的學。聖人的學是不重蹈眾人「學」的過程的學，故稱之為「不學」，「學不學」就是指學成就聖人的學問。

因「知」和「明」，聖人能夠由德入道，不是去支配萬物，而是輔助萬物。輔助萬物以歸自然之本性，而不敢流露出任何支配控制的意圖，以免打斷萬物自然本性的回歸。

第六十五章　國之玄德

古之善為道者，非以明民，將以愚之。

民之難治，以其智多。

故以智治國，國之賊；不以智治國，國之福。

知此兩者，亦稽式。

> 常知稽式，是謂玄德。
>
> 玄德深矣，遠矣，與物反矣，然後乃至大順。

變動：

此章變動之處如下：「古之」為「古日」；「明民」後有「也」；「愚之」後有「也」；「難治」後有「也」；「智多」為「多知」、「多智」，後有「也」；「以智治國」前有「故」；「國之賊」、「國之福」後有「也」；「知此」為「常知此」；「稽式」為「楷式」、「揩式」，其後有也；「常知」為「能知」；「乃至」前無「然後」、後無「於」，「乃」為「迺」。

闡解：

我們會往往間或看到批評老子愚民的觀點。有不少人認為老子站在統治階級的立場上明確提出了愚民的觀點。單從此章內容出發，老子的愚民就坐實了，「非以明民，將以愚之」明確提出來就是要愚民。可是從老子通篇的表達看，老子的愚民是有前提的，而且這個「愚」並不是愚笨之意，而是淳樸厚道的謙稱。老子在「為道艱難」一章中，自我畫像，稱自己為愚人也。老子的這種謙稱是從他者的視角稱呼的，其實這個愚在老子看來，恰恰是要堅守的品格，是符合道的特徵表現。所以說，「將以愚之」實質上是希望所有老百姓都向「大道」看齊，即使依靠自己悟不透道，也可透過「善為道者」的引領在形式上表現為「近道」的狀態，以「愚」的德顯形成群體的近道景觀。這樣，從國家這個生命系統的整體看就是一個近道體，可達「玄德」境界。國家因「民之愚」而整體表現為「玄德」狀，最終的目的老子希望國家能夠達到「大順」的結果。而現在我們接受了民主的洗禮，「愚民」是不受歡迎的，國家在現代的政治學解讀中，它就是一個恐怖怪獸，是惡的。為了所謂的國家大順，也不能愚民。儘管國家是屬於部分人掌控的，但也不能因為少數人的利益而傷害絕

大部分人的利益。開啟民智，讓人們懂得如何維護自己的權利，才是現代政治學的發展方向，而不是透過愚民而實現短暫的政權穩定。統治階層也不敢明確倡導「愚民」，即使老子的「愚民」另有其深刻內涵，也不能從官方的視角大張旗鼓地推崇老子，以免落「愚民」之口實。如果處在領導地位的人有聖人存在，是不在乎這所謂的「名」，但大多數人是想做君子的，而且君子也是可期的，這個「名」也就重要了，只能「明民」，而非「愚民」。那就很有必要正本清源，讓人們能夠正確的理解老子的「愚」，而不是只將「愚」置於玄奧之境，只為少部分人所通曉。老子在此章中到底是真正的愚民，還是以「愚」的形式明民近道。這是此章闡解的重心所在，所以本人沒有循河上公的「淳德」章名，而是以「愚乎？智乎？」突出了此章闡解的重心。本章的闡解意在解透老子的愚，以能夠讓大多人知道老子為什麼說「非以明民，將以愚之」呢？

第一句就是「古之善為道者，非以明民，將以愚之」。這殺傷力是很大的。「善為道者」，那也是近道之人，連近道者都在倡導愚民，對於統治階級而言就提供了強大的理論支撐。傳統中國的統治階級經常會代天的名義行事，以「天子」稱呼皇帝，皇帝的詔書也經常用「奉天承運」一詞。統治階級很容易就能夠披上「道」和「德」的外衣，讓人們認為「愚民」是正當的。歷代不少皇帝都是這樣做的，現在有不少研究傳統而批評傳統的人也蓋因於此吧，帝王們經常掛著羊頭賣狗肉，權力場中充斥著偽善。就是讚頌傳統的，也要將政統與治統分開，以免政統的腐氣侵襲治統之清流。而將西方文化視為圭臬的學者，總是將老子的「非以明民，將以愚之」和孔子所說的「民可以使由之，不可使知之」連在一起說事，一個代表儒家，一個代表道家，對傳統文化是否可值得繼承持否定的態度。一些在虛心學習老子思想的同時也在為老子的一些觀點如此章的「愚民」觀

點打圓場，如時代局限之類的說辭，這樣一來間接上卻肯定了這些觀點的錯誤。大多數人都只是拘泥於言辭的表面，卻懶得作一個貫通的理解。如果老子只是為了「愚民」，那為何老子要說「聖人無心，以百姓心為心」；如果只是為了從統治階級的角度出發，為何老子要發出「強梁者不得好死，吾將以為教父」的吶喊；還有其他等等。這些明顯是與愚民觀點格格不入的。老子的「愚之」是有前提的，老子寄希望於統治者守正，前面連續幾章都在說侯王應該如何如何，並提出「為天下正」的侯王大德。如果統治者是失德的，儘管冠以天子的稱號，那也是老子眼中的強梁者。因而說老子的愚民是建立在統治者有「為天下正」的大德，而不是為了愚民以實現統治者胡作非為的最大化。老子崇尚自然，以天道喻自然之道，厭惡人們內心萌發出來的那些欲望，正是這些欲望將人們變壞，矇住了內心的善良，將醜惡演化到極致。老子經常以古喻今，此篇也是以「古之善為道者」開頭。這說明了現實中那些實際的統治者在老子的眼裡是不夠格的，也寄託了老子對未來社會的想像和期待。「善為道者」保證了引領者的德性，肯定是心善淵、與善仁、言善信的。我們在第八章中已經知道政善治是以「居善地、心善淵、與善仁、言善信」為前提的。從智慧的角度來講，善為道者肯定是最聰明的、智慧超絕的人，但是他們不以智慧勝人，名之於世的是他們的仁和信。善為道者知道大眾的智商是有差等的，知道有許多悟性不足的人，在明白了一些所謂的規律性認知，會把這些局限性的認知奉為行動的宗旨和信條，進而以此評判別人言行的對錯。由此而紛爭亂起，會把人心中的惡不斷放大。結果就會導致「民之難治」。難治的原因就是民智多。「難治」是指不好治理。老子用「治」而不是「制」，其倡導的還是以軟管理為主，老百姓不好管理，主要因為老百姓都是在欲望之心的支配下，有了自己的行為邏輯，而且對道有自己的理解，而不是

躬而行之。民智多，對於統治者的要求也就提高了，需要很強的協調平衡能力，但是人的精力是有限的，人的能力是有局限的，這樣會不自然地依靠制度的剛性約束來彌補統治者能力的不足，在當今，民智開啟的時代，制度的設置可謂繁多，人們之間信用的建立不主要在於個人行為的自我控制，而是決定於外在於人的制度。對制度的依賴對導致人們內心自願基礎上的道德約束下降，人們就會想法設法繞過制度或者突破制度以最大程度滿足自己的私慾而沒有了內在的愧疚之心，人們反而不斷設法放大自己的惡行，推動著制度的發展，形成一個無休止的循環，到了制度再也無法制約惡行而使制度進入崩潰狀態。在新的制度設計中要麼容忍了惡行的存在，要麼以新的制度邏輯開啟下一輪的循環。結果是統治者有統治者的私心，民眾有民眾的私心，這些私心在制度的藩籬中不相溝通而自在存在，形成社會的隔離。於此，有道之人就會自然回溯到人類本性純樸的時代，民眾純樸，統治者也純樸。再想想多出來的制度也沒有根本解決問題，一堆堆的制度垃圾反而成為人們行動的障礙，人類德行的破壞者。最終的結果形成難治的狀態。其實，人類本質是基於合作的需要而產生的，本心是善的，惡是社會的習慣性養成。培養惡行最快捷有效的途徑就是來自於統治者的示範效應。統治者由於處於人類行為鬥爭的中心，很容易將惡性充分放大，這樣對統治者的德行要求就很高。對統治者要求的最高德行就是「為天下正」的大德。如果統治者不足以配德，甚而遠離「為天下正」的大德，這樣就促使了民眾智多，以避來自上層帶來的危害。因智多，也自然就形成了難治的狀態。當統治者的德行能夠匹配「為天下正」的大德，人們無須擔心正當利益的損害，自然也就純樸起來。開始不好的人，也因為內心的羞愧而向好的方面轉變。從賽局論的視角看，難治與否與賽局規則有重要的關係，而賽局規則的改變主要在於統治者的導引。因此，老子

提出了兩種治國路徑：「以智治國」和「不以智治國」，並且給出了這兩種治國路徑的結果：前者的結果為「國之賊」，後者的結果為「國之福」。智與不智的選擇主要在於統治者，統治者是為了更好地治理國家，不管是用「智」治國，還是不用「智」治國，對於統治者而言都是希望將國家治理好。以智治國對統治者的道德要求不高，對智慧要求滿高的，而不以智治國，其實對統治者的要求更高，要有更高的道德標準，同時還要有很高的智慧。因而說，能夠匹配這種要求的那就近乎聖人了。不以智治國，最終是為了產生聖人的，因聖人的存在，會逐漸形成良好的社會風氣。聖人在高位還是不在高位，都能夠改變社會風氣，使人們的聰明才智不是消耗於勾心鬥角，而是致力於人類社會更好地發展。

但是人們總是會有私心的，統治者也是一樣的。私心常在，這樣不會自動導向「不以智」的狀態，因而要時刻保持謹小慎微，故說「知此兩者，亦稽式」。這兩種都是標準模式，一種提供反面例證，一種提供正向激勵。這兩種標準模式都要知道，而且要能夠深刻體會，尤其對於統治者。如果統治者只是溫室裡長大的，就只會導致「食肉糜」的笑話。對於有道者而言，不單要懂得「以智治國，國之賊」，而且更要懂得「不以智治國，國之福」。「以智治國，國之賊」是「不以智治國，國之福」的基礎。沒有領悟到「以智治國，國之賊」的內在精髓是無法推延到「不以智治國，國之福」的行動上來。當然這個基礎是最難理解的，尤其是在今天早已民智開啟的時代，能夠通透地理解是很不容易的。「以智治國，國之賊」與常人思維完全是不同的，而且我們今天的社會已經不斷地感受著知識創造的好處，智慧給我們帶來極大的感官享受。如果將智慧、知識與「國之賊」發生因果連接，那對於現在的我們來說是難以置信的，在認識上以至於在行動上發生扭轉會有很大的阻力，而且需要在具體的不斷社會

實踐中反覆參悟。認識了以智治國最終不能夠給國家帶來好處，那麼自然就過渡到「不以智治國會怎麼樣」的思考。「以智治國」與「不以智治國」是一對相輔相成的對立體，當「以智治國」不可取，「不以智治國」就必然是唯一的替代之路。那麼轉到「不以智治國」這條路上來，對於國家就是福氣。要想福氣常有，就要在「不以智治國」的選擇下經常以「以智治國，國之賊」來警醒，以免自動滑向「以智治國」的路上，因而隨後要說「知此兩者，亦稽式」。這意思是二者不可偏廢，單知道「以智治國，國之賊」是不行的，這沒有為國家的發展找出正確的出路；單知道「不以智治國，國之福」也是不行的，這沒有國家不該怎麼樣的警醒。只有兩者都能夠知道，才構成治國的標準模式。也就是老子所倡導的標準模式。

「常知稽式，是謂玄德」，意思是統治者或修道者經常不斷地牢記這個標準模式，而不是忘記它，就進入了「玄德」境界。國家以整體的系統狀態近道了。國家的近道是在於國家統治者能夠「常知稽式」，修道者常知稽式有利於民眾的信道，而要使國家成為近道體，那麼關鍵在於統治者而不是修道者。如果統治者是修道者，那真正是國家的福氣了。

「玄德，深矣，遠矣」，這實際上是對統治者的要求，不應該只是一時好道，而是要做好信道的準備，而且要保持信道的連續性。只有這樣，才能夠使國家福氣長存，才能夠使國家民眾為腹不為目，自愚以樂。國家的能量就不會任意揮霍消耗。一代統治者做到信道是較為容易的，而連續幾代統治者做到信道就很難了。在兩千年來的家天下的國家治理中，只有漢初幾位皇帝治下的國家普遍信奉黃老道，才奠定了遠超周圍的國家富足狀態。可見領導人的制度更替就尤為關鍵。

「與物反矣」有兩種解釋，一種是相反之意，一種是返之意。作相反之意，如河上公認為「玄德之人，與萬物反異，萬物欲益己，玄德施與

人也」。作返之意，意思是德和萬物復歸於真樸，如王弼認為「反其真也」。我這裡取相反之意。這裡提出的「物」是針對人而言的，老子提到的物，大致有兩種取義，一種指萬物，這個萬物人也在其中，另一種是不包含人的物，如在第二十七章中提到「聖人常善救人，故無棄人；常善救物，故無棄物」就是指不包含人的物。而「人」，老子也有兩種取義，一種是泛指所有人，一種是指有道悟的人。有玄德的人，肯定就是道悟的人。物與人的差別在於主動性。物是自然趨道的，是無意識的；人是擬「自然」而趨道的，是有意識的趨道。有意識的趨道可以「復歸於嬰兒」，可以返璞歸真，無意識的趨道是以一種信念看淡生死窮富，以死歸道。所以說無意識趨道的都稱之為「物」。因此說，「與物反矣」是指的擬自然的趨道。

「乃至大順」是指國家為近道體的狀態。這個時候的國家，從統治者到普通民眾，皆為愚態，都在修道的路上，普通民眾因為統治者愚的示範效應，也顯示愚態使心歸樸。舉國上下，人與人之間存在合乎自然之情的仁、信，統治者不役使百姓，百姓也順應統治者的意願，百姓之間，統治者之間都各安其事，各安其心。

第六十六章　聖人為範

江海之所以能為百谷王者，以其善下之，故能為百谷王。

是以聖人欲上民，必以言下之；欲先民，必以身後之。

是以聖人處上而民不重，處前而民不害。

是以天下樂推而不厭。

以其不爭，故天下莫能與之爭。

辨正：

　　此章變動之處如下：「善下之」後有「也」；「故能」為「是以能」；「聖人」後有「之」；「民」為「人」；「必以」後有「其」，或無「必」；「欲先民」前缺一個「聖人」；「上民」、「先民」後有「也」；「聖人處上」前的「是以」為「故」，「處」為「居」；「不重」為「弗重」，後有「也」；所有的「不」為「弗」；「處前」為「入前」；「不害」後有「也」；「天下樂推」前無「是以」；「以其不爭」為「不以其無爭歟」，其中「不爭」為「無爭」。

闡解：

　　上章談到古之善為道者對待民眾採取非明而愚之的做法。隨之與「智」相對談了「愚之」的好處，但是並沒有直接說善為道者對待自己應該怎麼做。以善為道者示範於統治者應該走愚民玄德之路，卻沒有示範統治者對待自己應該怎麼樣。此章卻是在接續上章未談的這個問題，以聖人為範示意統治者自己應該怎麼樣。故此章取名為「聖人為範」。此章擬將聖人處於統治地位，向統治者展示了應該怎麼處理與民眾的關係，就像是在為統治者示範教學。

　　一開始就用了一個類比，告訴我們聖人也是尊自然之道而行的。在第八章已經談到水的不爭之德。此章也談到了水，江海和百谷之間產生連結都與水有著不可分割的關係。沒有水也就沒有了百谷、江海之說。江海和百谷的關係因水之不爭之德而成。江是長而寬的水，海是廣袤的水。有著廣袤水面的湖也稱作海，如大理的洱海、涼城的岱海以及古書所稱北海的貝加爾湖，因而江海也包括湖。百處指多數，谷是指山間的空曠之處，山中的水都匯聚於谷，百谷是指匯聚於谷的所有山間的水，也就是大大小小的溪流江河。因而百谷也就被許多人解釋為「百川」。「江海之所以為百谷王者」意思是溪流江河的水都要匯聚於大江大海之中，溪流奔江江奔海都

是水性的展現。水處眾人之所惡，江海在最下處。「以其善下之」就是說江海處在百谷的下面。處百谷之上不為江海，處百谷之下方為江海，故說江海善下之。百谷以水流趨奔江海，以擬人狀的修飾表願意歸附江海，故說江海為百谷的王。江海以善下不爭為王，這是天之道。聖人擬天而行，在處理與民眾的關係，就像江海對待百谷的關係。江海處百谷之下，聖人亦處百谷民眾之下。聖人不高高在上於民眾，而是謙遜卑下地善待民眾，民眾就像百谷一樣，自動歸附於聖人，聖人猶如江海之為百谷王，為民眾所尊上。

　　老子這裡是以聖人為範，告訴統治者應該怎麼做，所以示範的聖人有了「欲」，也就是文中所說的上民之欲和先民之欲。欲表現為內心的主動性，這是統治者的欲心。這裡假設聖人有了上民的欲心該如何作。「以言下之」這是聖人的做法，前面加「必」，指出了聖人一定會這樣作。要讓民眾明白聖人的心。由於是出於「欲」的目的，就要講究時效性，不是「不言」，而是「言下」，用謙遜的語言表達了對民眾的態度，如水之利萬物願意善待民眾。用語言表達出來的是聖人的本心，即使「不言」也是這樣的本心。用語言說出來是為了「欲上民」，是為了實現上民之欲。統治者的欲心有兩種，一種是在民之上，一種是在民之先。在民之上是為了顯示權力的支配性，突顯出其地位的尊榮；在民之先是為了贏得名聲，成為民眾的表率，或者是為了更能快捷獲得利益。前面剛說了聖人為了實現「上民之欲」而採取「以言下之」的做法，現在就統治者的「先民之欲」，對於聖人來說，該如何做。我們在第四十九章談到了聖人的心，也知道聖人無心，更不用說「欲心」。上民或先民都是假設，是為了指導統治者應該怎麼做，而不是聖人就有上民或先民的欲心。針對先民之欲，聖人是「以身後之」，前面加「必」，指出聖人一定會這麼做。其實對於聖人來

說，不管是有先民之欲還是沒有先民之欲，都會這樣做的。聖人追求的是天之道，所謂的名聲利益並不罣礙心上，當聖人處於民眾之間，形成名聲利益追逐的狀態，聖人必然表現為「以身後之」。

因為聖人的「以言下之」、「以身後之」，所以民眾自如百谷趨於江海，為聖人的言行折服，從心底上萌發出歸附的意願。這樣的結果就是聖人處上而民不以為重，處前而民不以為害。民眾沒有提防之心，對聖人的信是充足的，心情也是愉悅的。而聖人也同樣因無欲而幾乎不去騷擾民眾，那些為了維持國家機器正常運轉的稅賦雜役落到民眾的頭上也不會傷到民眾的生活根本，即使感覺有些過度，也會樂於承受，因為他們知道聖人心裡有他們，這樣自然就不以為重。因為聖人不在乎民眾所關注的利益名聲，總是在這些方面讓與民眾，所以民眾在聖人獲得名聲利益之時，也不以為是與他們爭名爭利，不會對他們的名聲利益造成傷害。

聖人與民眾之間的信任是充足的，聖人的仁德是民眾所推崇的，因而聖人的德行廣布天下，自然而然的結果就是民眾樂意聖人處上、處前而不厭倦。處於統治地位的人，如果能夠依照聖人而行，發自內心地去愛護民眾，難道會擔心自己的地位利益不保嗎？即使有一些不適當的行為民眾也能夠諒解。因為聖人在，天下自歸於素樸，絕聖去智、絕仁棄義、絕巧棄利也就會呈現出來。人們沒有必要追求聖名、顯示智慧、仁義、技巧。可是對於統治者而言可以趨仿聖人的言行，卻不能夠仿擬聖人的心。因為統治者的欲望還在，所以無法仿擬聖人的心。再說心是無法仿擬的，只有去「修」。統治者要修的是聖人的心，而不是模仿言行之表。要達到「三絕」狀態，統治者為君子是不夠的，要成為聖人。聖人尚柔，君子崇剛。作君子易，作聖人難。當然，沒有君子的環境也不會有聖人的產生，統治階層多君子，統治者之間的欲爭也就會少多了。君子治不了小人，小人也

只有近聖的人可化之，可以利化之，可以名化之。小人太多也只能輔之於制度、強力來制約，避免大環境的惡化。人都是有兩面性的，既能表現為善，也能表現為惡。君子可利辨善惡，聖人卻能夠化惡為善。

聖人能夠達到如上的景況，主要是在於聖人不爭的本性。對於統治者而言，如果能夠做到不爭，那麼就會像聖人一樣，在整個天下，就沒有人能夠爭得過。因為你不爭，就形不成與他人爭鬥的局面，所以就會沒有人與其爭。你跳出了爭的局，別人就無法與你爭。你跳出了爭之局，你也就有可能控制這個局。聖人隨心所欲，於這個局也隨心所欲。如果經常不爭，那麼統治者也就與聖人同一了。

第六十七章　護道三寶

> 天下皆謂我道大，似不肖。
> 夫唯大，故似不肖。
> 若肖，久矣其細也夫！
> 我有三寶，持而保之：一曰慈，二曰儉，三曰不敢為天下先。
> 慈故能勇；儉故能廣；不敢為天下先，故能成器長。
> 今舍慈且勇；舍儉且廣；舍後且先；死矣！
> 夫慈，以戰則勝，以守則固。
> 天將救之，以慈衛之。

變動：

　　此章變動之處如下：「我道大」為「我大」、「吾大」；「似不肖」為「大而不肖」；「唯」為「唯」；「故不肖」為「故似不肖」，此句有的為「夫唯不肖，故能大」；「久矣其細也夫」為「久矣其細」、「則細矣」、「細久矣」；「我有三寶」前有「夫」，「有」前有「恆」；「持而保之」為「保而持之」、

「持保之」;「保」為「寶」;「慈故能勇」前有「夫」;「成器長」為「成其
大」、「成為物長」;「舍」為「捨」;「舍」後有「其」;「死矣」為「是謂
入死門」、「則必死矣」;「以戰則勝」為「以陳則正」、「以陣則勝」;「救」
為「建」;「衛」為「恆」、「垣」。

闡解：

　　對於處於上位的人而言，也就對於國家治理的人而言，成為聖人不容
易。處於權力的漩渦中，能夠認識到道的重要性，並以聖人為榜樣治理好
國家，是難能可貴的。老子此章為這些懂得修道的國家治理者呈出了治理
好國家的三寶。

　　此章爭議最大的地方就是「我有三寶」前的幾句話。有的注譯者認
為這些內容錯簡於此，此章主要講「三寶」，這些內容與「三寶」不合，
應該置於第三十四章「故能成其大」之後。而且《姬氏道德經》中這些內
容是在「故能成其大」之後。我也竊以為該如此處理。在《道德經》化為
八十一章後，尤其是河上公本也是將這些內容置於此章，而且兩千年來有
許多傳本都是循此安排，可見自有其道理。況且通式本也是如此安排，對
於大多數人已經習慣了這種安排。從以上兩點看，這裡也就將這些內容置
於此章。而且在研讀過程中，也找到了連接的關鍵之處，就是對「持而保
之」的「之」的理解。現在絕大多數注譯本都認為「之」是指「三寶」。
我認為為了連接上面的內容，「之」應該指代「道」。如果這樣處理，這部
分內容也就與「三寶」的內容銜接起來了。

　　上章以聖人為範，教導統治者以道治民，形之為「愚之」。這要求統
治者不僅自己道悟要高，而且要引導天下民眾為道，由此可言，統治者只
要在道中，他的道就很大。這是客觀使然，其他人修道一開始很可能不能
馬上認識到自己所修的道大。對於統治者不存在這個問題。此章一開始也

可以說是接續上章的內容，只是不再以聖人為範，而是以「我」的面貌出現，「我」是老子、聖人、統治者的三位一體。既可以說是老子自己，象前面章節一樣，以我現身說法，也可理解為聖人自稱或者指有了道悟的統治者，都是合適的，但是從三位一體的視角來理解更好一點。就相當於講故事，講故事的人有時會想像自己就是故事裡的主角，因為上章是以聖人為示範，到了此章順著邏輯思路走，自然也就老子、聖人、統治者三位一體了。在此情此境中，老子既是聖人也是統治者，聖人既是老子也是統治者，統治者是轉成為聖人的老子。這當然不是老子最初的意思，但是《道德經》取八十一章板式時，三位一體的意思自然就生成了，這在本質上是和老子本意相合的。

　　以聖人為範，問道、尊道、循道，呈現出來的道就是「大」。聖人的道是天之道，是本源道，天地萬物都在此道中，呈現出來的道也就不可謂不大。當統治者有了道悟，他的地位決定了他一道悟就知道他的道在其他人看來是大道，在道悟的時候也沒有失去世俗的社會責任，除了自己道悟，還得引導其所治下的民眾道悟。「天下皆謂我道大」也正是表達出了這幾層意思。而這個道一顯現出來，在別人的眼裡就很大。這個道看起來什麼也不像，因而說「似不肖」。不肖的原因是因為大，具體的物沒有一個是比道大的，所以就什麼也不像。如果像某一具體的物，那道就不是原來的那個道了，而且也不知什麼時候變得可具體形而觀之，於道大而言，卻是再小不過了，因而老子言「若肖，久矣其細也夫」。這旨在告訴人們，尤其是統治者，那些悟道的統治者，所持有的的道是不容易維持道大之形的，也就是說能夠慎終如始地持有道是不容易的，這個道會不知不覺地變了。那怎麼預防這個道變，這就是此章的主題，河上公為此章取名為「三寶」，三寶就是防止道變的具體辦法。

　　「我有三寶」是一種及其自信的表達，就如佛經中｜如是我聞」。有了三寶，就不會擔心「道變」了。「持而保之」的「保」有二層意思，第一層就是指小心地護持「三寶」，單以第一層意思我們是無法與前面所論述的道大發生連接，那就需要掘出第二層意思，「保」指向的不再是「三寶」，而是「道」，道大之形。然後接著交待了「三寶」是什麼？交待的很有意思，不是簡單的一二三，而應該是有順序的，不能夠隨意更迭順序。如果只是簡單地並列，就沒有必要「一日」、「二日」、「三日」的，這是明顯地要將三者的順序固定下來。經過仔細分析，果然如此。

　　「慈」是第一位的，因為「慈」是從心出發的，「儉」和「不敢為天下先」是心的外在表現。沒有慈，也就沒有了後面的「儉」和「不敢為天下先」。當然單有「慈」也是不行的，要預防道變，非「三寶」不行，不可缺一。前兩寶都是用一個字概括，而第三寶卻為六個字，而不是取後面提出來的「後」，或者「畏」等，這是因為「不敢為天下先」更能夠直抵老子所要表達的意思，與「不爭」意蘊相近。「不敢為天下先」是以「慈」為基礎的，是由心出發的，而不是來自於外界的力量。中國的傳統文化核心主要講心，比如王陽明的四句教中第一句就是「無善無惡心之體」，心是第一位的，在三寶中「慈」也就居於第一位。因為心慈，化成行為可表現為「儉」，「儉」是由心慈產生的。沒有心慈，產生了「儉」的行為會附帶上虛偽的特性，也就是說儉是裝給人看的，而不是因心慈產生的。「不敢為天下先」就是害怕自己的行為傷害到別人，盡量減少受傷害的程度，盡可能避免傷害。透過第三寶將「慈」、「儉」與「不爭」連接起來了。

　　「慈故能勇」是指慈延伸出來的重要功能，勇也是一種德。為何慈能生勇？慈是從本心出發的一種愛，這種愛能夠改變自身的生命系統。我們經常能夠從一個人慈善的面容判斷出一個人內心的善良。母親會對自己的

孩子表現出自然而然發自內心的愛，慈母也就成為我們經常使用的詞。勇也是一種愛的表現。勇是因慈而生的，慈是勇的根基，是真勇。勇是在非正常狀態下慈的變相表達。因而在正常狀態中，慈為慈，而不表現為勇，而當慈的表達受到了干擾，因慈生愛的對象受到了傷害，慈已不足以避免傷害，此時慈也就化成了勇。因此說「慈故能勇」。

「儉故能廣」是指儉的品行導致的一種結果狀態。儉是一種德，廣也是一種德，只是廣這種德是在儉德的基礎上延伸出來的。因儉而生廣。儉有多種意思，廣就有多種意思。將儉理解為消費的節儉，廣就有了積富之意；將儉理解為珍存續用之意，廣就轉為綿綿不絕；將儉理解為蓄養精氣神，廣就變為精力充沛、神氣豐足的意思；將儉理解為不輕易為戰，廣就轉變為民眾歸附或支持的數量之眾等等。

「不敢為天下先，故能成器長」是指懂得謙讓、敬畏，最終能夠成大器。器為道的容器，喻指萬物。器長也就是萬物之長。器是道的容器，但還不能成為道體，道體是道與器一體化，是道和器的融合狀態，已經分不出哪是道，哪是器。而器與物同義，物也指沒有道悟的人。以「不敢為天下先」的德使道與器有了融和的趨勢，也就是說器或物有了道悟，而且高於其他的器物。「不敢為天下先」雖然沒有達聖人之境，但已經確定了正確的修道之路，成器長也就是水到渠成之事。這也就與「善人者不善人之師，不善人者善人之資」意思相合。

三寶所表現的德，對於聖人而言，是前後因襲相生的，而對於其他人卻不具有這種關係。器長與聖人還有很大的差距，差距在於「三寶」是否前後因襲相生。器長還沒有脫離了器的範疇，而聖人已經成為道體。

對於大道而言，勇源於慈，廣源於儉，成器長源於「不敢為天下先」。在「舍慈且勇」前用了一個「今」，表達了老子對其所生活的社會

狀態極其不滿。這樣的社會不尊道重德，是反自然之道而行的。勇不源於慈，倡勇捨慈；廣不源於儉，倡廣捨儉；成器長不源於「不敢為天下先」，倡先捨後。沒有一個國家去遵循自然之道，人們好勇，好奢，好為人師，這樣的結局只有一個「死矣」。老子告誡人們「舍慈且勇，舍儉且廣，舍後且先」是踏入死地的選擇。只重視勇而忽略了慈、只重視廣而忽略了儉、只重視先而忽略了後，是不可持續的，不可達到大治，於國、於天下都是不利的。要想形成一個尊道重德的社會，三寶是不可或缺的。

　　而三寶中，首位的是慈。沒有慈也就沒有了儉和不敢為天下先。在這種狀態下，勇、廣、成器長都會將國家和社會引入紛爭之局。因為慈是首位的，所以必須單獨講慈。這也進一步證明了中國傳統文化的核心是講心的。慈是最本質的自然之情，所以「茲心」為「慈」。仁也源於慈，慈是中國文化中最核心的一個字，它直接道出了中國古文化的核心。不只是道家是這樣的，儒家、法家等其他學派也是這樣的。慈是導致人類社會大同大治的核心關鍵。有了慈，也就有了勇；有了慈，第二寶、第三寶也就有了存在的基礎，可以說廣、成器長也根源於慈。因此說，有了慈，也就有了勇氣、有了廣大的群眾基礎、有了核心凝聚力。這三者對於軍隊是至關重要的。有了此三者，戰能不勝嗎？守能不固嗎？歸根結柢，「以戰則勝，以守則固」的結果是源於慈的。

　　最後，老子以天道肯定了慈。一個人沒有慈，那麼天也不會護佑他，其所言所行都是背天道而行，天必將棄之。前面我們講到了聖人「常善救人，故無棄人；常善救物，故無棄物」。聖人是遵循天道的，「天將救之」，最終會落到聖人的頭上。聖人的救人救物，也要透過賦予人「慈」而得以實現。慈就是避免災害天罰的護身符。有了慈，一個人就會立於不敗之地，不會踏入死地。「以慈衛之」也就是天拯救人的唯一方式。

第六十八章　配天之極道

善為士者，不武；

善戰者，不怒；

善勝敵者，不與；

善用人者，為之下。

是謂不爭之德，

是謂用人之力，

是謂配天，

古之極也。

變動：

此章變動之處如下：首句以「古之」開頭；「為士」為「為事」；「善戰」、「善勝敵」、「善用人」後無「者」；「不與」為「不爭」、「弗與」；「用人」為「用仁」；「為之下」為「為下」；「用人之力」為「用人之法」；「配天」無「配」或後有「之法」；「極」後有「也」。

闡解：

上章講了三寶以慈為首位，而且後來也將慈引入了攻守防衛的論述，如「以戰則勝，以守則固」。而且進一步講了慈是顯示天救人的表徵符號，一個人有了慈的德行，就意味著老天會眷顧他。落到具體實處，卻是第六十八章要解決的內容。古代的人如何以慈衛道？「不武」、「不怒」、「不與」、「為之下」，這些都是因慈而產生的具體行為。一個慈祥的人，不會好勇鬥狠，以力欺人。結果呢，做什麼都順暢，我讓人人讓我，做事時沒有人會設置障礙。因此，也就成為「善為士者」。士的古意一般是指能夠辦成事的人，士字是從一到十的會意，表達了什麼事情都難不倒的人。善為士者，因慈表現為不武。而接著就是列舉了「善戰者」、「善

勝戰者」、「善用人者」等具體的士者。士在春秋戰國時期普遍指有才能的人，而「善戰者」、「善勝戰者」、「善用人者」都是有才能的人，都是士。對於「善戰者」，因慈而「不怒」，「怒」則會失去理智，會做出不慈之事，會出險招。對於「善勝戰者」，因慈而「不與」，「與」則會陷於糾纏蠻鬥，結果不是善勝，而是慘勝等，造成了雙方人員的大量傷亡以及大量的耗材損物，最終形成不慈之結果。對於「善用人者」，因慈而「為之下」。「為之下」就相對於好理解多了，因為它與「不敢為天下先」意思很相近。在使用人的時候，要看到所用之人的長處，要謙和處下。「不敢為天下先」是由慈延展過來的，同理「為之下」與慈也就有著前後因襲的關係。

　　「不武」、「不怒」、「不與」、「為之下」都與心有關，都是心平的狀態表現。心平就是看淡利慾紛爭的心境展現。充分顯現了不爭的特質。所以文中總結為「是謂不爭之德」。

　　己不爭，對於具體的事件，躬身而為的痕跡不多。但是都能夠辦的很順暢。「善戰」、「善勝戰」、「善用人」，充分展現了在己不爭的情況下而依靠他人的幫助完成的事實。故曰「是謂用人之力」。

　　因為不爭，而使萬物歸道返自然，以自然之力展現了善於用人的特點，所以接著就說「是謂配天」。前面我們說過「功遂身退是天之道」，天之道展現為不爭。而「不武」、「不怒」、「不與」、「為之下」都有不爭的性質。故曰「是謂配天」。

　　最後對「不武」、「不怒」、「不與」、「為之下」的行為，給與定性，認為這是最高的行為準則。而這個現在人遵行的行為準則，是古代人所奉行的，因此以「古之極」為此章的結尾。也同時表達了老子對現實社會狀態的不滿。

第六十九章　用兵的原則

用兵有言：「吾不敢為主，而為客；不敢進寸，而退尺。」

是謂行無行；攘無臂；扔無敵；執無兵。

禍莫大於輕敵，輕敵幾喪吾寶。

故抗兵相若，哀者勝矣。

辨正：

此章變動之處如下：「有言」後有「曰」；「不敢進寸」為「吾不進寸」；「扔」為「乃」；「無敵」後有「矣」；「輕敵」為「無敵」、「侮敵」；「幾喪」為「幾亡」、「近喪」，前有「則」；「吾寶」後有「矣」；「抗」為「稱」；「相若」為「相加」；「哀」前有「則」、「而」；「勝」後無「矣」。

闡解：

前面雖然沒有專門論兵，但是都提到了關於兵的論述。三寶章中有「以戰則勝，以守則固」，配天章中有「善戰者」和「善勝戰者」，可見國家治理中任何事情都會與兵發生關係。國有道也在於用兵有道，因而此章又專門論兵。用兵也要尊道，在孫子兵法中，稱「兵者詭道也」。用兵以神機莫測為最，因而河上公為此章取名為「玄用」，而我為了通俗明白就取名為「兵者用道」。用兵如何用道？下面將依次闡開。

首先要講用兵的宗旨。一開始以「用兵有言」開頭，指出了用兵的宗旨。只要遵守了，兵者也就用道了。「吾不敢為主，而為客；不敢進寸，而退尺」，這顯然與「不敢為天下先」、「不爭」取義一致。戰爭不要輕易發動，都是不得已而為之的，主動者是樂殺人，是背離道的，所以說「不敢為主」。不敢為主，自然就選擇了「為客」。對於有道者，用兵都是被動而言的，是不得已而為之的事情。有道者本意並不想用兵打仗，也就從

來沒有想要從戰予中獲得利益的打算，而且也知道不管是對於戰勝方還是戰敗方都是要勞民傷財的。所以呀，「不敢進寸」，總是謹慎地盡量去迴避戰爭，哪怕是有稍微的戰爭苗頭也要慎重對待，哪怕受到較大的名譽損害或者一些利益損害也是值得的。用兵也要講道，晉文公在晉楚戰爭中要求晉軍退避三舍就是要講道，但是「退尺」也要有限度，不能使自己的國家受到根本性的傷害。

宗旨有了，怎麼按著宗旨走？需要具體的行動來表達宗旨的貫徹程度。「行」、「攘」、「扔」、「執」都是在講用兵的主動性。要從主動轉為被動並不是那麼容易。當受到外界的刺激，當自己或者自己有親密關係的人受到傷害或者威脅時，當有不利於我們的事情發生後，作為一個熱血澎湃的人，作為一個有正常情感的人，都會第一選擇「行」、「攘」、「扔」、「執」。當一個人的行動自由沒有受到限制時，自然就選擇了主動反應。而行動自由受到限制的人，如公務員、軍人那些在一定程度代表國家態度的人，卻不能夠自主表達個人的行為，因為他們的行為受到了約束，也就不得不由主動反應轉成為被動反應。如果一直謹記著宗旨，就猶如行動加了緊箍咒，就會產生對行動的約束。當第一選擇「行」時，因為牢記宗旨不離心，所以雖有「行」的意願，卻最終以「不行」來表達自己的意願，故口「行無行」。當第一選擇「攘」時，因為牢記宗旨不離心，所以雖有「攘」的表達意願，卻最終以「無臂」將行動由主轉為客。宗旨束縛了臂膀，使其無法作出主動反應。故曰「攘無臂」。當第一選擇「扔」時，因為牢記宗旨不離心，所以雖有「扔」的表達意願，卻最終以沒有敵人可扔而終止。涉及到敵我關係，為了避免直接的衝突，要預先設置緩衝區或者打代理人戰爭，扔出去的武器不對目標的敵人造成傷害，避免引起劇烈的反彈，而只是在緩衝區、代理人的領土內，讓對方去判斷「扔」的意願

表達，這樣給自己、對方留下思考的時間。故曰「扔無敵」。當第一選擇「執」時，因為牢記宗旨不離心，所以即使有「執」的意願，也沒有兵器可執，卻最終以沒有兵器而終止了執兵的意願。故曰「執無兵」。「行無行，攘無臂，扔無敵，執無兵」都是因為宗旨的原因，因而承繼上句，用「是謂」引出甚是確切。

但是「行無行，攘無臂，扔無敵，執無兵」並不是為了表達放棄戰爭，放棄對敵人的警惕，放棄抵抗，或因為強大的實力而不屑於對敵方造成的傷害作出反應。不主動發動戰爭，但還是要積極備戰，要以多套方案來應對。不戰不是因為畏戰、因為輕視，而是為了更多人的福祉，而是為了整個國家的利益。因此接著就以轉折的語氣提出了另一種觀點：「禍莫大於輕敵，輕敵幾喪吾寶。」這意味著，還是準備應對戰爭的。

戰爭不是玩的，需要認真對待的，當需要發生交鋒的時候，就得有所表示，不能將「無行」、「無臂」、「無敵」、「無兵」顯示為輕視之態。「行」、「攘」、「扔」、「執」是需要做出來的，要表現出態度的堅決。而終形成「無行」、「無臂」、「無敵」、「無兵」的結果狀態，只是客觀條件限制使然。

輕敵造成的災禍是無出其右的，結果很有可能會導致滅國失道。宋襄公在與楚國交戰拒絕半渡而擊，結果延誤戰機被楚軍大敗，其也重傷而死。宋襄公因受禮儀束縛而輕敵。

「輕敵幾喪吾寶」，說的是輕敵不僅導致更大的災禍，更重要的是會使輕敵者喪失掉護道三寶。此句以第一人稱出現，顯得親切、有說服力，是一個虛指，不是指老子本人。就我們所了解的老子，沒有打過仗，沒有親歷過國家重大事項，「幾喪吾寶」只是一個虛擬體驗，是在看到其他人所發生的事情而進行總結推導的結果。因為在前兩章剛剛論述了「我有三

寶」，而此章就出現了「幾喪吾寶」，所以雖然隔了一章，但是在邏輯上還是承繼關係，更何況以前也沒有說過「不屬於三寶的「寶」，以三寶的「寶」理解寶是順暢的，合情合理的。有的將「寶」理解為身體，從修身視角而言，是較為確切的，但是此章一直像前幾章一樣，遵循國家視角的分析。雖然我們一直認為生命系統的身體和國家具有同構的功能，具有一致性，但是這幾章弱化了身體的表達，突然視寶為身體，很突然，而且與輕敵表達的意域相比小了許多。更何況與上下文邏輯關係也不是那麼恰當的，下文的「抗兵」也是在國家層面上談軍事行動的。

所以呀，我們一定要慎終如始地護持三寶。當兩軍對壘時，勢均力敵，處於膠作狀態，那麼最終取得勝利的是哪一方呢？當然是不輕敵的那一方會最後取得勝利。因為不輕敵，所以能夠更好地護持三寶，而後獲得天將救之的結果。「哀」是不輕敵的一種表現形式，哀兵能夠清楚自己的不足，並早作預備，彌補了不足，取得了相對的優勢。因而說「哀者勝矣」。

天人合一的生命系統形成

此部分主要透過如何發現聖人，並在聖人的引領下實現人之道的改造，已達到與天道同一，實現天地生命系統與天下生命系統的運行統一，而終形成天人合一的複合生命系統。

第七十章　覓聖

吾言甚易知，甚易行。

天下莫能知，莫能行。

言有宗，事有君。

夫唯無知，是以不我知。

知我者希，則我者貴

是以聖人被褐而懷玉。

變動：

此章變動之處如下：「易知」、「易行」、「能知」、「能行」後有「也」；「天下」為「而人」；「莫」後有「之」；「宗」為「君」；「君」為「主」、「宗」；「唯」為「唯」；「無知」後有「也」；「不我知」為「不吾知」，後有「也」；「貴」前無「者」或後有「矣」；「懷玉」前無「而」。

闡解：

此章也算是一個分水嶺，以八十一章的順序排列，老子前面所說的可以說是將老子的觀點都表達出來了。對於治理國家、治理天下，想要達到老子所希望的那種狀態，最為關鍵的是有聖人存在，並且能夠找到聖人，以聖人唯尊，引導國家、天下走向聖天大道。此章與前一章沒有什麼明

顯的邏輯連接。從「吾言甚易知，甚易行。天下莫能知，莫能行」兩句話看，就似乎對前面六十九章內容的評價和總結。對於老子而言，他所說出來的話是很容易明白的，也具有很強的實踐性，其所蘊涵的道理很容易在社會中得到展現，並得以很好地遵循下去。但是實際上，對於天下普通人來說，卻是「莫能知，莫能行」。不僅難懂，更難以施行。他們認為這些話所蘊涵的道理難以被理解，自然也就不能夠在國家和社會中得以推廣開來。可見，老子在推行自己的主張，出現了曲高和寡的景象，一開始他的觀點不被天下人所接納，而且很長一段時間也沒有形成自己的宣教隊伍，缺乏忠誠而且理解其主張的粉絲。難免形成了認知上的斷點，需要找到推廣其主張的關鍵所在。也揭示了，老子的話語雖然看上去樸實好懂，但是細一思索卻猶如霧裡看花並不好懂。明顯對比形成的認知斷點突出了「難」字，因而河上公將此章取名為「知難」。由於此章以「是以聖人被褐而懷玉」為結尾，歸結到聖人不好找，我為此章另取名為「覓聖」。從此章開始，結合後面幾章所述內容，不是天道就是聖人道，因而我將此章一直到第七十九章歸納為聖天大道的論述。雖然還有一些涉及國家的論述，但是重點已經發生了轉移，也逐漸回復到老子所說的道及其目的歸依。

　　吾與天下人發生了認知上的斷點，造成了「天下人難知老子道」的局面。怎麼解決？一步步循循善誘，進行說理分析，層層推進，就像是邏輯推理一樣。雖然一開始就以「甚易」和「甚難」與天下人作比，指出了老子言和天下人不可通約的狀況，但是隨後以「言有宗，事有君」進行轉折，為我們指出了化開「不可通約」狀況的癥結所在。

　　「言有宗，事有君」，這是不可否認的規律性認知，是很容易得到大多數人認可的。所言所事都有一個宗旨目的，對於天下人不容易懂的老子言也是一樣的。老子言也是有其宗旨目的的。就如「非以明民，將以愚

之」而言，並不能只從字面來理解，而是要連繫到這句話是在什麼情況下說出來的，最終是為什麼樣的目的服務的。如果讀老子書的人能夠明白了老子所言的目的，而且確定地知道老子所言肯定有其根本的宏旨，那麼就有了「知」、「行」老子言的可能了。

我們現在常講知行合一。老子就是講知行合一的。合一於「宗」、合一於「君」。知是行的先，有了知才能有行。行具有傳布效應，對於天下人來說，知是理解老子言行最重要的一步。循著言宗事君，總會有人知老子言的。由知轉行，有了跟老子一樣言行的人，那麼老子的道就得到了傳布。無知是理解不了老子言的，所以要說「夫唯無知，是以不我知」。無知必然是無行的，知雖然也可能無行，但是知提供了理解老子言行的可能。因而在言說了無知後，就是言知。前面說了只要能夠明白「言宗事君」的道理，是能夠「致知」的。只是「致知」的人少而已。因而老子就說，「知我者稀」，老子知道是一個結果。知我的人是能夠洞悉事物規律變化的人，不但要知我言，而且要知我行，這樣才能叫做知我。

前面以「甚易」與「甚難」作了鮮明的對比，突出了知難。因為任何說出的話，做出來的事都有其內在的根由，所以有了知的可能。老子的道說是為了人們長壽、平泰、久安的，而老子在言出其道說的時候又是在動不動就發動戰爭的亂世時期。所以老子實際上主要針對那些統治者而言的，而對於其他人的「知」也最終是要讓那些一方諸侯「知」的。實際上，老子也清醒地知道這是很難發生的。知我者必然是稀少的。但只要有了知我的人出現，那麼我對人、對國家、對天下的價值就突顯出來了，以「貴」表達了老子言論社會價值的巨大。如果是無知的狀態，那麼就無法展現出老子道說的社會價值。如果人人都經過努力容易明白的「道說」，也就無所謂貴了。也可以說這是老子對自己道說傳布狀況的一種自我安

慰，但實際上老子就是這樣評價自己的道說，要想道悟，需要智慧、機緣、努力、經歷等多種條件。

現在我們可以肯定地說，能夠較好掌握老子道說的人，哪一個不是有巨大的影響力？對於一個期予大治的社會來說，聖人的出現是很重要的，而聖人的出現也需要有知聖人的人存在。也就是「知我者稀」中的那些人。如果統治者存在於「知我者稀」的人群中，那麼對與國家社會是好事情，這樣老子道說的可貴之處能夠得到較為充分的展現。如果沒有統治者在「知我者稀」的類群中，那麼就是改天換地的過渡階段，蘇秦、張儀、孫臏、龐涓等顛倒春秋風雲。蘇秦、張儀、孫臏、龐涓即使有道悟，卻也無法成聖。

聖人不會主動現身的，主動現身的就不是聖人。聖人可以不為聖的，聖人處無為之事、行不言之教是為了引導社會走向好的方面，當社會無法形成「處無為之事、行不言之教」的環境，聖人就不以聖人居。聖人在平時就是一個普通人，是穿著最尋常不過的普通人，所不同的是他的心境，是無比的強大，有敢於「泯然眾人矣」的心境。聖人就像一塊寶玉包在一塊再普通不過的布料中，需要別人去發現他。老子也說了，就連一個想讓天下人知其言行其道的人，都是「知我者稀」的景況，那麼聖人就更不用說了。所以以「是以」導出了此章的主旨。聖人是需要發現的，雖然聖人總會以自己的方式救世，他無所謂名，無所謂利，但是要發揮救世的最大功效，是需要借力的。單純依靠自己是無法正確地將其道說散布於眾人，其「無為」、「不言」的特點需要借力於他人方顯最大效力。

第七十一章　知病識聖

知不知，尚矣。

不知知，病矣。

夫唯病病，是以不病。

聖人不病。

以其病病，是以不病。

變動：

此章變動之處如下：「知不知」為「知而不知」、「知不智」；「矣」為「也」或無「矣」；「尚」為「上」；「不知知」為「不知而知」、「不知不知」、「不知智」；有的無「夫唯病病，是以不病」，只是在聖人前加了「是以」一詞；「聖人不病」後有「也」；「以其病病」後有「也」。

闡解：

上章主旨在於尋找聖人，此章應該是提供了如何尋找聖人。聖人不好找，經常狀態是「被褐懷玉」，不下一番功夫是發現不了聖人的。亂世聖人出，而在太平時期聖人隱。聖人自始自終都存在，亂世時迫使聖人有為，不得不有為，不有為無以救世。老子授徒就是有為，與前文中「吾將以為教父」意思相合，乃知行合一，但是人們可能不會認為其為聖人。太平時期，聖人隱世不出，同時也因為人們趨於欲望享樂，沒有心思去尋找聖人，聖人也就一普通人而已。

不管是亂世還是太平時期，如果覓找聖人，還是有蹤跡可尋的。「知病」是聖人的特點，但是「知病」者不一定是聖人，只能說可能是聖人。再說「知病」是為了「不病」。但是「知病」不必然導致「不病」。有可能還是病的，也有可能不病。能夠達到經常知病而不病的，那就是聖人的外

353

在表現，聖人由此可以覓到。因此說此章更準確地說是提出了尋找聖人的方法。「知病」只是這種方法最為關鍵的一步，確定了聖人能夠找到還是不可能找到。大部分注譯者都解為「知病」之意，故取大多數人的理解，為此章取名為「知病」。

由「知不知」、「不知知」，我們可以進一步引申理解，以便更好地理解前兩句。除了「知不知」和「不知知」，還有「知知」、「不知不知」。「知不知」指人能夠認識到自己的不足，就會產生不斷達到「知知」的動力，不知是人生常態，一個人一出生都是從不知開始的。在嬰兒時期，對世界充滿著好奇，有著十足的動力由「不知」達「知」。產生了「知」，就逐漸對「已知」、「未知」、「易知」、「難知」等看法有了差異，就產生了「知知」、「知不知」、「不知知」、「不知不知」的不同分野。「不知」也是建立在「知」的基礎上，不是嬰兒狀態的「不知」。「知知」雖然比「知不知」的狀態好表現好，卻只是靜態的審視，而「知不知」雖然為了「知知」，但是顯示的是達到「知知」的過程。這樣透過「知不知」達到豐富的「知知」狀態。「知知」越多，對世界的理解、認識也就越深刻徹底。而要達到這樣的狀態，是需要「知不知」，一個人只有處於「知不知」的狀態中，就會產生不斷發展的動力，所以文中要說「知不知，尚矣」。「尚」有的版本為「上」，可見「尚」是值得推崇、肯定之意。

「不知知」的「不知」是指對客觀指向的東西事實上的不知。因為有了前期的「知」，主體本身基於這個「知」而認定了「不知」的東西為「知」。本來「不知」反而認為「知」，這被老子認為是一種不正常狀態，不符合人類正確認識世界的方法，修道會走向歧途，所以文中說「不知知，病矣」。「不知知」是比「不知不知」還糟糕，「不知不知」是懵懂，長期的「不知知」會導致「不知不知」，這也就導致有的版本取用「不知

不知」而不是「不知知」。

「知不知」是趨好，「不知知」趨壞。「不知知」這種病是個人都會有這個病。如果一直處於不病的狀態，當然是很好的事情，但是一般人不可能一直達到「不病」的狀態。病是最正常不過的事情，當處於「不知知」時，如何變成「知不知」，由「病」轉成為「不病」。老子給出的方法是「病病」。而且認為這是唯一的方法，故說「夫唯病病」。也就是只有認識到「不知知」是病，以「不知知」為病，那就從主觀上轉變為「知不知」。結果自然不病了，因而說「是以不病」。從「不知知」到「知不知」的轉變涉及到主觀認知的轉變，看上去很容易，其實是很難的。這就導致了聖人與一般人不同。聖人經常「知不知」，能夠充分認識到「不知知」的不好，而且也能夠將「不知知」的病狀轉化成「知」，聖人在不斷豐富「知」同時也就不會「不知知」，也就會出現「不病」的結果狀態。因而，老子提出了聖人「不病」這個現象。為什麼聖人「不病」，那是因為聖人掌握了「病病」的方法，而且用之於自身。聖人「以其病病」，結果導致了「不病」的狀態。聖人不會犯「不知知」這種病的。只要我們知道有人自從意識到「不知知」是病，而且以後就不會犯這種病，那麼我們就知道這個人就是聖人。

第七十二章　不厭見聖

民不畏威，則大威至。

無狎其所居，無厭其所生。

夫唯不厭，是以不厭。

是以聖人自知不自見，自愛不自貴。

故去彼取此。

變動：

　　此章變動之處如下：「民不畏威」中「民」後有「之」；「大威」前無「則」；「威」為「畏」；「至」為「將至」，後無「矣」或有「矣」；「狎」為「狹」；「無狎」、「無厭」中「無」為「毋」；「唯」為「唯」，其後「不」為「弗」；「不厭」為「無厭」；「自知」、「自愛」後有「而」；「自見」、「自貴」後有「也」。

闡解：

　　此章與下一章都不好理解。此章的「民不畏威」，就可能導致下章的「勇於敢」。「勇於敢」的結果卻不好。聖人都難以決斷了。到底對還是不對？下章給予詳解。「疏而不失」指出了「勇於敢則殺」的內在天理，而不只是簡單地「民不畏威」導致的「勇於敢」。逆推到此章，民不畏威不只是簡單的貶義取向。老子一直在講道，道不在於威。前面說道「古之善為道者，非以明民，將以愚之」，愚之的結果肯定是「不畏威」而不是「畏威」。那麼由此順推，「民不畏威」也不能夠作貶義講。加上前面一章的「知病識聖」，「民不畏威」應該作褒義講。民不畏威是老子所講的大道所要求的。老子要人們修德進道，要統治者無為，修「為天下正」的大德，可見老子是反對統治者對老百姓的威壓。統治者耍出來的威風，老百姓不應該畏懼它。老子是反對統治者作威作福的。在老子眼裡的這個「威」，不是真正的「威」。大威才是真正的威，是聖人之威。「樂推而不厭」的威才稱得上「威」，稱之為「大威」。「大威」作大亂講，都是從統治者角度出發為了好統治而言的，避開了對統治者「為天下正」的大德要求，就低了統治者的道德標準。「大威」理解為聖人的威，意思非常地順暢，也與老子的「強梁者不得好死」在邏輯上取得了一致。這樣也能夠與下面兩句話意義連貫起來了，而不是牽強突然。不管是老子是否這樣安

排章節的，既然以八十一章體例排布內容，肯定有其內在的邏輯關聯，而不只是胡亂地堆砌。不要以為我們懂，而先賢前輩們看不出我們已經看出的邏輯混亂。如果我們本著這樣的心意，本章內容所顯示出來邏輯的強大來。

　　老子肯定「民不畏威」，而不是反對「民不畏威」。這是首先要解決的老子對「民不畏威」的看法。定位準了，以後方可一一理順邏輯關聯，拔雲霧而見真義。我們一直說聖人不一定就在侯王中產生，由於權力場的干擾，且侯王們缺乏苦難的心境歷練，本來最能夠易成聖的，卻成為威霸的彰顯者，享於權力控制的樂趣而不自拔。而在民間，卻因為機緣，有人也會有成聖的可能。要成聖，首先就是能夠達到「不畏懼」，不能夠因威而產生卑賤的心，這不利於煉心。不能煉心也就無法修道，自然與聖無緣了。從歷史流變的過程中，我們看到絕大多數統治者就是要民眾奴顏婢膝，以便於其支配統治，這就是說為什麼我們近代燦爛的文明會走向衰落呢，不就是自元明以來中國人的奴婢文化盛行，致使民眾機巧為智、以算計為高明，無法引導人們走向聖人之途。對於統治者而言，對民眾基於控制的威是要不得的，古人講「防民甚於防川」，民意宜理不宜堵，堵短時期是有利於社會穩定的，長時期卻就是整個文明集體的悲哀。聖人產生於「民不畏威」的社會環境中，除非統治者以足夠的智謀使民眾敬畏，故意毀壞培育聖人的環境。

　　當形成「民不畏威」的社會環境，加上對民眾在修道路上的引導，這個引導需要有大氣魄的統治者願意「為天下正」而做些事情才會產生的。這時基於支配控制的威不發揮作用了，民眾因修道會自然趨向於大道之威。因而要說「則大威至」。「大威至」則會形成自趨引，已不再需要有意的引導者。民眾修道成為自然之事，「無狎其所居，無厭其所生」成為其

真實的心境寫照。這只有修道者才會有的狀態，對於民眾有了這樣的心境狀態，那就入了修道者的行列。狎乃輕慢、不重視之意；厭是發自心底的不喜歡。「無狎其所居」就是指不管居住條件怎麼樣，那怕是簡陋粗鄙，也不會產生輕慢之心，對己是如此，對其他人也是如此。「無厭其所生」就是指不管處於什麼樣的生活景況，也不會產生發自內心的抵制、排斥或厭惡。對己如此，對其他人也是如此。人與人之間無關財富地位差等，無狎、無厭成為人際關係的表徵，沒有上下級，沒有尊貴卑賤之分。怎麼能夠導致這樣的景況發生，根源在於發自內心的不厭。沒有其他，只有這種選擇，才能夠導致「不厭」的社會景況。這種景況是人心之善的極致表現。少了機巧，多了樸善，這也是老子所希望的理想社會狀態。在這樣的社會景況下，聖人不見都難。故為此章取名為「不厭見聖」。「不厭」是此章的主旨，見聖是一種結果狀態。

　　雖然老子沒直接言「見聖」。而是用「是以」表達了聖人的行為表現與「不厭」是一致的。聖人怎麼能夠做到「不厭」，而且是發自內心的「不厭」？聖人以自己的行事風格，不僅自己發自內心的「不厭」他人，而且讓他人對其「不厭」、且相互之間也萌生「不厭」。因為聖人存在，社會形成自趨引，「不厭」的社會景況自然而生。所以聖人的行為很重要，「自知不自見；自愛不自貴」是我們應該效仿學習的。自知是指自己知道自己的優勢，也知道自己所知遠超於其他人，這也就是知己知彼，本身就能夠立於不敗之地。但是對於聖人卻不會用這種優勢勝於人，也不會在他人面前彰顯這種優勢，而依然在其他人面前，尤其是民眾面前就顯得樸實普通，無異於他人。這就是「不自見」。自愛是指愛惜自己所擁有的一切，不輕易毀棄，那怕是陋居粗食。愛惜自己的身體、珍愛自己的行為習慣、珍視與他人發生的關係、愛護自己的所食所穿所居等等，聖人「常

善救物，故無棄物」，自愛也源於此。又因為聖人「常善救人，故無棄人」，即使是自己所珍愛的一切之物，只要為了救人，也可棄之與人。雖然聖人自愛但從來不自貴。救人救物都很有可能勞神傷身，聖人也會放下身段施與救援。在聖人的眼中，沒有什麼物價值貴得離譜，不捨得出手；沒有什麼地位高的讓人畏不可攀。

聖人「自知」、「自愛」，但「不自見」、「不自貴」。對於聖人而言，取了「自知」、「自愛」，捨棄了「自見」、「自貴」。因而說「故去彼取此」。以「去彼取此」，似乎是在重複，意在告訴我們就是聖人也不可能擁有一切，我們要懂得取捨。我們要效仿聖人進行取捨，在取捨的過程中，修道、悟道。

第七十三章　謀不過天

勇於敢則殺，勇於不敢則活。

此兩者，或利或害。

天之所惡，孰知其故？

是以聖人猶難之。

天之道，不爭而善勝，不言而善應，不召而自來。

繟然而善謀。

天網恢恢，疏而不失。

變動：

此章變動之處如下：「此兩者」前有「知」；「或利或害」後有「為不敢也」；「猶難之」為「不敢為也」；有的沒有「是以聖人猶難之」；「不爭」為「不戰」；「繟然」為「彈然」、「坦然」、「默然」、「安」，「謀」後有「也」；「失」為「漏」。

闡解：

前章取名為「不厭見聖」，而不厭見聖卻是在「民不畏威」的社會狀態下發生的。但「民不畏威」老子給予了肯定，並指出聖人的出現以「民不畏威」為前提條件的，談的是「民不畏威」導致好的結果。我們也知道任何事情都陰陽兩面，既有好的可能性結果，也有不好的可能性結果。此章就是從不好的角度而談的。「民不畏威」了，「勇於敢」也就可能發生了。「勇於敢」，老子是否定的，是「民不畏威」導致的不好的結果。

怎麼能說不好呢？在我們的平常道德灌輸中，勇敢是一種優秀的特質，與之相對的膽小、怯懦卻是被摒棄和批判的一種特質。而在老子這裡，相當於「勇敢」的「勇於敢」卻是老子不主張的，當然他也沒有贊成膽小、怯懦，可見反對「勇於敢」並不見得會走向它的反面。老子不主張「勇於敢」，是因為「勇於敢」會導致生命系統的終結。命都沒了，談其他的都沒有任何意義。但是，即使我們摒棄和批判膽小怯懦，膽小怯懦作為「勇於不敢」的形式卻能夠在危機狀態下保持自身的生命系統不被終結。這讓人犯難了到底要怎麼選擇呢。這兩種結果，是好是壞是很明顯的。以天道而言，顯然天道是讓「勇於不敢」的人活了下來，以終結生命的形式表達了對「勇於敢」的厭惡。這到底是什麼緣故呢？

不單是老子時代，就是在任何的世界文明中，沒有一種文明會反對勇敢的品格。其實從「勇於敢」、「勇於不敢」的用詞上我們可以看出，敢需要勇，不敢也需要勇。在不斷道地德薰陶中，一些人在「敢做」的選擇上是不缺勇氣的，反而在「不敢」上缺少勇氣。從另類的視角看，我們是應該佩服那些「勇於不敢」選擇的人，這些人甘冒天下之大不諱，算是敢為天下先的人。曾經那些讀聖賢書的人，恪守了一輩子的聖賢道德，卻行了違背聖賢道德之事。如南明錢謙益、輔助清朝的洪承疇等。這些人「勇

於不敢」的選擇也是不容易的。忍辱負重、委曲求全不就是「勇於不敢」的選擇結果嗎？汪精衛投日建立偽政權不也是勇於不敢選擇的結果嗎？其實「勇於敢」也不一定要導致生命系統滅絕的結果，班超縱衡西域三十多年，是「勇於敢」選擇的結果。歷史上有著枚不勝舉的事例予以說明了「勇於不敢」也是需要很大的勇氣，「勇於敢」也不一定導致生命系統滅絕的命運。對於老子也應該知道有這樣的結果，但是老子為什麼要說「勇於敢則殺，勇於不敢則活」呢？言有宗，事有君，任何事情的發生都有其根由。凡事決斷要慎終如始。實際上，這兩種選擇都有其好的結果或者不好的結果。而對於老天而言，到底是厭惡「勇於敢」呢，還是「勇於不敢」呢？誰能夠知道是什麼緣故呢？

　　以上兩種都是說得通的闡釋，這自然在老子表達所涵蓋的範圍內。天道的選擇人難以測度，這也是老子隨後而言的「聖人猶難之」進一步證實了所要佐證的觀點。老子雖然肯定了「民不畏威」，及其「勇於敢」的選擇導致「則殺」的結果，但是卻不能夠決定是否遵循了天道。老子的「勇於敢則殺」的宗在哪裡？老子的主旨是意在勸天下人，即使肯定了「民不畏威」，但是還是要有敬畏的。我們可以不懼威權，但是不能連聖人之威也不懼。若不懼聖人之威那麼天道就會降下懲罰的。「勇於敢」應該是在聖人之威下選擇的，這樣會更大機會避開天罰。

　　即使聖人都難以決斷老天在厭惡什麼，那麼對於天下人，不要去管天道厭惡什麼，應該做的就是知道天道是什麼，依天道而行。天道怎麼作？「不爭而善勝，不言而善應，不召而自來」。對於天下人依天道而行「不爭」、「不言」、「不召」，做你該做的事，不要放任欲求的表達。心沒有了威權的支配，但也不能讓欲望支配，要做到「不爭」、「不言」、「不召」，聽任事情的自然發展，結果就會「善勝」、「善應」、「自來」。這是老天

護佑的結果。也就是說「勇於敢」、「勇於不敢」要在「不爭」、「不言」、「不召」的行為原則指導下進行選擇，這樣就避免了「天之所惡」，避免了「則殺」的命運。

「繟然而善謀」在大多版本中都從了上面「不爭而善勝，不言而善應，不召而自來」三句，作為天之道的一種做法。其實我們看到老子一直說「不爭」、「不言」。在第七章中「以其不自生，故能長生」，在第九章中「功遂身退」都在說天道，顯示的是天道的「不爭」之性。「不召」、「繟然」是在此章中第一次出現的，也是唯一出現的。雖然從大多數版本表達天之道的內容在邏輯上是順暢的，但是結合上下文，突出表現了一個「勸」。老子希望天下人盡量減少欲求的表達。而且結論也是「天網恢恢，疏而不失」。想像應該在天之道的內容表述和「天網恢恢，疏而不失」之間有一個過渡，而這個過渡要突顯出人為的主動性。否則「天網恢恢，疏而不失」太突兀了，缺乏邏輯。那這樣思考的結果就是要從天之道的內容中，揪出一部分內容來，打破大多人思維遵循的習慣，作為人為主動性的表達。仔細斟酌，也只有「繟然而善謀」可單列出來。這樣就將此章「勸」的意蘊淋漓盡致地表達出來，也使「天網恢恢，疏而不失」安得其所。因而，「繟然而善謀」就單獨作為一行。

「不爭而善勝，不言而善應」都在回應前面章節所述。在第六十六章中提到了聖人「以其不爭，故天下莫能與之爭」，聖人在追求本源道的時候，以「不爭」的行為抵近了天道，而天道就是「不爭而善勝」，對於聖人的不爭也就形成了「天下莫能與之爭」的結果。天道與聖人追求之道行為與結果合一，加上天道的「不言而善應」，充分回應了第三章聖人為什麼要「處無為之事，行不言之教」。在這裡我們就能夠明白了聖人的「無為之事」、「不言之教」是合天道的，也明白了聖人「無為」的意思就是

「不爭」。在天地萬物中，天地最近本源道，其中天是最純粹、最容易達成一致認知的，因而一直論述的是天道。天道也就成為人們以及聖人追求本源道時一個最可靠的參照物。因為天道最靠近本源道，天道由人審視，一定意義上就是本源道。因而，當天下萬物自然趨向於本源道時，顯示的是趨向於天道，而這「趨向」的行為就形成了「不召而自來」的天道之性。

人要順天道而行，以「去私慾還自然」取得了與天道的一致性。而「謀」強調了人類行為獨立性，以「謀」而達到人自身利益的最大化，是欲望追求的手段，以擬天道而奪天下萬物之利。而在整個生命系統中，系統的要素是講求平衡的，若其中一要素謀利太多，就很容易打破生命系統的平衡狀態。「善謀」以最小破壞平衡系統的代價獲得最大的利益。「繟然」，寬綽、舒緩之意，以表達善謀之人成竹在胸的樣子。以「繟然而善謀」來表達人類謀求利益的最高智慧。「繟然而善謀」的人可以說是在道的路上，在智慧上、悟性上都是較高的，但就是這些優勢，使得他們的欲心不斷膨脹，過度相信自己可以憑藉智慧超越天道，將人心之貪欲發揮到極致。

可是，到頭來，還是高不過天道。天之法網，好像恢弘寬大，對於一些人即使做出了一些過分的事情，在現實中也沒有得到懲罰，反而過得更好。但實際上，天網是「疏而不失」的。即使你有高絕的智慧，獲得一時之榮耀尊崇，但最終因為違背天道的行為而得到一定程度的懲罰，只是我們暫時看不到或者不理解天道懲罰的形式。就像現在人類對自然生態的破壞，導致人類自身生活環境的惡化，在某些方面已經展現了大自然對人類肆意行為的懲罰，也就是本文中的天道懲罰。就拿明朝開國皇帝朱元璋來說，他也注譯過《道德經》，也自認為能夠代天行事，以大量的殺人鞏固

其統治，但是最後卻報應到他的子孫後代上，在起義的過程中他的子孫幾乎被劉殺殆盡。這個事例也一定程度說明了「天網恢恢，疏而不失」。同時，「天網恢恢，疏而不失」回應了「勇於敢則殺，勇於敢則活」之句。我們難知的因果，都有其天道的法則在約束。

此章最後一句，告訴我們「謀不過天」。意在勸告人們在不懼統治者權威、威壓的狀況下，也要有敬畏，不能無所欲為。不要偏離了「去私慾還自然」的修心大道。否則，會被天道懲罰。一時之得利，不為得利；一世之得利，不為得利。要勤修道積德，不可須臾鬆懈。

第七十四章　治民宜寬

民不畏死，奈何以死懼之。

若使民常畏死，而為奇者，吾得執而殺之，孰敢？

常有司殺者殺。

夫代司殺者殺，是謂代大匠斲，希有不傷其手矣。

變動：

此章變動之處如下：「民不畏死」中「民」後有「常」、「恆且」；「奈何」為「如之何」；「死」為「殺」；「懼」為「懼」；「懼之」後有「也」；「使民」無「民」；「常」為「恆且」；「奇」為「㚢」、「畸」；「得執」為「將得」；「殺」為「煞」；「孰敢」為「孰敢也」、「夫孰敢也」；「斲」為「斫」；「希有不傷其手矣」為「稀不自傷其手矣」，「手」後無「矣」。

闡解：

上章雖然從人的整體視角出發進行論述的，但是因為在邏輯上承繼了前一章「民不畏威」的結果分析，從「民不畏威」的不好結果入手，突出了勸民，而此章卻是在「勸君」。一開篇就是「民不畏死」。對於君主來

說，民如果不怕死的話，那麼用什麼辦法來治民呢？治民的思路有多種，在第十七章講了君主治民的四種思路：「太上，下知有之；其次，親而譽之；其次，畏之；其次，侮之」。當民眾對君主產生畏懼的時候，君主的威信還是能夠行得通的，畏懼證明了君主的治理方式有問題，如果此時君主改變治理方式還是能夠改變「民畏之」的態度。民畏之，是以威信可達到較好社會治理狀態，民起碼在做「不為正」之事時就要掂量掂量做了的後果。而「不畏死」，卻不能施以同樣的手段。否則，就會導致被「侮之」的後果，從而導致威信蕩盡。「以死懼之」加劇了君主與民眾關係的不信任，這是不可取的。因而老子要說「奈何」二字。

如果民眾畏死，而且常畏死，那麼簡單的治民手段就可以了，以威懾達到「民不敢為奇」的短期效果，避免太多為奇者對社會秩序的擾亂。所以當「民不畏死」時，首要解決的是讓民「畏死」，而且「常畏死」。從「不畏死」轉變為「畏死」，在這樣的狀況下施展權威是能夠達到預期效果的。「畏死」轉換一下說法就是「重生」或「貴生」，也就是對自身生命的重視。而老子一直在倡導的學說，也恰恰是重生學說，不僅指引為君者修「為天下正」的君主之德、人修「正」之德，而且還引導人們追求長壽，以長壽擬照天地，近抵本源道。

「奇」與「正」相對，在第三十九章講了為人要修「正」德。「正」德是以萬物的「生」德為基礎的，民重生也就意味著有了「生」德，這是基本的要求，君主，也就是為政者，首要的是讓民重生，這樣可使民「常畏死」。「常畏死」有利於民為「正」。當為「奇」時，為君者就可以以之為緣由將其殺了，這樣做也不會引起民眾的反彈，因為民眾認為「正」德為大，君主是為天下正，這樣就可以扼殺住為奇者的心，使其由「奇」轉向「正」。「孰敢」二字簡單有力地表達了「民畏死可以以殺震懾」的觀點。

但是老子認為這也只是權宜之計。偶爾的「殺」，民眾會想當然認為君主是「為天下正」。「殺」的手段用的多了，民眾就會認為君主違背了天地大道，而不是「為天下正」，只是君主權欲私心的表達。朱元璋為政後，疑心重，殺戮重，成立東廠、西廠，特務政治橫行，不僅殃其子孫，而且造成讀書人無法立天地心，中華文明從內部衰落可以說是自此開始。

「常有司殺者」主管殺伐之刑。而這個「常有司殺者」不是君主而是天，準確地是天道。天道以殺救人，以殺匡扶人之為「正」。

君主對民眾的殺是代替天道行事。這個「代」，是需要民眾發自內心的認同，而認同的基礎就是君主能夠引導民眾為「正」，而民眾能夠認為其「為天下正」，君主與民眾之間有足夠的信任。君主所修之德在民眾的認知下，其與天地之德等同相近，是合乎聖人行為的德。當君主處於被民眾擁戴的狀態下，其代天行事就自然而然合乎情理了。雖然達不到聖人的「太上」行為表現，但也能夠獲得民眾「親而譽之」。信在行「殺伐」之事的過程中得以補足。但是君主畢竟是人，而且往往不會是聖人，其代天行「殺伐」之事在聖人看來是不得已而為之的事情。其直接表現為「人殺人」而不是「天殺人」。這在一定程度上會導致「信」的傷害。因為人不可能完全代替天，難免有私心干擾，會將「損不足以奉有餘」的人之性表現出來，所以老子要說「夫代司殺者殺，是謂代大匠斲」。也就是說一個手藝高絕的大師做出來的藝術品是近乎完美的，就像天做事一樣。而君主代天行「司殺」之事，就猶如一個手藝不怎麼樣的人代替大師雕琢藝術品一樣，會留下破壞「完美」的痕跡。代「斲」的多了，對藝術品完美的破壞性也就累積的多了。不美多了，藝術品也就毀了。偶爾代大匠斲的行為轉變為經常性的行為，破壞性的結果就逐漸累積起來，自私利己的人之性就清晰地呈現出來。代天行事的合法性也就漸漸受到了侵蝕，因而老子

就說「稀有不傷手矣」。殺戮多，不利於修心，而且會打破人類社會的自然平衡，「為天下正」就走到了另一個極端，所謂的「正」也變成了不正，形成新的「損不足以奉有餘」的景況。代司殺者無法自糾，那麼天道將糾之為正，示以「傷手」之警。以「稀有」表達了天道的「疏而不失」。天道對君主與對民眾是一視同仁的，而代天行事也往往只是自許。在天道面前，君主和民眾是平等的。

第七十五章　賢於貴生的因果相襲

民之飢，以其上食稅之多，是以飢。

民之難治，以其上之有為，是以難治。

民之輕死，以其求生之厚，是以輕死。

夫唯無以生為者，是賢於貴生。

變動：

此章變動之處如下：「民」為「人」；「民之飢」後有「者」；「多」後有「也」；「難治」為「不治」或後有「也」；「有為」前無「之」或後有「也」；前一個「輕死」後有「者」；「求生」為「生生」或前有「上」；「厚」後有「也」；「唯」為「唯」；「生為者」為「生為貴者」；「貴生」後有「也」或前無「於」。

闡解：

一章勸民，一章勸君，間接突出了君民關係的重要性。因而有必要將君民關係作為一章進行專門的論述。此章可以說是上兩章的深化。也緊繼上章的「民不畏死」給出了君民關係的原因。

民不重生，以致到「民不畏死」，此章一開始就將「民之飢」的直接原因兜了出來。「民之飢」，也就是民眾連飯都吃不飽，意味著會無食物而

死亡。橫豎都是個死，自然也就不畏死了。「民之飢」直接結果就是要馬上解決面臨的生存問題。生都無法保障，那其他的恐懼、害怕也就沒有意義了。而「民之飢」的關鍵原因就是民眾之上的統治者課的稅多，已超出了民眾承受的負荷。因為是因襲上章的內容，民眾之上的統治者也就直接以最高統治者──君主代替。食稅多是因為以君主為主的統治者有著過多的貪欲，欲望的滿足是要透過稅收來實現的。而且因為貪欲而導致統治者的合理性不足，要維護其統治的穩固，就要加大食稅者的量，這樣惡性循環，民就更飢了。因而說「是以飢」。

對於統治者而言，要想有一個好的治理局面出現，首先要解決的就是民眾的溫飽問題。溫飽問題解決不了，其他的一切就免談。當民眾處於飢餓狀態，而統治者卻錦衣玉食，能治理好國家社會，那就真正奇怪了。民眾如果連生存問題還沒有解決，對於其他的無關於生存問題的一切都會毫不關心。如果維持社會秩序的制度不僅不能解決他們的溫飽問題，而且還加劇了他們的飢餓，那他們就不會服從這種制度的管束。結果自然是難治。難治這個問題也就出來了。

「民之飢」可以導致難治，但是難治不主要因「民之飢」產生的。民之飢是在民眾難以承受賦稅的情況下產生的。賦稅重的一種情況是因為治理成本的上升，另一種情況是民眾遭遇災荒或者其他原因無法完成原有的稅賦。而這個兩種情況可以說是社會治理不正常狀態下發生的。而這兩種情況需要君主的積極作為，才有可能解決「民之飢」的問題，因「民之飢」產生的難治也就容易消除了。而文中所說的難治，主要是指治理常態下的難治。就君主而言，屬於勤政一類的，也希望能把社會治理好，能夠讓民眾過上較為滿意的生活。但是事而願違，做出的事情民眾不買帳，實際上民眾落不到實惠，在治理行為上搞的都是些花拳繡腿，面上光彩。結

果民眾不甚煩，沒有耐心看到施政的好結果。所以決策者一定要體恤民情，接地氣，有著豐富的基層經驗，政策文本切忌文山會海，要讓人易於理解。而且政策的執行要有效有力，切中時弊，就相當於吃中藥，要劑量適當，不能過輕，否則看不好還延誤了病情，此外還得不斷出新政，以糾正以前決策的不成熟。這些在實際上導致了對民眾的折磨。經常這樣做，可以說是「好有為」。這就是我們所說的好心辦壞事。對於一般人來說，有為而引起的聯動反應，不是很大。而對於為政者，其一個不謹慎的小小決策就很可能造成普遍的傷害。有一些為政者對前任的做法往往是推倒重來。當前任做出了較大的成績，而不是循前任的路子繼續走，而是要將前任的大部分工作進行否定，以避免給前任擦屁股，結果造成資源極大浪費，讓民眾口口傳罵。還有許多的「上有為」的類型，不再一一列出。但也已經能夠說明了「民之難治」主要在於「上有為」。

　　「以其上食稅之多」和「以其上有為」都是造成了對民眾的傷害。如果這類行為不能夠知止，而是形成了連續性的行為模式，那就會造成民眾生活的艱難。對於一個人而言，不管生活多麼艱苦，都會想法設法去改變現狀，以改變生活艱難的狀況。結果就是：上面越擾民，民眾求生的欲望就越強烈，也就是說民眾改變艱難狀況的願望越強烈，甚至會走向了甘冒生命危險的道路。傳統社會有一些需要特殊技能的職業，如縮骨表演、吞針表演等，雖然這些技能讓我們嘆服，但是在訓練成這種技能的過程中卻有著很大的危險性，可以說是「求生之厚」的輕生。因為危險，所以在生活條件好轉的情況下，都不希望後代走上原來的老路。在社會整體動盪不安的情況下，人們對自己生命的態度不會看得很重；而在太平時期，往往重生。在環境不安全的情況下，人們求生的欲望很強烈，強烈到甚至不顧及危險因素的存在。因而老子要說「是以輕生」。從邏輯上我們可以看出

來，前面兩句是為了推導出「民之輕生，以其求生之厚，是以輕生」這一句。在推導的過程中我們也明白了民眾為什麼「輕生」。「輕生」是推導的結論。

「輕生」是在「無以生為」情況下發生的。從「求生之厚」到「無以生為」。從主觀的強烈求生意願到客觀條件限制下的「無以生為」，突出表現了民眾生存環境的重要性。而民眾生存環境的好與壞與為政者有著不可分割的關係。「無以生為」是無法改變客觀環境制約的無奈選擇。在「無以生為」的情況下，生命自然就看得輕了，自然有不少比「貴生」更重要的行為存在。民不貴生，社會必然難治。社會難治是因為為政者折磨人民、加在民眾頭上的賦稅高。結果就是民眾只能為了果腹，一切言行圍繞著果腹而成規則。而這些能夠活命的行為規則就「賢於貴生」。「賢」在這裡成為「規範的行為表現」，能夠得到民眾普遍的認可。而這種「賢」在正常的社會治理狀態下是該拋棄的。因為老子的道是「貴生」，所以比「生」還尊貴的賢行不是老子所最終欣賞的。這裡自然就回應了第三十八章的內容。而且這個「賢」只有在「無以生為」的情況下出現的，因而老子要在「無以生為」前要加上「夫唯」二字。

第七十六章　本能天道

人之生也柔弱，其死也堅強。

草木之生也柔脆，其死也枯槁。

故堅強者死之徒，柔弱者生之徒。

是以兵強則不勝。

木強則拱。

強大處下，柔弱處上。

變動：

　　此章變動之處如下：「之生也」為「生之」；「堅強」前有「梗韌」；「堅強」、「枯槁」前無「也」；「草木」為「萬物草木」；「徒」後有「也」；「柔弱」為「柔弱微細」；「強」為「彊」；「不勝」為「滅」；「拱」為「折」、「兵」、「烘」、「共」、「梗」、「兢」；「強大」為「堅強」；「處」為「居」，或前或後有一處要變。

闡解：

　　上章以「賢於貴生」結尾，對於個人來說，點出了比生命重要的存在是因為「無以生為者」。當突破了生存的底線，生命的存續與否也就無所謂了。史可法有其自己的生存底線，洪承疇也有其自己的生存底線。每一個人在不斷成長為有獨立行事能力的個體，其後天的精神塑造與其身體相結合的程度而形成新的生命系統，也就是說後天的精神塑造化為生命系統不可分割的一部分。這樣，不同的人生存底線也就不一樣了。對於個體的人來說，無以生為者的認知是不同的，造成這些不同也就因為人社會化過程的個體差異。從老子而言，一個人不僅有一顆社會化的心，而且也有一顆自然的心。在人的成長過程中，每一個人不可避免促進了社會化心的成長，而往往容易忽略自然心的呵護培育。「賢於貴生」的生就是指還有自然之心的那個生。人也就是說，本能上是趨向於天道的。假如我們排除了社會化的部分，只關照作為自然的個體，也就回到了此章的主題：本能天道。河上公以戒強為此章取名，而戒強的歸途也就是要回歸到自然之本能。結合上下章，取「本能天道」之名，是比較確切的。

　　開章兩句先說人，後說草木。以草木進一步肯定了人的自然之本能，沒有心驅使的本能。人作為一個生命體就像其他的生命體一樣，符合共有的規律，這個規律就是活著的時候是柔的，死後就變硬了，較柔為

「強」。第二句，有些版本採用「萬物草木」來與人相對，而不是草木。從嚴密的邏輯視角出發，人是萬物之一，談了人後應該先談人之外的物。而萬物卻又涵蓋了人。如果認為人與萬物是不同的，強調了人的唯我性，那麼這裡「萬物」也就合理了。但是考慮到老子認為人透過天地取法自然，肯定了人與萬物的同一性，並不是去強調唯我性。因而這裡認為一些採用「草木」的版本合適，而不是「萬物草木」。再說我們現在常說「人非草木，孰能無情」。可見在常識性認知中，人是有情的，與之相對的無情物是草木。在現代的語境中，「草木」與「人」相對很合適，「草木」屬植物，人歸屬於動物，草木是無情的代表，人是有情的代表。草木和人也就在一定意義上代表了萬物。人在活的時候，柔弱是主要特徵，從出生到死亡一點點地減少了柔弱，多了一份份堅強，直至死後完全變強變硬。草木也是類似的，活著的時候，柔脆是主要特徵，從小到大一點點地減少了柔脆，多了一份份枯槁。作為生命系統的存在，人是柔弱的，草木是柔脆的，而往往是生命力最強勁的時候；而在生命歸零的時候，表現的才是堅強、枯槁，枯槁相對於柔脆也是堅強之意。因而老子總結兩類生命系統，以「故」導出了結論：「堅強者死之徒，柔弱者生之徒」。「生之徒」、「死之徒」在第五十章就有類似的表述。意思是有著堅強特徵表現的生命個體，意味著就走在了死亡的路上，而有著柔弱特徵表現的生命個體就走在了生的路上。這是自然規律，是符合道的，如果人能夠保持本能之自然，也就一直踏在生的路上，而同時減緩了死亡的來臨。

　　因而說，本能之自然指的就是近本源道的天道。因此可以這樣說，生命系統本能的存在就是天道的純粹表現。生死兩點都是歸靜，歸無，歸道。對於草木，本能存在走向的唯有死亡，人也是一樣的，只不過不是唯一。因為人的能動性，有一個煉心過程，而草木卻沒有，可以說對人而

言，不僅死亡之點是歸道，而透過煉心，在心境上返回到嬰兒狀態的生之點上，也是歸道。堅強能夠歸道，柔弱也能夠歸道。對於生命系統，死亡是不可避免的，但是對於可以一定程度控制生命過程中生命系統，更多地希望能夠延長生命過程，因而會傾向於「生之徒」。人一般上是希望延長生命的，「生之徒」也就是人的本能選擇，選了生之徒，也就選擇了以生近道，而生的自然特徵是柔弱，故秉持「柔弱」就是以生近道應選擇的。

　　因此本能天道是倡柔弱，反堅強的。然後以這樣的結論推導用兵和樹木生長的規律。關於用兵的規律是「兵強則不勝」；關於樹木生長的規律是「木強則拱」。初看上去，「兵強則不勝」和「木強則拱」是並列關係，但是仔細一分析，重點在於「兵強則不勝」，而「木強則拱」是為了進一步說明「兵強則不勝」，以利於「兵強則不勝」的理解。「木強則拱」就好像是「兵強則不勝」的類比論證。第三十章、三十一章、六十九章都涉及到了兵之道，可看出老子不傾向於追求強兵，此章告訴我們老子不傾向於追求「兵強」的原因。從道而言，「兵強則不勝」，這也能用歷史事實證明，如武周勝商王朝的時候，就不是以兵強而勝的。兵強易驕，驕病易敗。但是這些道理，在老子時代估計沒有太多的例證，每一個國家從本能安全的考慮都會追求兵強的。事例雖然很少，但是秉持了「兵強則不勝」的規律，都會受到上天的眷顧，否則老子不會發現這樣的規律。規律發現了，但道理不好講，直接講出來很難讓人信服。由於當時人們對自然界有一定的敬畏，自然界的規律很容易讓人接受，於是就接著以類比的手法提出了第二個規律：「木強則拱」。在其他的傳本、版本中，替換「拱」的字不少，但這裡認為「拱」較為確切。因為「強大處下，柔弱處上」就是「拱」實際狀態的描述。一棵大樹，在地面上看，最強大的部分是哪裡？毫無疑問人們都會指向樹幹。最柔軟的部分在哪裡？同樣人們就指向

了樹幹上的枝條和樹葉。這是所有人的共識，而這個共識換一種表述就是「強大處下，柔弱處上」。這是「木強則拱」的進一步描述。透過這樣的描述，人們很容易理解「木強則拱」，進而類推下去，「兵強則不勝」也就較為容易接受了。

在老子的眼裡，「木強則拱」、「兵強則不勝」都是道的展現，進而回推到「堅強者死之徒，柔弱者生之徒」也是道的展現。這樣在上推到第一句「人之生也柔弱，其死也堅強」，也是道的展現。這樣一順推，再一反推，結合上章的表達，突出了人生命個體的本能天道。

第七十七章　天人合一

天之道，其猶張弓與？

高者抑之，下者舉之，有餘者損之，不足者補之。

天之道，損有餘而補不足。

人之道，則不然，損不足以奉有餘。

孰能有餘以奉天下，唯有道者。

是以聖人為而不恃，功成而不處，其不欲見賢。

變動：

此章變動之處如下：「天之道」為「天下之道」；「張弓」後有「者」或「者也」；「與」為「乎」、「歟」或無「與」；「補之」為「與之」；「余」為「餘」、「歟」；「損有餘而補不足」中無「而」、「補」為「益」，「損有餘而補不足」前的「天之道」前有「故」；「損不足以奉有餘」中無「以」；「孰能」後有「以」；「以奉」為「以取奉於」，前有「而又」；「天下」為「天」，後有「者乎」；「唯有道者」前有「其」或後有「乎」；「為而不恃」為「為而弗有」，「功成而不處」為「成功不處」、「成功而弗居」

或無「而」或「居」後有「也」；「其不欲見賢」為「斯不貴賢」、「斯不見賢」，「賢」後有「耶」、「邪」；有的在「其不欲見賢」前有「若此」二字，屬前句。

闡解：

上章從人自身出發，談到了人的本能天道。但是還沒有直接言天道，而是從第七十章在一步步引向天道的論述。此章正式說天道，故河上公為此章取名為「天道」，其實在第九章就談到了什麼是天道，「功遂身退，天之道」。這和上一章一樣都是從人的視角出發論天道。「功遂身退」是人自主的行為選擇，而上章卻說的是人作為生命個體的本能選擇。不管是人的本能選擇，還是自主選擇，都能夠指向天道。那到底什麼是天道？此章將進行詳析，老子在論述天道的時候，都毫無例外地指向了人，此章詳析天道的過程也離不開對人的論述。因而此章不僅談天道，也涉及到人道，以人道與天道的對照，導出了人如何從人道走向天道，這就是我們一直在講的天人合一。最終本章歸向了天人合一。因此說，這裡沒有遵循河上公的取名，而是取名為「天人合一」，這樣更能夠準確地與此章的主旨保持一致。

由於上章的鋪墊，此章直接就引出了天道。「天之道」就是天道，像張開的弓一樣，多麼地形象，讓人很容易明白。在冷兵器時代，尤其是古代，弓是一種經常使用的武器。就是婦孺，也知道弓張開是個什麼狀態。

張開的弓是為了準確地射向目標。高了或者低了都不能夠射準目標，那麼正確的做法就是「高者抑之，下者舉之」。也就是說高了的話，往下壓壓；低了的話，往上抬抬。這是很淺顯的道理。但是老子是為了讓人們更容易地理解道，而不是只簡單地講「高者抑之，下者舉之」的無聊話題。隨後就以類比的手法說出了像「高者抑之，下者舉之」一類的話，來

描述天道。張開的弓就像運行的天道一樣，張開的弓高了就採取「壓」的方法，而對於運行的天道，採取「損」的做法，就是「有餘者損之」。同理類推，「不足者補之」。在天道所發揮作用的地方，對於占有資源多的，天道就是要減少其占有的量；對於占有資源少，以至於影響到正常的生存，天道就是要增加其占有的量。這樣平衡的結果，就是能夠維持生命系統的良好運行，生命系統的某部分不會提前縮短壽命，而致影響到整個生命系統的運行。

天道，作為最近本源道的，在運行時，幾乎等同於本源道。天和人都是「道生之，德育之」，都是道化而成的物。天唯一，而人有萬萬千，德顯為具體的個人。從個人的德顯審視道，與天道相比，離本源道很遠很遠，以至於相反。因而老子將天道和人道作比。天道由上面得出的特徵是「損有餘而補不足」。而人道卻不是這樣的，正好相反，是「損不足以奉有餘」。「損不足以奉有餘」是老子大量社會觀察的結果。尤其是在老子所生活的時代，社會不平等演變的愈加劇烈，窮得愈窮，富得更富。上代人的命運改變不了，下代人的狀況更加糟糕。面對著日益擴大的社會鴻溝，老子不僅憤懣，更是努力尋求人類發展的方向。他透過對自然現象的觀察思考，看到了「損不足以奉有餘」的狀態是可以改變的。天下萬物遵循天道的規則，保持著生態的平衡和和諧，人也屬於萬物之一，有其自然的屬性，這在上章已經說得很明白。人本能上也應該受天道的約束，除了人自己的道，也就有了走向天道的可能。這樣透過追求天道，「損不足以奉有餘」的狀態自然得到了改變，有了天道的特點，不再是損不足，而是損有餘；不再是奉有餘，而是補不足。在這樣的狀態下，人就達到了天人合一。

要達到天人合一的狀態，那就要修道。老子以反問的方式，指出了只

有修道一途，才能夠達到天人合一。「孰能有餘以奉天下？」聚焦於生命系統整體。每個具體的個人都是天下的一分子，天下處於天地之間，可視作為一個生命系統。每個分子都是生命系統的必要組成部分，在個體的生命存續階段，個體的狀態會對生命系統整體產生影響。生命系統在與外在環境發生能量或資源交換後，在系統內部會進行資源或能量的交換。當生命系統處於正常運行狀態，分配給每個部分的資源或能量是有限的。因為人的「損不足以奉有餘」特點，會導致生命系統自然分配的改變，產生資源占有或能量消耗的極度不平衡，造成生命系統平衡的破壞，有違天道。當有餘的時候能夠意識到對系統平衡的破壞，並能夠將有餘的部分奉獻出去，這需要克服人的自私心，也就一定程度改變了「損不足以奉有餘」的特點，趨向於天道。能夠這樣做的，只有修道者。修道者，心中有道，自然也就循著天道行事，道是他的追求，對有餘的占有心逐漸弱化。一個人當循著天道行事，就一定程度上達到了天人合一。能夠經常達到天人合一的狀態，達到天人合一的最佳狀態，那就只有聖人能夠辦到的。

那麼聖人的天人合一狀態是什麼樣的呢？老子隨後以「是以」給於了回答。「為而不恃，功成而不處，其不欲見賢」。這就是聖人的天人合一狀態。首先聖人要「為」，而不是「不為」。只是聖人的「為」，沒有私利性，他考慮的都是百姓的事情，因而他不會因「為」而有所依仗，成為實現其目的的憑依。「為」的結果是功成，明知道為而不成，聖人就可能選擇「不為」，為不產生任何效果，不如不為。聖人只要「為」，是能夠成功的，這是因為聖人順應了道。成功的結果，對於一般人而言，伴隨著相應的福利而來，金錢、名聲、地位等接踵而至，心也就淡泊不了，就有了各式各樣的差等心，難以達到「功成身退」。而對於聖人，他的「為」沒有自私的目的，自然功成也不會影響心境，隨之而來的福利在他的眼中無

所謂，可留可棄，皆因百姓心而動。因為聖人不以追求金錢、名聲、地位為人生終極目標，聖人的人生目標，於己長壽，於他人也長壽。為之營造最有利的人居環境，努力達到人人以信、以仁相處，國家長治，天下太平，一切順道而來。賢是金錢、名聲、地位等所帶來的人們對其尊重的結果狀態，是憑藉金錢、名聲、地位等所獲得的，聖人是不需要賢的，因而說「其不欲見賢」。附帶而來的「賢」並不是他所想要的，但也不至於討厭，只是隨性自然而已。

第七十八章　王的誕生

天下莫柔弱於水，而攻堅強者莫之能勝，以其無以易之。

弱之勝強，柔之勝剛，天下莫不知，莫能行。

是以聖人云：「受國之垢，是謂社稷主；受國不祥，是為天下王。」

正言若反。

變動：

此章變動之處如下：「天下莫柔弱於水」為「天下柔弱莫過於水」；「勝」、「易之」、「剛」、「強」、「知」、「行」後有「也」；「能勝」為「能先」，「強」為「彊」，無「者」；「弱」、「柔」後無「之」，「弱」前有「故」；「不知」為「能知」、「弗知」、「不易」；「是以聖人云」為「故聖人之言損曰」、「是以聖人言」、「故聖人云」、「是故聖人之言云，曰」；「國」為「邦」，「垢」為「詬」、「詢」；「是謂」和「是為」有的是一致的，有的不一致，有的後句為「是」；「社稷主」、「天下王」中間有「之」；「受國不祥」為「受國之不祥」；有的無「正言若反」。

闡解：

人的自然本能是符合天道的。在社會化過程中，人容易受到私心的干

擾，背離天道。而又透過「功遂身退」的社會行為，以少私寡慾、見素抱樸的淡泊心，重新與天道相合，人透過成聖與天道合一。但是成聖者寡，絕大多數在成聖的路上。現實版的成聖路，能夠對社會改造功效最大的當屬於掌握最高權力的君王。故老子經常用「侯王」來指代權力最大的統治者，從普通的侯王到能夠相當於聖人的侯王，需要經歷人們難以想像的磨難，卻不忘初心，不改善良的本性。這樣的統治者才是給老百姓帶來最大增益的統治者，是最合格的統治者。河上公以「任信」為此章取名，經歷過各種「不祥」、「垢」的統治者而依然不忘初心，其治理的天下「信」是足夠的，指出了「社稷主」、「天下王」治下的社會的本質特徵。但是文中卻主要是為了推導出什麼是合格的統治者，也就是回答了此章的布局為什麼從柔勝剛、弱勝強轉到社稷主、天下王的論述。論述的中心在「聖人云」後的話。不需要太多的引申，關於信在前面章中也反覆提到，此章主要歸結到現實社會中「致信」的關鍵。因此這裡不取河上公的「任信」，而是在「聖天大道」主題下，突出「社稷主」、「天下王」，究此取名為「效天聖君」。將「聖」與「君」連繫起來，以喻最好的統治者。此章旨在告訴我們最好的統治者是怎麼產生的。下面就具體內容詳細闡釋。

從前面的論述，我們已經知道了柔可以勝強。在第四十章說「弱者道之用」，第四十五章說「天下之至柔，馳騁天下之至堅」，第五十二章說「守柔曰強」等等，在許多章中老子倡柔抑強。此章就從柔勝強開始。第一句講了什麼是最柔的，水在古代社會，自然界存在的最柔軟的物質，至軟至柔以至於無以自形，所以老子要說「天下莫柔弱於水」。然後一個「而」進行語義轉換。用於攻克堅強的東西，沒有能夠比得過水的，以「攻堅強者莫之能勝」回應了「天下之至柔，馳騁天下之至堅」，在現實世界中，水就是至柔之物。然後以「其無以易之」進一步強調了水攻堅強

的不可替代。現代社會依靠水至柔勝強的特點，發明了許多攻堅強者的工具，可見「柔勝強」不只是主觀意識，而更是客觀存在的規律表達。

　　將「柔勝強」進一步細分為「弱之勝強，柔之勝剛」，弱與強相對，柔與剛相對，老子不知不覺地將「柔勝強」的客觀規律引入到人類社會中柔弱和剛強的分析中。人作為萬物之一，也符合「柔勝強」的規律。雖然我們一直認為人類社會中存在著弱肉強食的支配規律，但是「柔勝強」也是客觀存在的規律。老子換起了弱者的希望，為平等的訴求提供了強大的理論支撐。然後老子又對「柔勝強」的普遍認知現狀作了一下描述。「弱之勝強，柔之勝剛」能夠得到人們的普遍認同，也就是「天下莫不知」。天下人都知道「柔勝強」。我們經常會遇到同類型的事情，比如「道理誰都懂」，可就是不做。老子隨後就說「莫能行」。知化不成行，這也是一種社會現象，古代是這樣，現代也是這樣的。為什麼呢？簡單地說，就是知易行難。為什麼落到行動就難了呢？自古以來，由知到行從來就不如意，王陽明的「事中磨」說的就是知行合一的艱難過程。由知到行，是一個言行統一的過程，說出的話能夠與行動保持一致，行動表達了說話的效力。道理誰都能講，但是要想具有感染力，那就要透過行動來實現。我們經常說「身教重於言教」就是此理，要傳布道理，不是知道就能行的，只有那些能夠克制欲望、有良好德行的人才能夠擔當此任。有許多道理說起來人人都懂，但是由於沒有入心，落實在行動上就不盡如意。只「言傳」不能夠「身教」，道理不會深入人心。道理誰都會講，而只有那些言行一致的人才能夠讓人信服。所以對於一般人來說就是「莫不知，莫能行」。一般人也就是文中所說的天下人。

　　由知到行的過程，人就逐漸分化了。在知之前，人也是分化的，這是因為人所處的環境不同，導致人的社會分化，但是對於人自身還沒有產生

分化，這也是羅爾斯無知之幕的假設其礎。平等主義的訴求也在這裡。追求平等的制度設計要盡量避免現有社會分化傷害到這個平等的起源。老子、孔子都倡導有教無類，而不是在教育上故意分成三六九等，要讓每個人都有獲取知識的平等權，讓每個人都能夠明白道理。不能夠讓先天的不平等傷害到這個平等權。而現在我們一些教育制度的設計實際上在傷害這個平等權，加劇了社會的不平等。這不是老子的道所提倡的。最難的是由知到行的過程，願不願意走這個最難的過程是由自己決定的，因自己的原因產生了分化不應該有過多的怨言。過程的選擇涉及到心的修練，心的修練走得遠的就能夠擔當大任，就能夠很好地知行合一。我們常說天降大任於斯人也，必先勞其筋骨、餓其體膚、空乏其身。能夠經過考驗的，而且還能夠保持善良的心，那麼這樣的人必將成大器。這樣的分化是道所認同的。大器的頂點是什麼？在有國家存在的情況下，就是可以成為「社稷主」、「天下王」。而成為「社稷主」、「天下王」的資格是什麼呢？老子有其自己的看法。「受國之垢」、「受國不祥」就是「社稷主」、「天下王」的資格認證，不經過這樣認證的「社稷主」、「天下王」是不合格的。「社稷主」、「天下王」需要最艱難的修練條件，對於大部分人來說會畏難而止，對於一些人來說會丟掉初心，變得邪惡起來。而只有那些在遭受最大不公而依然能夠保持善良的心，才最有資格成為「社稷主」、「天下王」。因為很難辦得到，也很難得到絕大部分人的認同，所以老子託「聖人云」將遴選「社稷主」、「天下王」的條件導出來。

在中國的歷史上還真能舉出幾個例子來說明了只有經歷過重大苦難挫折的皇帝才能夠成為真正關心老百姓疾苦的皇帝。自漢以來，我們中國再也沒有將帝王定位於那些王冑貴族，而是定位於有德有才的任何人。「王侯將相，寧有種乎？」，這是春秋戰國時期有教無類的效果顯現。老子、

孔子、鬼谷子的門徒有來自平民階層的人，墨子就出身於平民。劉邦有才，從平民中崛起，其經歷了項羽所沒有的心境歷練，最終能夠登頂稱帝，算是一個體恤百姓生活的帝王。劉病己在監獄中長大，有著不同尋常的苦難經歷，最後成為皇帝，不僅彌補了其爺爺漢武帝造成的國庫虛空，還穩定了西域邊疆，對百姓輕徭薄賦。劉秀，雖出身皇室，但是早已知道民間疾苦，其當了皇帝後，也能夠體恤百姓生活。還有柴榮、陳霸先等。他們都一定程度上經受過了「受國之垢」、「受國不祥」，因而他們具備了當好國家之主的條件。

「正言若反」是一個補充性質的說明。「受國之垢」、「受國不祥」，對於天下人來說，就是指承受了最大的侮辱、詛咒、汙蔑等，但是對於修道悟道的人，卻是錘鍊心境的最佳環境。因此，用「正言若反」作了一個補充說明，意味悠長。

第七十九章　為善之途

和大怨，必有餘怨；

報怨以德，安可以為善？

是以聖人執左契，而不責於人。

有德司契，無德司徹。

天道無親，常與善人。

變動：

此章變動之處如下：「報怨以德」為「以德報怨」，有的無此句；「安」為「焉」；「左契」為「右契」；「而不責於人」無「而」或「不」後有「以」；「有德」前有「故」；「天道」前有「夫」。在帛書甲本和乙本都是以此章為德篇的結尾。

闡解：

　　五千言實際上是老子思考歷史與現實中社會秩序狀態所提出的解決思路和方案，幾乎對社會中各方面都有思考，而且各個方面又有著內在的連結。五千言中，每一句就像是拼插玩具的模組。老子原本的五千言是一個成型的終端，後來這個終端在時間流徙過程中出現了模組的掉落，那些注譯者根據自己的想像將這些模組再拼插上去，發現他們拼插成的終端不一致，就又各自宣揚自己的終端與老子的那個終端是一致的，而後就形成了不同的拼插終端。隨著時間的延續，每個朝代每個時代都有不少注譯者將自己的想像加在了老子章句模組的拼插上，這樣經歷幾千年，就形成了各種傳本。而且這些傳本都有著自己的特點，也有的認識到這不過是自己的可道道。根據不同的拼插終端，進行歸類分析，也就有了不同的最終價值指向。有的指向了「善」，就如帛書甲乙本中將此章置於德篇之尾。由於國是不可避免的存在，而且國的秩序對人類社會秩序的影響是無比巨大的，自然也就在拼插中將「理想國」歸之於拼插終端的價值載體，並將理想國納入為天道與聖人之道並生的價值籃中，這也就是為何第八十章、第八十一章為終結篇的緣由吧。

　　而又因為此章是在上章的基礎上展開的，上章提出了天下要走向聖天大道，需要有近聖的君王產生，而這樣的君王卻要產生於惡劣的社會環境中。惡劣社會環境的產生是自然的循環過程，就像一個系統在運行過程中，總會在特定的時點出現最不協調的狀態。這個狀態相對而言就成為惡劣的社會環境，這時候是最可能產生聖人的。因而我們常說，亂世聖人出，治世聖人隱，就是這個道理。處在惡劣的社會環境中，人與人的關係是最為糟糕的，各種怨氣累積橫生。導致社會向良好轉化的擔當大任的聖君產生，這樣避免了社會環境的持續惡劣化，有了向好的基礎，但是還需

要人們從內心的善出發，來逐步改造社會環境，將社會中的怨氣逐漸消化掉。但是積怨尚久，怨氣匯集為大怨。因而消和大怨需要一個緩慢的過程。大怨也是長時期形成的，消除大怨也就需要一個長時期的過程。大怨也是在整個天下生命系統運行過程中逐漸產生形成的，已經作為系統的附屬部分滲透於系統各部分，改變了生命系統的運行狀態，要消除大怨是不可能一下子就解決的，否則會導致系統運行的紊亂，需要在控制住大怨的擴大，一點點消化它。治病也是此理，尤其是癌症等被認為為絕症的病。對大怨，老子有著清醒的認識：「和大怨，必有餘怨」。這是不可避免。人們不能認為抱著一顆善良的心就能夠將大怨徹底的消化掉，這是不可能的。但是善還是必要的，只是需要持之以恆。如何持之以用，也就是此章的主旨，故此章取名為「為善之途」。因為承續上章內容，也就不能將此章與後兩章一樣定為終結篇，「善」只是價值籃中很重要的價值之一。河上公的「任契」取名就突出了為善的持續性。

　　因為有餘怨是必然的，所以對怨、對善要有一個正確的態度。這個正確的態度就是「報怨以德」。有些傳本沒有這句話，但是有沒有並不影響內在邏輯的一致性。有了「報怨以德」，只是更加清楚地表達出來，讓人們更容易明白，「和」採取的方式是「報怨以德」。無德是不能夠消怨的，消怨的正確途徑就是德。「報怨以德」消怨是一個長期過程，許多人經常看不到餘怨消失的結果。心不能急躁，採取了「報怨以德」的方式，還要有一顆淡泊的心。這樣可避免在堅持「報怨以德」消怨而流於急躁。我們經常會聽到「好人沒好報」，也就是「急躁」心的反應。「和大怨」是急不來的，但是對於大多數人很容易產生動搖，會提出這樣的疑問：安可以為善？如果是修道者，它就會產生一顆堅持的心。但是沒有聖人的指引，大多數人的修道就有可能半途而廢。最終也會發出「安可以為善」的疑問。

當人們發出「安可以為善」的疑問時，社會就處於風氣扭轉的關鍵時期，用現在的術語講，此時透過輕微的擾動，就會引起賽局平衡點的改變。「為善」還是「為惡」？這裡也就告訴我們好的國家領導人產生的必要了，這是一個關鍵的擾動因素，所以上章提前告訴我們怎樣培育這個關鍵擾動因素，否則，此章也無法充分地展開。後面談到的堅持「為善」的途徑也就流於空談。「司契」、「司徹」都避免不了公權力的介入。公權力介入，成為關鍵擾動，有可能「為善」，也有可能「為惡」。有了真正的「社稷主」、「天下王」，就可保證了關鍵擾動的「為善」選擇。這樣，人們「為善」之心不滅，在動搖時，引導才有效果。不會只有「好人沒好報」的絕望，也會有「好人終有好報」的希冀。在這個時候就非常需要榜樣的力量。

老子以聖人為榜樣，告訴人們應該怎麼為善。不能糾於「安可以為善」而不得要法。聖人是這麼做的：「執左契而不責於人」。通俗的話來說，就是「不能得理不讓人」。從這裡我們也可以看出老子為什麼要說「禮者亂之首也」，孔子講「禮」，韓非講「法」，這都是「理」，現在的社會講法治、講秩序，恰恰丟掉了「法」、「禮」的可寬仁之處。「禮」和「法」都是人根據以往的行為表現制定的約束性規範，是剛性的、滯後的，守「禮」、守「法」是在於人心為善的基礎上，「禮」和「法」也是要趨人向善的，而這個向善是在人為善之心不滅的基礎上。而恪於「禮」和「法」，往往就是得理不讓人，而得理不讓人很可能會滅掉人的為善之心。為了避免為善之心不滅，我們就要「執左契而不責於人」。為什麼執左契就能夠得理？這是古代中國社會形成的一種社會規則。在古代中國社會，君子貴左，左是君子位，左契自然有「理」的意義了。至於一些注譯者認為「左契」應為「右契」，那也應該是「尚軍」、「尚兵」的一種說

法，以虎符的右契來佐證這裡應該用右契就有失偏頗了，但也不能認為是錯。畢竟在「尚軍」、「尚兵」時代是「右契」表「理」。總而言之，聖人掌握了「理」，卻不以「理」苛責於人，這就需要一顆寬容的心。可以這樣說，修德在於修心，沒有修心，就難以堅持「報怨以德」。

「執左契」為合禮合法，當「不責於人」就合乎德了，所以說「有德司契」。「有德司契」意思是有德的人就是「執左契而不責於人」。得理讓人者為「有德」。得理不讓人者為「無德」，占了理還要錙銖必爭，一點利也不想少，那就失了德，因而說「無德司徹」。「有德司契，無德司徹」意在告訴人們要「為善」，不能過度糾於「理」，非要合規合法。「禮」和「法」的根本在於讓人為善，「禮」和「法」不能讓人「為善」，不要也罷。

最後一句老子告訴人們，「為善」是合乎天道的，堅持「為善」，老天終會護佑的，故說「天道無親，常與善人」。「為善」不足，餘怨尚在，持續為善，餘怨漸消。人與人之間的怨氣沒有了，天下融融，正氣迴盪，信充斥其間。

聖人、民和小國的生命系統

　　此部分是理想設計和現實籌謀的綜合，最初老子認為最理想的是聖民社會，也就是聖人和民共治的社會，而老子考慮到國家的合理存在，在其理想社會的改造版中，國家也是一個不可或缺的因素。由於考慮到國家帶來的不平等風險，老子賦予國家的理想模式就是「小國」。

第八十章　道國景觀

　　小國寡民。

　　使有什伯之器而不用；

　　使民重死而不遠徙；

　　雖有舟輿，無所乘之；

　　雖有甲兵，無所陳之。

　　使民復結繩而用之。

　　甘其食，美其服，安其居，樂其俗，鄰國相望，雞犬之聲相聞，民至老死不相往來。

變動：

　　此章變動之處不多，如：「國」為「邦」；「什伯」為「十百人」、「什伯人」；「不用」為「勿用」；「不遠徙」為「遠徙」；無「雖」；兩個「無所」前有「而」；「復」前為「人」，此句後有「至治之極」；「甘其食」前有「民各」、「使民」。

闡解：

　　「小國寡民」是老子對天下狀態的理想寄予，但也未嘗不是一種實現

其政治主張的可行方案。現在的我們見慣了大國，也習慣了大國的行為表現，總是不可避免以一種「大國」的視角來審視「小國寡民」。在不足兩百個國家的今天，進入我們視野的幾乎都是大國的事件，那些小國偶爾露露臉，也總會有大國行為的介入。在太平洋、加勒比海上那些島國以及那些大國之間生存下來的小國也就幾萬人、幾十萬人，這並不符合老子所設想的小國，老子的小國不是孤立的，而是櫛鄰次比的獨立存在，周邊沒有任何大國的干擾。每一個小國都是自足的獨立系統。

　　為何老子心目中的國家是小國而不是大國呢？這應該與當時的歷史記憶有關。首先，老子時代，諸侯兼併紛起，戰爭經常發生，有時候戰爭也就是王侯貴族的一時之氣。兼併是由於追求大國的貪心，而能夠發動戰爭且兼併其他國家的一般在規模上都屬於大的國家，可見大國是比小國容易發動戰爭的。戰爭是老子所厭惡的，是不得已而為之的事情，而春秋戰國時期，戰爭卻成為經常的事情。歷史證實了大國往往是戰爭的發動者。然後，再說說夏商周。就近而言，春秋之上的西周，有著許多的封國。在武王伐紂時，會盟方國就有八百個。傳說商湯時有三千，夏代「執玉帛者萬國」。大多數諸侯國都不過是現在的一個縣，有的還沒有縣大。而這些諸侯國大多數失去了歷史記憶，而有歷史記憶的都與戰爭相關聯，而且與大國相關聯。可能對於老子而言，那些失去歷史記憶的諸侯國是幾乎沒有主動發動戰爭的，官方的采風、口傳的歷史敘述，這些諸侯國應該是缺少戰爭敘述的，老子作為守藏史官，是能夠比其他諸子了解更多的歷史真實。相比較大國經常與戰爭產生連結，老子也就自然傾向於小國了。最後一點應該是老子從其學術觀點引申出來的，自然而然的邏輯選擇結果。在老子心目中，能夠擔當「社稷主」和「天下王」的都是有道者。但是有道者不一定就能夠成為聖人，而聖人也不一定就成為「社稷主」和「天下王」。

實際上，一個國家可以產生多為聖人，但也可能沒有聖人，這與國家的社會環境有關。如果環境是一個問道、尊道、循道的環境，國家或者天下的秩序是合乎天道的自然秩序，很少有統治者的個人欲望表達，人心自然以道為尊，聖人就自然成為人們內心願意歸附的「社稷主」和「天下王」。沒有現實權力秩序的干擾，聖人就會相對均勻地分布於天下，由於交通、通訊的局限，聖人影響力的輻射範圍不大，在其輻射範圍內就自然成為一個國，而這個國是遵循聖人之道的國，準確地表述叫道國，在規模上屬於小國。因為是道國，國內的民眾沒有過度繁殖的現象，人們壽命的長久致使修道的人自然調節人口的密度，不會導致過度的環境負擔，人口相對就自然減員了，形成了「寡民」的狀況。「小國寡民」是老子心目中理想的道國景觀，也是老子認為一個尊道重道的社會自然而然產生的結構狀態。如果天下都是這樣的小國，那麼民眾長壽、國家大治、天下久安的人類社會目標就自然實現了。老子的「小國寡民」需要一個最基本的條件，所有的國、所有的民，都是尊道、循道的。也就是說整個天下就時一個道體。小小的道國雖然是一個獨立的生命系統，但是因為道，小小的道國之間產生連結，成為一個整體。由眾多小國構成的天下生命系統就是一個道體。

　　「小國寡民」是在有道的環境下自然而然的分布狀態，是根據有道環境下近聖的分布狀態決定的。近聖的所居所在就是我們現在常說的「道場」。在其道場中，近聖不隱其影響力，其表現為「衣養萬物而不為主」、「萬物歸焉而不為主」。在其道場之外，隱匿無名，歸於大道。而現實中，小國相對於大國是少欲的，以小國分解大國，其國家的欲望趨少，這樣不斷分解，此道國狀態就在形式上與理想的「小國寡民」取得了一致性，國家欲望的自然趨少，也就成為現實中國家混亂、天下紛爭解決的訴求路徑，「小國寡民」也就成為老子提出的解決思路。當然，這個「小國

寡民」與當今民族國家的碎片化趨勢是不一樣的。老子的「小國寡民」是各安其命的道國體系，是從生命系統的整體進行思考的，而民族國家碎片化所導致的小國狀態卻遵從的是分裂的邏輯，是完全不同的兩個思維體系。

在確定了「小國寡民」是老子對現實社會的解決思路，那就需要對「小國寡民」有一個進一步的認知。隨之，老子就讓我們對小國寡民的狀態有了一個較為清楚的概念。

「有什伯之器而不用」，這是老子所述的「小國寡民」的第一個特徵。為何要將「有什伯之器而不用」作為第一個特徵？以前的釋義沒有人這樣思考發問。在中國傳統社會，文化的根在道家，內涵於文化敘述中，無所謂這樣問。而今天，我們已經離自己的文化很遠很遠，這樣發問是滿有現實意義的。為什麼要這樣發問，首先要明白老子的五千言不是文字遊戲，而是要解決現實問題的。而漢初的無為之治也證實了老子思想解決現實問題的有效性。老子首先要基於現實狀態的基礎上給出什麼是「小國寡民」的描述。「什伯之器」是一種現實狀態，是每個國家都有的現象，是紛爭之世的共有狀態。關於「什伯之器」，釋義頗多，有「各種各色的器具」之意，有「兵器」之意，有從「什伯」為「眾多」之意釋起。綜合前人的釋義，我理解的「什伯之器」是因為人們聚眾而產生的器用之物。不管是上面何種解，「什伯之器」都無法脫離這種解義。聚眾都會有一定的欲求，而經常的聚眾，就是要這種欲求成為一種穩定的追求。聚眾成為經常性的現象，那麼為聚眾而產生的器物就自然而生了。而經常發生大規模的聚眾都與國家有關，尤其是國家的「祀」、「戎」大事。國有大小之分，什伯就成為聚眾器物的大小之分，後「什伯之器」就演變為具有較大聚眾規模的所需器物。因而「什伯之器」就寓意了欲求和紛爭。當天下是

一個「小國寡民」的道國景觀，人們都少私寡然，沒有了紛爭的動力，也就不會發生較大規模的聚眾現象，原來因聚眾而產生的器物也就沒什麼用處了。也就是說，什伯之器還在，但是產生「什伯之器」的根由已經不存在了。從現實的紛爭狀態走向了「小國寡民」的道國景觀，「使有什伯之器而不用」也就成為了「小國寡民」的第一個特徵。其中的「使」突出了「有道之君」的主動意蘊，也蘊涵了老子的有道而為，突顯了老子企圖改變現狀的具體思路。後面的「使」也有此意義，充分表達了老子的不爭之為。

人們沒有了太多的欲求，聚眾也就失去了內在的動力，但是長生的追求卻是不變的，也不會受到其他欲求的過多干擾。「重死」與「輕死」相對，意思是不會輕易選擇死亡，也就是珍視自己生命的意思。使民由「輕死」轉變為「重死」，就要去掉「求生之厚」的過度欲求，因而說，第一特徵是「重死」的基礎。因為「重死」是在欲求不斷減少的情況下實現的，所以，「重死」自然會導致「不遠徙」。這樣，「小國寡民」的第二個特徵出現了，就是「民重死而不遠徙」。沒有了求生之厚的追求，也就失去了遠徙的動力。在「遠徙」的過程中，會面臨不斷變化的未知環境，在「求生之厚」的欲望驅使下，不斷變化的未知環境就會導致死亡機率的增大，生命體不能與環境產生有效互動，形成一個有利長生的生命系統。而「重死不遠徙」卻能夠更好地實現生命體與環境互動的契合。「重死而不遠徙」是人們只剩下長生欲望追求的景觀表現。

因為有「使」，所以「不遠徙」不只有自我的主動性，也有了客觀的條件。也就導致了兩個附屬特徵的出現：「雖有舟輿，無所乘之」和「雖有甲兵，無所陳之」。舟輿是載人遠行的工具。人們都願意待在一個具有歸屬感的小國，而不願意遠徙。舟輿也就自然沒什麼作用。沒有人乘，舟

輿就不再作為載乘的工具，而只是一個曾經存在過的歷史符號。甲兵是指用於戰爭的鎧甲和兵器。因為人人都是修道者，從君王到普通民眾，都沒有征服他國的欲望。他國與其一樣。所以，甲兵失去了應有的功能，戰爭成為過去式，消弭於歷史之中。甲兵自然也就與舟輿一樣，只是一個曾經存在過的的歷史符號，沒有了聚眾的事項，沒有了遠徙的心願，也沒有了支配控制的欲望，只剩下一顆安寧的心，與環境相融相合，記錄事項的符號也就簡化了，返璞於遠古的純樸。

「復結繩而記之」是在上面特徵呈現後自然而然的記事形式。「復」意味著遠古生活模式的回歸，「結繩而記之」的遠古生活模式選擇是因為人們少私寡慾了，活得簡單了，沒有什麼特別的事可以記錄。「使民」喻義為君者的主動導向。三個「使」，突出了由現實的紛亂欲爭向理想的安寧和諧轉變是不可能自然轉化的，需要主動作為。三個「使」是賽局平衡規則改變的關鍵擾動。透過三個「使」的關鍵擾動，國家治理就會達到極致的境界，自然而然表現為「甘其食，美其服，安其居，樂其俗，鄰國相望，雞犬之聲相聞，民至老死不相往來。」到了這個狀態，也就不用外在的驅動。

三個「使」是現實向理想轉變的過渡狀態。在生活場景中還有什伯之器、舟輿、甲兵、記事符號，人們還記得他們曾經的用途。隨著時間的推移，人們也就漸漸忘記了那些能夠不斷滿足欲望的載體，呈現出理想的道國景觀。

「甘其食」是指按照以往的標準即使是難以下嚥的食物也是美味的。沒有了食物好壞的差別，只要能夠滿足健康的需要，足矣。而提供這些食材不需要他國的輸送，在其所處的小國之內所提供的食材就足夠了。以美食為甘，也以粗食為甘，外在的食物差別不會影響修道的心。

「美其服」是指哪怕穿的衣服破舊不堪也不會產生任何不適的感覺。人們沒有了服飾的攀比，好的衣服和不好的衣服就沒有了差別，只為了遮體，避免不雅就足夠了。

「安其居」是指哪怕是豪室還是陋宅，人們都能夠得到滿足。

「樂其俗」是指人們都滿足自有的生活模式，相互欣賞，習慣了祖先傳承下來的生活儀式，不羨慕他國不同的生活習慣。

「甘」、「美」、「安」、「樂」都不是在「食」、「服」、「居」、「俗」差別化追求的情況下實現的。它們都是在人們具有道心基礎上產生的。少私寡慾、隨性自然，人與人之間沒有攀比，只有一顆自我審視的向道之心。德、仁、義、信、真等一切品質都自然浮現於人們平常的言行中，蘊涵於對大道的追求中。對權力、金錢、榮譽等欲求都沒有重死長生來的真切。

因為各美其美，各樂其樂，所以領國的食、服、居、俗等即使唾手可得，也沒有欲求的動力。可以相望而安，自然也就沒有戰事的發生，人們的生活自在、自然，既沒有來自國內干擾，也沒有來自國外的侵犯。在國家的邊界上，雙方都可安心生活，毫不擔憂戰爭來臨，人們都已經忘記了什麼是戰爭，邊界上的雞鳴狗吠都是日常的生活旋律。

你不干擾我，我不干擾你。每個國家的人們都能夠「甘其食，美其服，安其居，樂其俗」，對他國的「食」、「服」、「居」、「俗」沒有貪婪的需求，在此基礎上，可達到「民至死而不相往來」。每個國都有每個國的道，道不相容，不相往來；道與道相容，亦不相往來。「至死不相往來」是指在少私寡慾的心境上可以達到的，實際上老子並沒有反對國與國的相互交往。有道在，不交往不生貪欲，交往亦不生貪欲。相往來和不相往來沒什麼差別，可相往來，也可不相往來。

小國與小國都是相互獨立的，「民至死而不相往來」是獨立的極致狀

態，但是每個小國都是道國，國與國因道而產生連結，致使整個天下為一個生命系統，也就是我們現在說的人類命運共同體。從小國的視角看，國與國是相互獨立的，而從天下的整體視角看，小國寡民又是生命系統有機組成部分的理想狀態。

第八十一章　聖天大道

> 信言不美，美言不信。
> 善者不辯，辯者不善。
> 知者不博，博者不知。
> 聖人不積，既以為人己愈有，既以與人己愈多。
> 天之道，利而不害。
> 聖人之道，為而不爭。

變動：

此章變動之處甚小，少數版本中「聖人不積」的「不」為「無」；「辯」為「哆」。有變動多者多在《姬氏道德經》中，如「善者不言，言者不善」與「知者不博，博者不知」位置互換；「與人」為「予人矣」；「聖人之道」為「人之道」。

闡解：

以國家為中心的論述，第八十章應該是一個較為理想的的結尾。但是在傳統文化中，國家從來就不是一個終極目標，國家只是一個過渡狀態，是現實中不得不依靠的至為關鍵的載體工具。比如：近代中國因為能力下降，導致諸多列強欺凌，致使中國人民一致不斷地追求國家強大。為了國家的強大，大都可犧牲個人的利益，國家至上的原則由此確立。加上民族國家理念的不斷強化，國家成為集體主義奉獻的最高形式。中國傳統文化

的重心不是國家，而是天下，而天下的觀念展現的是對弱勢者的尊重，對個人特質成長的重視。這樣我們自然就理解了第八十一章設置的意義。第八十章的內容聚焦於國家，而第八十一章的內容聚焦於人自身。此章告訴人們一個人的特質不是什麼抽象的自由、民主，不是炫目悅耳的美、辯、博，而是信、善、知等特質。

道國景觀最後都要透過人來展現的。人應該怎麼做是老子五千言的終極目的。人的特質不是來自於外在力量的規塑，而是隨性自然的自由成長。這個自由成長是在為「正」的德性前提下的自由成長，要突顯出人之為人的根本特質。因而，河上公為此章取名為「顯質」。而我為了突顯出人的特質取向，並沒有遵循「顯質」的取名，而是以「仿天仿聖」的取名來表達人為「正」的大德是遵行天道、聖人之道實現的。

此章的內容分為三部分，第一部分是「信言不美，美言不信；善者不辯，辯者不善；知者不博，博者不知」。以例證、對照的方法來說明了人應該有什麼樣的特質，如信、善、知。而且要辨真：什麼是真信，什麼是真善，什麼是真知。當然人的特質不只信、善、知三者而已，只是以例舉的方法告訴我們作為一個人要有的最基本的品格。第二部分是「聖人不積，既以為人己愈有，既以與人己愈多」。強調的是「積」，對於每一個來說，要「積信」、「積善」、「積知」等。人要透過「積」的方式來彰顯自己的品格。當然「積」的最高形式就成為「聖人不積」。「積」向「不積」轉化了。此部分主要講什麼是「聖人不積」。第三部分是「天之道，利而不害；聖人之道，為而不爭」。這一部分告訴我們人們追求的「信」、「善」、「知」等特質，最終的檢驗原則就是「利而不害，為而不爭」。

「信言不美，美言不信」告訴我們人有兩種特質：一種是「信」，一種是「美」。當兩種放在一起的時候，優劣自見，「美」不如「信」。「信」

和「美」都是透過言行來表現，如「信言」、「美言」。而「信言」往往是不美的，「美言」往往是不信的。「信」是比「美」更可貴的一種特質。在「信」和「美」二選一的時候，一個追求為人「正」的大德，「信」是首選的，為了避免「美」對「信」的傷害，「美」的特質是可棄的。

「善者不辯，辯者不善」告訴我們人有「善」和「辯」的兩種特質。能言善辯這個詞也就包含了人的這兩種特質，只是我們傾向於「辯」。「善辯」中「善」是對「辯」的修飾。我們很容易將「善者不辯，辯者不善」的「善」理解為「善辯」的善。在老子看來，任何的「善」都是合道的，以合道將「善」提煉成一種特質。善人、善言、善行等都是合道的。有「善」這樣特質的人，我們可以叫「善者」；有「辯」這種特質的人，我們可以叫「辯者」。「善者」有「辯」，是以「善」來顯示「辯」；「辯者」無「善」，只是把「善」作為「辯」的一種等級。在實際生活中，心存善良的人總是寬厚待人，不以辯言爭理，理不用爭，自在「善行」中，而辯者易於爭理，往往缺乏寬厚待人的心境，故言「辯者不善」。

「知者不博，博者不知」也在告訴我們人有「知」和「博」兩種特質。人之為人的具體過程是一個「知」的過程，悟道、為正就是「知」，不知不足以為人。「知者」是懂得很多的人，能夠掌握事物發展之間的因果連繫，不只是局限於知識的掌握，主要突出了對世界的規律性認識，而「博者」主要指知識面涉獵的很廣，擁有很多知識的人。「知者」知道人的局限性，也知道知識是無限的，為了更好地掌握世界的規律性，孜孜不倦的追求著，很清楚地認識到自己的不足。而「博者」往往會因為知識涉獵的廣泛而忽略了事物之間的因果連繫，缺乏對規律的深度認識，故言「博者不知」。

對於一個人，首先要有「信」，有信可以交人，可以潤滑人與人之間的

關係，對社會可達「善治」，聰明才智的發揮可以最大化，且不易走偏。所以在各種文化中，信是做人的一種重要特質。我們常說「無信不立」。有信其他人才願意與你交往，你才能夠作為一個獨立的存在。因為有許多人不講「信」，所以才產生各式各樣的制度來確保社會中「信」的穩定可靠。第二個特質就是人要為「善」。執左契而不責於人就是善，善可以改變社會環境，使不好的社會環境向好的社會環境轉變。但是善不是盲目的善，「善」要建立在「信」的基礎上，而且還要「知」，以「知」促進為善的持久，不知不會將「善」持久下去，可見「知」能夠作為人第三重要的特質。只有透過「知」，人才能不斷進步，才能最終實現對社會的改造。

「信」、「善」、「知」都是要透過「累積」而顯質。「積信」、「積善」、「積知」都是為了提升自我。隨著「信」、「善」、「知」的累積，就自然沖出了自我，轉為利他。由提升自我的「積」轉化為聖人的「不積」。聖人是以百姓心為心，聖人的言行都是「為人」和「與人」。聖人從來不去考慮自我。人們透過「積信」、「積善」、「積知」自我提升逐漸發生質變，成為仿擬聖人之行。「聖人不積」的情況是「既以為人己愈有，既以與人己愈多」。「有」和「多」的結果不是聖人所希望的，只是老子以此作為仿擬聖人之行的誘惑。「聖人不積」是指其內心沒有為己「積信」、「積善」、「積知」的功利動機，而只是遵從內心「為人」、「與人」。但是在實際的「為人」、「與人」過程中，其擁有了更多的「信」、「善」、「知」等。「己愈有」和「己愈多」是其他人認為聖人應該理所當然擁有的更多的「信」、「善」、「知」等，當然也包括財，而實際上在他人看來，聖人擁有了更多的「信」、「善」、「知」等。其實，對於聖人而言，因為不積，所以所積的「信」、「善」、「知」等，可隨聚隨散，可予取予求。「己愈有」和「己愈多」對聖人來說只是誘使他人仿其行的手段。

聖人、民和小國的生命系統

　　聖人是擬天道的，但是聖人之道與天之道還是不一樣的。聖人之道和天之道都是本源道的表達，但是各有其表達的重心。天之道，講求的是「利而不害」，聖人之道講求的是「為而不爭」。因為「利而不害」、「為而不爭」，所以「天之道」和「聖人之道」都是人們所應該追求的。上面所說的「信」、「善」、「知」，以及如何「信」、如何「善」、如何「知」都應該遵從「天之道」和「聖人之道」。以「利而不害」而仿天，以「為而不爭」而仿聖。

後記

　　後記對於作者本人來說，在書稿即將付梓出版之際，總有一些未盡之情。雖然著書是個人的事情，但是一個人著書的前後因緣、在著書的過程中來自於各方面的幫助、是書不斷成形的重要支撐。因而，對著書人來說，書的出版就是一個人的成績萬千的恩。因而，每一篇後記都是一串串的感謝。本篇後記也循此慣例，但同時與大多數後記有點小小的差異，就是完成書稿之後，又有了一些新的感悟，恰能夠回應葉先生對「貴生」注解的批判，想在後記中有所表達。這樣，後記不僅需要抒一些書外的未盡之情，也需要抒一點書中的未盡之言。

　　首先要感謝的是遠古聖人先賢的傳世教誨，沒有他們千年拔冗之精見，也就沒有了今日的胡亂之言。

　　隨之，要感謝我的摯友賀天平教授，因我對老子的一點粗知薄見就將我引進了易道論壇，見識了許多當今靜心於傳統經典研究的前輩高知，如成中英、鄭萬耕等，從他們那裡我汲取了豐富的營養。當然，也要感謝天平有一顆寬容大度的心胸，在我突然對道儒、佛、基督教有了一些不一樣的比較性看法，如下士聞道般「大笑狂談」，言之可以為其師也。他不為我的疏狂而慍，「人不知而不慍，不亦君子乎」。可見，天平是君子也。

　　隨之，要感謝的是馬寶善老先生，其對小輩「守正創新」精神的肯定和鼓勵，並為拙作反覆斟酌作了詩序。同時也要感謝董規容先生、王建剛先生對拙作的欣賞和一些相關資訊的告知：馬老為了與我商談作序事宜等了我整整一上午。這讓我不勝惶恐，只有以後倍加努力，方可不辜負老先生的拳拳之情。

　　隨之，要感謝的是葉自成先生，為了鼓勵後進晚輩，也是親自執筆抄刀，在眼尚有恙的狀態下，以一個學者的中肯之言，有褒有貶，不知不覺將我引入老學道場。

　　隨之，我要感謝那些給於我學術支持的學界同仁們和朋友們，在我遭受學術研究困境之時，為我擔責，為我紓困。沒有他們，我無法靜心於老子的研讀，很可能與學術研究說「再見」。

　　我初涉老學研究，資歷尚淺，需要一位老學研究的學者支持，是浩敏為我聯絡上了葉自成先生。

　　總之，感謝是道不完的，總的收尾。也沒有想什麼先後順序，只是隨感而行。在我身邊的親朋好友、老婆孩子都是要給於感謝的。沒有他們，我無法深刻體會學問不只是作於書齋，更多的時候是在生活中，是在與人相處的社會關係中。社會關係是一個個複雜交錯的因果鏈，冥冥中自有關聯，每個相關的人在恰當的時候給於你不同的幫助。我與同事馬運瑞先生攜遊於汾河，相爭於道佛，他影響著我，我影響著他。他除了時而以佛家之虔信溫養著我，還能夠為我將同道者李國大先生介紹過來，同學老子，體驗了忘年交的友情。

　　情是敘不完的，對老子的體悟是沒有終點的。如對第十三章「寵辱若驚，貴大患若身」又有了一些新的見解。這是在完稿之後整體徹悟的一些方面，也不完全隸屬於某一章。故未在書中增補，只於後記中以詩偈云，已補缺憾，也算是回應了葉先生的「貴生」理解，也算是我的道悟吧。

聖人生命
人之本是有情物，生命自為有情消。
聖人為人有長情，情久入聖似無情。

世間無事生命長，世多難事生命亡。
命長應是聖人相，命亡亦是聖人相。

當道德經有另一個解，老子與你談生命哲學：

無為不言 × 修身養心 × 治國之方，從個體到群體，以「道」詮釋世間真理

作　　者：劉清江

發 行 人：黃振庭

出 版 者：崧燁文化事業有限公司

發 行 者：崧燁文化事業有限公司

E-mail：sonbookservice@gmail.com

粉 絲 頁：https://www.facebook.com/
　　　　　sonbookss/

網　　址：https://sonbook.net/

地　　址：台北市中正區重慶南路一段六十一號八樓
　　　　　815 室

Rm. 815, 8F., No.61, Sec. 1, Chongqing S. Rd., Zhongzheng Dist., Taipei City 100, Taiwan

電　　話：(02)2370-3310

傳　　真：(02)2388-1990

印　　刷：京峯數位服務有限公司

律師顧問：廣華律師事務所 張珮琦律師

定　　價：520 元

發行日期：2023 年 11 月第一版

◎本書以 POD 印製

Design Assets from Freepik.com

國家圖書館出版品預行編目資料

當道德經有另一個解，老子與你談生命哲學：無為不言 × 修身養心 × 治國之方，從個體到群體，以「道」詮釋世間真理 / 劉清江 著 . -- 第一版 . -- 臺北市：崧燁文化事業有限公司 , 2023.11

面； 公分

POD 版

ISBN 978-626-357-820-3(平裝)

1.CST: 道德經 2.CST: 生命哲學 3.CST: 研究考訂

121.317 112017725

電子書購買

臉書

爽讀 APP